Ultimate

Dog Grooming

누구나 쉽게 배우는

애견 미용학

Eileen Geeson 著

권혜영 易

'170종의 애견 품종에 대한 완벽한 안내서'

21세기사

Ultimate Grooming by Eileen Geeson
Published by Interpet Publishing

머리말

애견미용은 더 이상 생소한 분야가 아니다. 또한 펫 트리밍에서부터 쇼 트리밍, 아트 트리밍 등 고급기술을 요하는 미용까지 그 분야가 다양하다.

애견미용 기술은 견을 다루는 분야 중 기본이 되는 분야이면서 가장 중요한 분야이다. 번식가, 훈련사, 핸들러, 사육사 등 견을 다루는 직업인들에게 애견미용은 필수가 되었다. 이는 견을 다루는 특별한 한 분야이기도 하지만 견에게 건강관리의 기본이기 때문이다.

애견미용은 건강관리와 밀접한 관계가 있기에 애견 관리사의 역할로 그 분야의 폭을 넓혀 중요성을 인정받아야 한다. 과거와 달리 지금은 애견관련 정보들이 넘쳐나 일반 애견가들의 수준도 높아졌다. 이 서적이 모든 이들을 충족시켜줄 것이다.

개를 만진다는 것은 꾸준한 자기노력과 자신과의 싸움이다. 살아 움직이는 생명체를 다루는 일이기에 더욱 고귀하다. 이런 과정들을 기술적으로 발전시키고 관심을 갖는 다는 것은 매우 어려운 일이다. 애견 미용 분야에 관심 있는 학생과 일반인에게는 이 모든 것이 중요한 기회가 된다.

이제는 애견미용기술을 가르치는 곳에서도 체계적이고 다양한 교육이 필요하다. 이에 발맞춰 애견미용관련 외국서적을 국내에 선보이는 바이다. 이 서적은 기존 서적과는 다른 새로운 체계로 구성되어 있다. 우리가 쉽게 지나칠 수 있는 기본적인 내용들이 충실히 설명되어져 있다.

본 서적은 전문가와 일반인 모두를 위한 것이다. 내용을 충실히 공부한다면 여러분은 이 분야의 이론가가 될 수 있을 것이다.

저자

차 례

애견미용 | Part 1

Chapter 1
털의 종류

애견미용이라고 하면, 단순히 털을 예쁘게 손질한 푸들을 연상하기 쉬운데, 실제 애견미용의 의미는 훨씬 포괄적이다.

애견미용이란, 개의 피부와 털을 깨끗하고 균형잡힌 건강한 상태로 유지하기 위한 모든 조치를 말하며 이빨, 귀, 발톱 관리까지 포함한 개념이다.

개를 깨끗하고 보기좋게 꾸며 줄 뿐만 아니라 주인과 개의 친밀감을 높여 준다는 점에서 애견미용은 개를 기르는 과정에 있어 꼭 필요한 부분이다.

또한 개의 품종, 털의 형태 그리고 주인의 취향에 맞추어 주는 것이 가장 좋은 미용 방법이다.

물론, 애견미용이 하루아침에 배울 수 있는 간단한 일은 아니다.

그러나 조금만 더 신중하고 근면한 자세로 임한다면 개와 그 주인을 만족스럽게 해 줄 수 있을 뿐 아니라, 올해의 애견미용사 상의 주인공이라는 영광이 여러분에게도 올 수도 있지 않겠는가.

애견 고르기 : 털의 종류에 따른 고려 점

종류도 다양한 만큼 털의 형태도 천차만별이다.

개를 고를 때 몇 가지 반드시 고려해야 할 점을 살펴보자.

- 털 관리를 잘 할 자신이 있는가?
- 당신이 선택한 개는 전문적인 미용이 필요한 품종인가?(제4장 참고)

고급스러운 털을 가진 개가 매력적인 것은 사실이지만(위 사진), 털을 실제로 깨끗하고 정리된 상태로 잘 유지하는 것은 여러분의 노력 여하에 달려있다.

- 정기적인 미용에 필요한 비용을 감당할 능력이 되는가?
- 가족 중 천식이 있거나 여기저기 뒹구는 개털이나 비듬에 알레르기 증상을 가진 사람은 없는가?
- 비 오는 날, 진흙으로 뒤덮인 모습으로 집에 돌아온 개의 곱슬곱슬한 털을 어떻게 처리 할 것인가?

여러분 가족에게 꼭 맞는 애견을 선택하기 위해서는 사전에 고려해야 할 것들이 많이있다.

마음에 드는 개와 같은 종류의 개를 기르고 있는 사람들의 말을 들어볼 필요가 있다.

애견 클럽을 통한다면, 각 견종별 애견인 모임과 연락을 취할 수 있으며, 그 모임에서 당신이 선택하고자 하는 개의 정확한 털 관리법에 관한 정보를 얻을 수 있다.

집 근처의 애견미용실을 찾아 비용에 대해서도 문의해 볼 필요가 있다.

여러 견종을 다루어본 경험이 있고 오랫동안 이 일을 한 애견미용사라면, 개의 종류에 따른 다양한 특징에 대한 조언을 해 줄 수 있을 것이다.

털의 종류에 따른 미용법과 미용도구에 대해서는 파트3에서 다루도록 하겠다.

강아지 털

어떤 견종의 개든 강아지 일 때의 부드러운 털의 상태만으로 관리 방법을 결정한다면 큰 오산이다.

강아지가 다 자랐을 때는 상당히 다른 모습의 털을 가질 수도 있기 때문이다.

예를들어, 푸들의 경우 생후 7개월까지는 아주 부드러운 솜털을 가지고 있지만, 7개월 이후에는 털이 상당히 두꺼워진다.

비어디드 콜리(Bearded Collie)의 경우 강아지일 때는 털 관리가 용이한데 비해(위), 성견이 되면 아래 사진에서 보듯이 정기적인 관리가 필요하게 된다.

적절한 손질을 해 주지 않으면, 털이 모두 망가지고 피부에 달라붙게 된다. 특히, 젖은 털을 제대로 말리지 않고 내버려 두면 더 심각한 상태가 된다.

털의 기본적인 유형

The trimmed/clipped coat: the Bichon Frise

털의 종류는 상당히 다양하다. 이 책의 파트3은 아래의 분류에 따라 구성된다.

- **짧은 털**: 휘펫(Whippet)
- **긴 털** : 요크셔테리어(Yorkshire Terrier)
- **노끈형 털/곱슬 털** : 컬리 코티드 리트리버(Curly-coated Retriever)
- **중간 굵기/실크 같은 털** : 아이리쉬 세터(Irish Setter)
- **굵은 털** : 핀란드 라프훈트(Finnish Lapphund)
- **솎는 털** : 에어델일 테리어(Airedale Terrier)
- **깎는 털** : 비숑 프리제(Bichon Frise)

Chapter 2
건강한 털

개의 털 상태를 다르게 만드는 요인은 여러가지가 있다. 유전학적으로 개들은 견종에 따라 각각 다른 특성의 털을 가진다. 그러나 유전적인 요인 이외에도 식습관, 운동량, 거주지나 잠자리 상태와 손질관리법등 다양한 요소에 따라 털의 특성이 변하기도 한다. 어떤 종류의 털이든 조금의 관리와 개인적 특성에 따른 요구사항을 맞추어주는 것만으로 충분히 개선의 여지가 있다.

식사

무엇을 언제 먹이는 것이 좋은가는 브리더들이 가장 잘 알고 있다.

유능한 브리더라면 각각의 견종에 알맞은 식사관리법을 조언해 줄 수 있을 것이며, 특히 강아지 분양 시에는 나이대별 식사관리법을 적은 종이를 함께 건네줄 만큼 세심해야 한다. 강아지 분양 이후에도 새로운 주인이 필요로 하는 정보를 꼼꼼히 알려주는 서비스 정신을 갖춘 브리더만이 훌륭한 브리더라는 말을 들을 수 있을 것이다.

완전히 똑같은 두 마리의 개가 존재할 수 없듯이 같은 부모에서 같은 때에 태어난 두 강아지가 서로 다른 식사 관리법을 필요로 할 수도 있다. 개는 기본적으로 청소동물(scavengers)에 속하기 때문에 아주 드물게 특별한 식사관리를 요하는 경우도 생기는데 브리더들은 이에 맞추어 대체식품을 권하기도 한다.

PROFESSIONAL GROOMING

청소동물(SCAVENGERS)

개들은 조상들로부터 물려받은 야성의 성격을 아직도 가지고 있어서 복원력이 아주 빠르며, 독성 식품에 대한 내성이 아주 강하다. 고기를 자르고 잘게 부수기에 알맞은 육식동물들이 가지는 긴 모양의 치아를 아직도 가지고 있다. 개들은 또한 강아지때 부터 맛있는 뼈나 고깃덩어리의 맛을 잘 안다.

자연식

여러분은 최상의 사료를 주는 것이 애견에게 최선을 다하고 있을 것이라 생각한다. 많은 사람들은 비싼 사료가 좋은 사료라고 생각하는 오류를 범한다.

얼마나 영양분을 적당히 취하고 있는가는 그 사람의 겉모습을 보면 알 수 있듯이 개의 경우도 마찬가지이다. 개의 식사는 피부와 털 관리에 아주 중요한 부분을 차지하므로 각각의 개에게 필요한 사료가 다를 수 있다는 것을 잊지 말아야 하며 주인이 선호하는 사료가 아니라 개가 필요로하는 사료의 급여가 되어야 한다.

부작용이 없는 것으로 알려진 자연식 식사를 하고 있으며 개의 털이 보기 좋게 광택을 유지하고 있다면, 알맞은 식사관리를 하고 있다는 신호로 볼 수 있다.

생 양고기와 소뼈, 내장, 양고기, 닭고기와 유기농 야채를 섞은 소고기, 일주일에 두세 번 정도 밥과 익힌 닭고기 식사는 개를 위한 건강한 자연 식사 관리법이 된다.

따로 첨가물이 필요한 것은 아니지만, 가끔은 하루에 500mg정도의 앵초(Primrose) 오일, 아마인 오일이나 별꽃(Flaxseed ; 취화란) 오일을 첨가하는 것이 식사관리에 도움이 되는 경우도 있다. 이런 오일들은 잘못된 식사관리로 손상된 털, 벼룩 알레르기가 있는 경우 또는 유전적이거나 환경적 영향으로 손상된 털(생식을 한 개의 피부는 기생충이 살기에 적합하지 않은 환경을 만들어 벼룩이 잘 생기지 않는다)에 특히 좋다.

생식, 자연 식사 관리법을 실행하는데 있어서 다양한 비타민과 미네랄 함유량이 충분한가를 깊이 생각해야 한다. 계란이 영양가 면에서 아주 좋으며, 천연 요구르트는 칼슘을 많이 함유하고 있다. 치즈는 칼슘을 비롯한 다양한 주요 영양소의 보고이며 무엇보다도 기호성이 좋다. 고기의 종류는 다양해서 내장에서부터 소고기, 닭고기, 칠면조고기, 양고기에 이르기까지 냉동보관 등 다양한 방법으로 포장되어 펫숍에서 쉽게 구할 수 있다. 혼합 내장은 1주일에 한 번정도가 적당하다.

많은 개 사료 제품에 밀이 함유되어 있는데, 사실 밀에 알레르기를 나타내는 개가 많다. 따라서 쌀을 각종 콩류와 배합하면 좋은 사료가 된다. 적당한 야채의 섭취도 필요하다. 큰 개에게는 한 줌 정도, 작은 개에게는 그보다 조금 적게 주면 되는데, 슈퍼마켓에서 쉽게 구할 수 있는 냉동 혼합야채가 다루기도 쉽고 개들도 좋아한다.

개들은 바나나, 오렌지 등 과일도 상당히 좋아한다. 당신의 개가 과일을 즐겨먹거든 계속 먹이도록 하는 것이 좋다. 개들은 동물적인 감각으로 자신에게 가장 좋은 것이 어떤 것인지 아는 능력을 가지고 있기 때문이다. 블랙베리(Black berry)와 사과는 개들이 가장 좋아하는 메뉴이며 생 배추와 생 브로콜리도 입가심으로 좋다. 포도는 개에게 해로운 독성이 있으므로 되도록이면 먹이지 않는다.

올리브 오일이나 땅콩 오일은 생선, 숙성시킨 이스트, 켈프, 민들레와 같이 풍부한 지방 성분을 가지고 있다. 오트밀 겨에 함유되어 있는 섬유소는 항문 주위 기관에 생길 수 있는 문제들을 방지해 준다. 사과식초는 관절염과 면역시스템에 좋아 개는 말할 것도 없고 사람에게도 유용한 식품이다. 비정상적인 관절이나 뼈에 이상이 있을 때 비타민 C 공급이 추가로 필요하기도 하는데 이는 뼈의 성장 촉진에도 도움이 된다.

◀ 먹는만큼 외모에 나타난다 — 윤기가 나고 건강한 털은 영양을 알맞게 섭취하고 있다는 증거다.

고기가 어느 정도 붙어있는 생뼈는 많은 애완견 주인들의 ▶ 선호 식품이 되고 있다.

추가로 비타민 C를 공급하는 것은 수의사와 상의해서 결정하는 것이 좋다.

우리집에 있는 개들만 보더라도 생식, 자연식사를 주로하여 모두 훌륭한 털을 자랑하고 있다.

완전 사료

건조 또는 완전사료의 이점을 살펴보자. 저장이 편리하고 식사가 빠르고 간편하며 뒷처리가 깨끗하다. 더욱 중요한 점은 영양학적으로 완벽한 사료이며, 충분한 영양 공급을 위해 여러분들이 직접 해온 개를 먹이기 위한 모든 잡다한 일들을 이제 더이상 하지 않아도 된다는 것이다. 자신의 개가 필요로 하는 영양분을 정확하게 환산해 내기 위해서는 상당한 공부가 필요하며 사소한 실수로 영양실조에 걸리는 경우가 허다하다.

시중에 나와있는 다양한 사료들 중에는 개에게는 부적합한 지나치게 높은수치의 단백질을 함유한 것도 있다. 건조사료의 경우도 견종에 따라 적당한 것이 따로 있으므로 브리더나 수의사와 상의하여 결정하는 것이 좋다.

구충

일단 내부기생충이 생기면 털에도 나쁜 영향을 미치게 된다. 브리더는 강아지분양에 앞서 내부기생충의 구충방법을 알려주어야 하며, 개를 키우는 내내 구충을 실시해야 한다. 약 투여에 관한 정보는 수의사에게서 얻을 수 있다.

운동

견종에 따라 필요한 운동량도 차이가 있으며 개의 건강 여부는 외피의 털 빛만 봐도 금방 알 수 있다.

건강한 개는 비만이나 미성숙 된 개에 비해 움직임이 자연스럽다. 버니즈(Bernese Mountain Dog)나 그레이트 데인(Great Dane) 같은 큰 종류의 개라 하더라도 강아지일 때는 지나친 운동량을 소화해 내기 힘들므로 최소로 필요한 운동량부터 시도하

완전사료는 간편하며 개에게 필요한 충분한 영양분을 가지고 있다.

규칙적인 운동은 개의 건강상태를 최상으로 유지시켜 주고, 털의 상태로 개의 건강상태를 확인할 수 있다.

는 것이 좋다. 어쨌든 운동량을 적당히 조절해 주는 것이 건강에 좋으며, 털의 상태를 통해 개의 건강한 상태를 쉽게 알 수 있다. 운동, 산책, 뛰어놀기(Free run), 새로운 장소 방문 등이 개와 주인의 건강에 모두에 도움이 된다.

산책을 마치고 돌아오면 개의 몸과 발을 살펴 밖에서 붙여온 작은 부스러기나, 식물의 씨앗 등이 몸에 붙어있지 않도록 제거해야 한다. 특히 추운 겨울에는 눈이나 얼음이 붙어 있으면 습진을 일으킬 수 있으므로 패드도 살펴보아야 한다.

주거환경

개를 기를 장소는 품종의 특성을 고려해야 한다. 푸들, 캐발리어 킹 찰스 스파니엘, 코카 스파니엘 등은 집안에서 길러야 하는 종류로 잠도 주인 가까이에서 자도록 한다. 불 마스티프, 버니즈 마운튼 독, 뉴 펀들랜드, 그레이트 피레니즈 등은 다용도실 정도의 공간이 적당하며, 알레스카 말라뮤트는 집 밖에 따로 개집을 마련해 주는 것이 적당하다.

잠자리와 주거환경이 털의 형태를 바꿔놓을 수 있다. 콘크리트 바닥에 누워서 자는 개는 팔꿈치부터 시작해 탈모를 일으킨다. 잔디밭에 누워 자는 개는 벌레나 곤충에게 물리고 물린 자국을 긁다보면 털도 망가지게 마련이며 습한 환경조건에 의해 습진이 생기게 된다.

잠자리 도구는 정기적으로 세탁하고 바닥은 항상 깨끗이 유지해 주어야 한다. 지나치게 강력한 세제를 사용하는 것은 개의 피부와 털에 손상을 줄 수 있으며 개의 입으로 들어가 심각한 문제를 일으킬 수 있으므로 주의해야 한다.

개의 주거환경과 잠자리는 털의 상태에 직접적인 영향을 준다.

조기발견

정기적인 애견미용은 개에게 일어날 수 있는 문제를 조기에 발견할 수 있게 해준다. 눈에서 눈물이 많이 난다거나, 숨소리가 거칠다거나, 피부에 이상 증상이나 알레르기 반응이 있거나 하는 등의 증상을 발견해 초기에 치료할 수 있다(제8장 참조).

벼룩이 한마리라도 눈에 띈다면 그 개는 이미 심각한 벼룩문제를 겪고 있다는 뜻이다. 벼룩은 초기에 해결을 해야 개가 고통을 덜 받으며, 벼룩이 완전히 퍼진 후의 치료는 비용 면에서 엄청난 지출을 해야하며, 두고두고 골칫거리가 될 수 있다.

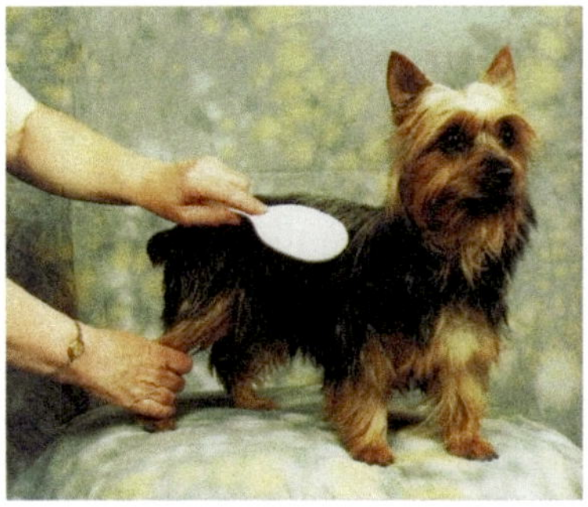

정기적 애견미용은 건강의 적신호를 초기에 알게 하는 이점이 있다.

Chapter 3
정기적인 손질과 관리 (Grooming)

언제부터 손질을 시작해야 할까? 이 질문에 대한 대답은 간단히 첫날부터라고 해야 할 것이다. 털 종류에 맞는 브러시를 준비하고(파트3 제6장 참고), 매일 조금의 시간만 투자하면 개들도 곧 적응하게 된다.

대부분의 경우 강아지를 테이블위에 올려놓고 브러싱하는데 별무리가 없다. 조금 큰 종류라 하더라도 테이블위에 올려놓고 손질하는 것이 용이하다. 일반적인 브러싱, 빗질 뿐 아니라 귀, 눈, 입을 살펴보고 특히 항문 주위는 깨끗하게 유지해 이물질이나 분비물이 남아있지 않도록 한다. 털이 많은 종류의 개는 이물질이 털에 붙기 쉬우므로 철저히 관리해 주어야 한다. 나무 부스러기 등을 먼저 떼어내고 다른 이물질을 제거하며, 특히 항문 주위의 청결에 더욱 신경써야 한다.

PROFESSIONAL GROOMING

전문 애견미용

흔한 종류의 개(푸들, 코카 스파니엘, 대부분의 테리어종)를 가진 경우 털 관리에 주의를 기울여 3~4개월이 되었을 때부터 정기적으로 전문 애견미용사를 찾을 필요가 있다. 어린 강아지나 성숙기에 접어든 개에게 집에서 매일 브러싱을 해 주는 것도 병행되어야 한다.

관리 주기

강아지때 부터 집에서 매일 브러싱을 해주면 털 관리에 도움이 되고, 강아지에게 관리에 길들여 지는 습관을 길러주는 두 가지 효과가 있다. 매일의 관리를 통해 강아지는 안정감을 느끼게 되고 주인은 강아지에 대해 좀 더 알게 되어 가족으로 함께 살아가는데 도움이 된다.

집중적인 털 관리를 필요로 하지 않는 견종의 경우 1주일에 한 번 정도의 주기가 적당하다. 그러나 이 경우라 하더라도 어린 강아지일 때는 매일 조금씩 브러싱을 해

주면 적응이 되어 자라서도 관리하기가 쉽다.

초기 훈련

강아지 미용에 있어 꼭 기억해야 할 것은 손질을 받는 동안은 반드시 선 자세를 유지하도록 하는 것이다. 어렸을 때 버릇을 들여놓지 않으면 성견이 되어서 새로운 습관을 들이기가 상당히 어렵기 때문이다.

강아지를 집에서 관리할 때 지정된 곳에서 하도록 한다. 먼저 '일어서'라고 지시한 뒤 2초 정도 기다린다. 그런 다음 보상물을 주고 부드럽게 칭찬해 준다. 강아지가 '일어서'라는 말의 의미를 알게 될 때까지 매일 몇 차례 이 과정을 반복한다.

보상물 주기, 칭찬하기, 안아주기 행동은 강아지들이 손질 시간을 즐겁게 느끼도록 해준다.

긴 털을 가진 개의 경우 미용 중 옆으로 누운 자세를 유지하도록 훈련시키는 것도 필요한데, 이 자세가 가장 안전하고 개에게 편안한 자세이다.

대부분의 강아지는 매일 받는 손질을 좋아할 것이다. 주인과 교감을 나눌 수 있고, 육체적 정신적 성장에 도움이 된다. 단지 하루에 몇 분 투자하는 것으로 강아지를 온순히 손질을 받도록 훈련시킬 수 있고 주인이나 가족 구성원의 요구에 반응하는 능력까지 키울 수 있다.

어린 강아지를 미용할 때는 너무 긴 시간을 소비하지 않도록 한다. 강아지들에게 미용은 지루한 것이라는 인식만을 심어줄 수 있다. 일단 집에서 받는 손질에 적응이 되었다는 것은 전문 애견미용사나 수의사 또는 각종 선발대회의 심사위원들 앞에 설 준비가 되어가고 있다는 증거이며, 이는 또한 어떤 사람 앞에서도 편안함을 느끼고 자신을 내보일 마음의 준비가 되었다는 뜻이다.

PROFESSIONAL GROOMING

평균적으로 대다수의 견주들은 털관리에 특별한 주의를 해야 한다(푸들, 코카 또는 대부분의 테리어 견종).
3~4개월 주기로 전문애견미용사에게 정기적인 방문이 필요하다. 그러나 기본적으로 강아지와 성견에게는 매일 브러싱하는 것이 필요하다.

강아지 주인들에게 한 가지 덧붙이고 싶은 말은 미용을 시작하기 전에 강아지가 편안한 상태인가를 체크하라는 것이다. 그렇지 않으면 강아지는 소변을 보게 되거나 미용시간 내내 낑낑거리며 힘들어 할 것이다.

시작 단계

애견미용은 브러싱, 목욕, 발톱깍기와 클리핑이 병행된다. 대부분의 주인이 전문적인 미용지식을 가지기는 어렵다. 단지 브러싱의 기본정도만 아는 것으로 충분하며, 손질을 더 요하는 개를 가지고 있다면 빗질이나 목욕법 정도를 좀 더 알고 있으면 된다. 이 장은 초보자나 개를 처음으로 기르는 주인들을 위한 장이다.

바닥에서 그냥 손질을 하다 보면 강아지를 자세히 보기 위해 무릎을 굽혀서 작업을 해야 하기 때문에 테이블 위에서 시작하는 것이 훨씬 편리하고 피로도 덜 하다. 개들도 테이블 위에서 훨씬 더 온순해진다.

강아지들은 어릴 때부터 손질에 익숙해 져야 한다. 이것은 특히 시츄(위)같이 손질을 많이 필요로 하는 견종에게 더 중요하다.

- 강아지를 테이블위에 올리고 바짝 다가선 자세에서 목줄을 손가락으로 잡아 개가 테이블 밑으로 떨어지거나 뛰어내리는 것을 방지한다.
- '일어서'라고 명령한 후, 강아지가 조용히 일어서면 칭찬해 준다.
- 목줄을 잡지않은 손으로 머리에서부터 몸 뒤쪽으로 다리 그리고 꼬리까지 체계적으로 브러싱 해준다.
- 이 동작을 1~2분 해준 다음, 강아지의 몸의 반대방향으로 돌려주면서 '돌아'라는 명령을 한다.
- 다시한번 '일어서'라고 명령한 후, 나머지 한쪽을 머리에서 꼬리 쪽으로 같은 방법으로 브러싱한다.
- 털을 꼼꼼하고 부드럽게 브러싱한다. 이때도 '일어서'라는 명령을 반복해 강아지의 습관을 기른다.
- 브러싱이 모두 끝나면 강아지에게 칭찬과 함께 먹을 것을 보상물로 준다.
- 강아지를 바닥에 내려놓고 함께 놀아준다.
- 이 과정을 통해 강아지는 손질이 즐거운 것이라는 인식을 가지게 되고 그 시간을 기대하게 된다.

PROFESSIONAL GROOMING

힘센 강아지 콘트롤하기

강아지 미용 시 두꺼운 수건을 미용 테이블에 깔아준다. 강아지가 좀 더 편하게 느낄 뿐 아니라 산만함을 없애 줄 수 있다.

- 이틀정도 지나 강아지가 이 과정에 익숙해지면, 필요한 부분을 추가로 빗질해 준다(파트3 참고).

기타 점검 사항

허리높이보다 높은 위치에서 손질하는 것이 미용사에게 훨씬 편안한 자세이다.

귀, 이빨, 발톱관리 습관도 길러야 한다(제7장 참고). 성견은 길들이기 힘들므로 나중을 위해서라도 강아지 때 습관을 들이는 것이 좋다. 동물병원에 데리고 갔을 때에도 까다롭고 공격적인 개는 환영을 받지 못한다. 그러므로 관리습관을 길들이는 것은 개를 키우는데 매우 중요하다.

손질시간 이후 강아지와 같이 놀아줌으로써 강아지에게 유익한 시간이라는 인식을 심어주는 것은 아주 중요하다.

주름

불독이나 요즘 인기가 올라가고 있는 차이니즈 샤페이처럼 주름이 많은 종류의 개는 주름이 염증과 균에 의한 감염의 원인이 될 수 있으므로 주름사이에 이물질이 끼지 않고 항상 건조한 상태를 유지할 수 있도록 특별히 관심을 기울여야 한다.

이런 견종은 얼굴주름이 민감한 눈 표면을 자꾸 건드려 염증을 일으킬 수도 있으므로 주의를 기울여 살펴야 한다.

- 숨겨진 피부 구석까지 따뜻한 물로 깨끗이 씻는다.
- 완전히 건조시킨다.
- 베이비파우더나 콘스타치(옥수수 녹말)를 탈지면에 묻혀서 가볍게 발라준다.
- 접힌 부분이나 주름 안까지 이 과정을 일주일에 한번정도 시행한다.

차이니즈 샤페이나 불독(사진) 같이 주름이 많은 종류의 개는 손질단계에 정기적으로 피부관리를 해주어야 한다.

목욕과 건조

목욕은 여러면에서 이롭다. 하지만 몇몇 견종들은(예 : 테리어종) 독 쇼에 출진하기 전에 하는 목욕이 털을 지나치게 부드럽게 만든다고 하여 바람직하지 않게 여겨지는 경향이 있다.

개가 받아야할 관리를 제대로 받고 있기만 하다면 목욕을 시키고 안 시키고는 주인의 선택이다. 쓰다듬어 줄 때 손에 기름기가 남지 않을 정도이고 좋은 냄새가 나도록하는 정도의 목욕은 해주어도 좋다. 깨끗한 털이 더러운 털보다 브러싱과 빗질 할 때 훨씬 쉽다(단계별 목욕법은 제7장을 참고).

샴푸와 린스

어떤 샴푸가 개에게 적당한지 브리더의 조언을 구해야 한다.

일반적으로 순한 ph 밸런스 샴푸가 쓰인다. 벼룩관리를 위한 해충 제거 샴푸도 있는데 너무 강하므로 자주 쓰지 않도록 해야한다.

긴 털을 가진 개와(제11장 참고) '털갈이' 털(강아지의 부드러운 털에서 성견의 털로 되어가는 중간단계)을 가진 개의 경우에는 컨디셔너가 털에 도움이 되는 경우도 있다.

Chapter 4 애견미용실

많은 개 주인들이 개를 데리고 애견미용실을 찾거나 전문가를 자신의 집으로 부른다(차가 없을경우 이 방법이 특히 편리하다). 개가 전문가의 손질을 받은 듯한 환상적인 모습이 되도록 하고 싶다면 브러시를 손에 쥐어라!

전문 애견미용사 선택하기

주의해서 애견미용사를 선택해야 하며 개를 분양받기 전부터 알아보아야 한다. 대부분의 전문 애견미용사들은 개에게 헌신적이고 모든 필요한 부분을 세심히 살펴준다. 그러나 간혹 제대로 경험을 쌓지않고 너무 빨리 개업하는 경우도 있다. 전자의 대다수가 환상적인 발톱깎기 실력을 쌓는 데에만 3주간의 시간을 보내고 난 뒤에야 개 손질의 준비가 되었다고 생각하는 반면, 후자의 경우는 그렇지 못하다. 어느 정도 경력을 인정 받으려면 다양한 털 종류를 다루어 보아야하며, 더 중요한 것은 다양한 종류의 개들이 가지는 성격의 차이점을 아는 것이다.

그렇다면 여러분의 사랑스런 개를 맡겨도 될 만큼 믿음이 가는 사람을 어떻게 찾아야 할 것인가? 첫번째로 질문해봐야 할 점은 애견미용사로써 경력이 아니라 일반적인 관점에서 말할 수 있는 개에 관련된 일을 얼마나 오래 해 왔는가 하는 것이다.

대부분의 개는 부드러운 태도에 반응을 보이게 마련인데 간혹 엄격한 손길이나 목소리를 필요로 하는 경우도 있다. 개가 경계의 빛을 보이면 그것이 공포에 의한 것인지 단지 나쁜 성격 탓인지 분석해 보아야 한다.

개가 누군가를 문적이 있는지 얼마나 자주 그런 일이 일어났는지 애견미용사에게 알려주어야 한다. 세미나에서 만나는 애견미용사들 중 '나는 푸들미용은 진절머리가나요. 정말 성가시고 잘 물잖아요.' 라고 말하는 사람은 프로다와 보이지 않는다.

개를 다루는 법을 아는 것은 미용 기술을 익히는 것만큼이나 중요하다.

그러나 이러한 몇몇 이들이 보여주는 행동이 일반적이라는 판단은 잘못된 것이다. 대부분의 애견미용사는 단골 고객들의 털을 어루만지는 것을 즐기는 일을 좋아하고 또 열심히 임하고 있다.

미국의 경우 애견미용사는 허가증이나 자격증이 있어야 한다. 몇 몇 주에서는 애견미용사 개인이 아니라 미용실 자체에 허가증을 발급하기도 하고, 어떤 주에서는 미용사에게 살충제 관리 자격증을 요구하기도 한다.

백문이 불여일견

미용사가 마음에 들면 일단 다른 개를 다루는 것을 지켜볼 수 있도록 부탁한다. 당신이 본 것이 만족스러우면 (예를 들어, 개가 즐겁고 안정적으로 보이고 애견미용사 역시 자신감 있고 능숙해 보이는 경우), 개를 맡기고 다시 한번 지켜볼 수 있게 부탁한다. 자신감 있는 애견미용사라면 흔쾌히 응할 것이다.

어떤 개들은 주인이 보고 있으면 처음에는 약간 흥분 상태가 되기도 한다. 그러나 주인이 이를 무시하고 조용히 자리에 앉으면 곧 조용해진다.

애견미용사들은 고객들이 미용과정을 지켜보는 것은 좋아하지만, 개의 흥분을 가라앉히는데 드는 시간낭비 때문에 지켜보는 것을 꺼리기도 한다. 개의 특성을 파악해 애견미용사와 상의해서 결정하도록 한다.

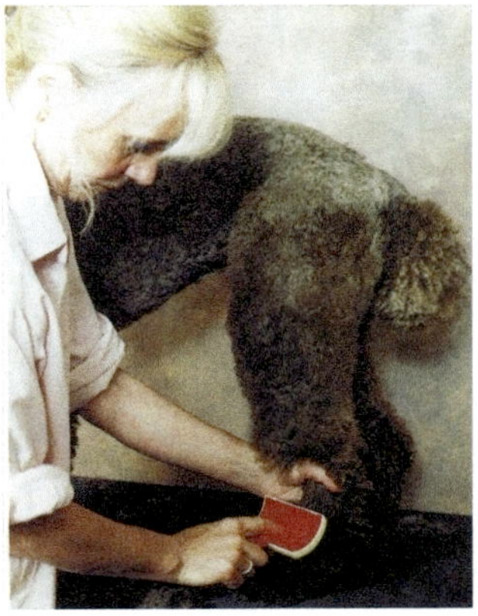

애견미용사를 고를 때는 개를 맡기기 전에 그가 일하는 것을 볼 수 있도록 부탁한다.

주요정보

애견미용사는 개주인으로부터 다음의 사항들을 묻고 기록해 두어야한다. 주인의 이름과 긴급 연락처 등의 기본적인 정보와 개의 나이, 담당 수의사의 이름 및 전화번호, 특별한 건강상의 문제(예, 사마귀 또는 알레르기) 등이다.

성공적인 관계

단순한 브러싱만으로 강아지가 미용을 받는데 빨리 적응하도록 도와주므로 가능한 어린 나이에 애견미용실에 데리고 가는 것이 매우 중요하다. 이는 단지 애견미용사만을 편하게 만드는 것이 아니라 개에게도 도움이 되며, 방치되어 털이 엉겨 붙는 것을 방지해 준다.

털이 엉키기 시작한 후에는 손질을 하기가 어려워져 개가 미용 받는 것을 불편해하고 다음번에는 협조를 잘 안하려 든다.

문제는 종종 개가 1살이 될 때까지 전문 애견미용사에게 손질을 받아 본 적이 없거나 주인이 엉켜버린 털을 감당하기 어려워 전문 애견미용사를 찾아오는 경우이다. 이는 개에게 미용시간이 즐겁지 못하게 되고 나중에는 더 큰 문제가 야기된다.

사고 발생

개의 손질을 맡기기 전에 적정한 보험이 가입되어 있는지 확인한다. 애견미용 중 사고가 발생하는 일은 아주 드물지만, 미용사의 실수와는 상관없이 엉뚱한 데에서 사고가 생길 수도 있다.

대부분의 개 주인의 보험이 애견미용사의 개인보험이 없는 경우에 일어난 사고에 대해 보상이 되도록 되어있지만 만약을 대비해서 보험가입 여부를 체크하는 것이 바람직하다. 당신이 개에게 부상을 입혀 수의사의 도움이 필요할 수도 있는 일이므로 보험을 꼭 들어두도록 한다(현재 한국에는 아직까지 이러한 종류의 보험이 없다).

비용은 얼마나 들까?

시기에 따라 가격은 다를 수 있겠지만, 전문애견미용 비용은 어떤 종류의 개인가와 얼마나 많은 작업이 필요한가에 따라 달라진다. 예를 들어, 대체로 아메리칸 코카는 잉글리시 코카에 비해 더 많은 시간이 필요하다. 아래 항목들 또한 가격결정에 적용된다.

- 발톱 깎기와 털깎기가 포함 되는지 여부(가위로 컷트하는 것은 아주 긴 시간이 필요하다)
- 목욕이 포함 되는지 여부
- 털 컨디셔닝 여부
- 털 자르기 – 전체 자르기, '램', '더치', '라이온' 등
- 지역에 따른 차이(비록 현재, 단체에 증가하고 있는 회원 수에 더불어 안정되고는 있느나)
- 만약 테리어, 아프간 하운드, 올드 잉글리시 쉽독, 푸들과 같이 털이 많은 개를 키우고 싶다면, 정기적으로 애견미용사를 찾아 털을 잘라주거나, 목욕 또는, 전문 애견미용을 해 주어야 한다. 강아지를 사기전에 전문적인 털 관리를 위해 얼마나 지출해야 할지를 먼저 생각해야 한다.

모양은 비슷해 보이지만, 아메리칸 코카 스파니엘(아래) 이 잉글리시 코카(왼쪽)에 비해 더 긴 애견미용시간이 필요하다 – 가격결정에 영향을 줌.

전문애견미용 | Part 2

Chapter 5 시작하기

전문 애견미용사가 되는 길은 다양하다. 많은 경우 자신의 개를 손질해주다 흥미를 느껴 전문가의 길로 접어들기도 한다.

마술 지팡이를 휘둘러 깨끗하고 부드러운 털을 가진 멋진 개의 로맨틱한 상상을 하는 사람들이 많지만, 그런 멋진 모습은 사실은 노력과 헌신만이 이루어 낼 수 있는 결과임을 먼저 알아야 한다. 이런 사람들은 대개 1~2주 어렵고 지저분한 개를 손질해주고는 내팽개쳐 버린다. 개의 털을 손질해 주는 것이 무성의한 태도로 클리퍼나 대강 째깍거리는 것과는 달리 훨씬 더 많은 작업이 필요함을 깨닫게 되기 때문이다. 실제로 애견미용 학교를 마친 사람의 50%가 일이 너무 힘들어 1년 이내에 그만두고 있다.

애견미용 세미나

애견미용사로서 경력을 쌓은 사람이라면, 1년에 적어도 한두 번 정도는 세미나나 독 쇼에 참가해 볼 만 하다(세미나 정보는 주간, 월간 애견관련 신문이나 잡지에서 얻을 수 있다). 이런 세미나에서는 최고의 업체에서 나온 자격을 갖추고 경험이 많은 애견미용사들로 부터 종류별로 다른 애견미용법 시범과 조언을 구할 수 있다.

새로운 정보와 아이디어를 얻는데 좋은 기회가 될 뿐 아니라 애견미용실 운영이나 멋지고 훌륭한 손질로 개를 만들어 내는 힌트를 얻을 수도 있어 이런 세미나는 아주 유용하다.

전시 스탠드들도 설치되어 무료샘플을 제공하거나 최신기계 전시 등 많은 특별 이벤트들도 있다.

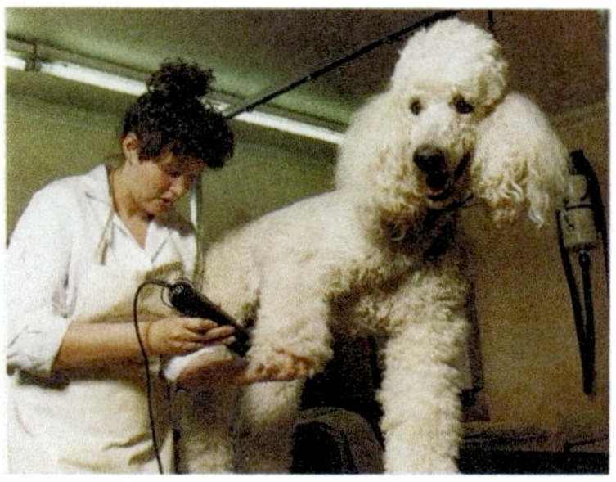
특히 전문 미용사의 길에 처음 접어든 사람이라면 애견미용 세미나는 가 볼만한 행사이다.

애견미용장비의 발전을 위해 많은 연구가 있었고 최근에는 고도의 전문 애견미용 장비들이 시간과 비용절약형으로 디자인되어 애견미용사들을 노동과 스트레스로부터 해방시켜주며 더 많은 비용절감 효과도 주고 있다.

오랫동안 수의사들 사이에 전해지던 다양한 내용들이 정리되고, 애견미용사들은 그들의 경험들을 공유하고 있다. 게다가 털 엉킴 해결법 및 손질과 모양내기 시범이 많이 있다. 문제해결을 위한 특별조언과 함께 가위 손질법은 늘 있는 메뉴이며, 전문가의 발표와 쇼를 위한 개의 준비방법과 전문 애견미용장비 사용법의 시범을 볼 수 있다.

애견미용 공부를 결심한 사람이라면, 이런 유익한 행사에 참석하도록 노력해야 한다. 애견미용사들은 대부분 이야기하는 것을 좋아해 자신이 어떻게 시작했던가를 이야기해 줄 것이다.

주변에 지역 애견미용사 단체가 있으면 회원으로 가입하고 단체를 통해 아주 유용한 정보를 얻을 수 있다.

기초 훈련

애견미용사에게 시작단계의 기초훈련은 아주 중요하다. 교육을 받는 애견미용 센터가 전문성이 뛰어나고 개를 다루는 손질이 좋으면 좋을수록 훈련생은 더 유능하고 성공적인 애견미용사로 성장하게 된다. 애견미용을 가르치는 전문학교가 있으며, 교육과정을 운영하는 켄넬(사육시설)이나 미용업체도 있다.

손질과 발톱깎기를 가장 잘 할 수 있는 방법은 경험뿐이다. 따라서 자영업을 시작하기 전 수습과정을 꼭 거쳐야 한다.

단기코스는 기초적인 것만 다룬다. 몇 주 과정으로 종류별로 다른 미용방법을 배우기는 어렵다. 혼자 힘으로 모든 종류를 다루는 법을 알 수는 없다. 단기코스에서는 이론을 배우는 것이지 실제 경험은 전혀 할 수 없고, 수습과정을 통해서만 얻을 수 있다.

추천하고 싶은 방법은 자영업을 시작하기 전에 평판이 좋은 애견미용실에 일자리를 구해 적어도 1년 정도 경력을 쌓아 전문가가 되는 것이다. 목욕으로 시작해 발톱관리 등을 통해 천천히 경력을 쌓는다. 너무 서두르는 것은 오히려 실패를 가져다 줄 수 있다.

비용 고려

많은 애견미용사들이 집에서 사업을 시작하는데 자신의 가족 욕실에서 고객의 개를 목욕시키는 것은 장기적으로는 좋은 계획이 아니다.

미용실을 시작하기 전 전체 비용이 얼마나 들지 꼭 고려해 보아야 한다. 첫 번째로, 어디에 오픈 할 것인가를 신중히 고려해야 한다.

많은 애견미용사들이 집에다 미용실을 여는데, 심지어 방 한 켠에 남은 공간을 이용하고 자기 집 욕실에서 개 목욕을 시키는 사람도 있다. 처음에는 이것으로 충분해 보일지 모르나 실용적이지 못하고 전문성이 부족해 보인다. 장기적인 안목으로 생각해 적당한 자리를 알아보거나 집을 늘려 도구들을 좀 더 편리하고 위생적으로 운용하도록 해야 한다.

서비스요금은 지출을 고려해 책정해야 한다. 그렇지 않으면 일만 죽도록 하고 남는 것이 없는 장사가 되고 만다. 임대료, 전기세, 보험료, 장비, 작업량 등 모든 측면을 고려해야 한다. 사업을 시작할 때는 적절한 광고도 필요한데 그 비용 또한 만만치 않다.

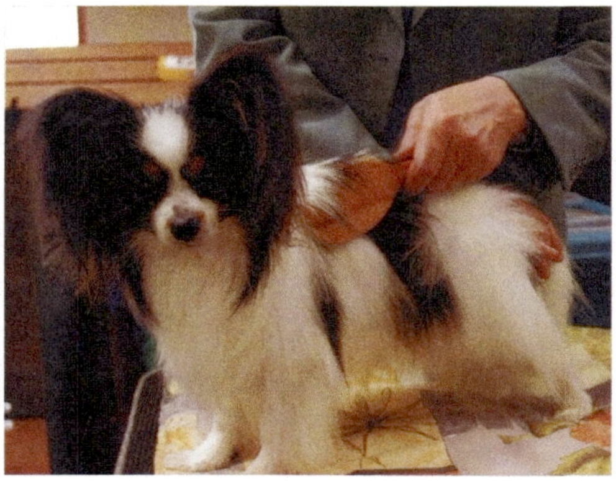

시간을 두고 입소문을 통해 명성을 쌓을 수 있을 것이다.

솜씨를 살리면 비용을 삭감하는 데 도움이 될 수 있다. 당신이나 친구가 컴퓨터를 가지고 있다면, 명함이나 애완동물 용품점들에 돌릴 광고지 등은 비교적 쉽게 만들 수 있다. 지역신문에 광고를 내는 것은 아마 사업시작과 함께 꼭 해야 할 일일 것이며, 전화번호부에 등록하는 것도 좋은 홍보가 될 수 있다. 무엇보다도 입소문이 가장 큰 홍보방법이다.

경쟁자 분석

사업장 주변에 얼마나 많은 애견미용사가 활동을 하고 있는지 알아보아야 한다. 현실적으로 따져보아 한사람 더 끼어들 만한 곳이 있는가, 그들은 어떤 서비스를 제공하고 있는가, 비용은 어느 정도 받고 있는가 하는 것이다.

집에 사업장을 열어 고정지출이 없는 미용사들은 작업량에 비해 가격을 낮게 책정하거나 아니면 지나치게 높은 이익을 추구하는 경우가 있다. 같은 지역에 있는 다른 애견미용사에 의한 턱없이 낮은 가격 책정은 장비에 많은 투자를 하고 임대료를 내야하는 애견미용사들에게 치명적인 영향을 미칠 수 있다. 한사람이 하루에 할 수 있는 최대한의 개를 손질해 주고도 겨우 본전이거나 적자만을 가져 왔다면 사업을 계속 할 필요가 없다.

업계기관이나 협회 등에 가입하면 일단은 비용이 들지만, 국내 가격동향을 통해 가격결정 가이드를 제시해 줄 것이다. 종종, 지역에 따라 가격이 결정되며, 지역 마다 상당히 다르기도 하다.

같은 지역 애견미용사들에게 직접 전화를 해 물어보는 것도 가격동향을 아는 한 방법이다. 모든 종류의 개를 다룰 수 있을 만큼 뛰어난 실력을 갖추지 못한 애견미용사의 경우 특정 종류에게 낮은 가격을 받을 것이다. 자신이, 푸들 보다는 테리어를 더 잘 다루므로 낮은 가격을 받든지 아니면 오히려 높은 가격을 받든지 말이다.

경쟁자가 기술도 좋으면서 가격 또한 낮게 받는다면, 단지 사업을 유지하고 대출금정도를 갚아 나가는 것이 아니라 충분한 이익을 창출 해 낼 수 있을지 생각해 보아야 한다. 사업을 시작하기에 적당하지 않다고 생각되면, 다른 지역으로 눈을 돌리도록 한다.

보험(앞서 말한바와 같이 한국에는 아직까지 이러한 보험이 마련되어 있지 않다)

애견미용사들을 위한 특별 패키지를 가지고 있는 보험 회사가 있다. 자영업자들에게 예기치 못한 사태들이 생길 수 있기 때문이다. 강아지가 그루밍테이블 거치대에 매달려 있는 것을 발견한 미용사의 이야기를 들은 적이 있는데 그 미용사가 전화를 받으러 간 사이, 강아지가 테이블에서 뛰어내리려 하다 자신의 목줄에 매달리게 된 것이다. 이런 사고는 미용사가 적절한 안전훈련을 받은 경우라면 절대로 일어날 수 없는 일이다.

다른 애견미용사는 차 사고로 인해 6개월이나 활동을 할 수 없다는 진단을 받아 사업을 접어야 했다. 좀 극단적인 예를 들기는 했지만 사고는 예고없이 찾아오는 것이므로 1년에 조금의 비용을 지출함으로써 이런 모든 가능성으로부터 보호를 받을 수 있다.

회계

사업 처음부터 회계는 확실히 관리하는 것이 좋다. 컴퓨터를 잘 다루지 못한다면(아주 간단한 회계 패키지가 있다), 두개의 장부를 차례대로 정리하는 것이 비교적 쉬운 방법이다.

- 지출 장부(전화세, 가스, 의복, 장비 등)
- 수입 장부 – 모든 수입
- 소매업을 추가하게 되면(예, 미용용품 판매) 정확한 재고장부는 필수

전문 회계사에게 일임하던지 과세를 위한 자체 평가체계를 갖추는 것 또한 필수항목이다. 지역 세무서에서 자세한 사항을 확인할 수 있다.

Chapter 6 장비 구입

애견미용업계에 처음 발을 들여놓을 때는, 서둘러서 하는 사람들이 늘 그러하듯 불필요하고 비싸기만한 많은 장비를 사들이기 전에 여러 달에 걸쳐 훈련을 받고 수습기간도 거치는 것이 좋다. 오히려 기본에 충실하고, 자신의 미용도구를 필요하다고 생각 될 때마다 차근차근 마련해 나가도록 한다.

항상 자신의 형편에 맞추어 최상이라고 생각되는 장비를 구입하고, 능력이 될 때 업그레이드 해 나가면 된다. 불완전하게 디자인 된 장비는 손에 잦은 부상을 가져오므로, 보다 나은 품질의 장비를 구입하면 지출한 비용만큼의 가치를 발휘하기 때문에 좋은 품질의 장비를 구입한다.

장비는 사람마다 선호하는 것이 다르다. 어떤 애견미용사는 오스터 클리퍼만 사용하고, 어떤 애견미용사는 다른 종류의 개를 위해 3가지 타입의 클리퍼를 설치한다. 한 가지 확실한 것은 클리퍼만은 최상의 품질의 제품을 구입할 것을 권한다. 작은 진동 클리퍼는 싼 반면, 대체로 얌전한 개들을 다루기 힘들고, 어렵게 하여 바쁜 미용사에게 쓸모없는 도구다. 싸구려 클리퍼를 자신의 얼굴에 대어보고 만족스러운지 생각해 보라!

사업 도구

이제 애견미용사가 사용할 수 있는 많은 도구들을 살펴보기로 하자. 가장 기본적인 법칙은, 쓴 만큼 얻는다는 것이다. 경험있는 직원들이 있는 회사로부터 구입하게 되면 무엇을 사고 무엇을 사지 말아야 할지 조언을 받을 수 있다. 그러나 한 가지 기억해 둘 것은 이들 역시 영업을 하는 사람들이므로 종종 초보 애견미용사들에게 꼭 필요한 물건이 아님에도 불구하고 사기를 권유하기도 한다.

다음은 애견미용 재료구입처에서 구할 수 있는 장비들의 분류이다.

작업복(유니폼)

단정한 용모는 고객들을 다시 오도록 이끄는 요인이 된다. 보기 좋은 모습이란 말은 여러분이 손질하고 있는 개에게만 해당되는 말이 아니다. 애견미용은 가끔 여기저기 흩어진 털로 인해 지저분해지기 쉬운 작업인데 이 때 깨끗하고 세련된 특별히 디자인한 작업복은 여러분을 깔끔하고 세련된 모습으로 유지하도록 도와준다. 작업복은 개 주변의 복잡한 환경사이에서 움직임을 편하게 해주기도 한다.

나일론타입 작업복도 인기품목 중 하나이다. 더러운 것이 쉽게 제거되고 털을 털어내기도 쉽기 때문이다.

편안한 신발은 필수품이다. 신발의 바닥은 미끄럽지 않아야 한다(특히 목욕실에서는). 하루 종일 서서 일하는 경우가 대부분이므로 애견미용실에서 하이힐이 있을 곳은 없다. 편안한 고무나 고무 타입의 깔개를 준비해서 그 위에 서서 일하는 것도 좋은 방법이다.

미용 테이블

상단에 고무판이 설치되어 있는 애견미용 테이블은 애견미용사들에게 개를 다루기가 쉽게 해 주고 작업에 의한 고통으로부터 해방시켜준다.

안정되고 튼튼한 테이블이 애견미용에는 필수이다. 테이블 위에 고무 깔개를 덮어 놓으면 개가 미끄러지는 것을 방지 할 수 있다. 테이블 높이는 미용사가 편하게 일할 수 있도록 맞추면 여러분의 견공 고객을 위해 많은 시간을 몸을 구부려 일할 필요가 없다. 높이 조절이 가능한(유압식) 테이블이 개의 종류에 따라 높이를 바꿀 수 있어 이상적이다(골든 리트리버는 요크셔 테리어에 비해 높이가 낮아야 한다).

목욕

욕조

모든 애견미용사들이 목욕을 담당한다. 허리 높이가 가장 피로를 덜 느끼게 하는 높이이다. 그러나 혼자서 무거운 개를 욕조로 들어 올릴 수 없다. 낮은 테이블이나 긴 의자를 욕조 가까이 두면 개가 욕조로 걸어 들어 갈 수 있어 일을 더 편하게 할 수 있다.

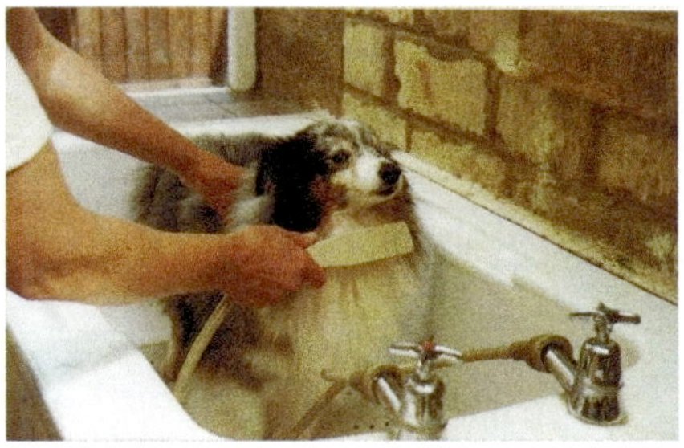

허리 높이의 욕조는 또 다른 노동을 절약할 수 있는 필수 선택이다. 목욕 씽크대와 미용 테이블의 적당한 높이(작업자의 키1/2+5㎝), 평균 85㎝가 적당.

어떤 애견미용사는 보조 램프(ramp)를 같은 용도로 준비하기도 한다.

원한다면 이동을 위한 바퀴달린 욕조를 구입할 수도 있다. 이 플라스틱 욕조는 뒤와 옆이 높고 앞부분이 낮다. 이 욕조는 개가 목욕 중 바깥으로 뛰어나가는 것을 방지하고, 개를 쉽게 욕조 안으로 들어 갈 수 있게 해 준다.

목욕 브러시

플라스틱 브러시를 사용하면 샴푸 시 털 깊숙이까지 깨끗하게 하고 제품이 털에 고루 퍼지게 할 수 있다(Tip : 손잡이가 튼튼한 것이 좋다).

샴푸

시중에 나와 있는 샴푸의 종류는 매우 다양하다. 칼라 코트용 샴푸, 일반용 샴푸, 벼룩 제거용 샴푸, 피부 보호용 샴푸, 단백질 함유 샴푸, 강력 표백용 샴푸 … 등 셀 수 없을 정도로 많다.

대부분의 샴푸는 피부에 직접 사용하지 않고 물에 희석해서 사용한다.

항상 부드럽고 질이 좋은 샴푸를 사용하는 것이 좋다. 대부분의 애견미용사들은 여러가지 종류의 샴푸를 구비해 그 개에게 맞는 샴푸를 사용한다.

최근에 시판되는 샴푸와 컨디셔너 중에 '실버'와 '다이아몬드' 타입이 있는데, 흰색 개들의 외모를 더 빛나 보이게 하며 얼룩을 제거하고 털의 일부분이나 전체의 냄새를 없애는 기능이 있다. 피부와 털의 순화샴푸로 건강한 외모와 멋진 마무리를 위해 사용한다.

털을 자르고 손질을 받은 개를 위한 '스컬프처 린스'는 애완견과 쇼독 모두에게 탁월한 마무리를 원하는 애견미용사에게 꼭 필요한 제품이다.

컨디셔너

모든 털에 컨디셔너를 쓸 필요는 없지만 거의 대부분(털의 장단이나, 강모이거나 곱슬에 상관없이)의 털이 엉킨경우 오일이 강화된 제품을 써주는 것이 도움이 된다.

자른 털의 마무리를 위해 제조된 컨디셔너도 있다. 대부분의 경우 농축액 형태로 판매되므로 물에 희석해 사용한다(항상 제품 설명서를 읽어 볼 것).

컨디셔너는 다음과 같이 분류된다. 긴 털을 위한 윤기를 내주는 린스, 광택이 있는 털을 위한 정전기 방지와 함께 엉킴을 풀어주는 크림 린스가 있다. 그리고 주름을 펴주는 직모용은 드라이기로 말릴 때 털을 환상적으로 똑바로 펴준다.

오일이 강화된 컨디셔너는 조금만 사용해야 하며, 많이 사용하면 털에 기름기가 너무 많이 흐르게 된다.

색 강화제

각각의 털에 맞는 다양한 종류의 샴푸와 컨디셔너들이 있다.

개를 아름답게 꾸미는 다른 방법은 색깔을 더 선명하게 하는 작업이다. 색 강화 제품은 대부분 샴푸사용 시 사용되어 털의 자연 색을 살린다. 검은 털의 개는 검정색, 푸른 빛이 돌거나 실버코트인 개는 파란색, 흰털의 개(부분적으로 희거나 콜리의 갈기털)를 위한 엑스트라 – 화이트 샴푸가 있다. 이 샴푸들은 어떤 색소도 첨가되지 않은 제품들로 단순히 개의 원래 색을 강조해 주는 역할을 한다.

드라이기

드라이기는 필수품목이다. 손을 쓰지 않으면서 작업이 가능한 강력한 개 전용 드라이기를 구비하는 것은 좋은방법이다. 시중에 여러 종류가 나와있다. 나는 개와의 교감을 좋아하는 편이기 때문에 케이지드라이기는 사용하지 않는다.

최근에 시판되는 드라이기 중에 최종판이라 일컬어지는 혁신적인 드라이기가 있는데 그 대단한 열의 흐름은 털을 순식간에 건조시킨다. 자동으로 온도가 조절되며 경제적이기도 하다. 이 제품은 또한 핸즈-프리 스탠드도 포함되어 있다. 그러나 이 기계가 모든 개에게 인기가 있는 것은 아니다. 어떤 개는 이 드라이기의 강한 바람을 싫어하고 거부감을 가지기도 한다.

- **케이지드라이기**(Automatic dog cage dryer) : 자동 개 전용 드라이기는 따뜻한 공기가 나오는 상자로 개를 그 안에 넣어두면 되는데 케이지-드라이기라고도 한다. 이 드라이기는 온도 조절장치로 온도가 조절되며 경제적이다. 케이지-드라이기는 저먼 셰퍼드와 짧은 털을 가진 개에게 사용하기 좋다. 그러나 미용을 해야 하는 개에게는 써서는 안된다.
- **스탠드 드라이기**(Stand dryer) : 회전식 분사구의 강력하고 튼튼한 드라이기다. 전람회용 개를 만지는 전문가들이 선호하는 제품이다. 손이 자유로워 브러싱을 하거나 개를 다루는데 유리하다.
- **핸드 드라이기**(Hand dryer) : 손에 들고 사용하는 드라이기도 여러 종류가 있는데 애견미용사가 집에서 사업을 하거나 큰 기구를 놓을 자리가 없는 경우에 유용하다.
- **전기 송풍기/미용기**(Power blower/Groomer) : 최신 미용법과 장비들은 노동시간을 단축시키고 손가락의 통증을 호소하는 애견미용사들의 고통을 완화시켜준다. 송풍기는 드라이기 역할도 아주 효과적으로 해내 털 구석구석까지 들어가 먼지와 엉킨 털들을 제거하고 잘 펴준다.

  목욕 전에 브러싱을 필요로 하는 경우 송풍기를 브러시 대신 사용할 수 있고 공기분출에 대한 거부감도 없다. 개들도 곧 이 도구에 대해 적응하게 되고, 그 상쾌한 움직임을 좋아하게 될 것이다. 개의 귀에 탈지면을 넣어 소음으로부터 보호해 주는 것을 잊지 않도록 한다.

목욕에서도 송풍기는 브러싱을 대신해 사용할 수 있다. 먼지와 나중에 엉킴의 원인이 될 수 있는 털을 제거하기 위해 피부로부터 불어 일으킨다. 손으로 할 때는 오랜 시간이 필요한 브러싱을 이 기술은 단 몇 분에 해결해 준다. 특히 순식간에 털이 엉켜 붙어버리는 올드 잉글리시 쉽독 종류의 개에게 유용한 방법이다.

물은 털을 서로 달라붙게 만들기 때문에 털이 엉켜붙은 상태에서 물에 적시면 문제는 아주 심각하게 악화된다. 이 때 정성껏 말려주지 않으면 상태는 더 악화되어 털이 엉켜 펠트처럼 되어 버린다(그러나 가장 심각한 상태의 개라도 욕조에 넣어 엉켜 붙은 털을 쉽게 제거 해 낼 수 있는 3단계의 미용 제품이 시중에 나와 있다. 애견용품 공급 업체에 문의해 볼 것).

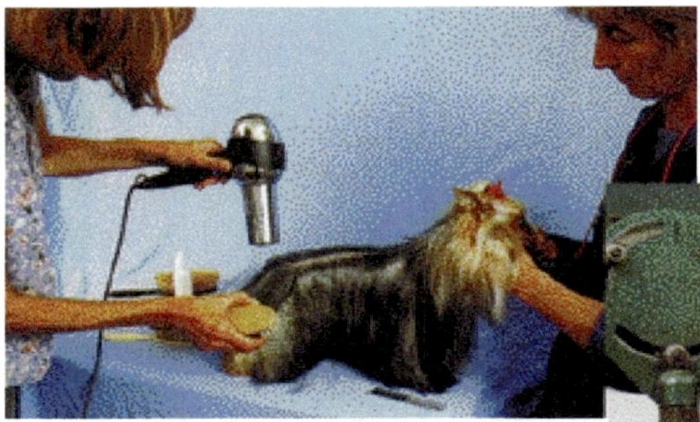
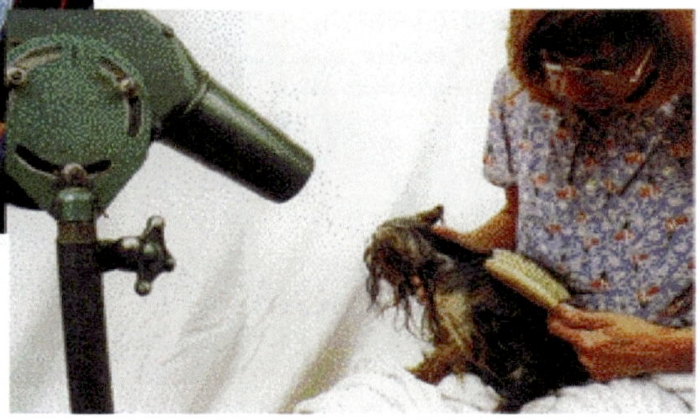

손에 들고 사용하는 드라이기(왼쪽)로 충분하지만, 강력 스탠드 드라이기 사용으로 일을 더 빨리 해 낼 수 있다(아래).

초보 애견미용사들은 종종 목욕 후에 단단히 엉킨 털 때문에 곤란을 겪는다. 이 상황을 방지 할 수 있는 방법은 미용을 시작하기 전에 털의 상태를 자세히 관찰하는 것이다. 열은 나지 않게 송풍기를 이용해 털을 부위별로 구분하여 건조시킨 후 엉킴 제거 스프레이를 뿌려주도록 한다.

수건

건조시키기 전 물기를 없애는 데는 강력 흡수수건(펫타올)이 제격이다. 질기고 빨아서 다시쓰기에 쉬운 특징과 많은 양의 수분을 흡수하는 기능으로 고려해 볼 때 보통 또는 큰 사이즈의 개에게 사용이 용이하다.

코움(Combs ; 빗)

빗의 종류는 수없이 많으므로 여기서 다 나열하기는 쉬운 일이 아니나 다음과 같이 분류해 볼 수 있다.

굵고 거친 빗(Coarse)

둥근 손잡이의 스테인리스 살로 되어 있어 엉킨 털(엉킨 또는 펠트 상태)을 제거하는데 쓴다.

중간 빗(Medium)

엉킨 털 제거에 유용하다.

중간/굵은 빗(Medium/Coarse)

뒷면이 둥근 전체 금속제의 크롬 빗으로 사용이 편리하다.

엉킴 풀기 빗(Untangle pet comb)

빗살이 360° 죽 둘러 있어 엉킨 털을 고통 없이 부드럽고 빠르게 제거 할 수 있다.

털갈이용 빗(Molting combs)

중간 사이즈의 굵은 빗으로 플라스틱 손잡이와 스테인리스 살을 가지고 있으며 뒷부분은 둥근 모양이다. 엉킨 털 제거에 사용된다.

Back comb

모양을 내거나 털을 세울 때 사용한다.

꼬리 빗(Tail comb)

털을 부위별로 나누는 데 사용한다.

벼룩용 브러시(Flea comb)

외부기생충을 없앨 때 사용 할 수 있게 빗살이 아주 튼튼하다.

Brush

핀 브러쉬와 브리슬(강모) 브러쉬

강모 브러시는 큰 사이즈, 중간 사이즈, 작은 사이즈가 있으며, 쿠션이 있는 패드에 핀과 털이 박혀 있다.

슬리커 브러시

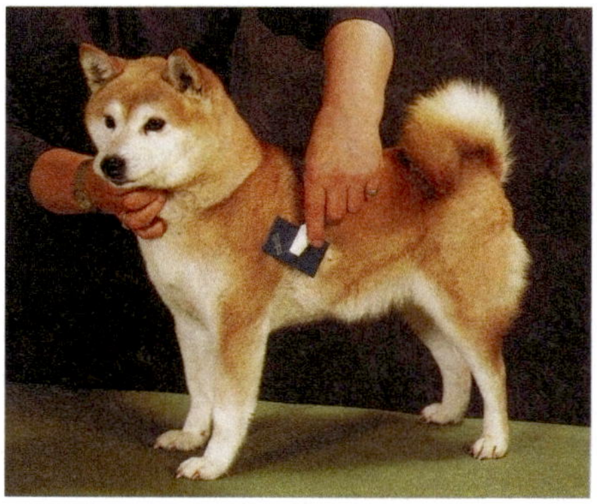

슬리커 브러시는 두터운 털에 특히 유용하다.

다양한 사이즈와 모양(일반형, 곡선형 또는 곧은형 등)이 구비되어 있으며, 엉킨 털을 풀기 위해 굽은 모양의 스텐레스 핀이 있다. 애견미용사에게 필수품이다.

클리퍼와 클리퍼블레이드(날)

날(블레이드)은 클리퍼의 상표(메이커: 앤디스, 오스터 등)명과 크게 상관없이 호환이 가능하다.

- **애스크랍 매보리타 II(Esculap eavorita II)** : 전문 애견미용사들의 선호품인 이 도구는 펠트 상태인 털을 관리할 때 작동이 잘 되고 힘이 좋다. 날은 다양한 종류가 있다(피부까지 아주 짧게 깎이는 GT703 1/10mm날, 세밀한 부분을 작업하기 위한 GT712 1mm, 엉키고 굵은 털을 밀어내는 용도로 쓰이는 GT742 2mm, 일반 몸통에 사용하는 GT758 5mm, 겨울철 관리를 위한 GT770 7mm,

아주 길게 깎이는 GT784 16mm등 다양한 사이즈가 있다).

좋은 클리퍼와 다양한 종류의 블레이드(날)가 필요하다.

- **무선 앤디스(Andis)** : 전문가용 이발기.
  앤디스 AG는 내구성이 좋은 전문가용 클리퍼로 다루기 쉽고 잡음이 적다. 날은 (피부까지 아주 짧게 깎이는 No.50에서 얼굴용 No.10까지, 일반 몸통에 사용하는 No.7과 아주 길게 깎이는 No.3.75 까지 있다).
- **오스터(Oster)** : 2가지 스피드를 낼 수 있는 클래퍼로 전문가용이다.
  오스터 A5 클리퍼는 부드럽게 작동되기 때문에 훈련생, 학생, 전문 애견미용사 할 것 없이 쓰는 도구이다. 한 가지 주의해야 할 점은 날이 과열되었는지 자주 체크하는 것이다.

  날의 종류 :

  - No.40: 피부까지 아주 짧게 깎임.
  - No.30: 푸들의 발등을 깎을 때 사용.
  - No.15: 얼굴에 사용.
  - No.10: 민감성 피부용, 흰색 푸들처럼 얼굴 부위의 얇은 주둥이 부분에 사용.
  - No.5: 여름에 몸을 미는 용도로 사용.
  - No.4F: 털을 길게 마무리 하기 위해 사용.
- Blade Bank : 블레이드(날)의 판매점에는 15가지의 날이 구비되어 있어 쉽게 확인할 수 있다.
- **클리퍼 오일** : 블레이드(날)과 가위의 윤활유는 필수이다.
- **블레이드(날) 세척** : 블레이드(날)의 기름때와 이물질을 제거한다.
- **윤활유(글레이즈)** : 클리퍼의 베어링에 사용한다.
- **클리퍼 부착용 빗** : 클리퍼 제품에 알맞은 것인가 체크한다. 어느 정도 털의 길이 유지를 위해 날의 사이즈를 교체하기 위해 사용한다. 1~2인치 정도의 털의 길이를 원할 때 유용하다.

귀 관리

겸자, 귀 세정제, 귀 파우더가 구비되어 있었어야 한다(제7장 귀관리 참조).

눈 관리

눈물 자국 제거제와 완화제가 눈물로 인해 생긴 눈가 얼룩을 제거하는데 도움이 된다(제7장 눈물자국 참조).

발톱 관리

여러 가지 종류의 발톱깎기가 있는데, 어떤 것은 발톱이 한꺼번에 너무 많이 잘려 나가지 않도록 안정장치가 되어 있다. 작은 사이즈, 중간 사이즈, 큰 사이즈로 나뉜다. 재단기형(길로틴)과 가위형이 있으며 손잡이에 플라스틱 커버가 있는 것과 없는 것 등이 인기 있는 제품들인데 질이 좋은것으로 선택하면 사용하기에 쉽고 부드럽다. 질이 좋지 못한 발톱깎기는 가장자리가 울퉁불퉁해서 작업 중 다칠 수 있으므로 주의한다.

과망간산염 결정(지혈용)을 늘 가지고 있으면 발톱 혈관의 상처난 부위를 처치 할 수 있다. 작은 접시나 그릇에 조금만 덜어내 젖은 탈지면에 묻혀 상처를 누르면 피가 멈춘다.

가위(scissors)

전문가의 솜씨를 제대로 표현할 수 있는 수준 높은 마무리용 가위에서부터 저렴한 가격대의 다양한 기본적인 형태의 가위의 수백 종이 시중에 나와 있다.

마무리를 어떤 형태로 할 것인가와 지금하고 있는 작업에 따라 어떤 가위를 사용할 것인가를 결정짓 한다. 애견미용사들은 보통 스파니엘의 발사이의 털을 자르는 데는 작은 보브가위를 쓴다. 어떤 애견미용사는 하나의 가위로 엉킨 털을 자르는 것

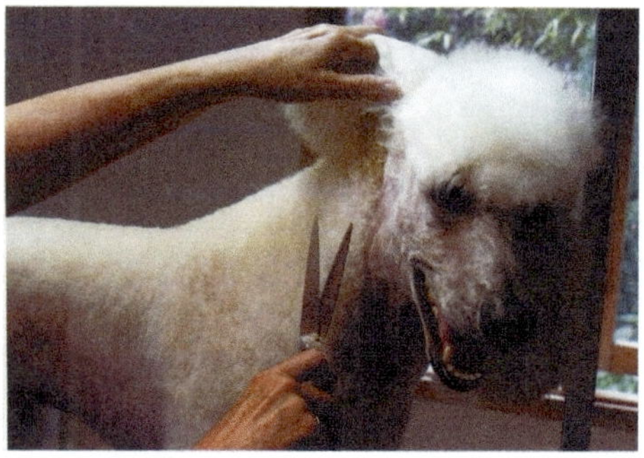

가위는 모양을 내는 것뿐만 아니라 일상적인 관리에도 필요하다.

까지 모든작업을 다 해낸다. 나는 쇼독을 위한 마무리 가위와 일반작업에 사용하는 가위는 확실히 구분해서 쓴다.

일하는 동안 가위가 움직이거나 손에서 미끄러져 떨어지는 것을 방지하기 위해 고무나 손가락 보호대를 사용하는 애견미용사도 있는 반면 그렇지 않은 사람들도 있다.

대부분의 쇼나 애견미용 세미나에서는 여러가지 다양한 종류의 가위를 사용해 보는 것이 가능하므로 각각의 가위를 필요로 하는 작업을 적어두도록 한다. 비싼 가위가 항상 좋은 것은 아니라는 것을 기억해야 한다.

가위는 꼭 먼저 한번 써보고 사도록 한다. 어떤 사람에게는 알맞은 가위가 다른 사람에게는 잘 맞지 않을 수도 있기 때문이다. 적절한 가위 사용법은 애견미용학교에서 배울 수 있다.

숱 가위(Thinning scissors)

숱 가위는 한 쪽 날은 평평하고 다른 한 쪽은 빗살이 있다. 이 가위는 기본적으로 스파니엘이나 털이 굵은 종류의 털을 깎아 내기 보다는 가위질하는 부위를 얇게 만드는데 쓰인다.

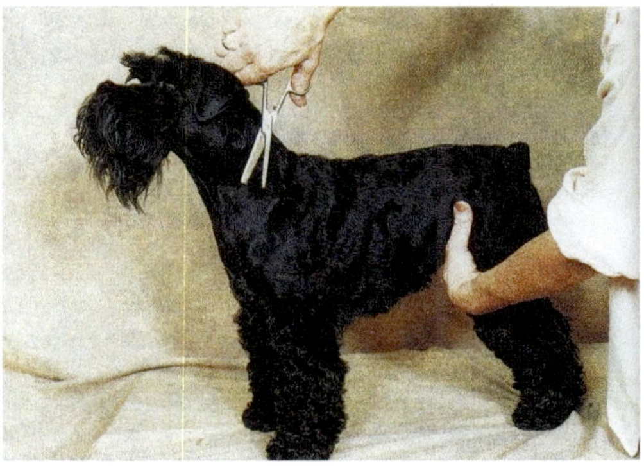

숱 가위는 종종 스파니엘이나 두꺼운 털에 사용한다.

스트리핑(Stripping) 도구

털의 종류가 다양하므로 그에 따른 다양한 스트리핑 방법에 사용되는 여러 가지 도구가 있다.

스트리핑 스톤은 불필요한 털을 제거하는데 좋다.

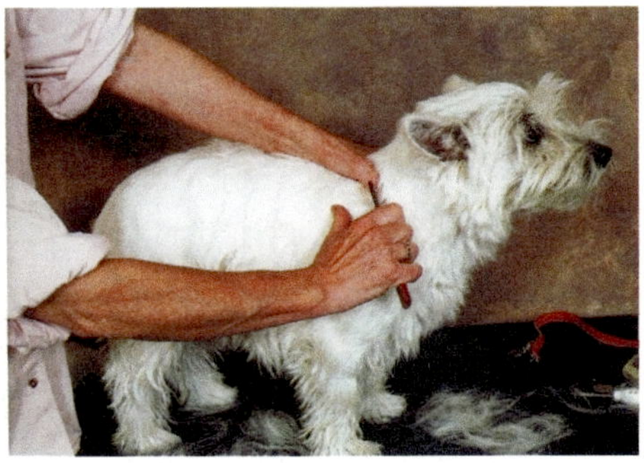

손작업으로 스트리핑이 아닌 경우 테리어 종류에게는 스트리핑 나이프가 유용하다.

스트리핑 나이프(Stripping knife)

오른손잡이용, 왼손잡이용이 있으며 나이프는 긴 것, 정교한 날의 끝이 둥근 것을 함께 사용한다. 카딩(carding)(48쪽 참조)에 사용 되며 다양한 사이즈가 있다.

스트리핑 스톤(Stripping stone)

스트리핑 스톤은 회색으로 스트리핑을 위해 사용한다. 사이즈에 맞게 잘라서 손가락, 스트리핑 나이프와 함께 털을 뽑는 대신 쓰인다.

독 드레서(dog dresser)

스트리핑에 쓰이는 도구로 칼날이 장착되어 있으며 스트리핑 날이 고정적으로 부착되어 있는 날도 있다.

엉킴 제거 도구(Dematting Tools)

엉킴 분리 도구(The Mat-Splitter)

엉키고 뭉친부분을 쉽게 잘라내는데 효과적인 도구로 정말 다루기힘든 매듭에서도 사용이 간편하고 개가 피로를 덜 느끼게 한다. 손잡이의 모양이 쓰기에 편하고 끝이 약간 좁은 보조기구와 예리한 금속 날로 되어 있어 심한 뭉침도 뚫고 들어간다.

엉킴 분리 도구(Mat breaker)

털 빠짐을 최소화하며 과학적으로 디자인되어 능률적으로 엉킴과 뭉침을 제거할 수 있으며 스테인리스 날의 모양은 사용하기가 매우 편리하도록 되어 있으며 교체가 가능하다.

엉킴 제거 레이크(Dematling rake)

다양한 사이즈의 상품이 있으며, 오른쪽 왼쪽 모두 사용이 가능하다. 톱니 모양의 날은 교체가 가능하다.

청소용 제품

도구나 장비, 바닥 등의 청소를 위해 애완동물에게 무해한 소독제가 필요하다. 애견미용 용품 공급 업체들이 다양한 제품들을 취급한다.

Chapter 7 개 단장하기

개를 단장하는 것(손질하는 것과 아름답게 꾸미는 것)은 소수의 견종에 대한 부분적인 방법과 나머지 대다수를 위한 방법으로 구분된다. 쇼 독을 위한 매일의 관리는 일반 애견관리에 요구되는 것보다는 훨씬 많은 손길을 필요로 한다. 여기에서는 개를 단장할 때 정확히 무엇을 해야하는지 단계별로 자세히 살펴보도록 하자.

애견미용실을 찾는 대부분의 개는 주인이 관리를 제대로 못해 털에 엉킴이나 뭉침이 있고 상당히 방치된 듯한 모습이다. 어려운 작업이지만 바뀌어진 모습에서 상당한 만족을 얻을 수 있다.

경험이 많은 애견미용사들은 사진만 보고도 어느 부위 깎았고, 잘랐고, 스트리핑을 했는지 또는 손작업으로 스트리핑을 한 상태인지를 알아내는 것을 보면 존경스러울 정도다. 훈련과 경험만이 이런 경지까지 이르게 해준다.

브러싱의 기초

전문가의 브러싱은 거의 예술의 경지라는 것은 의심할 여지가 없다. 많은 개 주인이나 애견미용사는 자신이 맡은 개에게 최선을 다해서 모든 뭉친털은 제거하고 난 뒤 더 경험많은 애견미용사가 작업을 마치고 털이 수북한 휴지통을 들고 나오는 것을 보고 놀라곤 한다.

- 개를 테이블 위에 올린다.

- 왼쪽 앞다리의 밑부분부터 시작한다. 용도에 맞는 브러시(파트3의 견종 프로파일 참고)를 사용해서, 작업하고자 하는 부위 위 부분의 털을 들어 올리고, 그 아래 부분을 빗질한다.
- 그런 다음 털을 머리에서 꼬리까지 빗질을 한다. 필요 시 애견미용 스프레이(컨디셔너)를 사용한다. 다리 전체를 같은 방법으로 작업한다.
- 몸 전체가 털로 덮인 종류(예. 휘튼 테리어 ; Wheaten terrier)의 경우 등과 목을 거쳐 몸의 1/4정도 브러싱과 빗질을 해 준다. 털 엉킴이 생기기 쉬운 귀 뒤와 다리 안쪽은 특별히 주의를 기울인다.
- 머리, 귀, 수염을 손이 닿는 곳 까지 빗질 해 준다.
- 주의 : 빗질이 어려운 덩어리진 털은 가위로 얇게 잘라주면서 엉킴분리 도구를 사용할 수 있다. 손가락을 써서 털을 나누어 주는 것도 뭉친 털을 푸는데 도움이 된다. 털을 잡아당길 때는 항상 피부나 엉킨 털의 뿌리부분을 잡아준다. 그렇게 하지 않으면 피부를 당겨 개가 심한 고통을 느낀다.

일상적인 브러싱

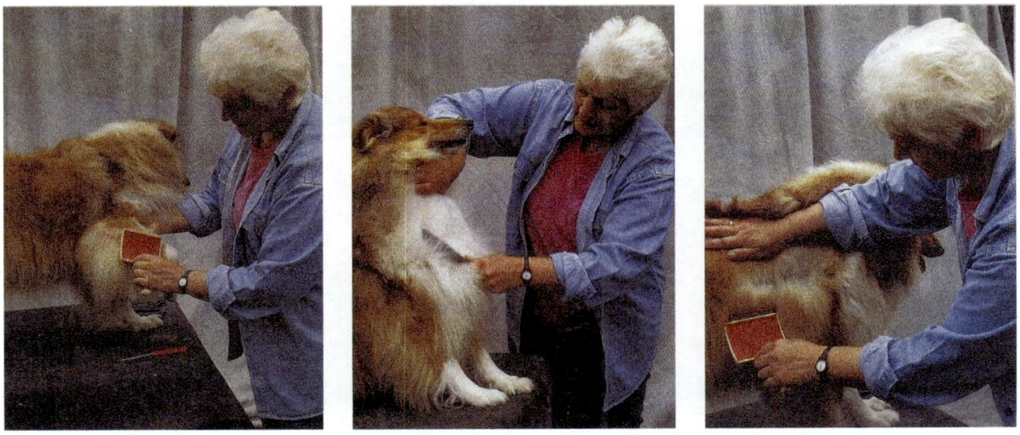

❶ 왼쪽 앞 다리 밑 부분부터 시작한다.

❷ 다리 브러싱, 같은 방식으로 가슴 쪽으로 진행

❸ 몸통을 둘러 꼼꼼히 빗질

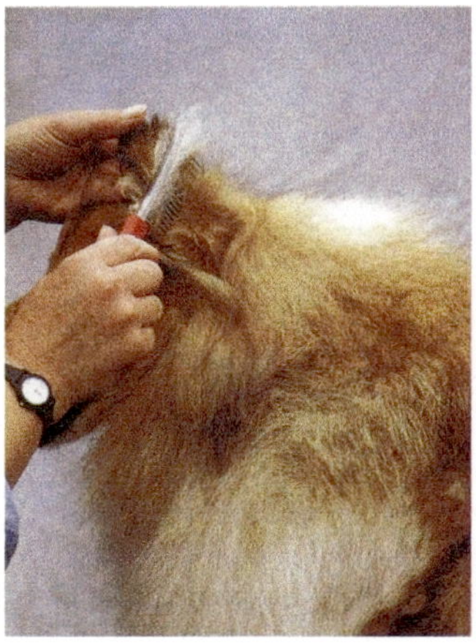

❹ 귀 시작부는 콤을 이용해 뭉친 털 제거

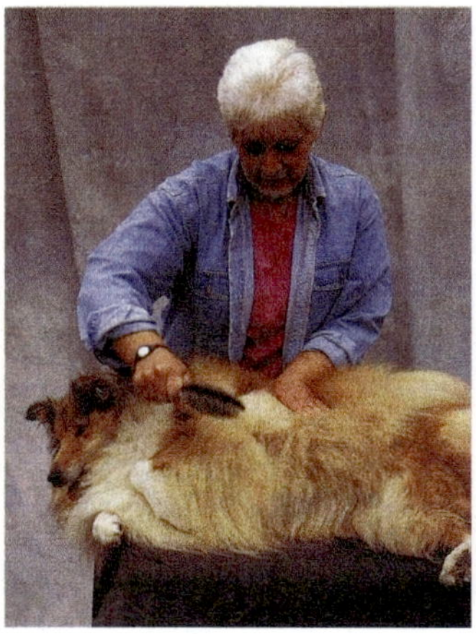

❺ 개를 옆으로 눕도록 한다. 겨드랑이 부분은 털 엉킴이 많은 부분이므로 특별히 주의를 기울인다.

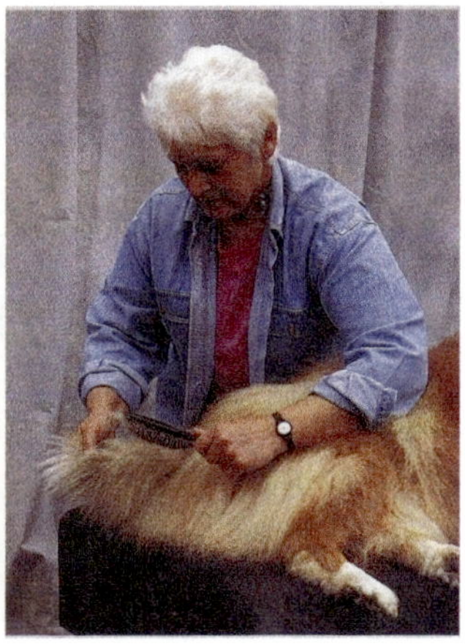

❻ 뒷다리와 엉덩이를 브러싱한다. 종종 털이 굵게 자라는 부위이다.

❼ 꼬리를 잊지 말 것!

❽ 완성된 모습

견체 구조

최고의 애견미용사가 되려면 개의 견체구조에 대해서는 알고 있어야 한다. 아래 그림은 개의 골격이다. 여러분이 가진 개의 종류와 정확히 같은지는 문제가 되지 않는다. 이 그림은 종류를 막론하고 개에게서 볼 수 있는 모든 골격을 그려 놓았다(예외, 노르웨이언 룬더훈트(Norweigian Lunderhunt)는 네 발이 모두 여섯 개의 발가락으로 되어있다).

골격

개의 골격은 각 견종의 표준으로 특별한 부위에 대한 사항이 있을 경우(비절)가 특히 그러한데 애견미용사가 개의 골격에 대해 구분되는 부위(예, 비절)를 아는 정도이면, 자신 있게 애견미용과정을 따라할 수 있다.

파트3의 자세한 견종 프로파일에서 가끔 개의 특정부위를 언급하는 경우가 있으므로 아래의 그림을 참고하면 될 것이다.

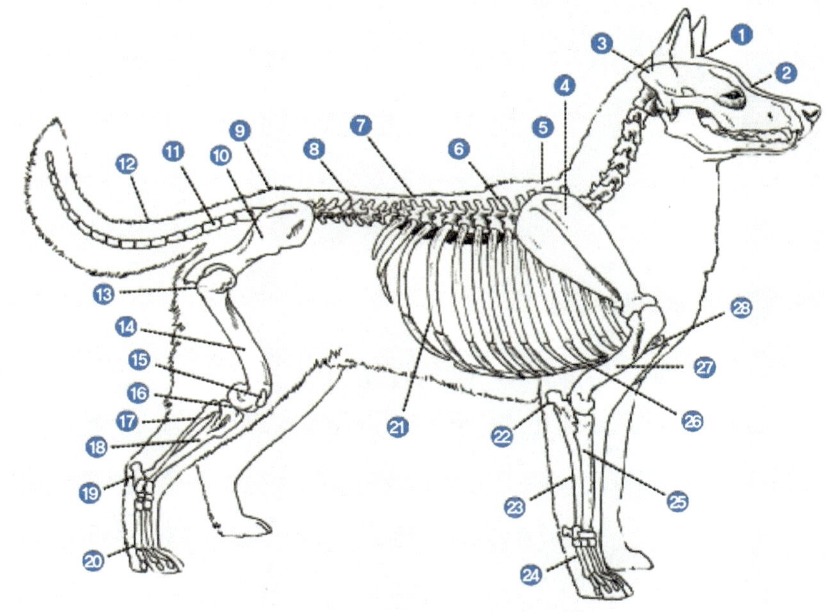

❶ Stop
❷ Crown : 정수리
❸ Occiput : 후두부
❹ Scapula : 어깨뼈, 견갑골
❺ Withers : 기갑
❻ Thoracic Vertebrae : 흉추
❼ Topline : 등의 라인
❽ Lumbar Vertebrae(loin) : 요추
❾ Croup : 엉덩이
❿ Pelvis : 골반
⓫ Sacrum : 천골, 엉치등뼈
⓬ Stern : 스턴, 꼬리
⓭ Acetabulum : 비구(관골구)
⓮ Femur : 대퇴골
⓯ Patella : 슬개골, 종지뼈
⓰ Stifle/Knee : 뒷무릎 관절/무릎
⓱ Fibula : 비골/종아리뼈
⓲ Tibia : 경골, 경절
⓳ Tarsus or Hock : 족근골, 부골 또는 뒷다리 무릎
⓴ Metatarsus : 척골
㉑ Ribs : 늑골, 갈비뼈
㉒ Elbow : 팔꿈치
㉓ Ulna : 척골
㉔ Pastern : 발목뼈
㉕ Radius : 요골
㉖ Sternum(Breastbone) : 흉골
㉗ Humerus : 상완(골),
㉘ Manubrium Sternum(Brisket) : (가슴)

PROFESSIONAL GROOMING

애완용인가 쇼용인가?

전문 애견미용사라면 자신이 지금 애완견을 다루고 있는지 쇼 독을 다루고 있는지 확실히 알아야 한다. 아주 유용한 제품들이지만 대회 규정에서는 사용이 금지된 털 강화 제품들이 있다. 이런 제품들을 사용하는 것이 어떤 경우에는 각국 애견단체의 규정에 어긋나기도 한다.
북미의 예를 보면, 쇼에서 클리퍼나 헤어스프레이와 같은 제품들이 사용되고 있다. 영국 애견클럽에서는 같은 기술이 불법으로 규정되고 있다.
그러나 독쇼의 어떤 특별한 목적을 위한 준비는 일반적으로 보통의 애견미용실에 데리고 오지 않고 담당자가 직접 하는 편이다. 그러나 만약 주인이 독쇼를 위해 애견미용실을 찾았다면 주인에게 개를 어떤 용도로 미용하고자 하는지 먼저 묻도록 한다. 나중에 미안하다고 하는 것 보다는 나을 것이다.
애완용 테리어 견종의 미용을 할 때 역시 적용되는 사항이며 미리 미용법을 얘기하는 것이 시간을 절약해 준다. 쇼에 다시 참가하기 위해서는 여러 달이 소요되므로 쇼 독에게는 하지 않는 작업이다.

초크나 특수 샴푸와 같은 털 강화 용품들은 애완용에게 사용되며, 쇼 독은 일반적으로 자연의 모습 그대로를 유지한다.

손질에 알맞은 도구

브러싱을 할 때는 가장 알맞은 브러시를 사용하고 있는지 주의해야 한다. 굵은 털로 뒤덮인 피부를 가진 종류일지라도 둔감한 애견미용사의 손에 걸리면 지나친 털손질과, 피부가 긁혀 나타나는 피부손상으로 붉은 속살이 보이는 상태가 될 수 있다. 슬리커나 스텐으로 된 핀 브러시는 털깎기를 한 피부, 특히 얼굴과 같은 민감한 부위에는 사용하면 안된다. 꼭 속질을 해야 한다면 이런 부위는 부드러운 브러시를 사용해야 한다.

털이 엉키는 문제

올드 잉글리시 쉽독과 같은 개에게서 볼 수 있는 속털은 피부위에 단단하게 엉켜 제거하기가 끔찍하게 힘든 상황이 되기도 한다. 미숙한 애견미용사들은 속털이 온통 엉키거나 펠트상태인 개를 목욕 시키고 바로 드라이 케이지에 집어넣는 경우가 흔하다. 일단 말리고 나면, 겉털은 부드럽게 보이도록 브러싱을 해 준다. 이런 경우 개는 겉보기는 좋아 보이지만 털 밑은 상황이 상당히 다르다.

털이 엉킨상태에서 바로 목욕을 시키면, 대부분 샴푸가 털뭉치 밑으로 들어가 상황은 더 악화된다. 많은 개주인들이 자신의 개를 다듬는 중간에 목욕을 시키고는 마를 때까지 그대로 놓아두어, 상태를 더 어렵게 만든다. 이 경우 개는 깨끗할지 모르지만 털은 좋은 상태라고 할 수 없으며 털 뭉침은 더욱 상태가 좋지 못하게 된다. 개주인에게 털관리상의 문제점과 이를 피하는 방법을 설명하는 것이 앞으로의 문제를 막는 데 도움이 된다.

엉킴이나 뭉침, 펠트가 제거되지 않은 상태로는 어떤 개도 최상의 외모나 컨디션을 유지할 수 없다. 개의 털이 지나치게 엉킨상태라면, 엉킴제거 스프레이나 로션의 사용을 추천한다. 그 상태로 10분정도 스며들도록 두거나 스며든 후 슬리커 브러시나 매트 – 브레이커로 문제 부위를 제거해 준다.

엉킴 제거과정이 개에게 지나치게 힘들다고 느껴지면, 털을 자르거나 깎을 수밖에 없다. 어떤 애견미용사도 개가 고통을 느끼도록 해서는 안 된다. 주인과 문제점을 논의 한다. 무자비하게 개를 다루기를 원하지 않음을 설명하고 필요없는 고통을 주기보다는 필요하다면 털을 깎도록 상의한다. 엉킨 털을 조금 보관해서 주인에게 보여주는 것도 효과적이다.

목욕 전 클리핑(Clipping)

털이 많은 푸들이나 올드 잉글리시 쉽독과 같은 종류는 목욕 전에 그 두터운 털을 클리핑하는 것은 보통일이 아니다.

깨끗한 털이 클리퍼 날에 덜 달라붙는 것은 인정하지만, 클리퍼용 윤활 스프레이나 오일을 사용하는 것을 두려워할 필요는 없다. 그 절반정도는 씻고 말리는 과정에서 떨어져 나가 전기절약, 시간절약의 효과가 있으며, 개에게도 스트레스가 적어 경제적이고 모든 면에서 좋다.

목욕 전 털을 깎아주면 씻고 말리는 데 시간을 절약해 준다.

정기적인 브러싱은 털의 엉킴을 예방해 준다. 그러나 털 엉킴이 이미 시작되었고, 도저히 제거 될 수 없는 상태라면, 털을 깎는 것이 가장 좋은 방법이다.

스파니엘의 발처럼 털이 많은 특정 부위는 털을 깎아주는 것이 건조시간을 짧게 해 준다. 그러나 한 쪽 발을 마치고 나면 다른 쪽 발로 옮겨가기 전에 날을 청소해 주어 진흙이나, 모래, 털 등이 날에 붙는 것을 막는다. 잘 드는 날을 사용하는 것이 발에 아주 단단히 엉킨 털을 제거하기 쉽다.

엉덩이 쪽에 단단히 엉킨 것도 같은 방법이 적용된다. 미디엄 날을 이용해 생식기 부위가 다치지 않게 위해 조심스럽게 잡고 항문 부위의 털을 깎는다(항문은 건드리지 않는다). 이 과정은 목욕, 건조나 빗질로는 제거되지 않는 불순물과 불필요한 털을 제거해준다.

털이 많거나 엉킨 개의 경우 가끔 배 밑, 서혜부, 가슴의 털을 흉각 부분이나 앞다리 사이, 겨드랑이 부분까지 모두 깎아주는 것도 좋다. 털의 엉킴을 예방해 줄 뿐 아니라 개 냄새를 줄이는 역할도 해준다. 개가 서 있는 상태에서는 잘 보이지 않으며, 개가 바닥에 뒹굴 때 깨끗하게 정리된 배가 보인다. 물론, 쇼 독에게는 시행하지 않는다.

목욕

목욕에 필요한 도구

애견미용기술은 점점 정교해지고, 요즘에는 엄청나게 많은 털성장 촉진제, 스프레이, 부분 샴푸제와 컨디셔너 등 털의 질을 최상으로 유지해 주는 제품들이 나와 있다.

어떤 아로마테라피 샴푸는 털과 피부에 영양을 공급할 수 있게 자연 치료법의 천연 성분이 함유되어 사용하기 간편하고 최상의 마무리 작업을 가능케 해준다.

목욕에서 한 가지 필수품은 미끄럼 방지 고무 깔개이다. 물을 골고루 분사해주는 샤워기 또한 없어서는 안 될 도구이다.

진행 순서

시작하기 전 잊으면 안될 것이 있는데 개를 절대로 혼자 두어서는 안된다는 것이다. 개를 애견미용 테이블 위나 욕조에 묶어 두었으면 괜찮다고 생각하는 사람들이 많은데, 애견미용사가 자리를 비우는 그 1초 사이에도 뛰어 내리다 줄에 매달려 엄청난 사고가 날 수 있다. 여러분이 일단 개를 맡으면 그 개는 여러분의 책임하에 있는 것, 단 1초라도 눈을 돌려서는 안된다.

큰 개를 허리높이의 욕조에 넣을 때에는 다른 사람의 도움을 받는 것이 좋다. 그렇지 않으면 허리를 다칠 수도 있다. 이를 해결 할 수 있는 다른 방법은 램프(경사가 있는 깔판으로 개가 욕조로 들어 갈 수 있도록 해주는 도움대)를 이용하는 것이다. 앞발을 욕조에 대고 등 끝 부분을 들어올려 욕조 안으로 밀어 넣는다. 욕조 옆에 테이블을 두어 개가 테이블에서 욕조로 들어가도록하여 그 정도의 높이에서 욕조로 들어가는 습관을 키우는 것도 한 방법이다. 대부분의 개는 상당히 복종적이다. 특히 애견미용센터를 찾는 데 익숙해진 개라면 더욱 그렇다.

무게가 100파운드(45kg)에 이르는 4살의 개가 한 번도 테이블 위에 올라 본 적도 없고 욕조에 들어가 본 적도 없다면 정말 큰 문제이다. 이런 개는 처음 시도에서는 상당히 당황하는 모습을 보일 것이나 아주 조심스럽게 다가간다면 충분히 안정시킬 수 있다.

가끔 벽에 고리를 달아 개를 움직이지 못하게 하기 위해 개 줄을 묶어 두는 사람이 있다. 그러나 묶어두는 것을 싫어하는 개가 있으므로 이런 경우 묶지 않고 그대로 두는 것이 좋다.

큰 개의 경우 욕조 안에 들어가는 것이 익숙하지 않을 수 있으므로 두 사람이 함께 하는 것이 좋다. 한 사람은 머리 부분을, 다른 한 사람은 뒷부분을 잡는다. 이렇게 하면 두 배나 빨리 진행 할 수 있으므로 시간활용에 경제적이다.

털을 물에 적시기

샴푸를 하기 전에 몸 전체를 물로 적셔준다. 털이 긴 경우 털을 들어올려 뿌리 부분까지 충분히 젖을 수 있도록 한다. 경험이 많지 않은 헤어드레서에게 머리감기 서비스를 받아 본 사람이라면 머리가 구석까지 젖지않은 상태의 두피가 얼마나 간지러운지 알 것이다.

더러운 물에 개를 그냥 두는 것은 좋지 못하다. 개를 일단 씻기고 나면 물기를 빼 주도록 한다.

온도를 따뜻하게 맞추어 샤워기로 물을 뿌려주도록 한다. 물의 온도를 테스트 할 때는 손이 아니라 팔 안쪽의 민감한 부분에 하는 것이 좋다. 손은 온도를 정확히 알기 힘들기 때문이다.

물 적시기는 머리부터 시작한다. 귀는 솜으로 틀어 막아 물이 들어가지 않도록 한다. 다음은 목에서 등을 따라 몸의 왼쪽 다리까지 모두 적신다. 오른쪽도 같은 방법으로 시행하며, 개의 몸을 돌리게 되면 욕조에서 뛰어나가고 싶은 마음이 들도록 개를 자극할 수 있으므로 꼭 필요한 경우가 아니라면 피하도록 한다. 마지막 단계로 꼬리를 적셔준다.

머리에 물이 닿는 것이 민감한 개라면 꼬리부터 시작해 거꾸로 올라와 머리를 마지막으로 적셔 준다.

샴푸하기

희석시킨 샴푸를 손으로 몸 전체에 골고루 바른다.

샴푸는 대부분 물과 혼합하여 사용하도록 되어있으며 이는 직접 피부에 닿았을 때 일어날 수 있는 역효과를 방지하기 위한 것이다.

그 다음 마사지하듯 털 구석구석을 샴푸해 준다(가슴, 배 밑부분과 항문주위, 발 부분도 잊지 말 것). 샴푸가 피부까지 닿았는지 꼭 확인하고 거품을 잘 내어 준다. 필요하다면 물을 조금씩 더 끼얹어 준다.

머리 부분에 샴푸를 할 때는 눈에 샴푸가 들어가지 않도록 주의 한다. 눈에 샴푸가 소량이라도 들어 간 것 같으며 즉시 물로 씻어주어야 한다. 귀 속은 샴푸가 절대로 들어가서는 안 되는 부위이다.

샴푸를 씻어낸다. 필요하면 샴푸를 다시 한 번 한다. 사람의 머리와 마찬가지로 '뽀드득' 소리를 내면 깨끗해진 것이다. 여러 번 하다보면 저절로 알게 될 것이다.

일상적인 목욕

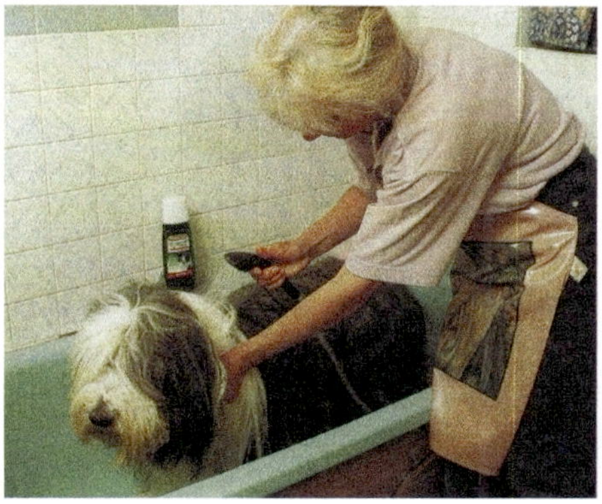

❶ 따뜻한 물로 털 전체를 골고루 적신다. 털 사이를 갈라 피부까지 물이 확실히 스며들도록 한다.

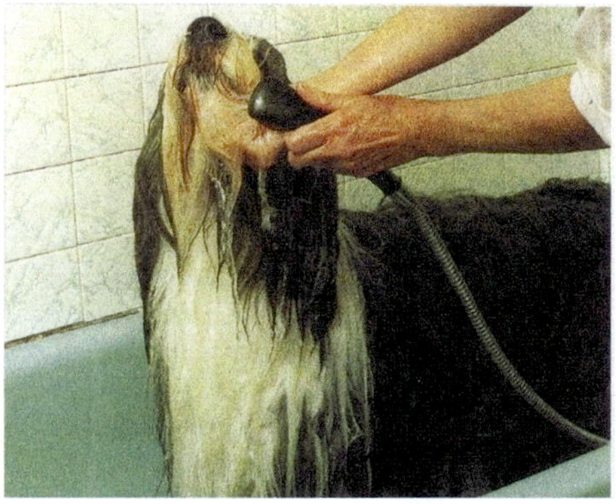

❷ 머리가 물에 닿는 것에 민감한 개라면 그 주위를 아주 부드럽게 다루며, 샴푸하기 바로 직전 머리 부분을 물에 적셔준다.

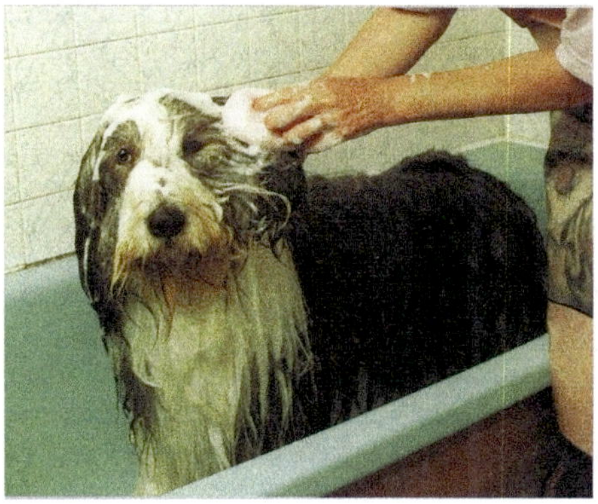

❸ 샴푸를 피부 밑까지 골고루 발라 준다. 개의 눈에 비누가 들어가지 않도록 각별히 주의한다.

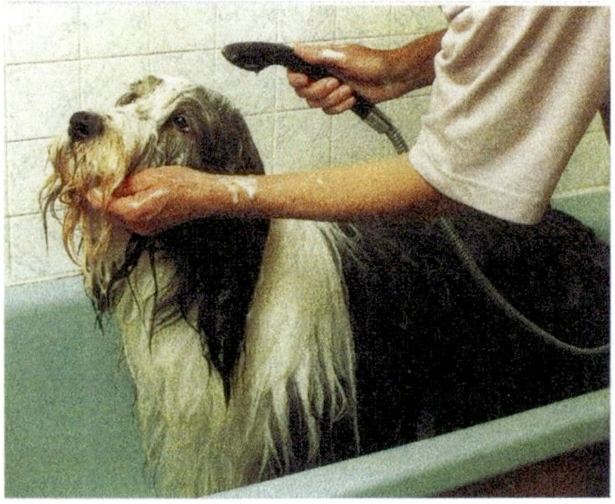

❹ 완전히 헹군다 – 샴푸 성분이 남아있으면 가려움증의 원인이 된다.

❺ 머리 부분을 먼저 말려 개가 편하게 느끼도록 한다.

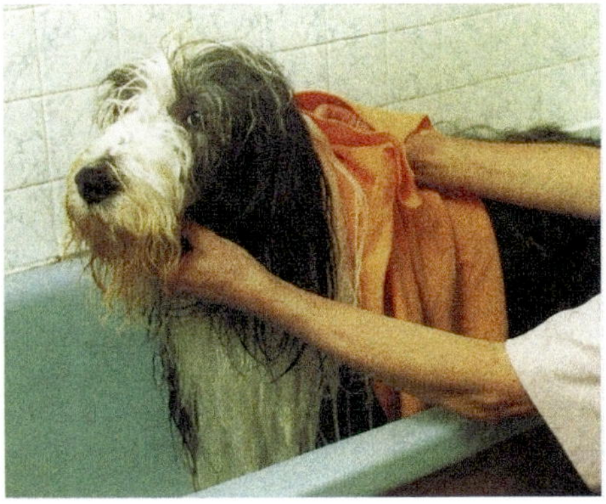

❻ 몸을 따라 강력 흡수 수건(펫타올)을 이용해 물기를 없앤다.

헹굼

뽀드득 소리가 날 정도로 깨끗해 질 때까지 완전히 헹구어 준다. 샴푸가 남아 있으면 비듬, 펠트, 가려움증을 일으킨다. 순한 샴푸도 있지만, 가끔은 민감한 개의 피부에 너무 강한 경우가 있어 가려움증의 원인이 된다. 특별히 민감한 피부나 알레르기가 있는 개는 아주 순한 자연성분의 샴푸를 사용해 준다.

PROFESSIONAL GROOMING

엉킴 제거 컨디셔너

엉킴 제거 컨디셔너는 뭉친 털을 해결할 수 있도록 하늘이 주신 선물과도 같은 것이다. 털이 젖어있고 뭉친 털이 풀려있거나 브러싱과 빗질이 가능할 정도로 느슨해진 상태일 때 몸을 전체적으로 브러싱한다. 건조 시작 전에 실시하고 제거제가 완전히 깨끗이 헹구어지도록 한다. 제품에 적혀있는 사용법을 자세히 보아야 한다.

달마시안(dalmatian)이나 와이마라너(wemaraner) 같이 짧은 털의 경우 하운드 글러브를 이용해 욕조 안에서 몸 전체를 브러싱해 주어 떨어져 나온 털을 제거해 주면 말릴 때 부드럽게 빨리 끝낼 수 있고 카펫에도 털이 덜 떨어져 더욱 좋다.

건조

욕조 안에 있는 상태에서 물기를 없앤다. 면 수건이나 강력 흡수 수건으로 짜내듯이 물기를 제거한다. 세인트 버나드(St.Barnard)나 무거운 털의 스피츠(Spits) 종 같은 몇 몇 견종은 빠른 속도의 드라이기의 바람을 이용한 건조가 도움이 된다. 개를 애견미용 테이블에 먼저 올리고 강력 흡수 수건을 개 뒤에 실행한다. 개를 드라이 케이지에 넣기 전에 강력 드라이기를 사용하거나 블로우 드라이기를 사용하여 마무리 한다.

털의 물기를 먼저 제거해 주는 방법은 쇼 푸들처럼 강력 드라이기가 필요로 하는 견종에게는 좋은 방법이 아니다. 왜냐하면, 털이 너무 빨리 건조되어 오그라들거나 곱슬거리게되어 가위질에 방해가 되기 때문이다.

스프레이 컨디셔너가 필요한 경우 건조시작 전에 하도록 하는 것이 제품업체의 권유사항이다. 푸들처럼 곱슬털로 덮인 개의 경우 바람으로 건조시킬 때 슬리커나 핀 브러시를 보조용품으로 사용하고 드라이기로 털을 날려 털을 가닥가닥 분리되게 빗질 해 준다.

부분적으로 구분하여 시행한다. 일반적으로 뒷발부터 시작해 차근차근 위로 올라

온다. 주의를 기울여 바람이 피부에 직접 닿지 않도록 하고 너무 뜨거워지면 개가 견디지 못하여 뛰어내릴 수 있으니 조심해야 한다. 피부에 바람이 가도록 하는 것이 아니라 피부에서 털을 날려 보내는 느낌으로 한다.

개들은 바람이 얼굴 쪽으로 바로 오는 것을 극도로 싫어하므로 드라이기의 열과 바람을 최하로 낮추어 거부감이 들지 않도록 한다(플랫 코티드 리트리버(Flat Coated Retriever)나 잉글리시 세터(English Setter)와 같이). 납작한 털 상태를 유지해야 되는 견종은 털의 성장부에 바람을 넣어 말리는 방법을 쓰는 반면 푸들 같은 경우에는 털을 위로 올리듯이 바람을 쏘인다.

달마시안이나 휘펫(Whippets) 같이 짧은 털의 경우 케이지드라이기에서 건조시키고 아주 드물게 따뜻한 방에 여러 장의 강력 흡수 수건과 함께 놓아두기도 한다. 적당히 따뜻한 상태를 제외하고는 젖은 상태로 개를 그냥 두고 알아서 마르겠지라고 생각하는 것은 금물이다. 특히 온몸이 털로 덮인 종류인 아프간(Afghan Hound), 푸들(Poodle), 비어디드 콜리(Bearded Collie), 올드 잉글리시 쉽독(Old English Sheepdog)의 경우 절대로 있을 수 없는 일이다. 바람으로 말리는 동안 내내 빗질을 해 주어야 하는 품종들이다.

■ 일상적인 건조

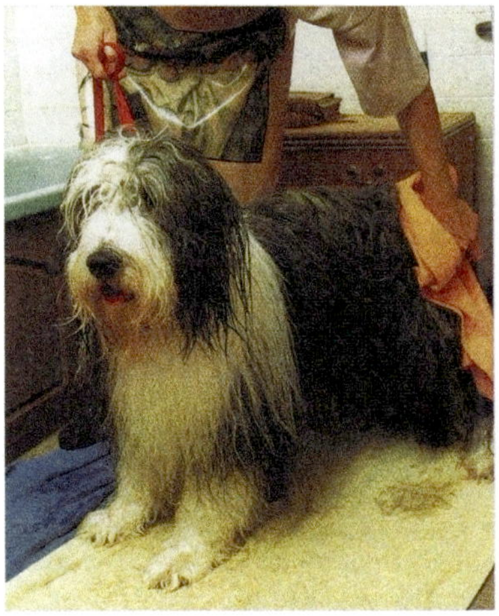

일단 물기를 대강 없애고 개를 욕조 밖으로 나오게 해 수건으로 다시 한 번 닦아준다.

바람으로 건조하는 것은 실외, 다용도실에서 시행해야 끝난 뒤 청소하기 편하다.

털이 완전히 젖은 상태가 아니라 어느 정도 촉촉할 때 브러싱이나 모양 만들기를 시작하고 건조는 계속 같이 해 준다.

애견미용 방법

클리핑(Clipping)

■ 사용 시 주의사항

클리퍼는 털을 피부 가까이까지 최대한 짧게 깎는 것이라 생각하는 애견미용사들이 있다. 그러나 이는 너무 잔인한 행위이다. 너무 짧게 털을 깎으면 피부가 빨갛게 일어날 수 있다. 깨끗하고 단정한 모습이 될 정도로만 적당히 깎아 주어야 한다.

날의 사이즈에 따라 털의 길이를 달리 할 수 있다. 어두운 색깔의 얼굴은 짧은 날을 사용하지만 흰 얼굴에 너무 잘 드는 날을 사용하면 날이 심하게 스쳐서 눈물이 날 정도로 벌겋게 달아오른다.

클리퍼는 조정이 가능하도록 디자인 되어 있는데 미용사는 개를 이리 저리 움직여 괴롭히는 것이 아니라 부위별로 필요에 따라 사용하는 방법을 배워야 한다. 개의 발을 비틀어 털을 깎는 것을 본적이 있다. 이건 아니다 라는 생각이 든다. 자신의 손에 쥐어진 이발기를 돌리고 내리고 이리저리 필요한 곳으로 움직여서 사용하며 개의 발은 가능한 한 그대로 두어야 한다.

클리퍼를 피부 깊숙이 누르지 않도록 주의해 날이 피부위로 최대한 평평하게 움직이도록 한다. 주름부위나 늘어진 살은 평평하게 당겨 스쳐서나는 상처를 방지하고 깔끔한 마무리가 되도록 한다.

푸들의 발은 털을 깎는 경우가 아니거나 또는 경험이 많지 않다면, 클리퍼는 항상 털의 결 방향으로 사용한다. 얼굴부위는 안전을 위해 눈 주위는 피해야 한다.

잘 된 클리핑은 예술에 가깝다. 쓰다듬듯이 털을 깎는다고 생각해 보라. 부드럽고 친절하게 해야하며 마무리는 항상 깨끗하고, 깔끔하게 편안한 모습이 되도록 해야 한다.

■ 클리퍼의 종류

시중에 다양한 종류가 있다. 자신에게 맞는것을 선택한다. 나의 경우 두꺼운 털을 자르기 위한 클리퍼 하나와 쇼 푸들과 좀 더 주의를 요하는 개를 위한 클리퍼 하나를 사용한다. 경험이 쌓이면 어느 것이 자신에게 맞는 것인지 알 수 있게 된다.

■ 클리퍼에 부착시키는 빗(Comb)

플라스틱소재로 된 클리퍼에 부착시켜 사용하는 도구로 일반 클리퍼 날에 걸리도록 부착하여 털을 더 많이 남기도록 하는 도구이며 가위로 자르는 시간을 줄이기 위해 몸통과 다리에 사용한다. 사이즈는 다양하며 푸들, 라사 압소, 비숑 프리제, 올드 잉글리시 쉽독과 다른 많은 종류의 개를 퍼피클립 타입의 길이를 만드는데 유용하다.

부착용 빗(사이즈1)을 No.10 날에 붙이고 털의 결 방향과 털의 결 반대 방향부위에 시험해 본다. 웨스티(West highland white terrier)에게는 종종 1번 부착용 빗을 No.4 날에 붙여 사용하기도 한다. 시험해 보는 것이 재미있을 수도 있지만 전문 애견미용사라면 특별히 마무리를 더 짧게 하는 경우가 아닌 한 고객의 개에게 시험하지 않는다.

스트리핑(Stripping)

목욕 전에 해야 하는 단계이다(스트리핑을 하는 개를 가진 브리더 중에는 그들의 쇼 독은 목욕은 전혀 하지 않는다고 주장하기도 한다).

쇼 독은 항상 스트리핑을 해야 하며, 잉글리시 세터(English shetter), 아이리쉬 세터(Irish shetter)와 같은 아름답고 우아한 종류는 몸통 전체의 털을 깎는 경우는 절대로 없다. 스트리핑을 해주지 않으면 털이 엉망으로 곱슬거리게 되어 약간 웨이브지고 윤기있는 실크같은 모습을 망치고 만다.

보더 테리어(Border terrier)와 같이 자연적인 모습이 요구되는 종류는 뻣뻣한 겉털이 부드러운 속털이 대신하게 되기 때문에 털을 깎으면 오히려 망쳐버린다. 이런 종류는 오히려 1년에 두 번 정도 스트리핑이 필수적이다. 그렇게 해 주지 않으면 개의 상태가 망가져 버린다. 빠진 속털 때문에 개 역시 너무 덥고 불편하게 느끼고 가려움증까지 생긴다. 매 6~8주에 한번 정도 스트리핑 해 주면 더 좋다. 1년에 두 번 해 주는 것보다 털 손실도 줄일 수 있고 맵시 있는 모습을 유지시켜 줄 수 있다.

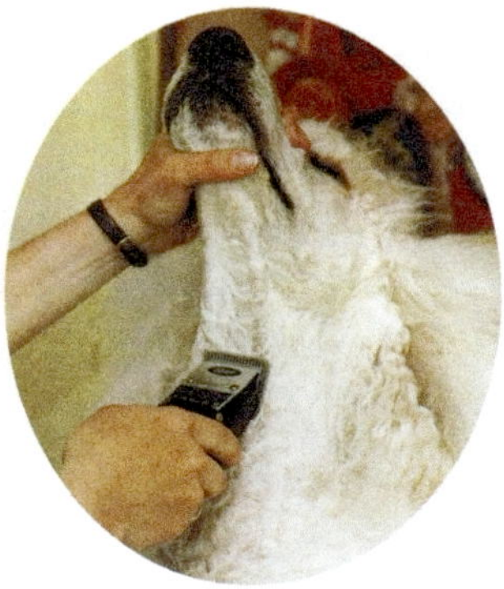

흰 털의 견종이 클리퍼에 의해 상처를 더 잘 입는 경향이 있으나 너무 잘 드는 날은 피해야 한다.

스트리핑은 점점 하지 않는 애견미용실이 늘고 있다. 숱 가위와 클리퍼 사용이 애견미용에 더 많이 쓰인다.

이것은 부끄러운 현상으로 좋은 훈련의 부족과 순전히 게으름에서 오는 것일 것이다. 그러나 개 주인들이 이 모든 과정을 모두 수행하는 데 드는 그 긴 시간에 대한 요금을 투자하려 하지 않는 것도 한 이유일 것이다. 특히 미국에서는 대부분의 애완견은 스트리핑 보다는 클리핑 위주로 관리한다.

일상적인 스트리핑

❶ 파슨 러셀 테리어(Parson Russel Terrier)가 스트리핑을 위해 대기. 털이 길고 단정하지 못하다.

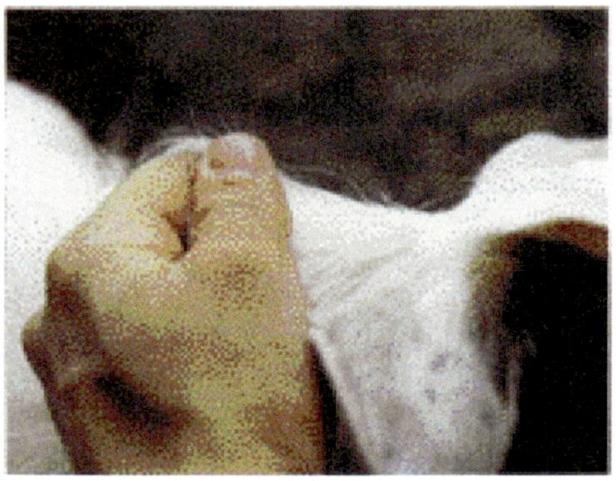

❷ 엄지와 검지로 털을 조금 씩만 잡고 당긴다.

❸ 절반 완성 – 스트리핑 한 곳과 하지 않는 곳의 차이가 확연히 보인다.

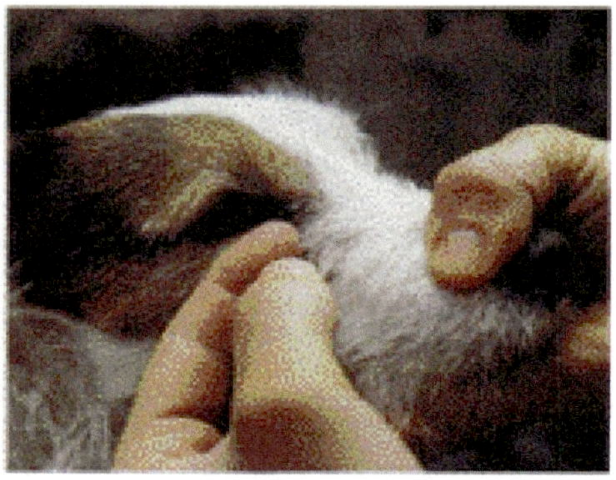

❹ 귀 주변과 같이 세심한 손길이 필요한 곳은 부드럽게 시도한다.

❺ 스트리핑 나이프 역시 죽은 털을 제거하는데 사용된다.

❻ 완성 : 털이 밀착되고 외곽선이 깨끗하다.

■ 손으로 스트리핑하는 방법

- 한 번에 엄지와 검지로 조금씩 잡고 죽은 털을 재빨리 힘껏 잡아당겨서 뽑는다.
- 한 번에 몇 가닥의 털만 뽑도록 한다. 한 번에 큰 덩어리를 잡아당기면 고통과 피로만 가져온다.
- 항상 털이 자라는 방향으로 시행한다.
- 스트리핑 후에는 피부를 단정하게 유지시켜 준다.

■ 스트리핑 나이프(Stripping knife)

스트리핑을 배우는 것은 어렵지 않으나 시간이 너무 많이 드는 작업이므로 애견미용사들은 관심과 인내심이 없으며 개주인은 시간제로 지불하는 요금을 쓰려고 하지 않는다.

엄지와 검지를 사용하는 것 보다 스트리핑 나이프를 사용하는 것이 훨씬 쉽다. 이때 사용되는 나이프는 뭉툭한 것이다(나이프가 뭉툭하지 않으면 털이 뽑히는 것이 아니라 잘리므로 오히려 털을 깎는 것이 더 낫다). 가장자리에 틈이 있는 나이프를 사용한다. 새 나이프는 사용 전에 돌에 갈아 끝을 뭉툭하게 만들어 사용하는 것이 좋다(주의 : 손목을 뒹기지 말고 나이프와 털을 똑바로 잡아 당겨야 한다).

■ 털의 성장

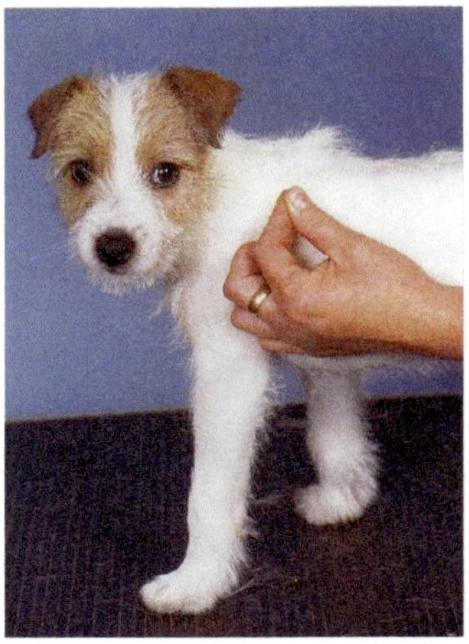

약 12주 정도에 털이 곱슬해지기 시작할 때 강아지를 부드럽게 스트리핑해 습관을 들이도록 한다.

스트리핑을 하는 품종은 털이 곱슬해지고 윤기가 나기 시작하는 생후 3개월부터 털관리를 시작하도록 한다. 이 솜털은 엄지와 검지를 이용해 쉽게 없앨 수 있다.

곱슬털 아래에 새로운 피모가 생기는데 이 복슬거리는 피모는 7개월이 될 때까지 유지된다. 긴 털이 생기기 시작하고 덩어리지기 시작하면 스트리핑을 하번 더 해 줄 때가 되었다는 신호이다.

성견이 되었을 때 털은 3~4번 정도 자라남과 빠짐이 반복된다. 불행하게도 많은 개 주인이 이런 털의 개를 그냥 내버려 두다가 한살 정도 되어서야 애견미용실로 데려오는데 이는 애견미용사에게는 일거리를 더 많이 만들고 개에게는 더 많은 고통을 주는 것이다.

■ 성견 스트리핑

성견의 스트리핑은 자연적으로 털이 많이 빠지는 시기가 가장 좋다(봄과 가을 털갈이 시기).

나이프를 이용한 스트리핑은 개를 덜 괴롭히는 것이다. 그러나 여전히 옳은 기술, 시간과 인내심은 필요하다. 어떤 개는 옆으로 누운 상태에서 스트리핑을 할 때 가장 복종적이어서 작업이 좀 더 쉽다.

스트리핑 전에 몸을 철저히 브러싱하고 코움으로 빗질을 해 주어야 한다. 머리 부위부터 시작해서 몸 전체로 내려가면서 작업을 해주고 부드러운 속털이 빠져나가지 않도록 주의를 기울인다. 속털은 쉽게 구분할 수 있으며 색깔이나 질감이 겉털과 다르다.

스트리핑을 마치고 난 후, 나이프를 이용해 털 전체에 죽은 속털을 제거한다. 항문 주위의 털을 짧게 정리하기 위해 가위나 이발기를 써야하는 경우도 있으며, 발은 가위를 이용해 깨끗하게 정리한다.

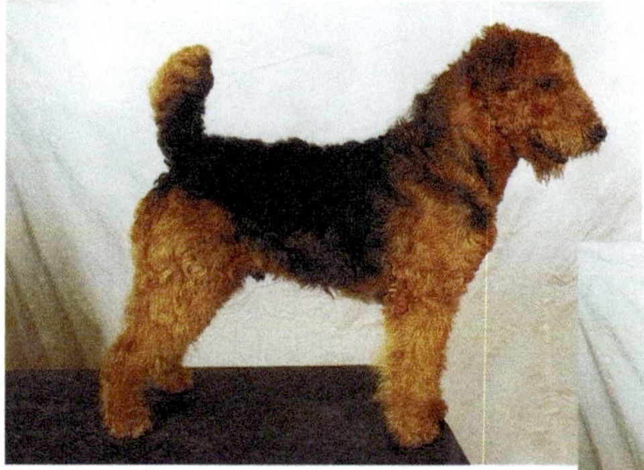

스트리핑을 하지 않은 상태(위)와 스트리핑을 한 개(오른쪽)의 차이점은 로맨틱하다는 것이다. 털을 '롤링'한다는 것은 그 개를 1년 내내 전시할 수 있는 상태로 만든다는 의미이다.

롤링(Rolling)

쇼 독의 경우에 자주 털에 '롤링'을 해주어 관리자가 1년 내내 개의 최상 컨디션을 유지하도록 해주어야 한다.

롤링(스트리핑의 하나)은 완전한 털갈이를 방지한다. 완전한 털갈이는 개가 탈모가 있어 보이거나 비교적 털이 완전히 뽑힌 듯 보여 그 때문에 쇼에서 이길 수 있는 기회를 잃기도 한다.

10~14일에 한 번 몇 시간 정도 롤링을 해주면 개가 항상 맵시있는 모습으로 유지된다. 주인이 개를 손질하는 주기 사이의 긴 시간을 그냥 방치하여 한번 애견미용 테이블에 올라가면 몇 시간 씩 호된 시련을 겪게 하는 것 보다 개 주인에게 롤링을 하도록 권해야 한다.

롤링시 피부를 말 그대로 한 손의 손가락 사이에 말아 쥐고 다른 한 손으로 털을 골라낸다(예 너무 긴 털, 죽은 털). 개 주인 중에는 브리더에게 과정에 대한 설명과 함께 정기적으로 이 서비스를 받도록 조언을 받기도 한다.

애견미용사에게는 불행하게도, 브리더들이 종종 개 주인에게 1년에 한두 번 정도 스트리핑을 하도록 조언한다. 현대적인 방식의 재교육이 해답이다.

카딩(carding)

이 과정을 위해서는 클리퍼 날이나 뭉툭한 스트리핑 나이프를 평평하게 유지하여 사용한다.

털 전체를 카딩하거나 두꺼워진 겉털을 제거하는 것은 스트리핑 나이프의 사용법과 거의 같다. 속털 제거에 필수인 뭉툭한 스트리핑 나이프로 필요없는 털은 제거하며 항상 체크해 주어야한다. 이 과정을 '스트리핑' 또는 '카딩'이라고 부르고 겉털을 납작하게 눕혀 항상 맵시있는 모습이 유지되게 한다.

티닝(Thinning)

티닝은 털의 숱을 줄여 털이 납작하게 눕게 하는 가위 작업이다. 이 과정은 털을 짧게 만들 때 사용하는데 클리퍼는 사용하지 않는다. 클리퍼 사용으로 인해서 그 견종의 표준이 되는 모습이 망쳐졌을 때 예를 들어, 잉글리시 세터의 목 쪽으로 내려가면서 털을 깎는 것은 두껍고 곱슬거리는 털이 생기므로 바람직하지 않다. 숱 가위는 것은 털의 숱을 적게 만들어 단정하게 보이게 하는 것이지만 올바른 방법으로 사용해야 한다.

숱 다듬기는 한 번에 2~3개의 부분으로 나누어하고 잘려진 털은 빗질이나 브러싱으로 제거한다. 숱 다듬기는 항상 털의 성장의 흐름에 따라한다. 털을 가로질러 직선으로 르면 층이 생기게 된다.

PROFESSIONAL GROOMING

교배종과 잡종

애견미용실에서 많은 교배종을 볼 수 있다. 이런 개들 중 가끔은 전체적으로 긴 털을 가지고 있다. 어떤 종류는 짧은 털, 빳빳한 털이거나 곱슬털이다. 대개는 이들을 단장하는 것은 기분 좋은 일이며 목욕을 시키고 개의 키와 골격에 알맞게 모양을 만들어 주면 상당히 귀여운 모습이 된다. 개를 바라보면서 스트리핑 했을 때와는 대조적으로 털을 깎았을 때, 숱을 다듬었을 때 또는 가위로 잘랐을 때 어떤 모양이 될지 상상해보라. 일단 털이 깎고 나면, 다시 붙일 수는 없다.

일반 점검 사항과 과정

항문낭

이 냄새 분비 샘은 항문의 양쪽 옆에 위치한다. 항문낭은 소화기 끝부분에 연결된 피부가 변이한 것으로 상당히 크고 액체로 된 분비물이 모인다. 항문낭이 막히기 시작하면 다양한 감염의 징후를 보인다.

- 엉덩이를 바닥에 문지른다.
- 그 주위를 깨문다.
- 꼬리를 물려고 빙빙 돈다.
- 다리를 만지려고 하면 물려고 하거나 지나치게 예민하다.
- 꼬리가 위를 향하지 않고 축 쳐져 있으며, 가끔 다리 사이에 숨긴다.

이런 징후를 드러내지 않더라도 그 특이한 냄새로도 알 수 있다.

생뼈를 많이 씹게 하면 칼슘 보유량이 많아져 대변이 딱딱하게 배출되고 항문낭은 자연스럽게 비게 된다. 그러나 요즘은 자연식을 덜 먹이는 경향이어서 많은 개들은 항문낭을 비워 줄 필요가 있다. 비워주지 않으면 농양이 될 수 있다. 발정기가 지난 암캐의 경우 보통 항문낭을 비워주면 도움이 된다.

항문낭의 관리는 전문가에 의해 시행되어야 하며. 초보자가 하기에는 어려움이 있다. 어떤 수의사는 항문낭의 관리를 동물 병원에서만 시행되어야 한다고 주장하기도 하고 어떤 사람들은 애견미용사가 다루어야 한다고 주장하기도 한다.

■ 점검

개가 욕조 안에 있을 때 항문낭을 점검하기 가장 좋다. 항문낭 주변에 따뜻한 물을 적셔주면 피부가 부드러워지고 개는 편안함을 느끼게 되어 비우는 게 더 쉬워진다. 항문낭 관리를 제대로 해 주지 않으면 항문낭에 염증이 생기게 되어 수의사에게 드는 비용도 늘어나고 개는 불편함을 느끼게 된다. 항문낭을 바깥으로 재빨리 짜준다.

■ 과정

고무 위생장갑과 흡수가 잘되는 휴지를 사용하고 엄지와 검지를 항문의 한쪽에 댄다. 1인치(2.5cm)정도의 딱딱해진 조직을 느낄 수 있다. 안쪽으로 눌러 바깥쪽으로 들어 올려 불쾌한 냄새가 나는 액체를 빼낸다. 이 액체는 점성이 치약 정도일 때도 있고 묽기도 하다.

이를 위해서는 요령이 필요하고 어떤 개는 다른 개에 비해서 훨씬 하기가 쉽다. 항문낭 부위가 아주 민감하거나 냄새가 심할 때 또는 두 가지 증상을 다 보이면서 아무것도 나오지 않으면 개 주인에게 수의사에게 보일 것을 권유하여 그 부위에 더 심각한 이상이 있는지 확인 하도록 한다.

발톱

일단 목욕을 하고(털을 건조시키기 전이나 후) 테이블에 앉게 한 때가 개 발톱을 다듬기 좋은 시간이다. 발톱이 물에 불어 부드러워져 일반적으로 자르기가 더 쉽고 잘 부러지지 않는다. 발톱혈관이 긴 개는 강아지 때부터 정기적인 관리를 받지 않아서 그런 것이며 이때는 조금만 자른다. 큰 발톱 줄이나 전동 발톱갈기를 사용하는 것이 더 안전하다. 그러나 전동발톱 갈기는 가끔 털에 들어가 털에 감기기도 한다. 아프간이나 아메리칸 코카 같은 견종은 손으로 해야 한다.

퀵(quick)은 발톱에 신경과 혈액을 공급한다. 퀵이 잘리면 개가 아주 고통스러워하며 발톱이 세균에 감염될 수도 있다. 피를 멈추게 하기 위해서는 지혈제나 과망간산염 결정을 사용한다. 밥톱 관리는 주의를 기울여야 한다. 퀵이 잘리면 개는 고통이 매우 심하게 된다.

발톱의 신경을 자르거나 다루기 힘든 개의 발톱을 자르는 경우 다른 사람의 보조를 받아 개를 붙잡도록 하고 개에게 이야기를 걸면서 재빨리 마무리 한다. 이런 개들도 발톱에 줄을 사용하는 데는 거부감을 가지지 않는다.

며느리발톱

활동적인 개의 며느리발톱은 자주 문제가 발생한다. 푸들과 같은 견종은 태어날 때 이 발톱을 제거해 주며 그레이트 피레니즈의 경우 며느리 발톱의 수가 여러 개 있는 것이 표준으로 되어 있다.

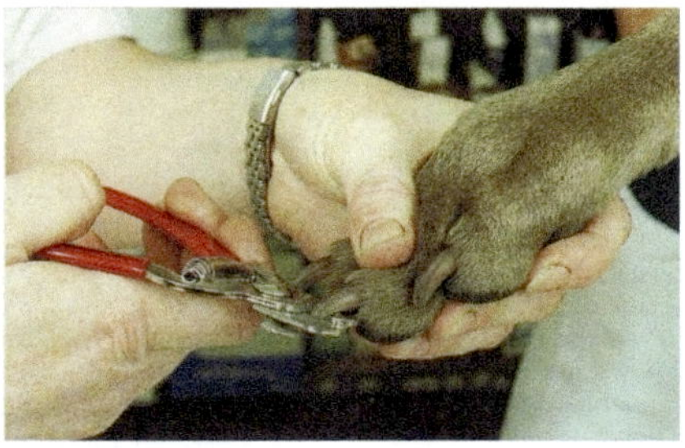

목욕 후 발톱이 부드럽고 자르기 더 쉬울 때 다듬는다. 강아지 때 날카롭고 바늘 같은 발톱을 자를 때 함께 며느리발톱을 제거해 준다.

발톱이 자라다 보면 발의 뒤쪽까지 닿을 정도로 자라 다리를 파고 들 수 있으므로 정기적으로 체크해 주어야 한다. 이로 인해 상당한 고통을 야기할 수 있으며 감염을 일으켜 수술만을 해야하는 상황까지 이르게 된다.

애완견에게 이 발톱은 전혀 필요치 않다. 일단 발에 남아있다면 수술을 하지 않고는 제거 되지 않는다. 이 발톱은 다른 발톱과 마찬가지로 깎을 수 있다. 길에 나가는 횟수가 적으면 적을수록 정기적으로 발톱을 자르고 손질할 필요가 있다(적어도 3달에 한번).

어떤 개들은 발이 땅에 닿기 전에 발톱이 닿을 만큼 자라 발의 상태가 좋지 못하다. 이런 종류는 다른 개에 비해 더 자주 며느리 발톱을 잘라 주어야 한다.

매주 발톱을 살피면서 며느리발톱도 체크해야 한다.

강아지의 경우, 마치 며느리발톱이 작은 바늘처럼 뾰족한 경우를 볼 수 있는데 이런 경우 반드시 잘라주어야 한다.

귀

귀를 뒤집어 펼쳐 알코올이나 귀 세정제를 이용해 귀를 청소하여 귀를 건강한 상태로 유지하며 진드기를 방지하기 위해 귀 파우더를 뿌린다. 파우더를 뿌린 후 귀를 몇 분간 그대로 두었다가 겸자(지혈용 수술가위)를 이용해 한 번에 조금 씩만 잡아 귀 안의 털을 뽑아준다. 손가락을 쓰는 것 보다 겸자를 쓰는 것이 덜 고통스럽다.

겸자는 사용 전 후에 꼭 알콜로 닦아 주어 감염을 일으키거나 진드기가 옮기지 않도록 한다.

귀관리

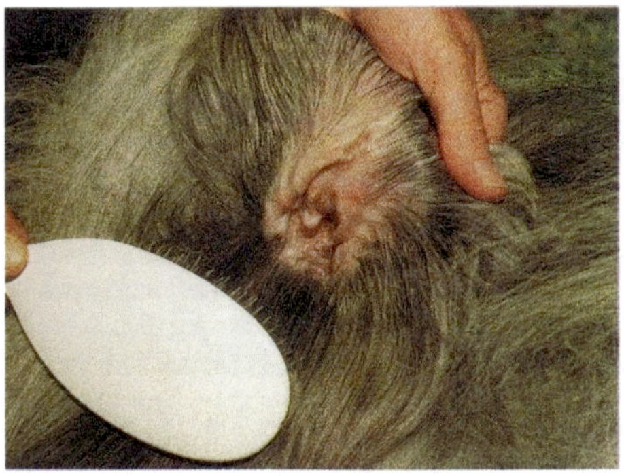

❶ 귀 주변의 털을 브러시를 이용해 귀 안이 보이도록 한다.

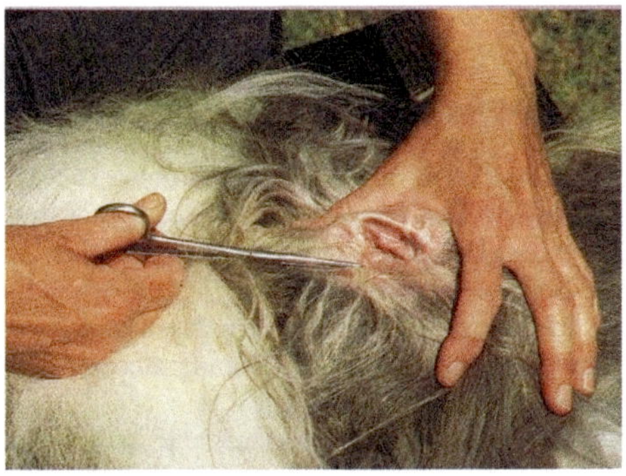

❷ 겸자를 이용해 귀 안의 털을 부드럽게 제거한다.

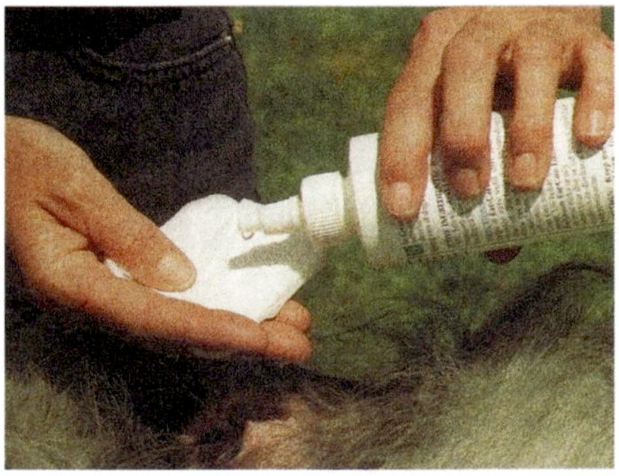

❸ 탈지면에 귀 전용 클리너를 묻힌다.

❹ 귓바퀴 주변을 닦아낸다.

눈

눈은 항상 깨끗하게 유지하고 눈물이 고이거나 눈물자국이 있는지 자주 체크한다. 젖은 탈지면을 이용해 눈에 쌓인 불순물을 제거해 주어야하며, 제거해 주지 않으면 단단한 덩어리로 되어 눈주위가 쓰라리게 된다.

이빨

애견미용실을 갈 때 마다 개의 이빨을 자주 점검하고 충치와 같은 문제가 있을 때 빠른 시기에 발견하여 더 발전하는 것을 막는다.

부드러운 가공 사료를 먹여서 치석이 생겨 축적되면 문제를 일으킨다. 그대로 내버려 두면 잇몸 염증과 충치의 원인이 될 수 있다.

개에게 안전한 생뼈를 주지 않는다면 정기적으로 칫솔질을 해 플라그를 제거해 주어야 한다.

입이 붉은 색을 띠거나 염증이 있거나 불쾌한 냄새가 나면 수의사와 상의한다.

■ 치석 제거

치석이 생겼는데 손댈 수 없을 정도의 상태까지 가지 않았다면 개전용 칫솔을 사용해 제거한다. 개전용 칫솔은 질이 좋고 손잡이가 길며 가장자리가 평평한 도구로 작은 삽처럼 생겼다.

- 사용하기 전 과산화수소로 브러시를 깨끗이 소독 한다.
- 플라그를 제거하기 위해서는 개 주둥이 부분을 한 손으로 잡고 입술을 위로 들어올려 치석을 떼어내다. 처음에는 조금 어렵지만 단단한 덩어리를 일단 떼어내고 나면 나머지는 쉬워진다.
- 다음으로 아스트리젠트(수렴제)를 발라준다. 과산화수소와 물을 일대 일로 섞어(또는 동물 병원에서 마우스 수렴용으로 만들어진 용액으로) 치석을 제거하기 전에 항상 잇몸을 닦아주는 것이 좋으며 염증을 방지한다.
- 탈지면을 위에 언급한 아스트리젠트에 충분히 적셔 부드럽게 잇몸 깊숙이 문지른다.

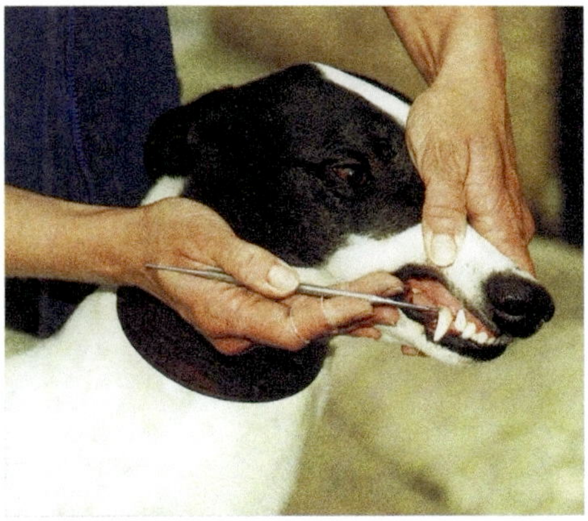

치석 제거용 스크레이퍼는 이빨에 오랜 시간에 걸쳐 자리 잡은 치석을 제거할 수 있다.

■ 치아 착색

치아의 갈색 링 모양의 얼룩으로 이것이 단지 백신때문에 생겼다거나 물의 질 때문에 생겼다고 주장하는 사람도 있다. 원인이 무엇이든 – 유전적이든 질병에 의한 것이든 – 이 얼룩은 제거되지 않는다. 종종 이빨 윗부분 테두리에 갈색 착색이 생기기도 한다.

따라서 치석 제거기를 이빨에 대기 전에 변색된 갈색은 지울 수 없으므로 미리 체크한다. 사실 이빨에 축적된 치석은 일반적으로 크림색이나 베이지색이며 가끔 잇몸 주변에 어두운 갈색 테두리를 동반하기도 한다.

애견미용에 드는 시간

털의 종류는 매우 다양하다. 어떤 종류는 훨씬 쉽고 시간도 짧게 걸린다. 브러싱이 필요한 종류도 있고 목욕, 클리퍼, 스트리핑, 카딩, 숱 다듬기 등을 필요로 한다. 짧은 털을 가진 개들조차도 목욕이나 빠진 속털을 제거하고 털손질을 정기적으로 해주는 것이 좋다.

어떤 견종에 또는 개에 소요되는 시간은 개의 상태에 따라 다르다.

아래에 애견미용실에서 자주 볼 수 있는 품종에 따른 소요되는 시간의 예를 들어 보았다. 이 시간은 일반적인 손질에 드는 시간이다(너무 긴장한 개나 지나치게 엉킴이 많은 개에게 추가로 드는 시간은 제외).

이 시간은 또한 이발기를 쓰느냐 스트리핑을 하느냐에 따라서도 달라진다(털의 상태가 좋거나 자주 손질을 해주는 경우가 아니라면). 스트리핑은 3배는 더 시간이 걸린다.

PROFESSIONAL GROOMING

애견미용 시간

에어데일 테리어	2~3 시간
비숑 프리제	1시간 30분
코카 스파니엘	2시간 30분
라사 압소	1시간 30분
미니어처/토이 푸들	1시간 30분
올드 잉글리시 쉽독	2~3시간
스탠다드 푸플	2시간 30분
웨스트 하이랜드 화이트	1시간 30분

불행히도 1년에 두 번씩은 꼭 몸 전체를 스트리핑을 해줘야 하는 종류가 있는데 개를 한살이 넘을 때까지 한 번도 애견미용실에 데려가지 않는 주인들이 있다. 1년에 한번 정도만 손질을 시키면서도 자신의 개도 책에 나오는 개들(매주 또는 2주에 한번은 관리를 받는–어떤 경우는 매일 스트리핑이나 롤링을 받는)처럼 맵시있게 보이기를 바란다.

각각의 종류에 필요한 작업에 관해 현실적으로 생각해야 한다. 올드 잉글리시 쉽독(왼쪽) 은 일반적으로 시츄(아래)에 비해 두 배의 시간이 걸린다.

Chapter 8 털과 피부에 생기는 트러블

개주인과 애견미용사라면 개의 피부나 털에 문제가 생기면 바로 알아차리고 어떤 해결책을 써야할지 알고 있어야 한다.

이런 질병들은 종종 애견미용사나 주인에 의해 처음으로 발견되고 비관적인 상태가 되기 전에 치료를 받게 된다. 개의 정기적인 점검은 소중한 시간과 비용을 절약해 준다.

피부와 털의 트러블은 여러가지 형태로 드러나는데 여러 원인이 중복되어 생긴다. 잘못된 면역기능, 적절치 못한 식습관, 기생충 등.

강아지나 성견의 정기적인 미용, 브러싱 및 빗질은 피부 문제를 초기에 발견하도록 도와주어 적절한 치료를 받을 수 있도록 해준다. 정확한 진단을 위해 전문적인 지식을 가진 사람의 도움이 필요할 수도 있다. 따라서 문제를 맨 처음 발견했을 때 전문 애견미용사나 수의사, 브리더, 견종 클럽의 건강 담당자에게 상의한다.

알레르기

음식 알레르기

많은 개가 음식 알레르기를 겪고 있지만 주인은 눈치 채지 못하는 경우가 있다. 물론 다른 이유에서 일수도 있지만 소화불량은 종종 음식 알레르기의 징조일 때가 있다. 이런 경우 제일 먼저 연락해야 할 사람은 담당 수의사이다. 일단 음식 알레르기로 판명이 나면 담당 수의사는 음식의 어떤 성분이 문제를 일으켰는지 조사해서 당신을 도와 줄 수 있다.

모든 개가 개 비스킷과 완전 건조 사료에 들어있는 글루틴에는 약간 알레르기가 있다. 밀을 쓰지 않는 업체들도 있지만 혹시 다른 글루틴이 들어 있을 수 있으니 확인하는 것이 좋다.

쌀을 주로 하는 식습관도 글루틴 알레르기를 위해 권유되고 있다.

정기적인 손질은 개의 건강을 항상 점검할 수 있는 눈이 되며 문제를 일으킬 수 있는 부분을 초기에 발견할 수 있게 한다.

화학/접촉 알레르기

사람용 세정제나 향수를 개에게 뿌리는 사람들이 있는데 여기에 들어있는 화학 물질은 개에게는 매우 강한 알레르기를 일으킨다. 본인이 좋아 한다고 디올이나 샤넬을 개에게 절대로 뿌리면 안 된다. 만약 개가 어떤 것에 빠져들어 바닥을 구르거나 너무나 좋아하는데 그것을 견딜 수 없다면 향수로 악취를 커버하는 것보다 목욕을 시키는 것이 낫다.

가구 광택제와 같은 집에서 쓰는 일반 세제에 알레르기를 일으키는 개도 있다. 이 점이 의심된다면 다른 세제를 사용하는 실험을 여러 번 하여 피부 발진과 같은 알레르기 증상을 보이지 않는 것으로 바꾸도록 한다.

담당 수의사도 개가 가지고 있는 접촉 알레르기가 무엇인지 알아내는데 도움을 줄 수 있다.

백신 반응

예방접종을 한 후 알레르기 반응을 보이는 개도 있다. 처음에는 증상이 정확히 나타나지 않다가 주사 쇼크를 받는 경우도 있으며 심지어는 강아지의 첫 번째 예방접종이 진행되고 있는 동안 피부병이 3개월 이내에 행해지기도 한다. 유사요법 전문 수의사가 이런 반응을 가라앉히는데 도움이 될 수 있다.

습진

PROFESSIONAL GROOMING

냄새

개도 사람처럼 각자의 냄새를 가지고 있다. 어떤 종류는 자기들만의 특별한 냄새를 가지기도 한다. 스피노네 이탈리아노처럼 기름기가 많은 털을 가진 견종은 아주강한 냄새를 풍기는데 어떤 사람은 그 냄새를 좋아하지만 그렇지 않은 사람도 있다. 어떤 스파니엘 종류는 젖었을 때 'doogie(일반적인 개 냄새)' 냄새가 난다.
개 냄새를 좋아한다면 강아지를 고를 때 그 부모의 몸 냄새를 맡아보고 그 냄새에 거부감이 드는지 꼭 확인한 뒤 고르도록 한다.
당신의 개가 평소와는 다른 냄새가 나고 정확한 원인을 찾을 수 없을 때는 수의사를 찾아 가 볼 필요가 있다. 냄새가 언듯 보아 알 수 없는 건강 문제의 증후이기 때문이다.

이 문제는 종종 잘못된 식사에 의해서 일어날 수도 있고 진드기, 이, 벼룩 등 외부 기생충의 침입에 의해서일 수도 있다. 일반적으로 피부에 사는 외부 기생충이 개 피부 염증의 가장 큰 원인이다.

어떤 피부 외상이나 염증의 징후가 보이면 수의사에게 보일 필요가 있지만 애견미용사라면 피부에 있는 붉은 반점이나 쓰라린 부위, 긁어서 터지면 감염의 원인이 될 수 있는 작은 염증 등을 알아 볼 수 있는 방법을 배워야 한다. 개들은 습진 때문에 고통스러워한다.

습진은 상태가 나빠지면 치료가 어려우므로 즉시 치료법을 찾아야 한다.

기생충

벼룩, 이, 진드기를 외부 기생충이라고 하는데 개의 피부에 살면서 피를 빨아 먹는다. 외부 기생충은 견딜 수 없을 정도의 가려움증을 유발하여 개가 몸을 너무 긁어 털이 다 빠져 피부가 빨갛게 되어 벗겨지고 피까지 날 수 있다. 샤레티엘라 진드기 같은 것이 생기면 개는 비듬이 생겼을 때와 비슷해 보인다. 불행히도 이 진드기는 움직이고 살아있는 생명체에게는 심한 골칫거리이다. 심한 경우에는 기생충 박멸사를 불러 집을 청소해야 할 필요가 있을지도 모른다.

벼룩

벼룩은 아주 많은 피부 알레르기를 일으킨다. 가장 일반적인 기생충으로 개의 몸에서 생활한다. 알은 개의 침대나 개집 주변에 낳는다. 최고의(동물 병원에서 구할 수 있다) 제품만이 가장 효과적인 치료법일 것이다. 개의 몸에 있는 벼룩을 죽임과 동시에 집 전체 환경(가구와 카펫을 포함하여)에 함께 치료법을 써야한다.

개가 가려움을 느끼기 시작하자마자 무슨 문제가 있는지 분석해야 한다. 털을 펼쳐보면 벼룩이 몸 여기저기 기어 다니는 것을 육안으로도 볼 수 있다. 가끔 벼룩이 개나 고양이의 몸을 떠나 카펫으로 옮겨가 번식한다.

벼룩이 생겼는지 알 수 있는 좋은 방법은 피부를 따라 자주 코움으로 빗질을 해주는 것이다. 빗질을 하거나 티슈에 받아진 벼룩을 물에 넣는다. 벼룩이 있으면, 티슈에 붉은 점 같은 것이 보일 것이다. 이것이 개의 피부가 기생충에 의해 피를 빨렸다는 증거다.

참진드기

개의 몸에서 진드기를 본 사람이라면 이 흡혈 기생충의 공포를 생각하는 것만으로도 몸서리를 칠 것이다. 어떤 나라에서는 이 기생충으로 인해 받는 고통의 정도가 다른 나라에 비해 훨씬 심각하기도 하며, 진드기가 옮긴 병으로 인해 개는 죽기도 한다. 진드기는 산책 중에 나무나 들판에서 옮겨지기도 한다.

진드기는 처음에는 아주 작은 혹처럼 보이다가 몸이 자신이 사는 개의 피로 채워질수록 점점 커진다.

동물 병원에서 구할 수 있는 좋은 벼룩 스프레이는 여러 타입의 기생충에 잘 듣는다.

긴 털을 가진 견종은 1 피펫을 목 덜미에 발라 주면 되므로 더욱 편리하다.

수술용 알코올로 진드기를 죽일 수 있으며 쉽게 제거된다. 진드기 제거용 제품은 대분의 애완용품 가게에서 구할 수도 있다.

진드기

개가 가려움증을 느끼는 것 같으면 가까이서 살펴보아야 한다. 피부가 접힌 부분이나 배 부위 그 외(꼬리의 시작 부분 같은)부분에서 진드기가 잠복하고 있는 것이 확실히 보이면 개의 몸에 진드기가 퍼져있을 가능성이 상당히 많다. 몸을(특히 발) 아주 가까이서 살펴보면 아주 작은 붉은 반점을 발견 할 수 있다. 이것은 종종 진드기 번식의 초기 증후일 수 있으므로 빨리 처리해야 한다.

발견 즉시 붉은 점에 사과 식초를 하루에 3번 5일간 발라주면 이 문제는 치료된다. 알코올 역시 이 붉은 진드기 점을 없애는데 효과가 있다.

다른 방법은 사태가 더 나빠지기 전에 동물병원을 찾아 적절한 살충제를 처방받는 것이다.

이스트(효모) 감염도 가려움증의 원인이 될 수 있으므로 담당 수의사의 조언을 구한다.

피부 질환

지루성 피부염

피부 질환으로는 흔하지 않은 병이다. 어떤 개에게도 걸릴 수 있지만, 아래에 언급한 품종들이 다른 품종에 비해 더 잘 걸린다. 그렇게 심하지 않을 때, 그 징후가 아주 한정되어 있어 피부가 아주 조금 벗겨지거나 비듬이 떨어지거나 털이 조금 빠질 뿐이다. 심각한 상태일 때는, 가려움증을 유발하고 아주 불편함을 느끼게 된다. 아주 나쁜 상태일 때, 2차 세균 간염이 생기고 많은 양의 털이 빠진다. 지루성 피부염은 아래에 언급하는 품종을 포함해 30개 이상의 종류에서 볼 수 있다:

- 보더 콜리
- 비글라
- 올드 잉글리시 쉽독
- 아키타
- 라사 압소
- 사모예드
- 스프링거 스파니엘
- 스탠다드 푸들

지루성 피부염은 위 사진의 보더 콜리를 포함한 많은 견종에서 발생한다.

이 질병은 초기 발견이 중요하며 수의사라도 항상 초기에 알아보기 쉬운 형태는 아니다. 이 질병이 의심되는 개는 수의사와 이 질병 전문가가 함께 수행하는 피부 조직 검사를 권유한다.

전문 애견미용사는 이 질병의 상태에 대해 알고 있어야 하며 발견 즉시 개 주인에게 이 질병을 잘 아는 수의사에게 보일 것을 권유해야 한다. 치료법에는 왁스나 오일을 사용하거나 항생제를 쓰기도 한다. 저녁 프리뮬러(앵초) 오일이나 생선 오일 요법이 이 치료법을 위해 테스트 과정에 있다.

호르몬 불균형으로 오는 지루성 피부염은 부분 탈모를 가져올 수 있는데 특히 허리 주위의 옆면에 많다. 이것은 지루성 피부염에 따라 다르게 나타나며 동물 병원에서 치료가 가능하다.

혹

혹이 있으면 상당한 불편함을 느끼거나 끊임없이 여기저기 생기게 되어 어떤 느낌도 못느끼는 것처럼 보인다. 클리핑을했는데 엉킨 털 밑에 혹이 여러 개 나있는 경우 거의 악몽에 가깝다. 의도한 바는 아니라 하더라도 혹의 윗부분이 잘려져 나가 피가 상당히 심각한 상태까지 날 수 있다.

특별히 혹에 시달리는 종류들이 있다. 노르외이언 엘크하운드(Norweigian Elk-hound)는 특별히 낭종과 혹 문제를 많이 가지고 있는 듯하다. 코카와 토이 푸들도 마찬가지다. 가끔 피부기형은 피가 나지 않게 떼어내 보면 돌처럼 딱딱하고 이상한 모양으로 자라 놀라울 정도의 길이를 보인다. 두껍고 엉킨 털 안에 혹시 낭종이 없는지 확인 하는 것이 좋으며 이것은 애견미용사들의 가장 큰 골칫거리이다.

나이든 개는 특히 혹이 나는 경향이 많아 손질하기가 상당히 힘들다. 이런 혹들이 잘리거나 떨어져 나갈 때 상당히 고통스러울 것이다.

개가 혹을 가지고 있으면 담당 수의사와 상담해야 한다. 혹을 제거해 줄 것이다. 바나나 껍질로 하루에 3번 혹을 부드럽게 문질러 주면 효과가 있다는 말도 있다. 혹이 염증이 터져서 분비물이 나오면 지체 없이 수의사에게 보여야 한다.

일반적인 문제

항문낭

항문낭은 항문 주위의 피부 밑에 위치해 있다. 두개의 주머니에서 배변시 분비물을 내 보낸다. 이 분비물은 자신의 존재를 알리는 역할을 한다.

항문낭을 비워주지 않으면 막히게 되고 냄새가 나거나 개에게 불쾌감을 준다. 항문 주위가 부어 오르면 비워주어야 한다.

항문낭을 비우는 작업은 기술이 필요해서 전문애견미용사나 수의사를 찾아가야 한다.

턱수염

입 주위가 수염으로 덮인 종류는 다루기가 상당히 어렵다. 쉽게 이물질이 묻어 나무 부스러기나 일반적인 이물질 제거를 잘 못하는 주인이 관리하기가 힘들다. 일단 수염이 엉키기 시작하면 순식간에 제거하기가 어려울 정도로 엉키게 된다. 유일한 해결 방법은 수염을 짧게 자르는 것 뿐 이다. 그러나 이것은 이상적인 방법은 아니다. 특히 슈나우저같이 수염이 개의 가장 큰 특징일 때는 더욱 그렇다.

수염은 음식물과 같은 모든 오물이 묻고 쉽게 얼룩이 생긴다.

귀 트러블

귀가 서있는 종류(저먼 셰퍼드 같은)나 아래로 쳐진 귀를 가진 종류(바셋 하운드 같은)는 둘 다 귀 트러블을 가질 확률이 높다.

귀 염증은 계속적으로 반복 되고 완치되는 것이 어렵다. 귀는 염증이 번성하기에 완벽한 장소이다. 습도가 높고 이물질이 쉽게 모이며 먼지가 많다. 즉 세균에게 최상의 환경을 제공한다. 어떤 두 마리의 개가 완전히 같을 수 없듯이 한 쪽은 귀속에 조금의 먼지와 털만으로도 끊임없이 트러블을 일으키고 있는데 다른 한쪽은 전혀 문제가 없을 수 있다.

정기적으로 귀 검사를 하는 것이 좋으며 지나치게 많은 털과 왁스는 청소한다. 너무 지나친 귀 청소는 상태를 악화시키므로 적당히 유지시켜 주는 것이 중요하다. 귀 트러블은 항상 수의사에게 먼저 보여 진단을 받게 한다. 알레르기가 귀 염증의 가장 주된 원인이며 낮은 갑상선 수치 또한 심각한 트러블의 원인이 될 수 있기 때문이다.

고양이 에게는 잘 일어나지 않는 현상이지만 진드기가 개의 귀로 옮겨 갈 수도 있다. 초기 진화가 최선이다. 자주 귀에서 갈색의 냄새나는 분비물이 나오고 붉은 반점이 보이면 감염되었음이 확실하다. 진드기가 귀로 옮겨 왔을 경우에는 수의사에게 보여 알맞은 처지를 해야 한다. 잔디의 씨가 귀로 들어가 문제를 일으킬 위험성이 있으므로 가을에는 더욱 빈틈없이 살펴야 한다.

스누드(머리띠)

스파니엘만 봐도 알 수 있듯이 달랑달랑 매달린 귀는 어디에든 닿을 수 있다. 개들은 킁킁거리기를 좋아하고 냄새가 나는 곳에 코를 박는다. 많은 개 주인이 귀가 너무 더러워지지 않도록 싸둔다. '스누드'(집에서 뜨개질 하거나 오래된 팬티 스티킹으로도 만들 수도 있다)라는 것은 개의 머리를 감싸는데 사용 되어 산책을 나갈 때 개의 귀가 너무 더러워지는 것은 방지하고 사료를 먹을 때 귀가 밥그릇으로 빠지지 않도록 잡아준다. 그러나 스누드는 귀 구멍을 막아 신선한 공기가 들어 올 수 없어 귀를 건조하고 건강한 상태로 유지하는데 방해가 될 수 있으므로 늘 착용해서는 안 된다. 이것은 식사중이거나 운동 시간에만 사용한다.

눈 트러블

유전적으로 타고나 항상 눈물이 흐르는 개는 갈색의 눈물 자국이 생긴다. 강아지는 종종 이빨이 날 때 눈물을 흘린다.

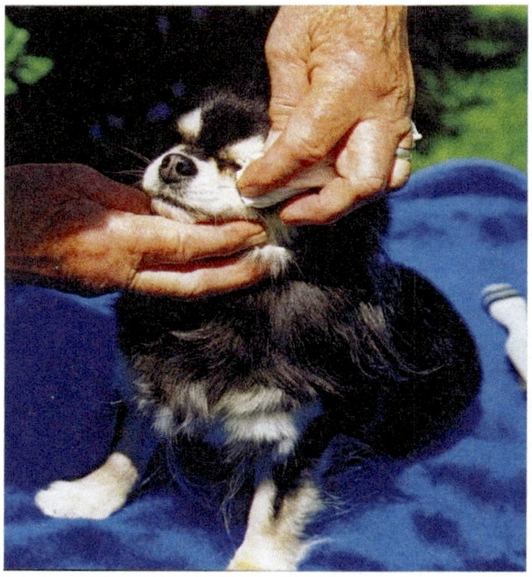
어떤 종류는 눈물이 계속 흐르는 경향이 있어 눈물 자국이 생기므로 정기적인 눈 관리가 필요하다.

속눈썹이 안으로 말려들어가는 경우는 눈물이 흐르게 하는 아주 흔한 원인인데 염증을 일으키기도 하다. 어떤 경우라도 수의사에게 보여 원인을 밝혀야 한다.

거즈를 식염수 등에 적셔 눈을 주의하여 닦고 이때 양 쪽 눈은 각각 다른 패드를 이용하며 눈 끝부분에 고인 눈곱을 깨끗하게 제거한다.

눈물 자국

눈물 자국은 완전히 없어지는 경우가 드물다. 그러나 클리퍼를 통해 털을 짧게 깍아 주면 얼룩이 줄어든다. 그렇게 하면 얼룩은 잠시나마 흐려진다.

눈물 자국을 없애는 제품들이 시중에 나와 있다. 크림 형태의 제품이 있어 자국 위에 발라 잠시 그대로 둔다. 이런 제품은 잠깐은 효과가 으나 눈물이 계속 흐르는 개는 눈물 자국이 깊어 잘 지워지지 않는다.

눈이 민감해서 바람만 불어도 또는 공기 중에 먼지가 있어도 눈물을 계속 흘리는 것이 문제다. 그러나 대부분의 개는 큰 문제가 없으나 유전적인 질병을 타고난 경우에는 속눈썹이 계속 자라 끊임없이 문제를 일으킨다(이 경우는 수의사와의 상담이 꼭 필요하다).

털이 눈을 찔러 눈물이 나거나 눈물자국을 만드는 경우도 있는데 쇼 푸들, 시츄, 라사 압소나 비어디드 콜리 같은 종류는 깔끔하게 눈위의 긴 털을 묶어주면 이 현상을 방지 할 수 있다.

- 포니테일용 밴드를 준비하고 털을 잡을 수 있는 만큼 한 손에 잡는다. 고무줄 밴드는 털에 달라붙어 풀기가 매우 어려우므로 사용하지 말아야 한다.
- 털이 아주 조금만 자란 어린 강아지는 하루에 2~3번 정도는 고쳐 묶어줄 필요가 있지만 털이 점점 자라면 하루에 한번 만 고쳐주면 털이 눈을 찌르는 것을 막기에 충분하다. 긴 털일 경우에는 털을 고정하기 위해 2~3개의 밴드가 필요할 것이다.
- 머리 묶음을 너무 잡아당겨 눈이나 머리의 피부를 잡아당기지 않는지 확인한다. 머리를 뒤로 잡아당기면 두통이 생기거나 피부가 당겨져 불편하면 개가 긁거나 바닥 등에 비벼 떼어낼 것이다.

■ 잔디씨

'화살촉모양'의 잔디 씨 침이 발가락 사이와 귀 구멍으로 들어가는 것을 발견할 수 있으며 씨앗이 피부에 박혀 격렬한 염증을 일으키게 되며 개를 견디지 못하게 만든다. 잔디 씨가 귀안에 자리를 잡으면 계속해서 머리를 흔들고 가구 등에 머리를 문지르고 피가 날 정도를 귀를 긁을 것이다.

잔디씨는 겸자로 제거 할 수 있다. 그러나 이는 수의사에 의해 수행되어야 하며 적어도 전에 해 본적이 있는 사람이 해야 한다.

씨가 발가락 사이에 들어가면 핀셋을 이용하면 된다. 펠트가 제거되지 않은 상태라면 이들이 발 안 깊숙이 자리 잡게 되는데 완전히 제거 할 수 있도록 수의사에게 보인다.

다리 안쪽에 잔디씨가 박혀있던 자리에 다섯 개의 구멍이 불결한 형태로 나있는 개를 본적이 있다. 그 씨는 손으로 제거 했으며 다리가 치유되기 까지 여러 달이 걸렸다; 벗겨진 부분에 털이 다시 자라기까지는 몇 달이 더 걸렸다.

Chapter 9
트러블 해결법

개를 다루는데 어려움을 겪는 애견미용사가 있다. 비록 훈련을 받았다 하더라도 개가 왜 그렇게 행동하는가, 또는 반응하는가를 완전히 이해할 만한 충분한 경험을 하지 못했기 때문이다. 매일 개와 함께 일하다 보면 자연스럽게 경험을 쌓아 문제를 해결 할 수 있을 것이다.

개를 다루는 기술

많은 애견미용사들이 성격이 나쁜 개를 어떻게 다루면 좋을지 조언을 구하곤 한다. 30년 이상의 미용 경력에도 솔직히 말해 그렇게 성격이 나쁜 개를 다루어본 경험은 한 손으로 헤아릴 수 있을 정도다. 애견미용실을 처음으로 찾는 개중에 손질을 할 수 없을 정도로 난폭한 개는 드물다. 이들은 대부분 좀 긴장하여 이런 반응을 보일 뿐이다. 경험 있는 애견미용사라면 곧 개를 편안하게 만드는 법을 배울 것이다.

어린 시기부터 애견미용을 받는 습관을 들여 놓으며 나중에 생길 수 있는 문제를 방지해 준다.

성공의 비밀은 개의 몸단장을 끝내는 것보다 먼저 생각하는 것이다. 이것이 제일먼저 고려해야 할 항목이다. 주인은 좋은 외모를 가진 개를 좋아한다. 그러나 주인을 보면 위축되고 꼬리를 다리 사이로 감추는 개보다는 꼬리를 흔드는 행복해 보이는 개가 좋다. 몇 번 애견미용센터에 오다 보면, 미용을 받는데 대한 믿음이 늘어나고 다른 개와 마찬가지로 이 개도 손질을 할 수 있을 것이다.

주변에 아이들이 많고 방문객들에게 둘러싸여 지내는 애완견은 동기(각 단계의 마지막에서는 보상물을 주거나 쓰다듬어 주기, 칭찬 등)를 부여해 주면 대부분 아주 협조 적이다.

손질하기 어려운 개

불행히도 시간부족, 기술이나 이해력 부족으로 어떤 애견미용사들은 개를 방어적인 방법으로 반응하도록 만든다. 그러면 그 개는 까다로운 개로 분류되는 것이다. 여기서 비난 받아야 할 부분은 그 애견미용사가 훈련과 경험이 부족하다는 것이다. 개중에서도 버릇없는 녀석은 가끔 시작할 때 다루기가 힘들다. 그러나 개들은 무관심을 싫어한다. 따라서 개에게 말을 많이 하지 않고 주인이 사용할 만한 '어린애 다루듯 하는 말투'를 쓰지 않으면 개는 곧 당신의 관심을 끌려고 애쓸 것이다.

잘못 다루어지고 잘못 이해된 개들은 경험 많고 유연성 있으며 훈련을 잘 받은 애견미용사에게도 4~5차례의 방문까지는 조금 힘들 것이다. 그런 다음 개들은 갑자기 천사로 변한다. 이는 아주 일반적인 현상으로, 이런 개가 인내심과 친절함으로 다루어도 잘 되지 않는 경우 보다 훨씬 많다.

관절염이 있는 개나 커가느라 고통을 겪는 강아지는 상태를 먼저 파악하고 주의를 기울여야 한다. 다시 한 번 강조하지만, 훌륭한 훈련과 경험만이 애견미용사들이 이런 문제점을 알아내고 올바르게 대처할 수 있도록 만들어 준다.

무는 개는 두려워하거나 자신이 약하다고 느낄때 자기방어수단으로 무는 행동을 한다. 개를 항상 존중과 친절한 태도로 대하면서 자신 있게 행동한다. 개가 긴장해 있다면 안심 시킬 수 있는 말을 해준다.

공격적인 개는 자신이 인간보다 우세한 위치에 있다고 생각하기 때문에 사납게 굴거나 물 수 있다. 이런 경우에는 주인이 개를 좋은 (개)복종 교실에 보내거나 개 행동학 전문가를 찾아보아야 한다.

3주 훈련을 마치고 애견미용사가 된 어떤 여성이 내게 말하기를 어떻게 귓속을 청소하는데 7개월 된 스탠다드 푸들과 한 시간 이상 전쟁을 치러야 하는 일이 생기느

대부분의 개는 애견미용을 받아들이고 심지어 그것을 즐길 수 있는 법을 배운다.

냐고 했다. 나는 실망했다. 왜 개를 이런 충격적인 곳에 두는가? 개를 단장한다는 것은 힘이나 재치를 겨루는 것이 아니다. 만약 이 여인이 헤어드레서이고 그 개가 어린아이였다면, 그녀는 여전히 그 아이와 싸우려 할 것인가?

대부분의 개가 어린이 보다는 훨씬 여러 분의 손길을 기다릴 준비가 되어있다. 개들의 목과 배를 묶고 입에 마스크(물기 방지용)를 씌우고 복종할 때 까지 그들을 상대로 싸운다면 트러블 외에는 무엇을 기대할 수 있단 말인가?

이 미숙한 애견미용사는 그 개의 귀를 수의사나 더 경험 많은 애견미용사에게 살피도록 했어야 한다.

클리퍼 공포증

전기 이발기는 어떤 개에게는 정말 큰 공포이다. 어떤 개가 기쁜 마음으로 애견미용 테이블에 앉아 빗질 받고 있다가 이발기가 켜지는 순간 갑자기 공중으로 뛰어 오른 것은 왜일까?

일단 일을 멈추고 생각해보라. 왜 이렇게 격렬한 거부감을 보이는 것일까?

- 개에게 관절염은 아주 자주 있는 현상이며 다른 뼈의 이상이나 기형적인 성장으로 인한 고통을 겪고 있는가 살펴보아야 한다.

  그리고 개 주인에게 수의사의 치료를 받고 있는지 확인해야 한다. 예를 들어, 이빨이나 입, 잇몸에 난 염증의 고통으로 클리퍼와 싸우려고 드는 개도 있다.
- 개가 뜨거운 클리퍼에 덴 적이 있는가? 이때는 차가운 이발기 윤활 스프레이를 매 10분마다 사용해 날을 시원하게 잘 돌게 하는 것이 좋다. 날을 당신의 얼굴에 자주 테스트한다.

개가, 나이가 좀 든 개임에도 불구하고, 일생에 한 번도 이발기를 본적이 없는 것은 아닌지 알아보아야 한다. 이 경우라면 개에게 조용히 이발기를 보여주고 냄새를 맡게 하고 소리를 들려준다. 개를 브러싱 할 때 이발기를 가까이에서 움직여 개가 소리에 점차적으로 익숙해 질 수 있도록 한다. 개가 이발기가 옆에 있어도 편안하게 느낄 때에만 이발기를 사용해야 한다.

대부분의 문제는 애견미용 중에 주인이나 애견미용사의 부주의로 인해 일어난다. 가끔 개 주인이 집에서 빗질을 할 때 문제를 일으키기도 한다. 참을성이 부족하여 힘으로 개를 복종시키려 하다 보면 무의식중에 개를 다치게 하기도 한다.

종종, 개 주인들이 나에게 말하기를 브러싱을 하려고 하자 개가 물려고 했다고 한다. 그러나 같은 개가 애견미용실에 와서는 아주 온순했다는 것이다. 이는 개가 버릇이 없어지고 호전적이기 때문이라기보다는 부주의로 개에게 상처를 주고 브러시가 너무 날카로워 피부를 상하게 하거나 다리를 비틀어 힘든 자세로 있게 하여 거부감을 주기 때문이다. 조금의 노하우로 이 긴 문제를 해결 할 수 있다.

개와 미용사와의 첫 만남

대부분의 개는 새로운 애견미용사를 처음 만나는 자리에서는 긴장한다. 그러나 당신이 라디오를 따라 노래를 부르거나 개나 다른 사람과 대화를 할 때 안정을 찾는다. 당신의 차분한 목소리와 편안한 태도는 다른 어떤 것보다도 개를 안정시킨다.

개들은 어떤 새로운 기구의 도움 없이도 앉기, 일어서기, 그리고 애견미용 테이블 위에 그대로 움직이지 않고 머물러 있기 등을 아주 쉽게 배운다. 애견미용사는 자신의 작업의 일환으로써 필요시 수선을 떨거나 개를 귀찮게 하지 않는 선에서 개를 훈련시킬 의무가 있다.

대부분 종류의 개는 애견미용실에 가는 것을 아주 즐긴다. 당신도 다루기 힘든 개 때문에 이만큼 즐겁지 못한다면 훈련 시간이 더 필요하다. 그렇지 않으면 다른 직업을 고려해 봐야 한다.

어린 강아지들이 말 만하게 자라 몸의 크기나 힘의 세기가 나의 두 배나 되면 나는 더 이상 힘으로는 절대로 이들을 이길 수가 없음을 알게 된다. 이 때 더 나아가기 위해서는 상을 주면서 하는 훈련, 개의 자신감 획득과 개가 제대로 행동하고 반응하도록 재치 있게 개를 유인해야 한다.

개는 물 수 있는 이가 있다. 개들은 이를 혼란스럽거나, 공포를 느끼거나, 코너에 몰렸을 때 사용한다. 이것은 어떤 사람이든 개의 입을 막으면 손질을 할 수 있다는 의미가 아닌가 라는 이야기로 되돌아가는데 이 말은 또한 개를 제대로 이해하는 사람이 좋은 애견미용사가 된다는 것을 의미한다.

나이든 개들은 종종 아주 편안하게 털깎기에 임한다 – 그러나 이런 최고의 손님인 나이든 개들도 관절염 때문에 신경질을 내기도 한다.

사회적 기술

애견미용이라는 작업에 얼마나 많은 외교적 수단이 필요한지를 듣는다면 여러분은 믿지 못할 것이다. 개를 다룬다는 것은 신경질적이고 과민하고 인정머리 없고 권위적이고 오만한 사람과 일하는 것 보다는 훨씬 쉬운 일이다. 그러나 이것이 애견미용사가 되기 위한 모든 것이다.

감사하게도 대체로 개 주인들은 자신의 개에게 관심을 가진다(때로 지나치게 많이). 단지 브리더가 실수로 강아지의 새 주인에게 6개월이 될 때까지 절대로 털을 깎으면 안된다고 말한 경우(우리가 주로 듣는 스토리 이다)가 아니라면 말이다; 이런 경우 대부분 개 주인은 개를 한살이 될 때까지 내버려 둔다. 이 시기에 이르러서 털은 손을 댈 수 없을 정도로 엉켜 지저분해 보인다.

개에게 말을 걸고 차분히 행동하면서, 신뢰가 가는 태도가 처음 애견미용센터를 찾는 개를 가장 쉽게 만든다.

손님은 왕이다

애견미용사는 어떤 방식으로 다듬기를 원하는 반면 개 주인은 전부 다 깎아주기를 바라기 때문에 매 시간 손님들과 부딪혀야 한다.

손님은 왕이라는 사실을 기억하라. 물론 이것이 위에 언급한 경우에 맞는 말은 아니다. 그러나 애견미용사로써 고객이 원하는 것을 해 주는 것이 당신의 일이다.

엉키고 뭉친 털을 빗질하고 개를 최상의 상태로 바꿔놓는 것이 최고라고 생각하는 애견미용사는 존경 받고 명성을 얻겠지만, 가끔은 관리하기에 간단하고 쉽도록 만들어 주는 것이 더 알맞다. 예를 들어, 항상 젖기 쉽고 진흙이 주변에 있는 환경에 살거나 주인이 절대로 빗질을 해 줄 생각을 하지 않을 때 또는 주인이 자신의 편의를 위해 단지 아주 짧은 털만을 원할 때, 이런 경우들에는 No.5오스터 날을 사용해 전체적으로 털을 깎아 준다. 그러나 이것이 무엇이 잘못인가?

개인적으로 이것을 거부하는 애견미용사를 몇 아는데 이해할 수가 없다. 개가 편하게 느끼고 주인이 만족해하는데 무엇이 문제인가? 개가 항상 가장 위에 있어야 한다. 엉킨 털로 뒤덮인 개는 행복할 수 없다. 털을 오히려 짧게 깎는 것이 엉킨 털이 브러시에 다 벗겨져 나가는 고통을 참고 견디기 보다는 훨씬 행복할 것이다.

신경질적인 주인들

개 주인 중에는 개를 애견미용사에게 혼자 남겨두기를 꺼리는 사람이 있다. 필자의 관점에서는 이것이 문제가 될 것이 없다고 생각한다. 그런 개 주인에게는 개는 주인이 옆에 서 있으면 흥분하는 경향이 있음을 설명해주고 옆에 서서 과정을 지켜보도록 하지만 특별히 원하지 않는 경우라면 불편한 일을 만들지는 않는다. 주인이 당신의 실력에 믿음을 가지게 되면 개를 기분 좋게 맡길 것이다.

주인이나 개를 그들이 편하게 여기는 상태로 해주는 것은 선물이며 이는 좋은 애견미용사가 되기 위한 훈련에 포함되어야 한다. 처음 한 두 번은 시간을 조금 더 필요로 하겠지만 충분히 투자할 만하다.

견종 프로파일 Part 3

이번 장에서는 털 종류를 분류하여 각 종류별 애견미용법을 단계별로 소개하고자 한다. 여기서는 각 견종의 표준에 맞추어 언급되어 있기 때문에 어떤 특정 품종에 대해 알고 싶은 사람이 있다면 관련 클럽이나 애견단체에 문의하여 모든 기본적이고 광범위한 사항에 대해 자세한 조언을 구하기를 바란다.

견종은 미국 애견가클럽에서 정한 이름을 알파벳순으로 정리했다.

Chapter 10
노끈형의 곱슬곱슬한 털

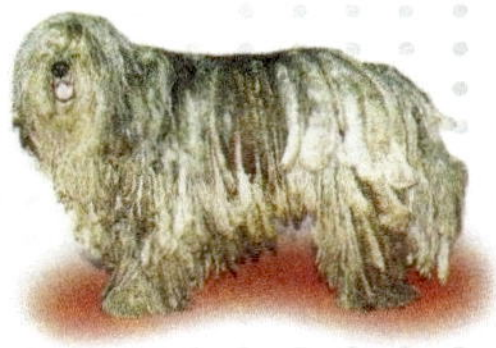

노끈형 털(Corded coate) 관리

길고 노끈형 털을 가진 개는 세계 곳곳에서 열리는 대부분의 쇼에서 보여지는 횟수가 점점 늘고 있지만 아주 드물고 애견미용센터에서 자주 볼 수 있는 종류도 아니다.

이런 개들은 전문가의 손길을 필요로 한다. 이런 종류의 개의 털은 털 뭉침에 관심을 가져야 한다. 확실히, 이런 개들은 경험 부족의 애견미용사들에게는 악몽이다.

PROFESSIONAL GROOMING

이 섹션에서 다룰 털이 노끈 같고 곱슬곱슬한 견종:

- 컬리 코티드 리트리버(Curly-coated retriever)
- 베르가마스코(Bergamasco)
- 보로니즈(Bolognese)
- 코디드 푸들(Corded poodle)
- 아이리시 워터 스파니엘(Irish water spaniel)
- 코몬돌(Komondor)
- 라고토 로망놀로(Lagotto romagnolo)
- 풀리(Puli)
- 소프트 코티드 휘튼 테리어 (Soft coated whetter terrier)
- 스페니시 워터 독(Spanish water dog)

나는 역겨운 냄새가 나는 노끈형 털의 개를 만나 진단한 다음 그 개를 깨끗이 손질한 적이 있다. 나는 이 개처럼 행복해 하고 만족해하는 개를 본적이 없다. 물론 어떤 존경스럽고 세심한 주인들은 자신의 개를 항상 최상의 상태로 유지하려 하며 나는 그들을 비난하기를 원치 않는다. 다행스럽게도 이런 종류들은 인기가 있으며 털에 더 많은 관심을 기울여야 한다.

확실히 털 이외에도 모든 개들은 약간씩 좋아 할 만한 매력이 있다. 비록 그들의 활동적인 성향과 털 유지의 어려움이 있어 반드시 같이 살기 쉬운 것은 아니지만 말이다.

곱슬 털 관리

곱슬거리는 털은 매우 매력적이고 노끈형 털보다 관리에 더 짧은 시간을 요하고 더 쉽다. 그러나 여전히 좋은 외모를 위해서는 관심과 관리가 요구된다.

촘촘한 곱슬 털은 자주 마찰되고 젖게 되며 더 긴 곱슬 털(볼로니즈와 같은)은 정기적으로 빗질이 필요하고 매일 해 주는 것이 가장 좋다. 그냥 내버려 두면 이런 길고 곱슬거리는 털은 펠트 상태가 된다(푸들털이 그렇게 되는 것처럼). 따라서 털은 피부부터 빗질해 빠진 털을 제거하여 뭉침을 방지해야 한다.

이 과정은 강아지 때부터 해야하며, 털갈이 시기에도 방심하지 말고 계속해주고 성견이 된 후까지 계속해 주어야 한다.

컬리 코티드 리트리버

사진의 컬리 코티드 리트리버는 Lenellie의 Ch. Grenowood Hazey Idea이다.

털

몸통, 귀와 꼬리(후두부에서 꼬리 끝까지)는 촘촘하고, 잔 곱슬이(속털이 없이)피부에 바짝 누워 있는 털로 덮여 있다. 얼굴과 주둥이 부분은 부드러운 털로 되어 있으며 색깔은 검정 또는 다갈색이다.

관리

이 독특한 털은 약간의 관리제품이 필요하지만 최상의 상태를 유지하기 위해 전문가의 관리가 1주일에 한번정도 필요하다. 자라는 동안 눈에 보이는 반점이 없어야 한다.

순서

■ 관리 도구

살이 성긴 빗(A-wide-toothed comb)을 빠진 털 제거에 사용한다.

■ 관리 방법

털이 솜털 같이 될 수 있으므로 브러싱을 하지 않는다.

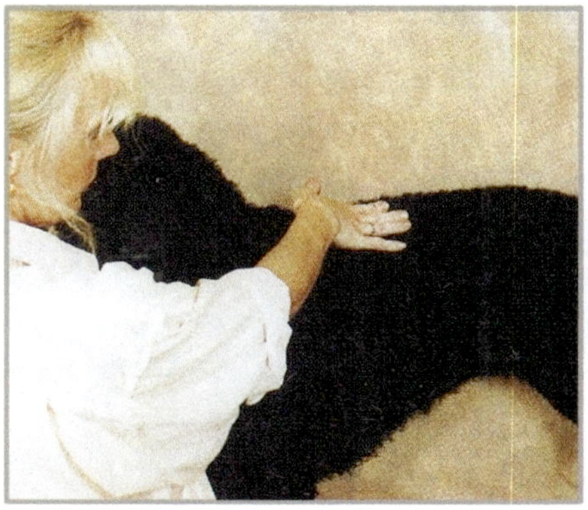

❶ 젖은 손으로 곱슬 털 위를 문질러 빠진 털을 제거한다.

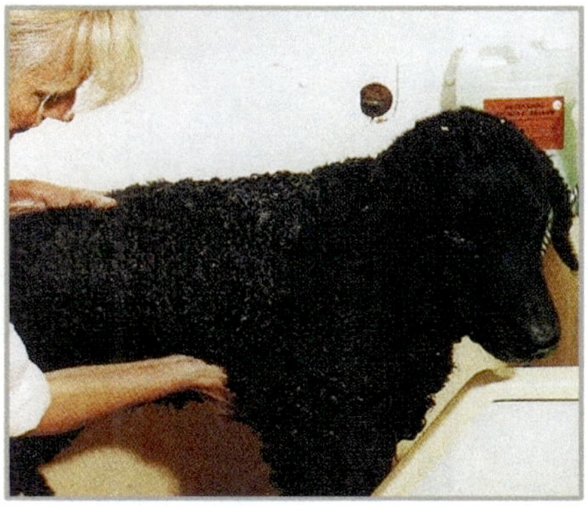

❷ 단백질 pH-발란스 샴푸로 목욕시킨다. 여기 이 아름다운 스타(오른쪽)가 보여주듯이 트리 오일과 라벤더로 씻어주면 털이 아름답게 바뀐다. 둘 다 눈에 아주 치명적인 염증을 일으키므로 눈 주위를 피해서 오일을 사용한다.

❸ 1년에 두 번 정도 영양이 풍부한 컨디셔너나 순화 샴푸를 이용하고 헹구어 준다. 이 견종은 종종 샴푸와 오일을 섞어 목욕시킨다(전문 미용실이라면 적당한 제품을 구비해 두어야 한다).

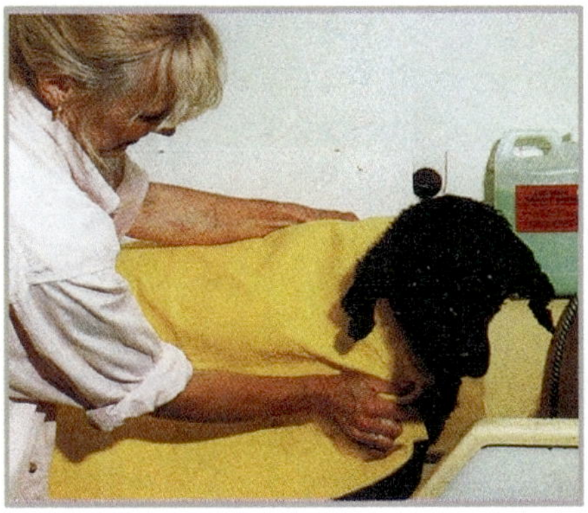

❹ 수건으로 털을 문지르기 말고 누르듯이 수분을 제거한다. 곱슬 털을 톡톡 두드려 주고 따뜻한 방이나 케이지-드라이기에 넣어 자연적으로 마르게 내버려 둔다.

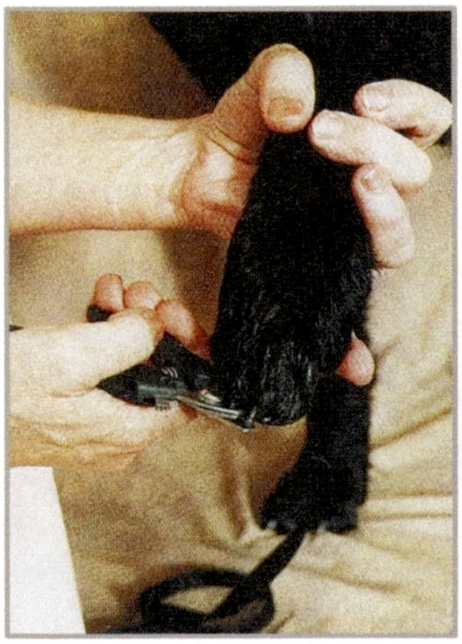

❺ 발톱

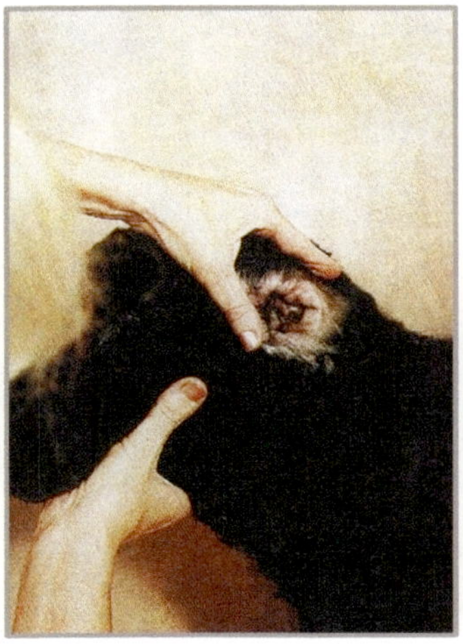

❻ 귀

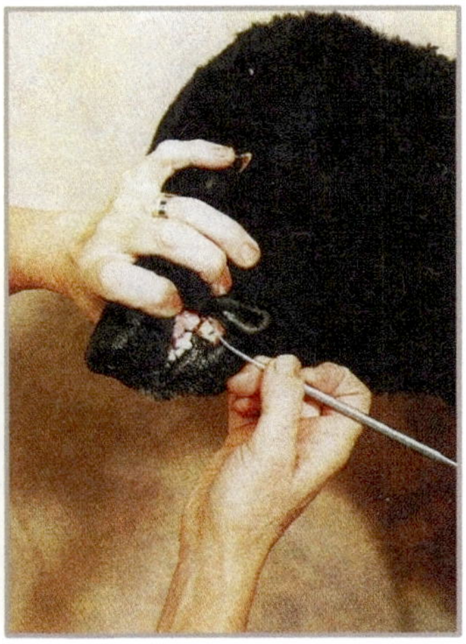

❼ 이빨

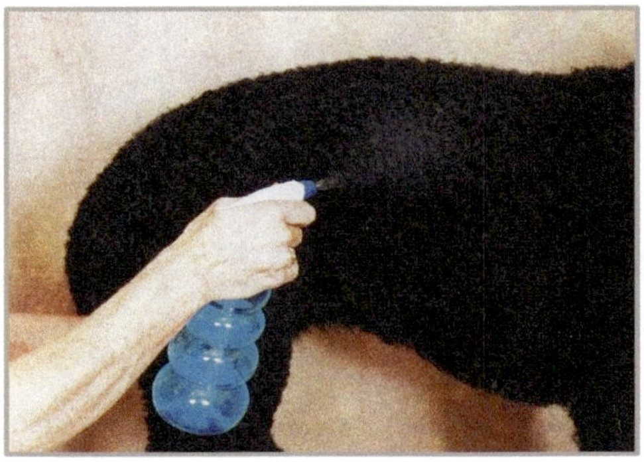

❽ 손가락을 털 속에 넣어 주면서 오일 강화 컨디셔너를 털에 뿌린다. 몸에서 삐져나온 털이 다시 곱슬 속으로 들어가지 않게 하고 가위로 잘라준다.

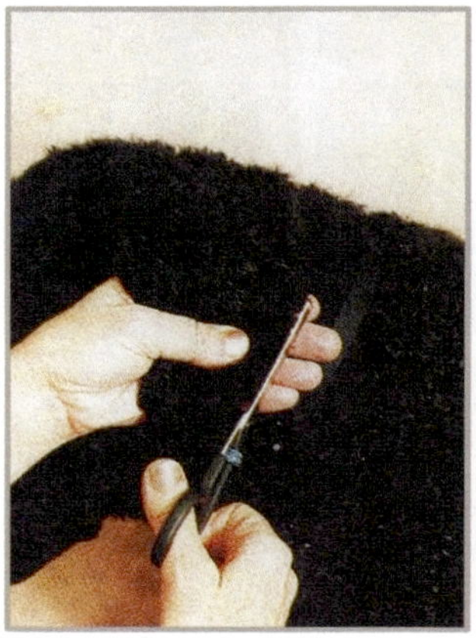

❾ 귀 피부의 가장 자리를 따라 정리해 보기 좋게 만든다. 안전을 위해 피부를 잡고 손끝에 잡힌 털을 자른다.

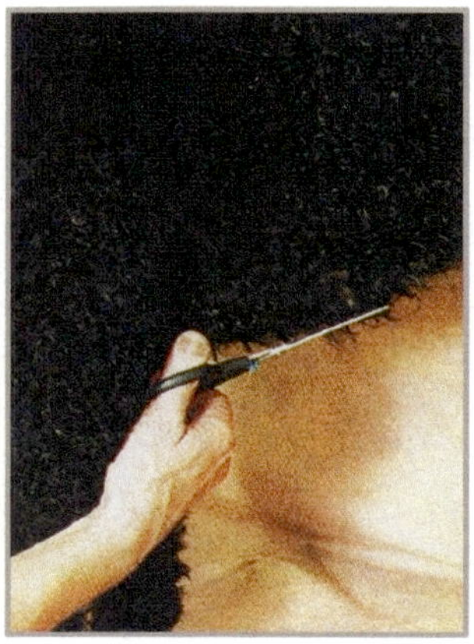

❿ 귀에서 후두부쪽으로 머리를 정리한다. 털은 숱 가위로 이마를 정리한다. 목과 후두에서 가슴 방향으로 난 긴 털을 정리한다.

⓫ 뒷발의 비절 뒷부분은 동그랗게 정리하면 보기에 깔끔하다. 발에 난 털은 깔끔하고 짧게 자른다.

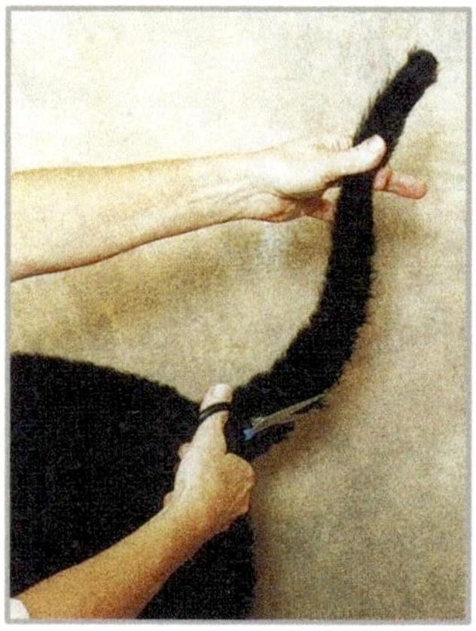

⓬ 꼬리 밑 부분은 아주 짧게 자른다. 미근부에서 시작해서 끝 쪽을 향해 자르면 너무 짧아지지 않는다.

⓭ 완성

베르가마스코

털

이 견종은 털이 외모를 결정짓는다. 이들 털의 긴 엉킴은 '브로콜리'라고 불리기도 한다.

털은 여기 저기 나 있고 길다. 몸통 앞쪽의 털의 질감은 빳빳하고 머리와 다리털은 부드럽다. 피부와 잘 구분 되지는 않지만 짧고 촘촘한 속털이 있다. 몸통의 윗부분부터 노끈 모양이 되기보다는 타래지고 느슨한 뭉치가 되는 경향이 있다. 털은 만지기에 너무 기름기가 많다.

털은 회색인데, 완전히 회색이거나 흰 점이 있기도 하다. 점들은 다른 명암의 회색일 수도 있다. 완전히 검은색일 때도 있는데 우중충하고 윤기가 없는 경우에만 이 종류이다. 완전 흰색은 있을 수 없으며 20%를 넘지 않는 선에서 흰색 자국은 괜찮다.

관리

엉킨 털은 개가 아직 어릴 때 손으로 다룰 수 있을 정도의 크기로 나눈다–브러싱을 절대 안 됨. 머리의 털은 빗질한다. 이 개를 다루기 전에 매우 깊이 생각하라.

순서

■ 관리 도구

성긴 빗(Wide toothed comb)

■ 관리 방법

베르가마스코는 한번도 손질을 받은 적이 없는 것 같은 외모를 가졌다. 그러나 실제로 아주 집중적인 관리를 필요로 한다. 시작하기 전에 이점을 고려한다.

- 엉킨 털(브로콜리)을 완전히 엉망이 된 상태가 되지 않게 보호해야 할 곳에 손으로 나눈다.
- 목욕을 할 때에는 쉽게 헹궈지는 자연 성분 샴푸를 쓰고 완전히 씻길 때 까지 헹군다.
- 자연건조 시키거나 케이지 드라이한다.
- 발톱, 귀, 이빨을 점검한다.
- 털을 쭉 훑어 엉킴이 다 잘 풀렸는지 확인하고 성긴 빗으로 눈 위의 털을 빗질한다.
- 개는 자연스럽게 보여야 한다. 애완견과 쇼에서 전시를 더 이상 하지 않는 개는 가끔 5cm정도 더 짧게 전체적으로 털을 자른다.

베르가마스코 털의 전문적 관리

알베라 베르가마스코를 소유했던 마리아 만드레오리는 생화학 공부로 대학 연구소에서 일생을 보냈다. 이 과학적 준비는 나중에 쉽독 견종에 대한 놀랄만한 지식의 보고가 되었다. 그녀가 말하기를 세밀하고 인내심을 요하는 작업을 마치고 이 견종의 유전자에 대해 개념화 할 수 있었는데 이 견종은 조직적이지 못하고 체계적이지 않은 방법으로 개량된 품종이라고 했다. 여기 마리아의 이 견종에 대한 효과적인 애견미용법의 전문가적 지식을 나누어 보기로 하자.

털 관리

베르가마스코 사육을 처음으로 시도하게 되었을 때, 일반적으로 사람들은 그 털을 어떻게 관리 할 것인지 걱정부터 한다. 그들은 베르가마스코에게 절대로 빗질을 해서는 안 된다는 것이 사실이라면 큰 털 뭉치들이 생기기 시작하면 어떻게 해야 하나를 묻는다.

베르가마스코의 털은 조금의 손질만 해 주면 되는데 중요한 것은 가장 적절한 시기에 해 주는 것이다. 털 관리 단계를 3단계로 구분할 수 있다.

■ 태어나서부터 10~12개월

이 시기 동안 개는 부드럽고 짧은 털을 가지고 있다. 이 털은 펠트가 전혀 생길 거 같아 보이지 않는다. 따라서 살이 스텐레스로 되어 있는 브러시로 이따금씩 브러싱을 해주는 것만으로 털을 가지런하게 할 수 있고 털 사이의 먼지를 제거할 수 있다.

■ 2살 까지

10~12개월경에(일반적으로 개체 차이와 계절적 차에 따라 변화), 강아지 털이 빠지면서 털이 다른 특성을 가지기 시작한다. 처음으로 눈에 띄는 증후는 점차 빠지는 강아지 털과 함께 섞인 풍성한 속털이 보이기 시작하는 것이다. 자라면서 부풀어 오르기 때문에 털이 서는 것처럼 보인다.

몸통의 뒷부분부터 시작해 엉덩이와 다리의 뒷부분은 양털 같은 털이 나와 개의 외모를 결정하는 반면 처음에는 꼬리 위에 나중에는 견갑 부위에 염소 털 같은 모질의 털이 자라기 시작한다.

견갑 사이 융기부터 조금씩 등 전체로 옮겨가고 나머지 몸 전체를 덮으며 양털같은 모질의 털과 섞인다.

이 시기의 털이 주의와 집중적인 관심이 가장 필요한 시기이다. 부드러운 강아지 털이 빠지는 동안 양털과 염소 털이 형태를 잡아 가면서 속털과 섞인다. 이것은 일정하지 않은 형태로 덩어리를 만들고 뭉침이 된다. 이 덩어리들이 펠트로 발전하지 않도록 각별히 주의해야 한다. 일단 펠트가 되면 성견의 털로 알맞게 자라기가 훨씬 더 어렵다.

당신의 본능과는 반대로 최소한의 제한된 빗질을 해 손으로 이 덩어리를 펴는 과정을 하게 된다. 이시기가 전형적인 맵(엉킴)을 형성하는 첫 단계와 맞아 떨어지므로 이 덩어리를 완전히 풀지 않도록 각별한 주의가 필요하다.

그러나 이 손 작업을 하는 동안, 덩어리를 바로 밑의 피부와 분리하고 나중에 형성될 맵의 형태를 생각해서 너무 철저하게 분리하지 않는다. 털을 길이 5~7cm정도의 묶음으로 나눈다. 달라붙은 털의 맵과 나중에 뭉침이 될 털에 브러시를 사용해야 한다면 바로 이 때 해야한다.

펠트가 이미 진행되기 시작했다면, 손으로는 덩어리를 펴기가 어렵고 심지어는 불가능하다. 이 경우 가위를 사용 할 수 있지만 맵의 방향으로 맞추어서 해야 한다. 그러나 가위는 최소한으로 사용을 제한한다.

이 작업은 등을 제외한 몸통 전체에 걸쳐서 한다. 부드러운 털이 이 부위에 있기 때문에 등 전체는 브러싱이 필요하다. 강아지 때의 어린 털과 속털이 섞이는 경우에는 '부드러운 털'은 덩어리를 형성했지만 '곱슬 털'이 나지 않은 관계로 몸의 다른 부위와는 형태가 다르다. 그것들은 손으로 또는 브러시로 그리고 마지막에는 빗으로 뭉침을 풀면 더 쉽다.

어떤 상황에서는, 납작하게 눕고 규칙적이어야 할 '부드러운 털'을 드러내기 위해 덩어리를 완전히 펴야 한다.

베르가마스코의 외모는 이 시기에 특별히 매력적이지는 않다. 모든 맵의 덩어리는 개의 모습을 지저분하고 모양이 없게 만들면서 모두 같은 방향으로 달라붙는다. 우리는 단지 참을성을 가지고 이 맵이 자라기를 기다려 그 형태가 영구적으로 유지 되도록 책임을 다한다. 3살 경에 털은 완전히 형태를 이루고 그 맵이 아직은 비교적 짧다 하더라도 그것들은 '스커트'라는 그럴듯한 이름을 붙일 수 있게 된다.

■ 3살 이후

털갈이 기간이 지나면, 조금만 관리를 해주면 된다. 특히 봄 털갈이의 마지막에, 풍부한 겨울 속털이 빠지면서 '부드러운 털' 안에 덩어리를 만들 때 등은 자주 빗질을 해준다. 몸통의 나머지 부분의 맵은 너무 넓어지지 않도록 정기적 점검이 필요하다. 이 경우 털을 나누어 규칙적인 모습으로 유지되도록 한다.

세 가지 다른 성질을 가진 다양한 몸의 부분과 다른 분포를 이야기 해 보자. 등과 목의 위에는 단지 속털과 '부드러운 털' 만 있다. 여기에 털은 정기적으로 부드럽게 브러싱을 해 줘 빠진 속털을 제거하고 '부드러운 털'을 더 부드럽고 신선한 모습으로 유지한다. 어깨와 목 옆과 밑, 등 밑과 가슴에 곱슬 털이 보이는 것은 맵이 형성되어 가고 있다는 증거이다.

곱슬털은 몸통의 뒷부분에 있는 것만큼 많지는 않다. 그러나 이 부위에 풍부한 '부드러운 털'과 섞여있는데, 이 부위의 맵은 더 부드럽고 더 얇다. 앞다리에도 길고, 질 좋고 부드러운 털이 한 뭉치 있다. 그러나 이 털들은 너무 많아 다리를 단단하게 보일 정도이고 관절을 덮은 두꺼운 털이 다리 통 전체 덮어 털기둥처럼 보인다.

다리 측면과 허벅지 부분은 곱슬 털이 넓게 퍼져있다. 따라서 맵은 '염소 털'과 대조적으로 이 털의 펠트로 인해 더 두껍고 더 단단하다. 이런 맵들은 또한 개가 자라면 자랄수록 더 길고 길이가 더 늘어진다. 이 털은 뒷다리 위의 측면과 뒷부분 모두 엉덩이 위부터 넓은 '스커트'형태를 형성하며 아래로 자란다.

브러싱

등을 깔끔하게 유지하는 것과는 별개로 털을 최상의 상태를 유지하기위해 두개의 넓은 맵으로 나누어 전체적으로 맵이 이미 형성된 곳 까지도 정기적인 브러싱이 필요하다. 이것은 살이 촘촘하고 곡선인 스텐레스 브러시를 사용해서 1달에 두 번 정도 해야한다.

털을 깔끔히 하고 먼지를 제거하기 위해서 브러싱은 필수적이다. 브러싱은 맵을 건드리지 않게 한다. 일단 맵이 적당히 자리를 잡으면 그 내부구조가 브러싱으로 인해 바뀌지는 않는다.

목욕

너무 잦은 목욕은 베르가마스코의 털을 망칠 수 있다. 샴푸는 털 주변에 단단한 보호막을 형성하고 방수기능을 하며 외부 자극으로부터 보호하는 피부에서 분비되는 자연 오일을 용해시키기 때문에 샴푸의 사용은 권장할 만하지 않다. 맵을 한데 묶어 털을 건조시키면 털이 빠질 수도 있으므로 베르가마스코에게 있어 이를 항상 피해야 한다. 털이 다시 자라는 데는 시간이 걸리고 여러 달 동안 그들의 일반적인 모습을 볼 수가 없기 때문이다.

베르가마스코를 위한 좋은 규칙은 완전 목욕은 1년에 한번 또는 최대 두 번을 넘지 않는 것이다. 꼭 목욕이 필요할 때만 샴푸는 아주 조금 쓰고 물을 아주 많이 써서 씻어야 한다. 필요하다면 더러워지기 쉬운 부위만 조금 더 자주 씻어 줄 수 있다(예를들어, 발, 입 주변의 음식 찌꺼기 제거 등). 다시 한번, 샴푸는 조금사용하고 물을 많이 사용한다.

건조

꼭 필요한 상황이 아니라면 드라이기의 사용을 피해야 한다. 햇빛 좋은 날을 골라 개를 씻기고 자연 건조 시킨다. 드라이기를 사용하는 것은 정말 피해야하며 털이 마를 때 생길 수 있는 손상을 최소화하기 위해 적당량의 오일을 마지막 헹굼 물에 넣어 준다.

결론

위에서의 관리 방법이 복잡하고 내용이 많음에도 불구하고 베르가마스코의 털은 손질이 다른 종류의 털에 비해 그다지 복잡하지 않다는 사실을 알았으면 한다. 베르가마스코의 털 관리는 자연 상태에 가깝게 내버려두는 간단하고 복잡하지 않다. 이 개의 털은 자연적으로 모양이 만들어 지고 발전하기 때문이다. 우리가 해야 할 것은 그 성장단계와 부수적인 사항만 가끔 점검해 주는 것이다.

털 이외의 부분에 대해서 베르가마스코는 혼자서 별 도움 없이도 가장 간단하고 자연적인 해결책을 찾아나가는 능력이 있다.

베르가마스코의 털은 전문가의 손길을 필요로 하지만 노동력을 주로 하는 작업은 아니다.

보로니즈

털

보로니즈는 잘 빠지지 않는 털을 가졌다. 푸들과 같이 털이 솜뭉치 같은 모양이다.

관리

실제로 손질이 필요하지는 않다. 그러나 뭉침이 생기지 않도록 정기적인 빗질과 같은 관리와 관심은 필요하다. 이 견종은 비숑 프리제나 푸들과 같이 집에서 기르는 애완견일 때는 가끔 미용을 해준다. 자주 목욕을 시켜주고 컨디셔닝도 해준다 그리고 가끔 램클립을 해 주기도 한다. 애완견은 종종 빗살 가위를 이용해 전신을 같은 길이로 정리해 준다.

순서

■ 관리 도구

코움.

■ 관리 방법

몸 전체를 빗질로 시작해주어 작업이 너무 길어지는 것을 방지한다.

- 코움으로 몸 전체를 머리부터 꼬리까지 골고루 빗질한다. 그런 다음 코움으로 털 전체에 빠진 털과 뭉침을 제거한다. 이 모두는 목욕을 시작하기 전에 시행한다.
- 단백질 pH-발란스 샴푸로 목욕 시킨다.
- 솜뭉치 같은 털에서 샴푸가 완전히 제거되도록 확실히 헹군다.
- 질 좋은 엉킴 방지 컨디셔너를 쓰고 사용방법에 따라 사용한다.
- 케이지드라이기나 약한 열 방사기를 이용해 바람으로 건조 한다. 손끝을 이용해 털 전체를 공기가 돌도록 해준다. 피붕 엉겨 붙었거나 펠트를 형성한 털은 풀어준다. 개를 미리 손질하면 이런 사태는 생기를 않을 것이다.
- 발톱, 귀, 이빨 점검
- 관리가 가능한 길이로 털을 정리할 때는 거친 날(1.25cm 빗 부착기에 No.7과 No. 40)만 사용한다.

애완용 보로니즈는 종종 전신 손질을 받는다.

메뉴상의 보로니즈

지나 타일러와 바바라 앤더류스 두 사람은 보로니즈의 열광적 추종자이다. 여기에서는 강한 개성으로 북미 지역에서 인기가 오르고 있는 이 환상적인 새로운 신입생에 대한 전문가적인 견해를 나누어 보자.

주의사항

보로니즈를 기를 때의 주의사항은 몸 전체를 빗질하기 전에는 절대로 목욕을 시켜서는 안 된다는 것이다. 그렇지 않으면, 털은 아주 많이 엉켜버린다.

개를 테이블 위에 평평하게 옆으로 눕히고 또는 대퇴부를 가로질러 수건을 깐다. 살이 길고 성긴 빗으로 몸 전체를 빗질한다. 한 번에 조금씩만 빗질하고 피부로 내려갈수록 주의를 기울여야만 한다. 다리, 발, 얼굴, 귀 부분은 좀 더 작고 짧은 살 빗으로 다듬어 준다. 이 부위의 털은 더 짧고 결이 좋기 때문이다. 성긴 빗으로 몸 전체를 빗질하고 나면, 모든 뭉치가 다 풀릴 수 있도록 더 코움 빗으로 다시 한 번 빗질을 부드럽게 해준다. 개와 주인에게 둘 다 즐거운 경험이 될 것이다.

목욕

물이 골고루 묻도록 샤워기를 사용하면서 따뜻한 물로 개의 몸 전체를 골고루 적시고 흰털 전용 샴푸를 사용한다. 불필요한 엉킴을 방지하기 위해 손으로 비비지 말고 아래위로 직선으로 움직이도록 한다. 거품을 잘 내어 샴푸가 털 안으로 부드럽게 들어가도록 한다. 철저히 헹구어 주고 털에 엉킴이 생기는 것을 막는데 도움이 되도록 컨디셔너를 해준다. 헹군 다음 수건으로 건조 시킨다.

건조

이 독특한 털은 이제 아주 느슨한 곱슬로 변해간다(오히려 덥수룩한 파머 머리 같은 형태로). 따뜻한 방에서 자연 건조 할 수도 있으며 헤어드라이기를 이용해 가볍게 바람으로 건조 할 수 도 있다.

주간 관리

1주일에 두 번 정도 빗질을 할 필요가 있다. 어떤 뭉침은 더욱 주의를 필요로 할 것이다–헤어–드레싱 크림을 약간 발라주는 것으로 뭉침의 원인이 되는 정전기 방지와 제거에 도움이 될 수 있다.

강아지 털

강아지 털은 결이 더 좋기 때문에 더 많은 관심이 필요하고 개가 18개월 쯤 되면 어른 털로 점차 바뀐다. 이 털은 털갈이를 하지 않지만 빗질을 할 때 마다 조금씩 빠져 나온다.

애완견과 쇼

대회를 위해서는 몸단장은 필요하지 않다. 그러나 패드 사이의 털은 제거해 줄 필요가 있다. 애완견은 더 자주 짧게 잘라 준다.

코디드(노끈형 털) 푸들

털

노끈형 털은 놀라울 정도의 길이로 자라고, 가끔은 개의 키보다 더 길다.

지난날의 클래식 챔피언인 아킬레스는 어깨가 23인치(57.5cm)높이였는데 털은 30인치(75cm)나 되었다. 그는 고상함과 우아한 몸가짐으로 훌륭한 푸들로 묘사 되었다. 이 털은 빗질을 한 번도 받은 적이 없었지만 계속적으로 감고 꼬아준 것이다.

관리

노끈형 털을 만들기 위해서는 털을 절대로 빗질하지 말고 손가락 끝으로 계속해서 말고 꼬아준다. 필요하면 이 과정을 돕기 위해 오일을 발라 준다(예전에는 파라핀과 바세린이 이를 위해 사용되었지만 오늘날에는 무광택의 애견미용 오일이 있어 도움이 되고 덜 지저분하다. 애견미용용품공급처에 문의 한다).

노끈형 털을 유지 하는 것은 엄청나게 힘든 작업이며 대부분의 사람들이 그것이 별로 매력적으로 보이지 않음을 발견하고는 푸들을 더 인기 있는 부드럽고 파우더 퍼프 같은 모습으로 만들기를 선호한다. 그러나 빳빳한 엉킴과는 대조적으로 작은 곱슬에는 매우 매력있게 될 수 있다.

순서

■ 관리 도구

털을 나누기 위해 손가락만 사용

■ 관리 방법

브러싱은 골을 망친다.

- 피부에 엉킨 털을 나누어 곱슬이나 골이 되도록 한다.
- 단백질 샴푸로 푸들을 목욕 시킨다.
- 샴푸를 철저히 씻어내는 것은 필수. 샴푸가 털에 조금이라도 남아 있거나 너무 지나치게 센 샴푸는 가려움증의 원인이 되어 자꾸 긁게 된다.
- 다시 한 번, 곱슬털이 피부에 엉켜 붙지 않도록 점검, 필요한 곳에 손으로 털을 나누어 골을 만든다.
- 강력흡수수건으로 두드리듯 털을 말리고 따뜻한 공기 또는 케이지드라이로 마무리(스스로 말리도록 내버려 두면 너무 오랜시간이 걸려 개가 감기에 걸릴 수 있다).
- 발톱, 귀, 이빨을 점검한다.
- 얼굴, 발, 목 앞쪽과 꼬리의 시작부는 푸들의 다른 몸단장과 같이 깎는다.

- 엉덩이와 다리는 '콘티넨털 라이온'의 클리퍼 방식으로 깎아주고 엉덩이의 로제트(rosette)는 골을 만들기 위해 남겨둔다.

아이리쉬 워터 스파니엘

털

털은 자주빛을 띤 어두운 다갈색이거나 붉은 빛은 이 종류의 특징으로 순수 다갈색이 선호된다. 몸의 털은 아주 촘촘하고 주둥이, 목 앞쪽과 꼬리의 처음 2~3인치(5~7.5cm)를 제외한 몸 전체가 작은 곱슬 털로 덮여있다.

털이 복슬 거릴 염려는 없으며 털은 자연적으로 기름지다. 앞다리는 위에서 발까지 내려가면서 자연적으로 생긴 크고 작은 곱슬 털로 덮여있다. 머리는 긴 곱슬 털로 덮여 있고 눈 사이에 꼭대기로 확연히 구분되어 잘 자라 눈위의 긴 털이 자리잡고 있다.

귀는 길고 꼬인 곱슬 털이 있으며 후두는 얼굴처럼 부드럽다.

관리

브러시와 빗으로 적어도 1주일에 한번 털을 줄줄이 나누고 귀를 청소한다. 목욕과 가위를 이용한 손질은 매 6~8주에 한번 해 준다.

순서

■ **관리 도구**

코움, 슬리커 브러시, 가위

■ 관리 방법

물을 뿌려 곱슬을 강하게 해준다.

❶

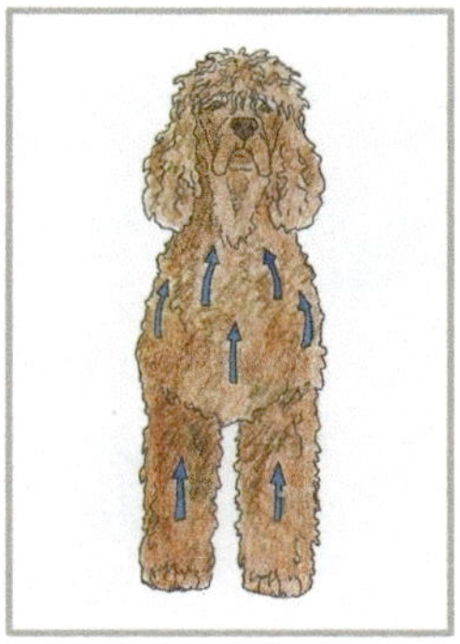

❷

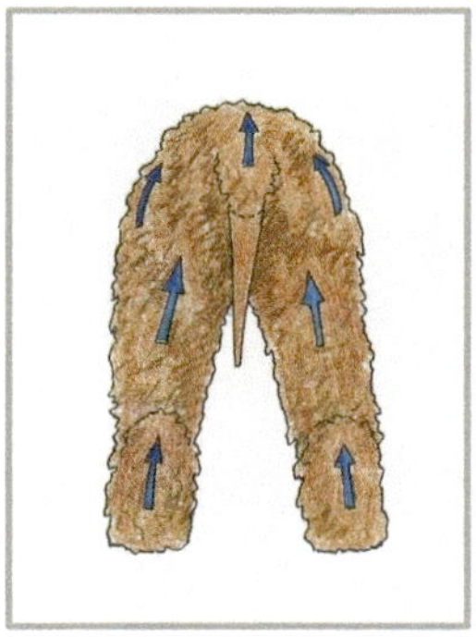

❸

- 꼭대기 라인을 따라, 빗으로 털을 뒤집어서 등에서 위와 바깥쪽으로 서게 한다. 아래 그림의 화살표 방향을 따라 깔끔하게 정리한다. ❶
- 이번에는 앞 다리 차례. 개의 앞에서 다리를 들어 올려 몸통 쪽으로 털을 빗는다. 그런 다음 발을 잡고 다리를 흔든다. 다음은 털의 길이를 결정. 그런 다음 앞에서와 같이 그림의 화살표를 따라 정리한다. ❷
- 뒷다리는 개의 뒤에 선다. 화살표를 따라 털을 빗질해 나가고 발을 잡고 다리를 흔든다. 앞에서와 같이 정리한다. 이제 개의 측면에 서서 앞에서와 같이 정리한다. 그러나 털은 앞을 길게 무릎 관절 뒤는 짧게 해야 하고 뒷다리 무릎 뒤 쪽은 앞 쪽 보다 더 길게 해야 한다. ❸
- 눈 위의 긴 털은 정수리에서 바깥쪽으로 빗질하고 정리한다. 두개골의 시작 부분은 더 짧게 눈 위는 더 길게 해준다.
- 개의 몸통, 화살표 방향으로 빗질하고 앞에서처럼 정리. 옆과 가슴이 서로 어우러지게 해 털이 다리에서 꼭대기 라인 쪽으로 쭉 따라 가도록 한다. 다리와 몸통이 만나는 부분에서 털 길이가 갑자기 바뀌지 않도록 한다.
- 그 다음 모든 털을 아래로 빗질하고 배아래 부분을 손질한다. 개가 몸을 흔들어 털이 떨어지게 하고 삐져나온 털이 보이면 자른다.
- 발톱, 귀, 이빨을 점검한다.

코몬돌

털

털은 온통 구불구불하고 곱슬거리며 길고, 뻣뻣한 골로 되어 있고 부드러운 속털이 있다. 털이 장식 술처럼 서로 달라붙는 경향이 있고 노끈처럼 골진 외모이다. 색깔은 항상 흰색, 피부는 회색, 분홍색 모두 가능

관리

그냥 내버려 두면 털이 크고 엉킨 넓적한 판 상태가 된다. 골은 강하고 무거우며 만지면 펠트 같다. 쇼를 위해서 코몬돌은 노끈형 털 형태로 전시된다.

순서

■ 관리 도구

가위(성견의 털을 자를 때 특히 발을 정리할 때 쓰임)

■ 관리 방법

이 견종을 다루기 전 많은 사전 공부가 필요하다.

- 골을 일일이 체크하고 피부에 엉킨 것을 나눈다.
- 순수 자연 치료 성분의 티트리와 라벤더로 만든 샴푸로 목욕시킨다. 알맞은 샴푸를 고를 때 쉽게 헹구어 지는지 피부를 부드럽게 하고 안정시키는지를 꼭 확인한다.

- 샴푸가 남지 않도록 털을 완전히 헹구어 가려움증을 방지해 준다.
- 강력흡수수건으로 털을 짜듯이 물기 제거한다.
- 헤어드라이기 또는 케이지드라이기로 건조시킨다.
- 애완견(쇼 독이 아닌)인 경우 배는 편안함과 깨끗함을 위해 오스터 No.4를 사용해서 털을 깎고, 항문 주위도 깎는다.
- 발톱, 귀, 이빨을 점검한다.
- 모든 골을 체크하여 피부 가까이 뭉친 털 들을 모두 풀어 주고 마무리 한다.

라고토 로망놀로

털

라고토에게 있어 털은 외모를 결정하는 가장 중요한 요소이다. 이 개의 몸의 모든 부분은 두껍고 양털 같은 모질의 털로 덮여 있고 촘촘한 더블코트와 둥근 모양의 곱슬 털은 방수가 아주 잘된다. 머리의 털은 좀 더 약한 곱슬이다.

PROFESSIONAL GROOMING

라고토 강아지 털

생후 7주부터 강아지는 몇 일에 한번은 콤을 이용해 손질을 해주어야 한다. 10주와 12주 사이에는 머리와 몸통의 털을 가위로 3.4인치(2cm)정도 길이로 자른다. 꼬리의 털은 1/2인(1cm)로 정리해준다.
5개월이 되면 라고토는 시행 시기가 1년 중 어느 때인가에 따라 오스터 No.10이나 No. 8 1/2를 사용해 생애 첫 번째 클리퍼를 시도한다. 이상적인 곱슬 털은 개의 일생 중 처음 1~2년에 자주 털을 깎아주면 현저히 증가한다.

색깔은 잿빛을 띠는 흰색이며 진하다(갈색이 섞인 흰색 또는 오렌지색 얼룩무늬, 갈색털에 흰색이 섞인 혼합색이나, 흰색이 있거나 없는 상태의 여러 가지 명암의 갈색, 흰색이 있거나 없는 상태의 오렌지 색 또는 갈색이나 진한 갈색의 무늬, 여러 가지 명암의 황갈색 무늬 등이 있다).

관리

전혀 빠지지 않는 이 털은 금방 펠트가 된다. 따라서 털은 적어도 1년에 한번은 깎아줘야 한다. 반려동물로서 이거나 작업견으로서 라고토는 대개 1년에 2~3번은 털을 깎아주고 이는 털이 자라는 속도에 따른다. 쇼 독은 대개 주요 쇼가 있기 10~12주 전에 클리핑을 하고 쇼 중에는 외곽선을 보수하기 위해 가위를 사용한다.

머리는 털이 훨씬 천천히 자라므로 털을 깎지 않는다. 가위로 머리 모양을 좋아하는 형태로 다듬어 준다.

대회를 준비 할 때, 털의 길이는 1 1/2인치(4cm)의 길이로, 튀어 나온 등은 3/4인치(2cm), 그리고 반드시 개의 몸의 굴곡을 따라 길이가 같도록 한다. 머리는 좀 더 길게 할 수 있지만 눈을 가리지 않도록 한다. 생식기/항문 부위는 털을 제거하는 것도 허락된다.

푸들이나 비숑프리제처럼 보이게 깎고 모양을 만들고 어떤 형태로든 미화시키는 것은 바람직하지 않다. 정확한 털의 모습은 기능적이어야 하고 이 견종의 전형적인 모습인 소박함을 보여주는 방향으로 한다.

라고토 클리퍼에는 보통 오스터 No.10을 사용한다. 한겨울에 미용이 꼭 필요할 때는 No.8 1/2이 더 적당하다.

라고토는 또한 정기적인 목욕이 필요하며, 특히 턱수염이 있어야 하며, 건조는 항상 자연적으로 시키다.

털이 젖은 상태에서는 브러싱과 빗질을 절대로 하지 말아야 한다.

순서

■ 관리 도구

코움, 플라스틱이나 합성 소재 브러시는 적합하지 않다. 엉킴 제거기, 양질의 슬리커, 다양한 날의 미용 가위 역시 필요하다.

■ 관리 방법

손질(쇼 독, 작업견, 반려동물 등 어떤 견이든 간에)을 할 때 중요한 것은 마쳤을 때 개의 모습은 완전히 기능적 외모여야 한다는 것이다. 비록 작은 사이즈라 하더라도 라고토는 작업견이지 큰 토이 견이 아니다.

쇼 3일 전에 빗질로 엉킴을 풀고 목욕을 시킨 뒤 자연 건조시킨다. 이틀 전, 윤곽을 다듬어 주기 위해 느슨한 털을 가위로 정리한다. 쇼가 있는 날 아침, 곱슬을 보기 좋게 하기 위해 물을 스프레이로 가볍게 뿌려 준다.

- 목욕 전 엉킴을 풀어준다. 털이 심각한 펠트 상태라면, 가위로 길이를 짧게 해주는 것이 필요하다. 라고토의 털은 방수가 아주 잘되고 2인치(5cm) 이상의 털을 가진 개는 피부까지 물이 젖게 하기는 상당히 어렵다. 자연 성분 샴푸를 사용하고 잘 헹군다. 털을 깎을 예정이면 컨디셔너를 샴푸 뒤에 해 준다.
- 수건으로 말리기 전에 개가 스스로 몸을 털어 물기를 제거 할 시간을 준다. 두어 번 힘차게 몸을 흔들어 주는 것만으로도 거의 다 마른다. 서둘러야 할 일이 있으면, 강력 흡수수건으로 윗털에 남아 있는 수분을 없앨 수 있지만 개를 따뜻한 곳에 10분정도 놓아 두어 말리거나 자연건조가 최상의 방법이다. 케이지-드라이기는 추천할만 하지 않는데 이로 인해 털이 곱슬거림이 풀려 비숑처럼 보이게 되기 때문이다.
- 완전히 건조되었을 때, 털은 온통 곱슬거린다. 외형 보수를 위해 몸통과 다리의 느슨한 털은 가위로 정리한다. 쇼 독을 위해서는, 머리의 털은 두개골의 넓이를 보기 좋게 하기 위해 가볍게 단장해 준다. 그러나 절대로 비숑의 형태를 따라가지 않도록 한다. 눈썹과 턱수염은 기능적인 길이로 정리하고 아주 풍성한 귀 털은 짧게잘라 귀의 모양이 보이게 한다. 반려견과 작업견은 두개골, 주둥이의 털을 균등하게 짧게 한다.
- 많은 라고토는 귀 안에 풍성한 털을 가지고 있다(거위를 몰아 물로 뛰어들 때 물이 들어가지 않게 함). 개를 거위 사냥개로 쓸 것이 아니라면, 귀 속의 털은 엄지와 검지로 정기적으로 제거한다. 애견미용 파우더는 털을 제거하는 데 도움이 될 것이다.
- 발톱과 이빨을 점검한다.

- 발바닥을 점검해 지나치게 털이 많으면 가위로 제거해 털 엉킴을 예방한다.
- 클리핑을 한 후, 손질은 단지 머리털에 빗질과 속털에 자리 잡은 풀의 씨앗과 단단한 이물질들을 정기적으로 제거하는 것에 불과하다. 슬리커는 털이 3/4인치(2cm)될 때까지 사용하며 더 길어진 후에는 엉킴제거용 빗을 쓴다.
- 빗이 털 사이를 잘 지나가지 않게 되었을 때는 엉킴 제거용 빗을 사용해 펠트와 매듭을 정기적으로 제거한다. 결과적으로, 전체 털이 펠트화 되기 시작하면 엉킴 제거빗조차도 밑털 까지는 지나가기 힘들어 진다. 이는 털을 깎을 시기가 되었음을 알려 주는 것이다.

풀리

털

이 노끈형 털은 자연적으로 생긴 것이다. 시간이 지나면서, 날씨에 영향을 받지 않는 겉털은 부드러운 속털과 엉키면서 다양한 타입의 골을 형성한다.

이 완전한 노끈형 털은 진행에 긴 시간이 걸린다. 예를 들어, 바닥까지 닿는 털의 길이는 자라는데 5년이나 걸린다. 꼭 기억해야 할 것은 첫 번째 골이 생기는 시기가 적절해야 한다는 것이다.

풀리의 털은 검정색, 가끔 소박한 외모의 흰색 그리고 다양한 명암의 살구색과 회색이다.

이 골은 다양한 형태로 나타난다. 촘촘하게 가늘고 둥근 골, 더 느슨하고 두껍고 둥근 골, 넓고 납작한 리본 모양의 골, 그리고 가늘고 납작한 리본모양 골 등이다. 주요 골자는 이런 골이 폴리의 몸 전체를 통해 비슷한데 머리와 귀에서는 약간 얇고 짧다.

관리

바닥까지 닿는 쇼 털은 대대적으로 정기적인 손질을 필요로 하며 골이 잘 유지 되도록 주의를 요한다.

자연환경에서 일하는 풀리는 거친 날씨와 위험으로부터 보호되어야 하기 때문에 이런 형태로 자란다.

순서

■ 관리 도구

기본 손질은 엄지와 검지를 이용한다. 가위, 브러시, 빗, 헤어드라이기가 필요하다.

■ 관리 방법

골이 정기적으로 나누어지도록 확실히하고 털에 이물질이 너무 많이 묻으면 염증을 일으키므로 많이 묻지 않도록 관리한다.

- 개를 손질에 익숙해지게 하기 위해 어릴 때부터 관리를 해주고 피부 마사지를 위해 부드러운 베이비 헤어브러시를 쓰면 된다.
- 어렸을 때 일단 골이 생기기 시작하는 것이 보이면, 브러시는 사용하지 않으며 손가락을 이용한 피부 마사지는 계속해 주는 것이 좋다. 피부 가까이의 털 타래는 골이 생기기 시작한 첫 번째 신호이다. 골 형성의 시작부터 골들이 단단하고 적당히 촘촘해지기 시작 할 때 까지 털 관리가 가장 어려운 시기이며 손질은 털의 형태에 따른다. 속털은 골 사이에 펠트를 형성하는 원인이 되므로 특히 속털의 양이 얼마나 되는지 골이 피부로부터 분리되어 통풍이 잘 되는지 확실히 하는 것이 중요하다. 베이비오일이나 물 스프레이를 이용해 골을 분리한다.
- 양질의 애견전용 샴푸를 이용해 정기적으로 목욕시키고 여러 번 헹구어 잔여물이 남지 않도록 한다.
- 자연 건조는 상당한 시간을 요한다. 여러 장의 수건과 케이지는 필수이며, 개전용 헤어드라이기가 마르는 속도를 높여 줄 수 있다. 그러나 골은 아주 스펀지 같아서 건조 과정은 여전히 상당한 시간을 요한다.

- 털을 다 말린 다음, 베이비오일 1/3과 물 2/3을 섞어 털에 골고루 뿌린다. 이 스프레이는 털을 뻣뻣하게 하는데 도움이 될 수 있도록 목욕 중에 시행한다.
- 발톱, 귀, 이빨을 점검한다. 귀는 귀속과 가죽위의 털이 엉킴이 생기기 쉽다. 이것이 단단해지지 않도록 주의를 기울인다.
- 턱수염, 입과 눈 주위를 점검한다. 종종 사료가 턱 수염에 붙을 수 있는데 가끔 빗으로 제거하거나 짧게 자른다.
- 패드 사이를 포함해 발을 점검한다. 불필요한 털이나 긴 골 뿐만 아니라 발에 생긴 골을 제거하기 위한 손질은 아마도 산책이나 달리기를 위해 바깥으로 나갈 수 있게 해 줄 것이다.
- 털은 너무 길어지면 손질이 필요하다.

소프트 코티드 휘튼 테리어

털

자연 상태에서 털은 부드럽고 광택이 난다. 양털 같지도 않고 뻣뻣하지도 않다. 느슨하게 웨이브 지거나 곱슬이다. 만약 털이 곱슬이면 커다란 웨이브를 그리거나 가볍고 느슨한 웨이브 형태이다. 털은 축 처지지 않고 자연스럽게 흘러 내려야 한다. 털은 풍부하며 머리와 다리에도 아주 많다. 다리털의 길이는 머리와 다리의 털과 균형을 잘 이룰 만큼 풍부하다. 색깔은 황갈색인데 어릴 때는 어두운 얼룩 무늬가 있을 수도 있으나 자라면 없어져야 한다.

관리

휘튼 테리어는 털갈이를 하지 않으므로 빠진 털을 제거하고 엉킴도 방지 할 수 있게 정기적인 관리를 요한다. 지나치게 많이 꾸미거나 스타일을 내는 것은 잘못된 방법으로 간주된다. 독쇼를 위해서, 외형을 깔끔하게 털을 정리해 주는 것도 괜찮다.

영국에서는 이 품종의 손질은 털을 그대로 둔 상태로 하고, 아일랜드와 그 외의 나라에서는 좀 무겁게 손질하지만 케리블루 정도 까지는 아니다.

소프트 코티드 휘튼 테리어는 자연스러워야 한다. 그러나 독쇼에 설 목적이라면 그 털은 깔끔한 외모 전시를 위해 정돈해야 한다. 그러나 이 종류는 클리퍼, 스트리핑, 모양내기를 해서는 안 된다.

영국과 미국의 털손질의 가장 큰 차이점은 마무리에 있다. 예를 들어, 귀 위의 털은 자연 그대로 두거나 그 아담함을 강조하기 위해 가장자리만 정리를 한다. 그러나 면도한 것처럼 보일 정도로 너무 짧게 깍지 않는다.

두 번째로, 숱을 다듬고 납작하게 눕게 할 뿐만 아니라 털의 끝을 정리해 잘라낼 때는 숱 가위를 사용한다.

순서

■ 관리 도구

코움, 단발 가위와 숱 가위

■ 관리 방법

슬리커나 핀 브러시는 털의 끝을 갈라지게 하고 새로 자란 털을 빠지게 하므로 매일의 일상 손질 시 휘튼의 털에는 성긴 빗을 권유한다.

- 코움으로 몸 전체를 빗질해서 빠진 털을 제거하고 뭉친 털이 없는지 확인한다.
- 엉킴과 뭉침은 엄지와 검지로 나누어 줌으로써 제거가 가능하다. 그런 다음에는 빗 끝으로 나머지 엉킴을 제거한다. 필요하면, 엉킴 분리 빗을 주의를 기울여 사용한다. 컨디셔너를 털에 뿌려주면 빗질이 쉽다.
- 티트리 오일과 라벤더 등의 양질의 자연 샴푸로 목욕시킨다.
- 잘 헹궈준다.

PROFESSIONAL GROOMING

미국 스타일

이 견종에 대해 미국에서는 엄청난 차이가 있다. 소프트 코티드 휘튼 테리어는 동부 끝과 서부 끝에서 완전히 다른 모습이다. 이것은 애완견일 때와 쇼 독 모두에 해당된다.
애완경은 종종 거친 날이나 빗부착기로 1인치(2.5cm)만 남기고 깎아준다. 또는 가위로 잘라주면 주인은 관리가 편리하고 개에게는 편안함을 준다.
그러나 쇼 독의 경우 영국 쇼와는 상당히 다르게 손질한다-이 차이점은 아래의 프로파일에서 지적한다. 어떤 종류와도 같이, 애견가 클럽의 조언과 털 전시와 관련하여 견종의 표준을 쇼에 내보내기 전에 공부할 필요가 있다.

- 털의 질 강화를 위해 양질의 컨디셔너를 사용한다.
- 몸 전체를 수건으로 말리고 빗질한 뒤 자연적으로 건조 되도록 놓아둔다. 또는 털을 나누어 건조를 돕기 위해 부드럽게 바람으로 건조한다. 털의 자연 웨이브를 망칠 수 있으므로 바람을 너무 심하게 하지 말아야 한다. 바람을 털이 누워야 하는 방향으로 쏘이고 있는지 확인한다. 털은 세련되게 눕고 지나치게 솜같이 가볍게 되지 않도록 한다.
- 성긴 빗으로 털 전체를 다시 한 번 빗질한다.
- 턱수염은 앞쪽을 향하게 남겨두고 머리는 삼각형이 되게 눈 뒷부분에서 목 쪽으로, 그리고 귀 꼭대기에서 후두 쪽으로 숱 가위를 이용해 정리한다. 두개골의 꼭대기는 미국에서는 약간 돔 형식으로 동그랗게 한다. ❶
- 속눈썹은 눈에 털이 들어가지 않도록 도와주므로 남겨둔다.
- 머리는 일반적인 목적으로 깎지 않는다. 그러나 가끔 개 주인이 깎아 주기를 원하기도 한다.
- 귀는 귀 윤곽을 따라 V-자 모양으로 정리한다.
- 머리를 향한 긴 털과 끝 부분의 짧은 털은 남기고 귀를 덮는 넓은 부분은 귀 밑 부분까지 머리 쪽으로 향하여 위 방향으로 가면서 숱 가위를 사용한다.

❶

❷

- 귀 밑의 필요없는 털은 숱 가위로 잘라 낸다.
- 정리한 곳에 목, 몸통, 다리의 외곽선을 따라 적당한 길이를 유지하면서 가위로 털을 자른다. 털의 티핑은 충분히 해야한다('티핑'은 털끝을 가볍게 가위질 하는 것이다). 이 견종은 조각처럼 만들기 보다는 자연스럽게 보이도록 해야한다. ❷
- 허리를 향하여 부드럽게 위쪽으로 넣어주는 몸통 밑의 털을 밀어주는 라인은 팔꿈치 선에 맞춘다.
- 무릎 뒷면과 뒷다리 무릎의 외곽선을 따라 헝클어진 털을 잘라주고 자연적인 균형을 줄 수 있게 털을 섞는다. 앞 다리는 기둥모양으로 깍아주어야 한다.
- 발밑을 점검해 불필요한 털을 가위로 잘라준다.
- 발 주변을 말끔하게 정돈한다.
- 꼬리를 깔끔한 외형이 되도록 정돈한다. 꼬리 밑 부분은 깨끗하게 정리한다.
- 모든 애완견의 위생을 위해 밑 부분의 배와 서혜부는 No.10오스터 날로 깎는다.
- 발톱, 귀, 이빨을 점검한다.

스페니시 워터 독

털

스페니시 워터 독의 털 형태는 매우 특이하며 셰퍼드로의 자격을 인정받고 야생 가금류 사냥꾼과 베리아 반도의 어부들을 보조하는 일을 한다(푸들과 비슷한 역사). 털은 항상 곱슬거리고 양털 같은 질감에 길어지면 노끈형의 형태를 보인다. 색깔은 여러 명암의 진한 흰색, 검정색, 갈색, 부분적으로 다른 색 등 세 가지 색이다.

관리

손질을 한 경우에는 대회에 설 수 있도록 허가 받을 수 있다. 그러나 클리퍼는 항상 완벽하게 골고루 한다. 개는 절대로 '예술적인' 미용의 예가 될 수는 없다.

순서

■ 관리 도구

스페인에서는 빗과 브러시를 사용한다. 그러나 영국에서는 이런 도구들은 절대로 사용하지 않는다. No.40 날에 1/2인치 빗부착기를 끼워 애완견에게 쓴다.

■ 관리 방법

1년에 한번 정도 클리핑을 하면 된다. 그러나 짧은 털을 원한다면 두 번은 해야 한다.

- 골이 선 이 노끈형 털들은 빗질을 해서는 안되며 자연 상태로 둔다. 몸통에서 털이 분리 되도록 하고 물이나 털 강화제를 사용해 골의 형태를 잘 갖추도록 관리한다.
- 자연 샴푸로 목욕시킨다(거품이 나지 않는 것)
- 차가운 물이나 미온수로 헹군다.

- 펫타올로 누르듯 닦아 물기를 없앤다(털을 절대로 문지르지 말 것).
- 따뜻한 공기나 케이지드라이기로 건조시킨다.
- 발톱, 귀, 이빨을 점검하고 필요하면 귀를 깔끔하게 정리한다. 귀의 모양을 따라 가위로 자르지만 너무 짧게 자르지 않도록 해야한다.
- 뭉친 털이 없나 패드를 점검하고 만약 있으면 제거한다.
- 가끔 턱 부위를 깔끔하게 정리해 주어야 하는데 이는 개가 턱수염이 자라 머리 모양을 망칠 수 있기 때문이다.
- 이 개들은(No.40 날과 1/2인치/1.25cm 빗부착기로) 클리핑만 해야한다. 가위는 절대로 대서는 안된다. 스페니시 워터 독은 자연적인 모습의 품종이며 조각한 듯한 모습을 위한 품종이 아니므로 푸들처럼 미용을 해서는 안 된다.

PROFESSIONAL GROOMING

노끈형 털

스페니시 워터 독의 털은 비록 바닥까지 닿을 정도는 아니지만 풀리처럼 골이 생긴다. 스페니쉬 워터 독의 털의 길이는 풀리의 반 정도 이다. 이 개들은 일단 털이 1인치(2.5cm)일 때 전시한다(예, 털이 곱슬일 때)

Chapter 11 털이 긴 견종

PROFESSIONAL GROOMING

이 섹션에서 다룰 긴 털 견종

- 아프간 하운드(Afghan hound)
  - 비어디드 콜리(Bearded Collie)
  - 브리아드(Briard)
  - 차이니즈 크레스티드(Chinese creasted dog) : 털이 없고 파우더 퍼프 같은 털
  - 코톤 더 툴리어(Coton de Tulear)
  - 하바니즈(Havanese)
  - 제페니즈 친(Japanese Chin)
  - 라사 압소(Lhasa Apso)
  - 몰티즈(Maltese)
  - 올드 잉글리시 쉽독(Old English Sheepdog)
  - 페키니즈(Pekingese)
  - 폴리시 로랜드 쉽독(Polish Lowland Sheepdog)
  - 시츄(Shih Tzu)
  - 스카이 테리어(Skye Terrier)
  - 티벳탄 테리어(Tibetan Terrier)
  - 요크셔 테리어(Yorkshire Terrier)

털관리

대부분의 긴 털 견종은 짧은 털 견종처럼 털갈이를 하지 않는다. 그러나 털이 일상적으로 빠지며 정기적으로 제거해 주지 않으면 (적어도 1주일에 두 번 정도), 털뭉침, 엉킴, 펠트로 진행된다.

방치된 개는 털이 너무 길어져서 몸이 전부 펠트로 뒤덮이게 되어 피부가 호흡을 할 수 없게 된다. 이런 경우에는 잘 드는 이발기를 피부까지 짧게 깎아 줘야만 한다(마치 양털을 깎듯이).

매일 또는 적어도 1주일에 세 번 몸 전체를 브러싱해 주는 것이 적당하다. 만약 애견미용 컨디셔너나 오일을 사용하면, 매 7~10일에 한번 깨끗이 씻어주고 다시 사용해 준다. 전시 목적으로 개의 털을 보기 좋은 길이로 손질하고자 한다면 이대로 시행한다.

목욕 후에 컨디셔너를 사용하면 다음 목욕까지 엉킴이 덜 하고 브러싱이 더 쉬워 손질 횟수도 줄어든다.

오일 스프레이를 마른 털에 뿌려주는 것은 털을 관리하는데 필수이다. 보석 같은 털은 너무 많이 빠져버릴 수 있으므로 더러울 때 손질을 해주면 안 된다.

긴 털 견종은 머리에서부터 꼬리까지 가운데에서 털이 나누어진다. 이것을 볼 수 있는 좋은 예는 라사 압소와 스카이 테리어이다.

몰티즈, 시츄, 요크셔 테리어 등의 이마는 종종 포니테일 밴드로 묶어 털이 눈을 가리지 않도록 해준다.

클리핑

대부분의 긴 털 견종은 피부에 깨끗하고 건강한 공기의 흐름을 유지하고 배와 생식기 주변의 엉킴을 방지하지 위해 배부분의 털을 깎아 준다. 이것은 오스터 No.10 날과 같은 중간 날을 사용해야 하며 이발기는 겨드랑이 털을 제거하기 위해 개의 가슴으로 직선 들어가야 한다. 털이 깎인 부위는 개가 서 있을 때 바깥 털 때문에 보이지 않아야 한다.

어떤 주인은 긴 털을 혼자서 관리하는 것이 어려움을 알고는 털을 모두 깎는다. 그러나 걱정할 필요는 없다–개털이 엉키도록 내버려 두기보다는 건강한 짧은 털을 유지하는 것이 훨씬 낫다.

개를 단장하기 위해 오스터No.5 날과 같이 거친 날을 쓴다. 나는 아프간 하운드가 털이 완전히 깎인 것을 본적이 있는데 그의 뒷다리 비절(호크) 밑으로부터 앞 다리의 털에 잘 어울리는 방울 모양 털(푸들에서 '스포팅' 또는 '유틸리티'같은)을 제외하고는 정말 멋진 모습이었다(이것은 가끔 '크리데스데일(Clydesdale)'로 불린다). 이는 눈에 띄지 않는 털 엉킴을 놔두는 것 보다 개에게 훨씬 더 편하고 친절한 행동이다.

아프간 하운드

그림의 아프간 하운드는 Ch. Tico Raphael이며 주인은 레슬리 커리 부인

털

털은 항상 자연스러운 모습을 유지할 수 있도록 한다. 길게 자라는 늑골부위, 몸통 앞쪽, 엉덩이부위, 옆구리에 있는 털은 모질이 아주 좋다. 성견의 경우, 등을 따라

난 짧은 안장모양의 털은 자연적으로 생기는 것이지 클리핑이 몸단장으로 모양을 만든 것이 아니다. 털은 이마에는 실크 같은 털이 나 있으며 뒤쪽 방향으로 길게 나있다. 안면 털은 짧지만 귀는 털이 풍부하다. 발목에는 털이 없을 수 있다. 모든 색깔이 가능하지만 다른 색깔은 털의 결도 다르므로 작업하기가 편한 개가 있다.

관리

이 실크 같은 털은 경험이 아주 많은 애견미용사가 손질해야 한다. 강아지를 사기 전에 주의해서 고려해야 한다. 이 아프간을 키우기 위해, 목욕은 매주 해 주어야 할 숙제로 절대로 거르면 안 된다. 14개월에 시작해 성견의 털로 완전히 바뀔 때 까지 2년 정도 계속되는 이 털갈이 시기에는 특별히 더 거르지 말아야 한다. 털갈이 동안 털 엉킴이 손댈 수 없을 정도까지 되지않게 하기위해 이틀에 한번 꼴로 목욕시켜야 한다.

아프간 미용의 조언은 전문 브리더에게서 얻을 수 있다. 관리방법이 잘 이해가 되지 않으면 애견 클럽에 연락해 조언을 구하도록 한다.

순서

■ 관리 도구

핀 브러시(끝에 '노블'이 없는 것)

■ 관리 방법

컨디셔너를 조금 섞은 물 스프레이가 브러싱을 더 쉽게 만들어 주고 털이 상하는 것을 방지한다. 털을 매주 목욕 전후에 손질한다.

PROFESSIONAL GROOMING

방치된 털

개가 손질을 할 수 없을 정도의 상태라면 털을 완전히 깎고 다시 시작하라. 그러나 이것은 개주인과 먼저 의논을 한 다음에 시행해야한다. 시간이 지나면 털은 다시 자란다.
요즘의 엉킴 분리 빗과 뭉침 제거 컨디셔너로 희망이 전혀 없던 많은 털도 관리를 해 줄 수 있다. 그러나 이렇게 방치된 털은 개선을 위해 상당한 시간이 필요하고 따라서 과정을 시작하기 전에 전체 소요비용에 대해 주인과 의논한 다음 털을 깎는다.

❶ 핀 브러시를 이용해 몸 전체를 브러싱, 필요하면 컨디셔너나 엉킴 제거기를 사용하여 뭉친 털과 죽은 털을 제거.

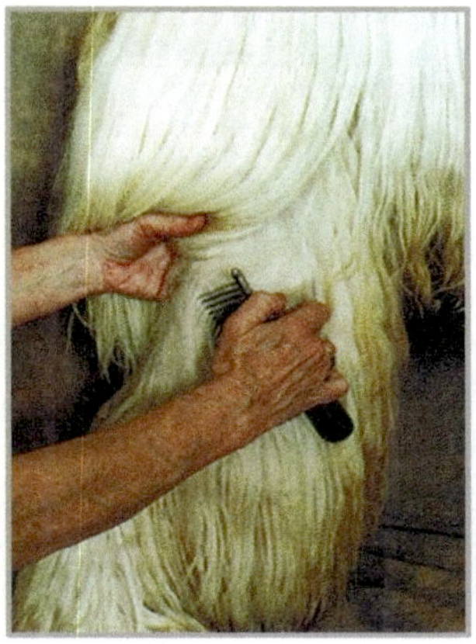

❷ 필요하면 엉킴 분리빗 사용.

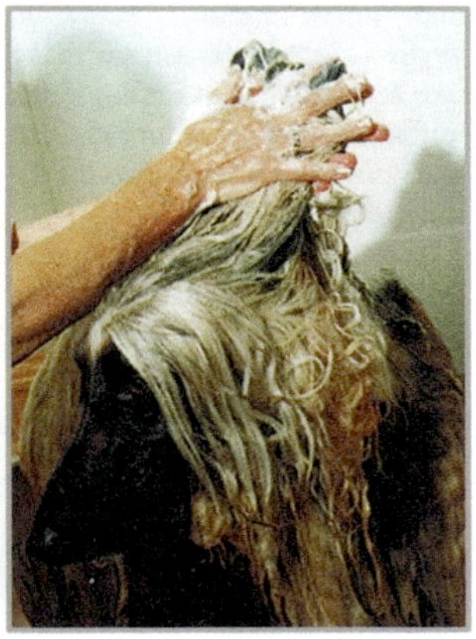

❸ 순한 샴푸로 목욕

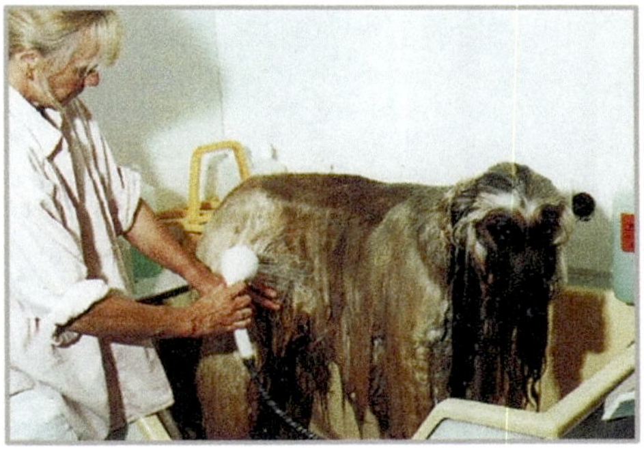

❹ 철저히 헹굼. 실크 같은 털 강화와 엉킴 방지를 위해 컨디셔너 사용.

❺ 수건으로 대부분의 물기 제거.

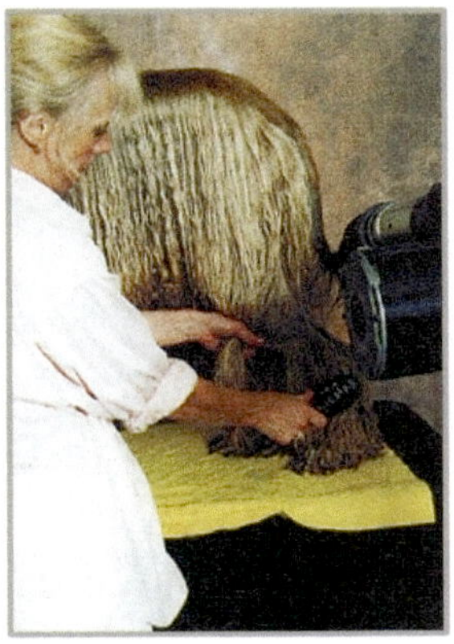

❻ 핀 브러시를 이용해 바람으로 건조.

❼ 바람으로 건조 하는 동안 미스트나 컨디셔너를 뿌려주어 정전기를 줄이고 건조 중 생기는 손실을 줄임

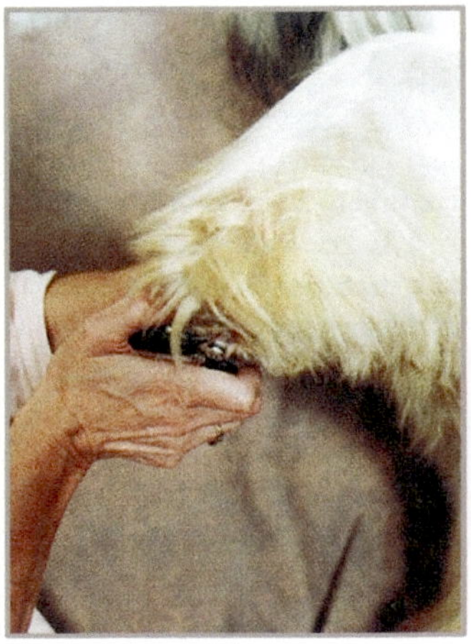

❽ 발톱

❾ 귀

❿ 이빨

- 적당히 운동을 하는 개는 발톱을 정리할 필요가 없다. 그리고 나머지 몸통의 라인의 털은 자연적으로 자라도록 한다. 그러나 발 손질을 할 때 주의를 요한다. 아프간은 발에 손대는 것에 특히 민감하다.

⓫ 귀여운 모습을 더하기 위해서나 머리와 몸통의 털을 구분 할 필요가 있어 털이 옆으로 흘러내리게 할 때 털 스프레이와 함께 마무리 브러싱을 한다. 그러나 개가 등을 따라 안장모양 털이 자연적으로 생겼을 때, 이 단계는 필요 없다

⓬ 완성

비어디드 콜리

털

비어디드는 더블코트이다. 속털은 부드럽고 솜털 같으며 누워있다. 위 털은 납작하고 거칠며 강한 털이 수북하다. 양털 같거나 곱슬 털의 형태는 적절치 않고 아주 약한 웨이브 정도는 가능하다. 긴 털이 있고 얼굴에는 턱수염이 있다(이 견종의 이름이 여기서 나왔다).

관리

털의 뭉침을 방지하고 보기 좋은 외모를 유지하기 위해 계속적인 관심 필요

순서

■ 관리도구

양질의 모직 브러시, 핀 브러시, 크고 성긴 빗과 한쪽은 성기고 다른 쪽은 촘촘한 살의 스텐레스 코움.

■ 관리 방법

컨디셔너를 해주고 씻어내지 않는 것이 드라이를 더 쉽게 해준다.

- 어떤 사람들은 애견미용 시 개를 옆으로 눕히는 것을 선호한다. 또 어떤 다른 사람들은 선 상태로 하는 것을 좋아한다. 어느 쪽이든 최상인 것을 선택한다.
- 모직 브러시로 털을 밑 부분에서 시작해서 털의 결을 따라 전체적으로 올라오며 빗질한다. 이것으로 털 전체가 풍성해 지도록 한다. 레스터러 또는 컨디셔너를 사용하여 브러싱하면 털을 나누기 쉽다(필요하면 뭉침 제거 크림을 쓴다).
- 털 전체에 걸쳐 한 번 더 브러싱 해 주는데 이때 핀 브러시를 쓴다. 엉킴이 눈에 띄면 처음에는 브러시로 다음은 성긴 빗을 사용한다.

- 빗의 사용은 꼭 브러싱을 먼저 한 다음에 해야한다. 그렇지 않으면 매듭이 너무 심하게 당겨져 개가 불편함을 느낀다. 개에게 엉킴이 남아 있으면 목욕은 금물-목욕하기 전에 꼭 엉킴을 푼다.
- 단백질 pH-밸런스 샴푸로 목욕하고 컨디셔너를 사용한다.
- 핀 브러시로 브러싱을 계속하면서 드라이기로 털을 건조시킨다. 라놀린(양 기름) 윤활제를 사용해 털의 질을 강화시키고 털이 부서지거나 뭉치는 것을 방지한다. 어떤 사람들은 스트레이트닝 컨디셔너를 사용하는데 이는 샴푸 다음에 브러시나 빗으로 해주고 헹군다(철저히 씻어지도록 헹군다). 그러나 이것은 대회에서는 비어디드는 웨이브가 허용되므로 꼭 필요한 것은 아니다.
- 속털은 빗질하며 척추를 중심으로 털이 나누어 가리마를 만든다.
- 발톱, 귀, 이빨을 체크한다.
- 애완견의 경우, 발바닥과 꼬리 밑(항문 부위 주변)의 털은 가위로 잘라주어 배설물로 더럽혀 지는 것을 방지해 준다.
- 숱 가위나 엉킴 제거, 숱 다듬기 도구는 지나치게 숱이 많을 때 한 번에 너무 많은 털이 빠지지 않도록 주의하면서 사용한다.

브리아드

털

이 품종의 흘러 굽이치는 털은 수염, 턱수염, 눈썹을 포함하여 정기적인 전체 손질이 필요하다. 털은 7cm 정도의 길이에 약간 웨이브가 있고 아주 건조하며 밑털은 결이 촘촘하다. 이 견종은 정기적인 애견미용을 받은 상태이지만 방치하거나 엉킴과 펠트를 그대로 내버려 두면 아주 지저분하다.

관리

유지관리는 빠진 털이 남아 있는 털 속으로 들어가 엉키는 것을 방지하기 위해 정기적으로 제거해 주어야 하므로 아주 중요하다.

순서

■ 관리 도구

슬리커 브러시, 코윰, 필요하면 엉킴 제거 빗 사용.

■ 관리 방법

이 견종은 주인이 2인치(5cm)이상 되지 않게 몸 전체의 털을 깎아 달라고 요구하는 또 하나의 견종이다. No.7 날이나 가위를 이용해 원하는 길이를 맞춘다. 이보다 더 짧은 길이는 개의 원래의 모습을 잃게 한다.

- 먼저 컨디셔너를 발라주면 털 전체를 브러싱하기가 쉽다. 엉킴 제거 또는 뭉침 제거 제품을 엉킨 자리에 사용한다. 엉킴이 아주 심한 곳은 뭉침 제거 컨디셔너가 흡수 될 수 있게 몇 분 정도 그대로 놔 둔 뒤 손질을 시작한다.
- 슬리커 브러시와 빗을 사용하여 털 전체를 작업한다. 모든 엉킴은 반드시 손으로 푼다. 핀 브러시의 사용은 속털을 빠지게 할 수 있다. 브리아드는 목욕 전에 반드시 모든 엉킴을 완전히 풀어야 한다.
- 단백질 샴푸로 목욕시키고 컨디셔너를 더해 털을 강화시킨다.
- 드라이기로 불필요한 물기를 제거하면서 털을 건조시키고, 핀 브러시로 계속 브러싱 해 주면서 마무리 한다.
- 발톱, 귀, 이빨을 체크한다. 며느리발톱 체크도 잊지 말 것.
- 발가락 사이사이를 점검해 엉킨 털을 제거한다.
- 애완견일 경우 항문 주위의 털을 제거한다.

차이니즈 크레스티드

털

두 가지 종류 : 털이 없는 것과 파우더 퍼프 같은 털을 가진 것이 있다. 털이 없는 종류는 털이 머리 중간에서 목으로 내려가며 목덜미에 갈기 털이 있다. 발가락을 덮는 양말 같은 털과 꼬리 깃털이 있다. 몸의 나머지 부분은 털이 없다. 파우더퍼프 종류는 몸 전체가 길고 부드러운 털로 덮여있다.

그러나 이 털이 없는 유전자의 '변이성 발현도'는 몸에 털이 전혀 없거나 지나치게 많거나 그 중간으로 모두 나타날 수 있다.

관리

털이 없는 종류는 피부를 좋은 상태로 유지하기 위해 자주 수분을 공급해 주어야 한다. 파우더퍼프 종류는 정기적인 브러싱과 빗질이 필요하다. 이빨은 정기적으로 닦아 준다.

순서

■ 관리 도구

털이 없는 종류를 위해서는 양질의 모직 브러시와 안전 클리퍼가 필요하며 파우더퍼프 종류를 위해서는 양질의 뻣뻣한 털 브러시와 성긴 빗이 필요하다.

■ 관리 방법

털이 없는 종류의 피부는 바디오일이나 얼굴용 크림으로 털이 없는 부위를 마사지해 주면서 자주 오일을 더 해 준다. 이것은 피부를 부드럽고 적당히 수분을 유지하게 도와준다.

털이 없는 종류

- 이 종류는 좋은 샴푸를 사용하여 잦은 목욕으로 청결을 유지하고, 그런 다음 수분공급제(예, 베이비오일이나 로션)를 사용.
- 갈기털, 발을 덮은 털, 꼬리털은 바람으로 건조 하고 양질의 모직 브러시로 브러싱.
- 털 없는 종류의 유전자 '변이성 발현도' 때문에 몸에 털이 보이는 경우도 있다. 필요하면 오스터 No.40날을 사용하여 얼굴에 난 털을 제거한다. 전람회에서는 몸에 난 어떤 종류의 털도 인정하지 않는다. 확신할 수 없다면 애견미용사나 품종 전문가에게 규정을 보여 달라고 요구하라.
- 갈기털, 발을 덮은 털, 꼬리털은 피부는 절대로 건드리지 않고 긴 털 위로만 모직 브러시로 아주 주의 깊게 브러싱하면서 수건으로 건조하고 송풍기로 마무리한다. 발톱, 귀, 이빨을 점검한다.

파우더 퍼프 종류

- 파우더 퍼프 털은 모직 브러시나 핀 브러시로 잦은 브러싱이 필요하다. 이것은 특히 강아지 털에서 성견 털로 바뀔 때 필수적인 것으로 이 시기에는 매일 손질해 줄 필요가 있다.

- 어떤 펠트나 엉킴은 엄지와 검지로 풀어야 만 한다. 일단 모든 매듭이 풀어지고 나면 모직 브러시나 핀 브러시로 털을 훑어 작업한다.
- 앞다리와 팔꿈치 사이 부위에 관리 주위가 필요하다. 뭉침을 제거하는 동안 개에게 옆으로 누워있기를 가르치면 훨씬 더 쉽다.
- 양질의 개전용 샴푸로 정기적으로 목욕 시키고 바람으로 건조시켜 주면 털은 좋은 상태로 유지된다. 샴

푸는 다양한 종류가 있다. 다양한 애견미용용 제품도 있어 털에 뿌리면 브러싱 할 때 엉킴이 풀리며 컨디셔닝 효과도 있다.

- 브러싱은 털이 누워 있는 흐름을 따라 해 주어야 한다. 핀 브러시를 사용한다면 개가 불편함을 느끼지 않도록 주의가 필요하다.
- 목욕을 마친 후, 바람으로 건조, 얼굴은 클리퍼(10mm날)로 깎아 주어야 한다. 눈의 바깥쪽 코너에서 귀까지 한줄로, 귀에서 아담스 애플로 내려가면서 완만한 곡선으로, 푸들의 얼굴과 비슷하게 깎는다.
- 패드 사이에 펠트가 없는지 체크하는 것이 중요하다. 펠트가 패드에 남아있으면 개가 걸을 때 불편함을 느낀다.
- 브러싱 후 바람으로 완전건조, 필요하면 성긴 빗으로 마무리. 턱에 남아있는 엉킨 부분을 찾아내고 풀어준다. 베일 부위 브러싱과정 전에 해 준다.
- 발톱, 귀, 이빨을 점검한다(주의 : 발톱의 길이는 적당해야 한다).

코톤 더 툴리어

털

이 종의 특징인 건조하고 나풀거리는 털은 면 실타래 같고 자극이 없는 것으로 보인다. 이 털은 흰색(비스킷색이나 크림색도 포함), 검정과 흰색의 파티칼라, 트라이 칼라인 것이 있으며 길이는 약 4~5인치(10~12.5cm)이다. 이 털은 이 개의 고향인 아프리카의 툴리어의 적도를 둘러싼 태양으로부터 개를 보호한다.

관리

털은 길고 건조하며 속털을 제거하고 엉킴을 방지하기 위한 브러싱이 필요하다. 이 개는 비록 애완견일 때는 종종 관리가 쉬운 정도의 짧은 길이로 자르기도 하지만 애견미용실의 좋은 후보자이다.

순서

■ 관리 도구

핀 브러시, 코움.

■ 관리 방법

이 품종은 목욕을 자주 안 시켜 주어도 정기적인 손질을 해주면 비교적 깨끗한 편이다. 많은 개주인들이 집에서 하는 정기적인 브러싱에 부가적으로 월 주기로 애견미용센터로 데리고 온다.

- 털을 주의하여 브러싱 한다. 털에 엉킴이 있는 상태에서의 목욕은 엉킴을 가속화할 수 있으므로 엉킴 상태의 목욕은 금물이다.
- 자연성분의 부드러운 샴푸로 목욕시킨다.
- 브러싱에 도움이 될 수 있게 컨디셔너를 사용한다.
- 핀 브러시로 브러싱해 주면서, 열로부터 털을 멀리하여 부드러운 바람으로 건조시키며 엉킴 방지를 위해 조금씩 나누어 건조시킨다.
- 대회에 나갈 때는 브러싱과 건조를 할 때 헹구지 않아도 되는 컨디셔너를 뿌려 털을 촉촉해 보이도록 해 준다.
- 발바닥과 패드 사이에 털 엉킴이 없는지 점검해서 엉킴이 있으면 제거한다.
- 털 위로 브러싱하며 필요하면 미용 스프레이를 사용한다.

하바니즈

털

털은 부드럽고 실크 같으며, 웨이브나 가벼운 곱슬이 있다. 하바니즈는 몸통이 온통 속털로 덮여있다. 단일색이면 어떤 색깔(색깔이 섞인 경우는 안됨)도 가능하다.

관리

일상적인 목적이나 쇼를 위해서 손질은 하지 않지만 정기적인 브러싱이 필요하다.

애완견은 관리가 가능한 길이로 깎거나 자르기도 한다.

순서

■ 관리 도구

핀 브러시, 코움. 슬리커 브러시 (강한 뭉침에 사용 가능), 슬리커 브러시는 거칠기 때문에 엉킴이 강하지 않으면 사용을 피한다.

■ 관리 방법

털이 느슨하고 자연적인 외형을 유지하도록 하는 것이 이 견종에게는 중요하다.

- 털 전체를 뭉침을 제거하면서 브러싱 한 다음 코움으로 빗질한다.
- 자연성분 또는 단백질 샴푸로 목욕시킨다.
- 긴 털을 잘 헹궈준다.
- 털 강화와 미용을 쉽게 하기 위해 컨디셔너를 사용한다.
- 핀 브러시를 사용하며 부드러운 바람으로 건조(이 때 피부에서 멀리 떨어져서 할 것)
- 발톱, 귀, 이빨을 점검한다.
- 패드 사이에 털이 뭉쳐 있는지 발을 점검하고 있으면 제거해 준다.
- 등을 따라 브러싱한다. 일반적으로 개가 몸을 흔들어 털이 자연 적으로 떨어진다. 완전한 직모를 만들도록 브러싱하며 드라이하지 않는다.
- 눈 위의 긴 털은 묶어 눈이 가리지 않도록 한다(대회에서는 아님).

제페니즈 친

털

털은 풍부하고 길고 부드러운 곧은 털로 실크 같은 살리고 곱슬이나 웨이브가 전혀 없다. 털이 서는 경향이 있는데 특히 목털이 그렇다. 이 풍성한 털은 검정색과 흰색이 섞여 있거나 붉은색과 흰색이 섞인 것이거나 둘 중에 하나이다.

관리

털은 자연적으로 털갈이를 한다. 정기적으로 브러싱이 필요하며 빠진 털을 제거하지 않으면 엉킴이 생긴다.

순서

■ 관리 도구

핀 브러시, 코움.

■ 관리 방법

가끔씩 스프레이로 털 강화

- 핀 브러시로 전체를 브러싱한 다음 코움으로 빗질을 해준다.
- 티트리와 라벤더 또는 단백질 샴푸로 목욕시키고 샴푸는 철저히 헹구어 낸다.
- 털의 질 강화를 위해 컨디셔너를 사용한다.
- 부드러운 바람으로 건조시키고 털을 뜨거운 바람에 말리지 않도록 한다.
- 발톱, 귀, 이빨을 점검한다.
- 발바닥을 점검하여 엉킨 털이 있으면 제거해 준다.

- 한 번 더 브러싱하고 척추를 따라 바깥쪽으로 브러싱해 준다.
- 얼굴은 청결을 유지시켜 준다.

라사 압소

털

작고 쾌활하며 자부심이 강한 이 개는 쇼를 위해 아름다운 꼬리털과 함께 완전히 다듬어졌을 때 모습은 감동 그 자체이다. 털은 길고, 무거운 곧은 털은 단단하며, 양털 같지도 않고 실크 같이 광택이 나지도 않는다. 속털은 중간 정도이다. 이 견종은 척추를 따라 털이 분리된다.

관리

엉킴과 분비물로부터 털을 보호하기 위해 정기적인 애견미용이 필요하다. 머리의 털은 얼굴 측면으로 흘러내리지만, 쇼를 위한 경우가 아니면 주로 묶어 올린다.

순서

■ 관리 도구

핀 브러시, 모직 브러시, 코움.

■ 관리 방법

애완견은 자주 No.4또는 No.5날로 짧게 깎는다.

- 핀 브러시로 머리에서 꼬리까지 브러싱해 준다.
- 코움으로 빗질하고 필요시 엉킴제거 스프레이로 엉킴을 제거한다.

- 단백질이나 알맞은 샴푸로 목욕시킨다.
- 철저히 헹구고, 컨디셔너로 털을 강화시켜준다.
- 핀 브러시로 부분별로 바람으로 건조(플러프드라이)시킨다.
- 발톱, 귀, 이빨을 점검한다.
- 컨디셔너를 가볍게 뿌려주고 모직 브러시로 브러싱
- 털을 펴고, 등에서 명확하게 나누어 각 측면으로 내려 브러싱 한다.

Lhasa Fever

셀리 포인톤(Sally Pointon)은 평생을 개와 함께 했다. 그리고 라사압소를 20년 넘게 키워왔다.

매일 관리

셀리의 말에 의하면 라사압소는 매일매일의 관리가 라사압소의 육체적으로나 정신적으로나 최상의 컨디션을 유지시켜 준다고 한다.

일찍 시작

애견미용실에 처음 온 날부터 강아지에게 테이블 훈련을 시작하고 매일매일 관리가 필요한 시기가 되면 강아지가 적응해서 착하게 행동하게 될 것이다. 기억할 것은 털은 태어날 때 상태가 좋아야만 후에도 최상의 상태를 얻을 수 있다. 최고의 털 관리도 조잡한 털을 좋은 털로 바꿀 수 없기 때문이다.

자연적으로 흘러내리는 털

멋지게 흘러내리는 털을 만들기 위해, 털이 눈 위로 흘러내리기 시작할 때(3~4개월) 하나로 묶어준다. 너무 당기지 않도록 주의한다. 고무줄은 털의 상처와 손실을 막기 위해 항상 주의해서 잘라낸다. 털이 너무 많거나 무거워지면, 묶음을 두개로(양쪽으로)만들거나, 결국에는 4개(양쪽에)로 묶는다. 수염이 길어져 입에 말려 들어갈 만큼 되기 시작하면 얼굴에도 묶어준다.

발 관리

패드사이 (보브 가위를 사용해) 털 단장은 어릴 때부터 시작한다. 그리고 만약 당신의 라사를 손질할 때 조용히 누워있기를 원한다면 3~5달 정도 되었을 때 강아지의 성격에 따라 강아지가 테이블 위에서 신뢰를 느낄 수 있을 때 쯤 천천히 한다.

곡선 가위를 사용하면 발에 이상적인 모양을 만들어 예쁜 형태를 만들 수 있다. 독쇼에 출진할 경우 1주일 전 쯤에 깔끔하고 자연스러운 외모를 만들기 위해 해준다.

주간 목욕

일주일에 한번 목욕하고 바람으로 건조해주면 매일 브러싱해 주는 것보다 더 낫다. 그러나 목욕과 목욕 사이에 엉킴 제거 스프레이를 이용해 눈에 띠는 엉킴을 브러싱하여 없애주는 것이 필요하다. 시간을 아낄 수 있고 털의 손상을 방지할 수 있다.

엄지와 검지로 엉킨 매듭을 당기는 것은 엉킨털을 나누어 브러싱하는 데 도움이 되나 필요할 때에만 한다. 엉킨 매듭은 바람으로 건조 하는 동안 젖은 털일 때 더 쉽게 빠진다. 건조된 털을 브러싱하는 것은 모질을 상하게 하거나 끝이 갈라져 끊어지게 하는 원인이 될 수도 있다.

샴푸한 후 철저히 헹구는 것은 필수이다. 그리고 흡수수건을 사용하여 물기를 짜내 건조 시간을 줄인다.

셀리 포인톤과 발리토의 Ch. Chethang Emogene

피부에서부터 털끝까지 털의 흐름에 따라 털의 뭉침이 모두 제거되어 마를 때 까지 털을 브러싱해 준다. 이때 브러싱은 초기에만 사용되어야 한다. 시중에 나와 있는 많은 종류 중 작업하기에 적당한 것을 고르고 털의 질감에 적합한 핀 브러시와 강모 브러시를 선택하여 사용한다. 성긴 빗은 갈기털이나 빗질의 마무리에 사용한다.

정기적인 관리

최고의 결과를 얻기 위한 열쇠는 털에 알맞은 방법으로 작업하는 것에 있으며 피곤하든 바쁘든 상관없이 일에 집중하는 것이다. 완벽하게 아름다운 털은 쇼 하루 전에 얻어지는 것이 아니다. 1년 내내 긴 시간을 투자한 결과이다.

몰티즈

털

털은 좋은 길이에 곧은 털이고 실크처럼 광택이 나며 절대로 양털 같거나 곱슬거리지 않으며 속털은 없다. 완전히 흰색이지만 아주 연한 레몬색이 조금 있는 것은 가능하다. 꼬리는 모양이 잘 잡혔다.

관리

이 품종은 길고 실크 같은 털을 완벽한 모습으로 유지하기 위해 많은 관심이 필요하다. 두개골로부터 꼬리까지 척추를 따라 털이 나누어져 있고 계속적인 그루밍이 필요하다. 머리털은 하나나 둘로 뒤로 묶는다.

몰티즈는 주인이 자주 목욕을 시켜놓기만 하고 브러시나 빗으로 엉킴을 풀어주지 않고 그냥 마르도록 내버려둬 머리에서 발끝까지 털이 엉겨 붙어 애견미용실을 찾는 경우가 가끔 있다. 이 경우에 유일한 선택은 등과 옆구리를 전부 깎는 것이다.

많은 애완견 주인들이 이 견종을 약 1인치(2.5cm) 정도로 몸 전체를 깎기를 원한다. 오스터 No.5 날을 사용하고 목욕 전에 털을 정리한다. 컨디셔닝 후 드라이기로 건조하고 삐져나온 털은 가위로 깔끔하게 정리한다. 클리핑을 하면, 이 견종은 귀엽고 예쁜 모습으로 변화된다. 그러나 여전히 손질이 필요하다.

순서

■ 관리 도구

핀 브러시, 모직 브러시, 코움, 안면 빗.

■ 관리 방법

물이나 컨디셔닝 스프레이를 털 위에 살짝 뿌려주면 브러싱 작업을 좀더 수월하게 할 수 있고 털이 부서지는 것을 방지해 준다.

- 핀 브러시로 전체 털을 머리부터 꼬리까지 브러싱한다.
- 컨디셔너 스프레이를 조금 뿌려주어 빗질하면 작업이 수월하다.
- 중간 빗이나 성긴 빗(털의 두께에 따라) 그리고 눈곱 빗으로 빗질해 준다.
- 항상 기억해야 할 것은 개를 목욕시키기 전에 빗질을 해야 하며 그렇게 하지 않으면 엉킴이 생긴다.
- 단백질, pH-발란스 또는 자연성분 샴푸로 목욕시키고 확실히 헹구어 준다.
- 컨디셔너를 털 안 까지 스며들게 다시 한번 작업하고 잘 헹군다.
- 다음 핀 브러시를 피부에서 멀리하여 털을 브러싱하면서 바람으로 건조(드라이기를 피부에 바로 대지 않는다).
- 발톱, 귀, 이빨을 점검한다.
- 컨디셔너를 가볍게 뿌려 마무리하고 뻣뻣한 동물털 브러시로 단장해 준다.

올드 잉글리시 쉽독

털

털은 좋지만 결이 거칠고, 곧지만 풍부하고 곱슬은 없다. 속털은 방수 모질이다.

관리

올드 잉글리시 쉽독은 비록 반정도만 쓸만한 것이지만 그 많은 털을 유지하기 위해 각별한 관심이 필요하다.

가끔 털을 자르고 깎는데 애완견 주인과 쇼에서 은퇴한 개 브리더들은 관리하기 좋은 길이로 자주 깎는다.

개들은 정기적인 관심이 필요하고 4~6주에 한번 전문적이고 노련한 애견미용을 받아야만 한다.

순서

■ 관리도구

슬리커 또는 핀 브러시와 코움.

■ 관리 방법

털이 단단한 엉킴이 되는 것을 방지하기 위해 최상의 손질을 하는 것은 필수이다.

- 슬리커 또는 핀 브러시로 털 전체를 머리에서 꼬리까지, 부분으로 나누어 뒷발에서 위 방향으로 브러싱. 지나친 엉킴이 보이면, 엉킴 제거용 빗을 사용해서 엉킨 펠트를 푼다.
- 코움으로 빗질해 준다.
- 알맞은 티트리와 라벤더 샴푸 등으로 목욕하고 확실히 헹군다.
- 화이트닝 샴푸를 털에 사용해서 광택을 더 해 준다. 침 얼룩이 생긴 턱수염에도 사용이 가능하다(화이트닝 샴푸는 애견 용품점과 애견미용 용품점에서 구입할 수 있다).
- 털 강화 컨디셔너를 사용한다.
- 핀 브러시로 부위를 나누고 뭉침을 피할 수 있게 털을 말아 올려 주면서 바람으로 건조시켜 준다.
- 발톱, 귀, 이빨을 검한다.
- 발바닥을 점검해 엉킨 털이 보이면 가위로 주의하여 제거한다.

PROFESSIONAL GROOMING

Pet clip(애완견 미용)

애완견일 때, 종종 성인 올드 잉글리시 쉽독의 몸 전체의 털을 약 2인치(5cm)의 길이로 깎아 달라고 하는 경우가 있다. 목욕과 건조가 완전히 끝난 다음 가위로 미용한다. 또는 오스터 No.40과 3/4인치(2cm)부착용 날을 함께 사용하여 목욕 전에 깎는다.
어떤 주인은 몸의 털을 남기기를 원하지만 털을 좀 짧게 하고 아랫부분(배, 겨드랑이, 서혜부 안쪽)은 위생에 관련된 이유와 개의 냄새를 좋게 유지하기 위해 깎아주기를 원한다.

페키니즈

털

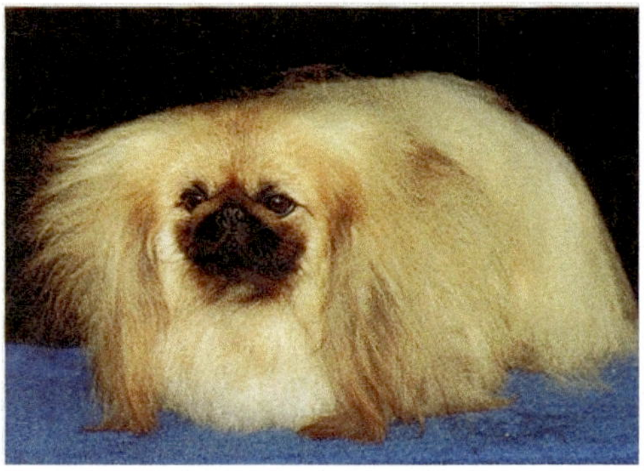

페키니즈의 털은 길고 곧은 털로 어깨 뒤와 목쪽으로 둥근 모양을 이루며 풍성한 모양을 이룬다. 겉털은 거칠고 속털은 두껍다. 귀 위의 깃털 같은 털이 풍부하고 다리와 꼬리도 마찬가지다. 모든 색깔이나 무늬가 다 허용된다.

관리

정기적인 브러싱은 필수. 애완견의 경우 생식기 주변 뿐 아니라 몸의 밑 부분인 배와 가슴 쪽까지 깎기도 한다. 이 모양은 개가 드러누워서 뒹굴 때가 아니면 볼 수 없으며 개를 편안하게 하여 그 부위들을 시원하고 깨끗하게 깎아준다. 그러나 쇼 독에게는 하지 않는다.

순서

■ 관리 도구

슬리커 또는 핀 브러시 그리고 코움.

■ 관리 방법

피부의 주름과 접힌 부분은 정기으로 손질해야 한다.

- 슬리커 또는 핀 브러시를 사용하여 뭉침을(특히 밑부분) 제거하면서 전체 털을 머리에서 꼬리까지 브러싱해 준다. 그 다음 코움으로 털을 전체적으로 빗질한다.

- 자연 성분 샴푸로 목욕시키고 확실하게 헹궈준다. 머리 부분은 물에 희석한 린스를 스프레이 형태로 사용한다.
- 발바닥을 점검해 엉킨 털이 있으면 제거한다.
- 눈을 촉촉한 거즈 또는 천으로 부드럽게 닦아주고 얼굴의 주름진 부분에 물기가 남아 있지 않은지 확인한다. 필요하면 거즈로 조심스럽게 이 부위를 건조시킨다.
- 드레싱을 털에 뿌리고 브러싱으로 마무리한다. 털은 척추 부분에서 양쪽 아래로 브러싱 해 준다.

폴리시 로랜드 쉽독

털

폴리시 로랜드의 털은 길고 촘촘하며 풍부하고 거친 질감의 두꺼운 털로 속털은 부드럽다. 긴 털이 눈을 덮고 있다. 털에 있는 가벼운 웨이브는 허용된다. 모든 색깔이 가능하다.

관리

적어도 1주일에 세 번의 정기적 브러싱이 필요하다.

순서

■ 관리 도구

슬리커 또는 핀 브러시, 코움.

■ 관리 방법

비어디드 콜리와 같이 폴리시 로랜드 쉽독도 적절한 털 관리가 필요하다. 털을 들어 올리면서 엉킴을 제거하고 부분별로 브러싱 해 준다.

- 슬리커나 핀 브러시를 이용해 전체적으로 브러싱하고 코움으로 다시 한번 빗질한다.
- 털이 건조해 지는 것을 방지하기 위해 자연성분 샴푸로 목욕시키고 확실히 헹궈준다.
- 코움으로 다시 한번 빗질하고 필요하면 약간의 컨디셔닝 스프레이를 추가로 사용한다.
- 발톱, 귀, 이빨을 점검한다.
- 애완견의 경우 밑부분과 패드 사이의 털을 정리해 준다.

※ 애완견은 가끔 약 2인치(5cm)까지 No.30/40 날에 3/4인치(2cm)빗부착기로 전체를 정리하기도 한다.

시츄

털

국화모양의 시츄 머리는 가장 매력적이고 코등에서 위를 향해 자란다. 털은 길고 촘촘하며 곱슬은 없고 좋은 속털을 가지고 있다. 가벼운 웨이브는 허용된다.

관리

머리 위의 긴 털은 눈에서 멀리 머리위로 묶어 올린다. 이 털은 정기적으로 브러싱을 해 주어야 하며 어떤 애견 주인은 이 종류를 4인치(10cm)정도 관리가 가능한 길이로 깎기도 한다.

순서

■ 관리 도구

핀 브러시와 코움.

■ 관리 방법

애완견은 가끔 No.4 날 또는 No.5 날(No.7 날은 대개 털이 엉킨 털에 사용한다)로 전체적으로 깎은 모습을 볼 수 있다. 그 머리는 가위로 더 짧게 정리하거나 몸과 같은 길이로 깎는다. 주인이 원하는 길이로 유지 관리를 할 수 있을 정도로 한다.

- 전체 털을 머리에서 꼬리까지 브러싱한다. 빠진 털은 제거한다.
- 필요한 곳에 컨디셔너를 뿌려주면서 성긴 빗으로 빗질한다.
- 알맞은 샴푸로 목욕시키고 잘 헹구고 컨디셔너를 발라준다.
- 핀 브러시로 부분별로 브러싱을 하면서 바람으로 털을 건조시킨다.
- 발톱, 귀, 이빨을 점검한다.
- 발바닥을 체크하여 엉킨 털이 있으면 가위로 제거한다.
- 얼굴에 있는 주름과 접힌 부분을 점검한다. 젖은 거즈로 깨끗이 닦아주고 솜이나 거즈로 완전히 건조시킨다.
- 마무리 컨디셔너를 가볍게 뿌리고 빳빳한 모직 브러시로 털을 전체적으로 브러싱한다.
- 털은 나누고 척추로부터 바깥쪽으로 브러싱해 준다.

스카이 테리어

털

털은 길고, 풍부하며 매혹적이다. 속털은 짧고, 밀폐되어있고 부드러우며 양털 같다. 바깥쪽 털은 길고, 단단한 곧은 털로 납작하고 곱슬거리지 않는다. 머리의 털은 더 짧고 더 부드럽다. 그리고 이마와 눈을 가린다. 대부분은 귀가 서있지만, 납작하게 누운 처진 귀도 허용된다.

색깔은 검정색, 회색, 엷은 황갈색 또는 검은 점이 있는 크림색이 있다.

관리

털은 매주(또는 더 자주) 정기적으로 브러싱과 빗질이 필요하다.

순서

■ 관리 도구

핀 브러시, 코움.

■ 관리 방법

털을 수건으로 문지르지 않고 누르듯이 건조시킴으로서 엉킴을 방지한다.

- 핀 브러시로 전체 털을 빗질한다.
- 코움으로 브러싱한다.
- 자연성분의 샴푸로 목욕하고 털의 질 강화를 위해 컨디셔너를 사용한다. 각각의 과정에서 완전히 헹궈준다.
- 수건으로 물기를 없애고 엉킴을 방지하기 위해 문질러 닦아서는 안된다.
- 핀 브러시로 브러싱을 해 주는 동안 드라이기를 써서 건조를 마무리한다.
- 등 중간에서 털을 나누어 털 위로 브러싱을 해 털이 옆으로 우아하게 흘러내리게 한다.
- 발톱, 귀, 이빨을 점검한다.
- 이 견종은 만약 쇼에서 전시용이 아니고 은퇴한 경우라면 종종 No.5날로 전체적으로 털을 깎아준다.

티벳탄 테리어

털

티벳탄 테리어는 속털과 겉털로 구성된 더블코트를 가지고 있다. 속털은 촘촘하고 양 털 같으며, 겉털은 풍성하고 촘촘하지만 실크 같거나 양털 같지는 않다. 길고 직모이거나 웨이브가 있거나 하지만 곱슬거리지는 않는다.

관리

이 개들은 맵시있는 외모를 유지하기 위해 정기적인 브러싱과 빗질이 필요하다. 주인들은 강아지 일 때 털을 관리하기 쉬운 길이로 정리하기도 한다.

순서

■ 관리 도구

핀 브러시 또는 슬리커, 코움.

■ 관리 순서

브러싱 할 때 털을 들어 올리고 부분적으로 분리한다. 그리고 물이나 스프레이를 이용해 빠진 털을 제거한다.

- 뒷발 밑 부분부터 시작해 빠진 털과 엉킨 털을 제거하면서 부분별로 위로 올라가면서 슬리커로 머리에서 꼬리까지 브러싱한다.
- 털을 방치해 둔 상태라면, 엉킴 분리 빗으로 펠트를 얇게 갈라준다.
- 코움으로 털을 처음부터 끝까지 빗질한다.
- 단백질 또는 적당한 샴푸로 정기적으로 목욕시킨다.

- 샴푸를 확실히 헹구고 질 좋은 컨디셔너를 발라 털을 강화하여 엉킴을 예방한다.
- 핀 브러시로 머리에서 꼬리까지 브러싱하면서 부분별로 바람으로 건조시킨다.
- 발톱, 귀, 이빨을 점검한다.
- 발바닥을 점검하여 엉킨 털이 있으면 가위로 제거한다. 그러나 패드 사이의 털은 남겨둔다. 왜냐하면 패드의 털은 패드를 보호하는 역할을 하기 때문이다.
- 척추에서 털을 나누어 바깥쪽으로 정리하고 꼬리는 등 위쪽으로 향하게 한다.
- 애완견의 배와 겨드랑이와 허벅지 안쪽 오스터 No.5 날 또는 No.10 날로 깎고 항문주변 털을 정리한다.
- 티벳탄 테리어는 종종 주인이 애견미용실에 와서 1인치(2.5cm)정도 길이로 전체 털을 다 깎아 달라고 주문하기도 한다.

요크셔 테리어

털

요키의 털은 꽤 길다. 종종 쇼 독은 바닥에 닿을 정도로 자라 있는 것을 볼 수 있다. 완전히 곧은 털(웨이브가 없는)이며 윤기가 나고 촘촘하며 실크같다. 머리 위의 흘러내리는 털은 길고 황금빛 황갈색이다.

관리

몸 전체의 털이 길게 관리 되어있을 때 요크셔테리어의 외모는 장관이다. 이 깔끔한 털을 관리하는 데에는 상당한 시간과 전문성이 요구되고 그 상태를 유지하는 것은 어려운 일이다. 종종 이 견종은 애견미용실에서는 주인이 정말로 바닥에 끌리는 털을 관리 할 수 없어 약 1인치(2.5cm)의 길이로 전체적으로 깎는다.

순서

■ 관리 도구

모직 브러시와 코움. 두껍고 양털 같은 애완견의 털은 핀 브러시가 필요하다. 슬리커 브러시는 절대로 사용해서는 안 된다.

■ 관리 방법

개를 긴 털인 상태로 관리하는 것은 매일 일거리이다.

- 필요하다면 처음부터 끝까지 엉킴 분리 빗이나 엄킴 제거기, 뭉침 제거용 크림을 사용하면서 브러싱하고 모든 엉킴을 제거한다.
- 피부와 털의 질에 알맞은 샴푸로 목욕시킨다. 컨디셔너 또는 발삼 엉킴 제거용 컨디셔너를 발라 털을 강화한다.
- 발톱, 귀, 이빨을 점검한다.
- 컨디셔너를 뿌리고 강모 브러시로 처음부터 끝까지 브러싱한다.
- 애완견 주인이 털을 깎기를 원한다면 No.5 또는 No.7날로 목욕 전에 전체적으로 털을 깎는다. 또는 몸통은 털을 깎고 다리털은 남겨서 푸들의 형태로 털을 깎아 '램' 처럼 보이도록 한다. 얼굴의 갈기털은 이상적이라면 남기고 1인치(2.5cm)길이로 깎거나 가위로 자른다. 많은 애완견 주인들은 자신의 요키를 슈나우저처럼 미용하는 것을 좋아한다.
- 쇼 독은 계속적인 털 관리가 필요하고 랩핑을 전신 또는 부분에 해 주어야 한다. 이는 털이 부서지는 것을 방지하고 매혹적인 길이로 자라는 것을 도와준다.

Chapter 12
중간 길이 털을 가진 품종

PROFESSIONAL GROOMING

이 장에서 다룰 중간 길이 털을 가진 견종:

- 셔틀랜드 쉽독(SHETLAND SHEEPDOG)
  - 오스트레일리안 셰퍼드(Australian Shepherd)
  - 오스트레일리안 테리어(Australian Terrier)
  - 벨지안 쉽독과 벨지안 텀뷰렌 (Belgian Sheepdog and Belgian Tervuren)
  - 버니즈 마운트 도그(BERNESE MOUNTAIN DOG)
  - 보더 콜리(Border Collie)
  - 보르조이(Borizoi)
  - 캐발리어 킹 찰스 스파니엘 (Cavalier King Charles Spaniel)
  - 치와와(Chihuahua : Long Coat)
  - 콜롬버 스파니엘(Clumber Spaniel)
  - 닥스훈트(Dachshund : Longhaired)
  - 잉글리시 세터(English Setter)
  - 잉글리시 토이 스파니엘 (English Toy Spaniel : King Charles)
  - 플랫 코티트 리터리버(Flat-Coated Retriever)
  - 글렌 오브 이말 테리어(Glean of Imall Terrier)
  - 골든 리트리버(golden Retriever)
  - 고든 세터(Gordon Setter)
  - 그랜드 바셋 그리폰 벤딘(Grand bassert Griffon Vendéen)
  - 아이리시 레드 앤드 화이트 세터 (Irish Red and White Setter)
  - 아이리시 세터(Irish Setter)
  - 아이리시 울프하운드(Irish Wolfhound)
  - 쿠이커혼제(Kooikerhondje)
  - 라지 문스터랜더(Large Munsterlander)
  - 노바 스코티아 덕 톨링 리트리버 (Nova Scotia Duck Tolling Retriever)
  - 오터하운드(Otterhound)
  - 파피용(Papillon)
  - 페팃 바셋 그리폰 벤딘(Petit Basset Griffon Vendéen)
  - 피레닌 쉽독(Pyrenean Sheepdog)
  - 살루키(Saluki)
  - 스코티시 디어하운드(Scottish Deerhound)
  - 실키 테리어(Sillky Terrier ; Australian)
  - 스피노네 이탈리아노(Spinone Italiano ; Italian Spinone)
  - 서섹스 스파니엘(Sussex Spaniel)
  - 티벳탄 스파니엘(Tibetan Spaniel)
  - 웰시 스프링거 스파니엘(Welsh Springer Spaniel)

털 관리

이런 타입의 털을 가진 개는 브러싱이나 영양 공급을 받았을 때 대개 매력적이고 고상하며 놀라운 모습이다. 그들은 관리가 비교적 쉽지만 최상의 상태를 유지하고 싶다면 정기적인 관심이 필요하다.

이 견종의 대부분은 애견미용실에 자주 들린다. 애견미용사에게 이 견종은 일하는 즐거움이며 쇼 독으로나 애완견으로나 미용이 끝났을 때 모습이 눈부시다. 아름다운 만큼 관리를 받을 가치가 있다.

이 장에 있는 품종들은 좀처럼 엉키지 않는다. 그러나 좀 더 활동적이거나 작업견 타입의 종은 작은 부스러기나 오물이 붙는다(골든 리트리버의 꼬리 같은 부위). 조금 특이한 몸단장은 몇몇 품종에게 해 줄 수 있고 숱가위 사용이 가능하다.

실크같은 부드러움

이 장에는 거친 털 품종(예, 오스트레일리안 테리어) 그리고 실크같은 털 품종(예, 파피용) 여러 가지 형태가 있다.

실크같은 털을 가진 품종들은 질감을 위해 꼭 맞는 제품을 사용하기 위해 목욕이나 컨디셔닝에 특별한 주의가 필요하다. 물론, 컨디셔너와 털 연화제는 거친 털 품종에는 피해야 한다.

세틀랜드 쉽독

털

부드러운 속털과 거친 겉털의 더블 코트는 겨울날씨를 잘 버텨낼 수 있다. 중심부와 가장자리는 털이 매우 풍부하고 앞다리는 깃털 같다. 비절 부분은 털로 풍성하게 덮여 있다. 뒷다리 무릎 밑과 얼굴에 털은 부드럽다.

관리

간단히 매주 브러싱해 준다. 털이 많이 빠질 때는 좀더 자주 브러싱한다. 자주 브러싱을 해주다 보면 개의 피부 상태를 확인할 수 있다.

순서

■ 관리 도구

나일론 브러쉬 또는 고무쿠션이 있는 나일론 브러쉬, 앞다리, 귀 뒤와 뒤꿈치 뒷부분의 빗질용 중간 사이즈의 성긴 빗(medium-toothed comb).

■ 관리 방법

이 견종은 움직이는 것을 좋아한다. 따라서 그루밍을 할 때 애견이 집중할 수 있도록 말을 건다.

- 속털이 빠지지 않도록 죽은 털을 제거하면서 핀 브러시로 털 전체를 브러싱한다. ❶
- 성긴 빗으로 머리부터 꼬리까지 빗질한다.
- 만약 털이 엉켜 다루기 어려우면, 컨디셔너를 털에 뿌린다. 두껍고 방치된 촘촘한 속털은 엉킴 분리 빗을 사용한다. 털을 너무 망치지 않게 조심한다. 부러진 털은 뽑아내는 것이 훨씬 낫다. 오래된 털의 브러싱, 빗질 과정은 정기적인 관리를 받지 않은 개는 견디기 어려울 수 있다. 그리고 이런 털을 제거하기 위해 엉킴분리 빗이 필요할 수도 있다. ❷

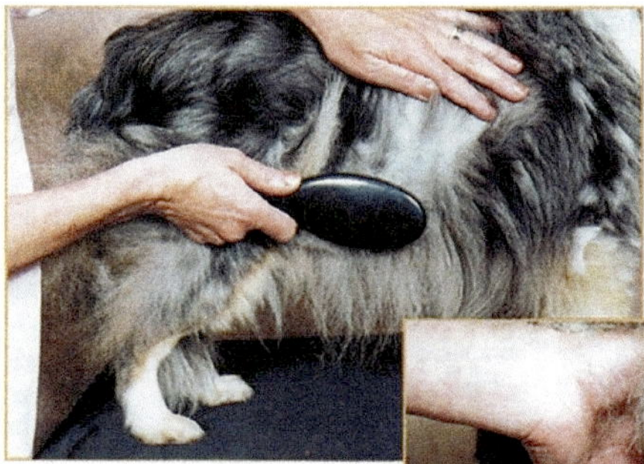

❶

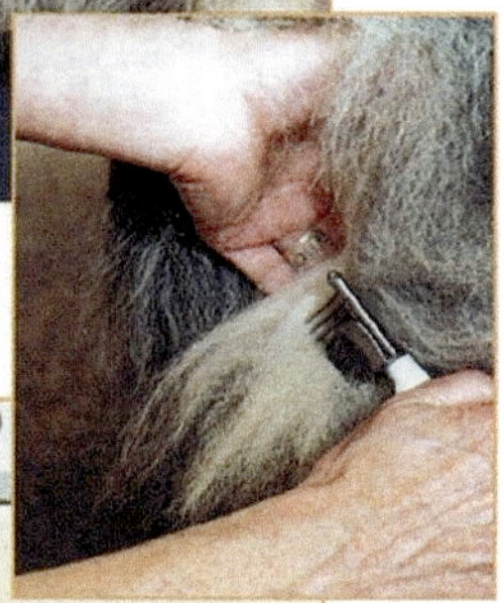

❷

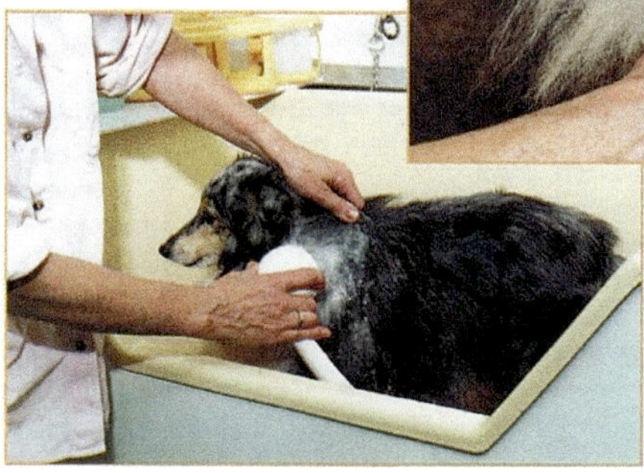

❸

- 단백질, pH-발란스 샴푸 또는 티트리 또는 라벤더 오일 같은 자연성분의 샴푸로 목욕시킨다. ❸, ❹
- 확실히 헹궈준다. ❺
- 컨디셔너 바르기. 대안책으로 순화 샴푸를 피부 관리로 사용한다. 그리고 또한 1년에 세 번 털에 영양 공급을 해준다.
- 수건으로 뺄 수 있는 만큼 최대한 물을 뺀 다음 드라이기로 건조시킨다. ❻

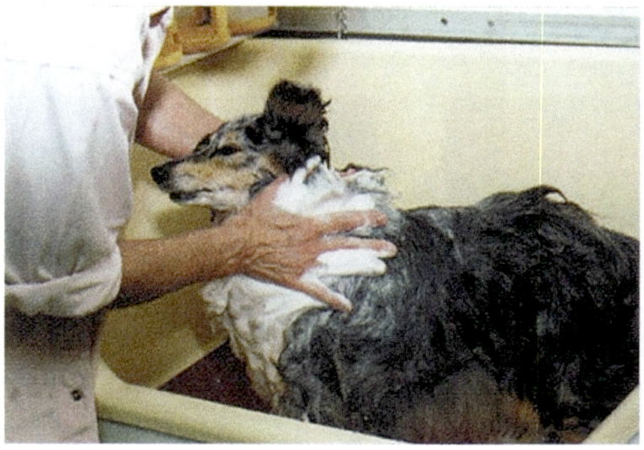
④

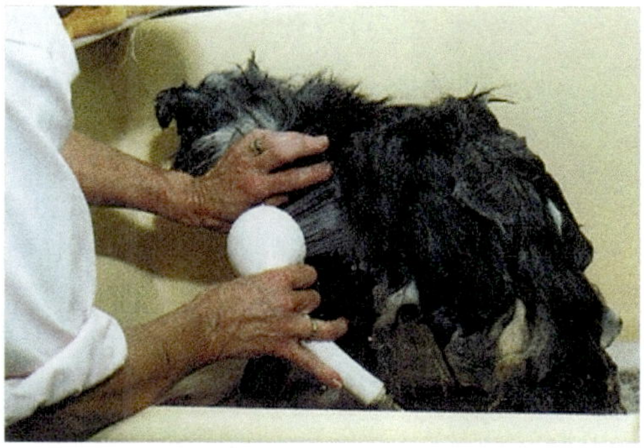
⑤

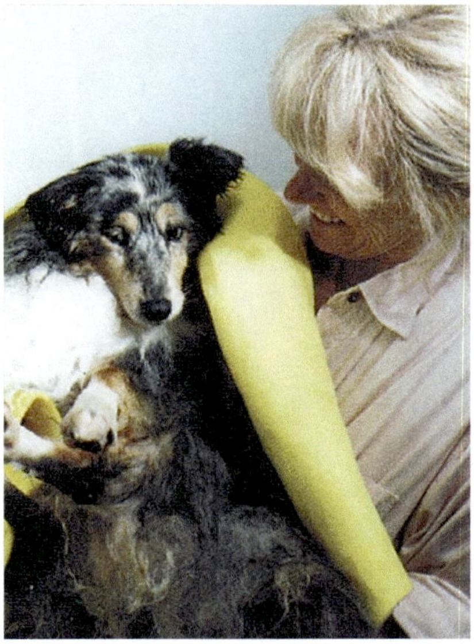
⑥

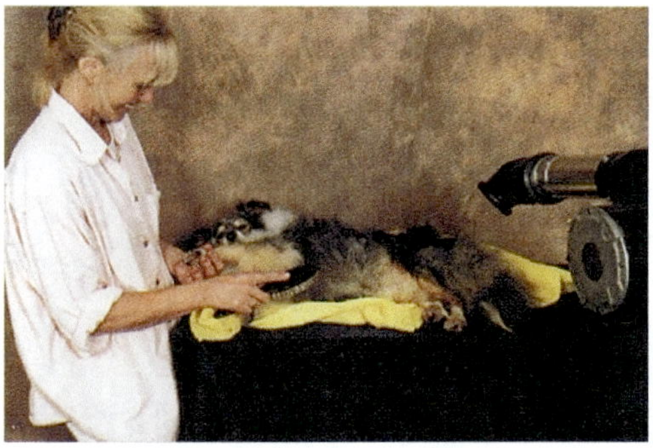
⑦

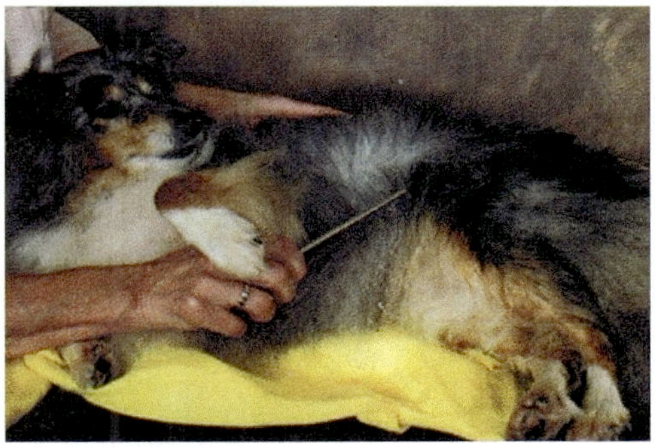
⑧

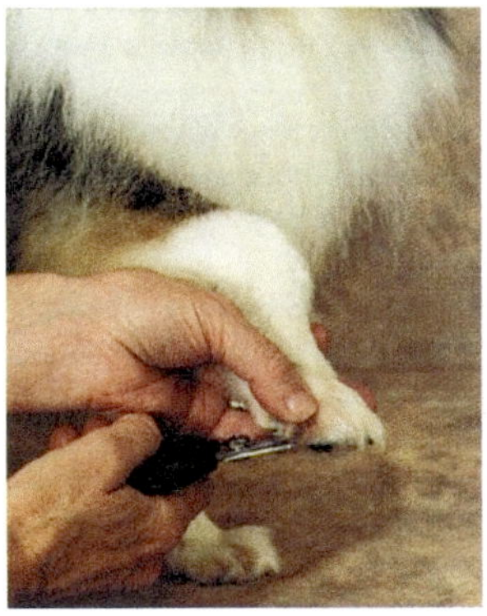
⑨

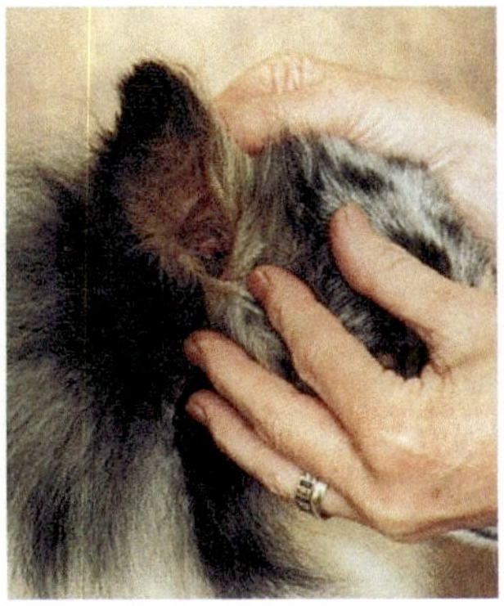
⑩

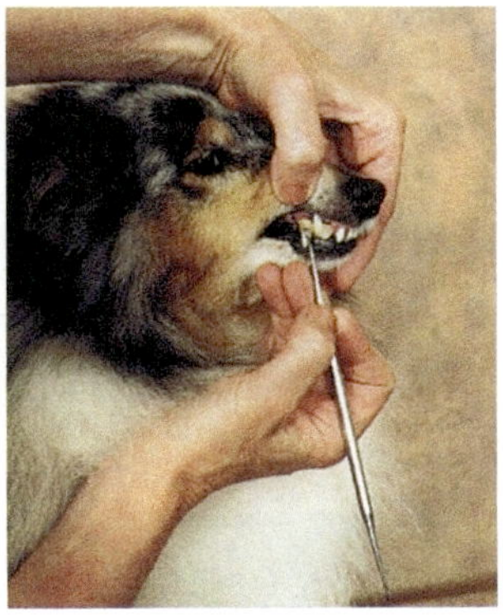
⑪

- 건조시키는 전 과정을 핀 브러시로 브러싱한다. ⑦
- 성긴 빗으로 빗질한다. ⑧
- 발톱 ⑨, 귀 ⑩, 이빨 ⑪을 점검한다.
- 비절부분은 가위로 깔끔하게 정리한다. ⑫
- 패드 발가락 사이를 정리(가위 끝으로 털 뭉치를 끌어내어 제거)하고 ⑬ 발 주변은 타원형으로 깔끔하게 정돈한다. ⑭
- 완성. ⑮

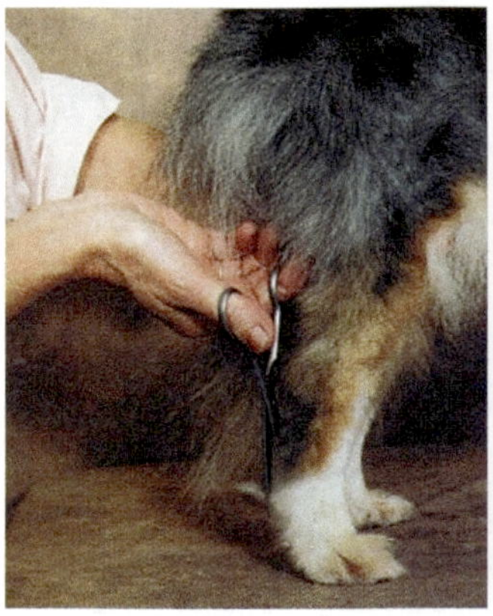
⑫

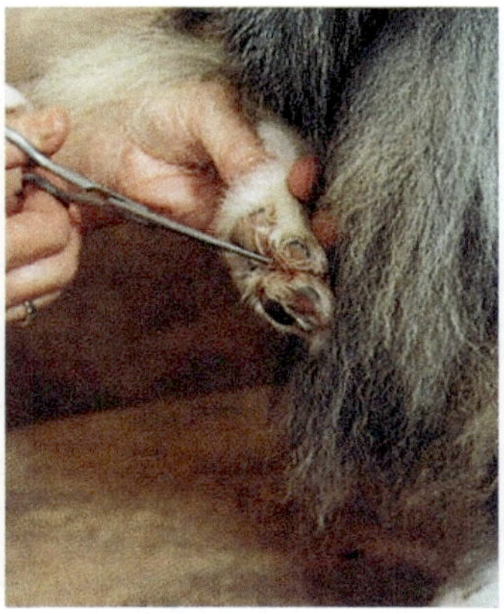
⑬

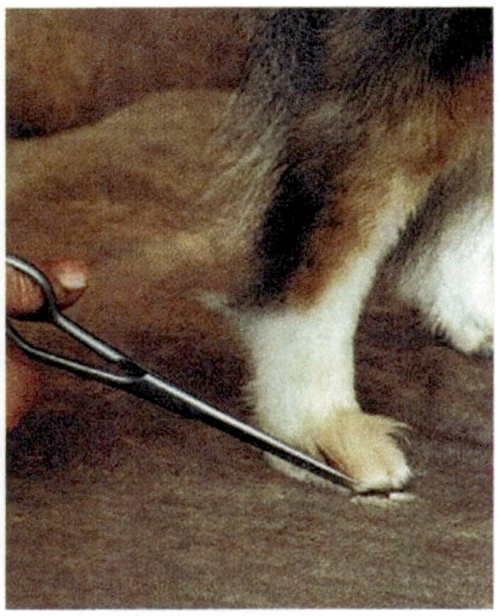
⑭

⑮

오스트레일리안 셰퍼드

털

중간 길이로 곧은 털과 웨이브가 있으며, 거친 날씨도 견딜 수 있도록 속털이 있다.

머리, 귀, 앞발의 앞부분과 뒷다리 무릎의 관절 밑의 털은 짧다. 다리 뒷부분은 적당히 깃털이 있다. 주요부분은 털이 적당히 있고 수컷이 암컷보다 털이 더 좋다.

관리

정기적으로 브러싱해 주면 비교적 쉽다.

순서

■ 관리 도구

슬리커 브러시, 코움.

■ 관리 방법

어릴 때부터 핀 브러시로 매주 브러싱

- 빠진 털을 제거하기 위해 슬리커를 이용해서 털 전체를 빗질한다.
- 빗질함으로써 빠진 털을 하나라도 잡아낸다.
- 티트리와 라벤더 같은 냄새 좋고 털을 아름답게 만들어 주는 알맞은 pH-발란스 샴푸로 목욕시킨다.

- 털이 흰부분은 몇 분간 씻지 않고 그대로 두는 화이트닝 샴푸를 사용하면 좀 더 쉽게 새하얀 털을 만들 수 있다.
- 컨디셔닝 후 마무리한다.
- 강력 흡수수건을 이용하여 물기를 가능한 한 많이 제거한다.
- 핀 브러시로 브러싱하면서 플러프 드라이를 한다.
- 발톱, 귀, 이빨을 점검한다.
- 숱가위나 일반가위로 비절 부분을 정리하고 패드사이부터 항문 주위까지 불필요한 털을 깎아준다.

오스트레일리안 테리어

털

검고 곧은 털로 짧고 몸 털은 촘촘하고 속털은 부드러우며 귀 털도 부드럽다. 다리 밑부분은 털이 없다.

관리

이 견종은 대부분의 나라에서 쇼를 위해서 그루밍을 하는데 어떤 나라에서는 거의 손대지 않은 것처럼 그루밍하며 또 몇몇 나라에서는 그루밍한 것이 확연히 보이도록 손질을 한다.

애완용은 No.7 날로 자주 전체를 깎아준다. 그리고 가끔 다리털은 가위로 둥근 모양으로 남겨 두고 몸만 깎는다.

순서

■ 관리 도구

강모 브러쉬

■ 관리 방법

오스트레일리언 테리어의 털은 일주일에 1~2번 정도 빗질을 해 주지 않으면 밑부분에 뭉침이 생긴다.

- 털이 건조한 부분에는 (털이 부서지는 것을 방지하기 위해)컨디셔너를 뿌려주면서 강모 브러시로 브러싱해 준다.
- 성긴 빗으로 빗질한다.
- pH-밸런스 샴푸로 목욕시키고 잘 헹군다.
- 드라이기로 건조시키거나 케이지드라이기를 이용한다.
- 발톱, 귀, 이빨을 체크한다.
- 발밑으로 빠져나온 털을 정리한다.
- 손가락 또는 스트리핑 나이프로 빠진 털을 스트리핑 한다. 그리고 다리 뒤 부분의 형태를 제외하고 가위로 흐트러트리듯 섞는다.
- 꼬리는 정리하여 외곽선을 깔끔하게 한다.
- 발을 정돈한다.
- 주인에 따라 털을 2.5cm길이로 전부 깎아 달라고 주문하기도 한다. 그런 애완견들은 몸 털은 남기고 배와 항문 부위는 위생을 위해 No.10 날을 이용해 깎거나 가위로 정리해 준다.
- 숱가위를 이용해 개의 뒷다리 무릎부터 발로 내려가면서 고르게 만들어 준다.
- 귀의 뒤 부분은 클리핑이나 스트리핑으로 깔끔한 외형을 만든다.

벨지안 쉽독과 벨지안 터뷰렌

벨지안 쉽독

벨지안 터뷰렌

털

벨지안 쉽독은 결이 거친 검정색의 긴 털을 가지고 있다. 벨지안 터뷰렌은 벨지안 멜리노이즈와 색깔이 같지만 겉털은 길고 곧은 털이 풍부하다.

모든 종류(벨지안 쉽독, 벨지안 멜리노이즈, 벨지안 터뷰렌과 래케노이즈)는 더블 코트로 되어 있으며 겉털은 거칠고 속털은 촘촘하다.

관리

적어도 1주일에 한번 정기적으로 브러싱한다. 성견수컷은 날씨에 따라 탈모의 경향이 있지만 암컷은 발정기 이후 3개월 쯤 되면 털이 급격히 빠진다. 이들은 이 시점에서 아주 보기 흉하다. 털이 다시 자라기까지 2개월 정도 걸린다.

강아지는 한살 쯤 됐을 때 털이 빠지므로 성견 털 보다 훨씬 더 두껍다.

순서

■ 관리 도구

슬리커 브러시, 코윰.

■ 관리 방법

이 품종은 활동적인 작업이다. 따라서 기운찬 산책 이후에는 털에 묻은 오물을 정기적으로 브러싱해 줄 필요가 생긴다.

- 털을 보호하고 잘 자라도록 하기위해 컨디셔너를 가볍게 뿌리고 슬리커를 이용해 머리에서 꼬리까지 브러싱한다. 털은 항상 건조되지 않고 촉촉할 정도로 젖은 상태에서 브러싱한다. 컨디셔너가 없으면 물을 살짝 뿌려주는 것도 괜찮으며 사실은 쇼 규정(물만이 유일하게 허용됨)대로 사용해 주는 것이 맞다.
- 털은 결의 반대 방향으로 브러싱하고 슬리커로 뿌리 쪽으로 바로 내려 브러싱한다(부분별로 털을 결에 따라 한 번 더 작업).
- 다리 주변의 바지 모양의 털과 갈기털은 특별한 주의를 기울여야 한다. 이곳과 하부 구조의 긴 털은 뒷다리 사이에서 아주 잘 엉킨다.
- 속털을 제거할 필요가 있는 곳에는 갈퀴모양 빗(rake) 또는 꼬임 살 빗(twisting teeth comb)을 사용한다.
- 털갈이 시기에 있으면 죽은 털을 제거하기 위해 털갈이용 빗을 사용한다.
- 거세를 한 경우 속털이 아주 빽빽하여 한데 뭉쳐질 수 있으므로 훨씬 더 많은 관심이 필요하다. 자궁적출 수술을 받은 암컷과 거세를 한 수컷에게는 빗을 이용해 특히 엉덩이, 옆구리, 뒷다리 부위는 매일 관리하여야 한다. 중성화 수술을 한 개의 아주 길고 가는 털들을 가볍게 정리해 주면 더 맵시 있어 보이고 개도 편안하게 느낀다.
- 확실히, 더 긴 벨지안 쉽독과 벨지안 터뷰렌의 털은 벨지안 멜리노이즈의 짧은 털 또는 래케노이즈의 거친 털보다는 더 많은 관심이 필요하다.
- 이 견종의 개들은 목욕은 좀처럼 필요하지 않다. 진흙투성이가 되었으면 시원한 물 한 동이와 스펀지(실외에서는 최고)로 더러움을 제거하고 또는 정원의 호스를 가볍게 눌러서 씻는다. 낡은 수건을 사용해 건조시킨 다음 거의 완전히 건조 되었을 때 남은 털은 브러시로 부드럽게 제거한다.
- 발톱, 귀, 이빨을 점검한다.

- 다음은 발 밑을 검사한다. 필요하면 남는 털과 이물질이 낀 부분을 가위로 제거한다.
- 털 강화 스프레이를 가볍게 뿌리면서 마무리한다.
- 주의: 쇼 독의 경우 목욕 후 털이 안정 될 때까지 며칠이 걸린다.

버니즈 마운틴 도그

털

중간길이이며 자연광택의 실크같은 털로 속털은 촘촘하다. 털은 곱슬이 있어서는 안 되지만 약간 웨이브는 가능하다.

관리

일반적으로, 브러싱은 주요 손질과 목욕 후 1주일에 1~2번해 주며 털이 빠질 때는 더 자주 해 준다. 대개 수컷은 일 년에 한번, 암컷은 일 년에 두 번 털갈이를 한다.

버니즈는 비절의 털을 정돈하는 것뿐만 아니라 발의 외곽선, 발밑을 정리해 주는 것을 제외하고는 자연적인 모습을 유지하는 종류이다.

순서

■ 관리 도구

슬리커 또는 단단한 강모 브러시, 코움, 끝이 둥근 가위

■ 관리 방법

귀, 갈기, 꼬리 뒤의 털, 엉덩이 부분과 깃털의 엉킨 것이 보이면 베이비오일 한 방울을 엉킴 위에 발라 두드려 오일이 스며들도록 한 다음에 부드럽게 나누고 성긴

빗을 이용해 엉킴을 푼다. 엉킴의 바깥 부분에서 안으로 들어가면서 작업한다. 이 과정에서 피부가 당겨지지 않도록 주의한다.

- 가볍게 스프레이를 뿌려주는 것은 브러싱에 도움이 된다.
- 머리에서 꼬리 쪽의 조금 튀어나온 부분까지 작업. 바깥 쪽 털을 먼저 브러싱 한 다음 같은 부위를 피부가 긁히지 않게 조심하면서 모든 뭉침이 제거되었는지 확인하면서 빗질한다.
- 다음은, 질 좋은 로-레더(low-lather) 샴푸를 이용해 따뜻한 물에서 목욕시킨다. 확실히 헹구어 낸다. 수건을 사용하기 전 개가 몸을 흔들어 물기를 빼게 하고 말리기 전에 털을 빗질한다.
- 발톱, 귀, 이빨을 점검한다. 발톱은 대개 이 견종에는 발톱에 이상이 없다. 그러나 며느리발톱이 있으면 점검해 주어야 한다.

보더 콜리

털

콜리는 중간 길이와 짧은 길이의 두 가지 종류의 털이 있는데 겉털은 빽빽하고 중간정도의 질인 반면 속털은 부드럽고 빽빽하다. 긴 털인 경우 갈기와 엉덩이 부분의 털이 풍부한 털을 브러싱을 해준다.

관리

간단히 1주일에 한번 브러싱한다.

순서

■ 관리 도구

부드러운 슬리커, 코움.

■ 관리 방법

보더 콜리는 정기적으로 손질하면 유지관리가 쉽다. 그러나 어떤 털은 아주 풍부하여 방치해 두면 심하게 엉겨 붙는다. 따라서 적어도 일주일에 한번 손질을 해주는 것은 아주 중요하다.

- 부드러운 슬리커로 머리에서 꼬리까지 브러싱한다.
- 필요하면 엉킴제거기로 엉킴을 제거하면서 코움으로 빗질한다.
- 엉덩이 띠와 귀 뒤편의 엉킴을 꼭 점검한다.
- 단백질 샴푸로 목욕시키고 주의하여 잘 헹군다.
- 털과 피부에 영양을 주고 강화시켜주기 위해 순화 샴푸를 1년에 세 번 정도 사용한다.
- 발톱, 귀, 이빨을 점검한다.
- 비절 부분에서 발쪽으로 매끄럽고 단정한 모습을 위해 가위로 털을 정리한다. 이 과정은 애완견뿐만 아니라 쇼 독에도 너무 지나치지 않는 선에서 시행한다.
- 앞다리의 팔꿈치 부분에서 발쪽으로 가위로 외관을 정리한다.
- 필요하면 컨디셔너를 가볍게 뿌려 주면서 마무리한다.

보르조이

털

길고 실크 같은 털은 가벼운 웨이브가 있으며 색이 다양하다. 머리, 귀, 앞 다리의 짧고 부드러운 털은 몸통에서는 훨씬 길고 다리 뒷부분, 엉덩이, 꼬리와 가슴에서는 무겁게 복슬거린다.

관리

털은 뭉침현상을 예방하기 위해 애견미용사의 세심한 관리가 필요하다. 이 개들은 정기적으로 몸단장을 해 주면 환상적으로 보인다.

순서

■ 관리 도구

긴 털에는 슬리커 또는 핀브러시, 짧은 털에는 강모 브러시를 사용한다.

■ 관리 방법

발삼 컨디셔너가 정전기 방지에 도움이 된다.

- 전체 털을 슬리커 또는 핀 브러시로 머리에서 꼬리까지 브러싱한다. 털이 짧은 부위는 절대로 슬리커를 사용하지 않는다.
- 엉킴 제거 크림과 빗을 함께 사용하여 빠진 털과 엉킴을 제거한다.
- 질이 좋은 샴푸로 목욕시키고 잘 헹군다. 발삼 컨디셔너를 사용해 털을 강화시키고 정전기를 완화시킨다.
- 수건으로 건조시키거나 흡수수건을 사용해 물기를 제거한다.
- 자연적으로 자란 털의 방향에 따라 브러싱하면서 바람으로 건조시킨다.
- 몸 위선은 그대로 남겨두고 목 위와 몸통 털은 살짝 튕겨 바람이 털을 들어 올릴 수 있도록 한다.
- 발톱, 귀, 이빨을 점검한다.
- 발밑 부분과 패드 사이, 항문 주변은 위생을 위해 정돈한다.

캐발리어 킹 찰스 스파니엘

털

털은 실크같고 곱슬거리지 않는다. 가벼운 웨이브는 허용한다. 복슬거리는 털이 풍부한데 쇼독은 정리하지 않다.

관리

비록 쇼 독에게 단장은 허용되지 않지만 많은 애완견 주인들은 발의 복실복실한 털을 특히 겨울에 정리한다.

순서

■ **관리 도구**

슬리커 브러시

■ **관리 방법**

애완견이든 쇼 독이든 이 견종은 손질하기 좋은 견종이다.

- 슬리커를 이용해 머리에서 꼬리까지 브러싱한다.
- 필요 시 엉킴 제거 스프레이를 사용하여 전체적으로 빗질해 모든 엉킴이 제거되었는지 확인한다.
- 자연 pH-발란스 샴푸로 목욕시킨다.
- 약 4개월에 한번, 순화 샴푸와 컨디셔너를 사용해 털과 피부를 강화시킨다.
- 드라이기로 건조시킨다. 털의 성장 흐름에 따라 건조시킨다. 대안책으로는, 털을 전체적으로 발삼 컨디셔너를 도포하여 빗질 한 후 케이지드라이기를 사용한다.

- 발톱, 귀, 이빨을 점검한다.
- 많은 애완견 주인들은 두터운 개의 털의 숱을 다듬어 준다. 털의 성장점에 숱 가위를 사용하고 숱 다듬기가 더 필요한지 어떤지 판단하기 전에 전체적으로 빗질을 먼저 해준다.

치와와(long coat)

털

긴 털은 부드러운 질감에 납작하거나 웨이브지거나 둘 중 하나이다. 귀, 발, 다리와 꼬리에는 복슬복슬한 털이 있다. 엉덩이 위의 바지모양의 털과 목 위의 큰 갈기가 이상적인 형태이다. 꼬리는 길고 (깃모양의)털로 덮여있다. 색깔은 여러 색이 섞여있다.

관리

매주 브러싱해 주어야 관리 유지가 쉬움. 긴 털은 1주일 두 번쯤 손질이 필요하다.

순서

■ 관리 도구

쿠션이 있는 강모 브러시, 코움.

■ 관리 방법

반려견종으로서 치와와는 손질을 받으면서 관심받는 것을 아주 좋아한다.

- 전체 털을 강모 브러시로 머리에서 꼬리까지 브러싱 한 다음 빗질로 뭉침이 생기지 않았는지 점검한다.

- 자연 티트리와 라벤더 오일 같은 적당한 샴푸로 목욕시킨다. 아주 더러워진 경우가 아니라면, 3개월 마다 한번 씩 목욕해 주는 것만으로도 충분하다.
- 털 강화 크림으로 컨디셔닝한다.
- 긴 털은 브러싱해 주면서 바람으로 건조시킨다.
- 다음으로, 장식 깃털을 전체적으로 빗질한다.
- 발톱(적당히 짧아야 함), 귀, 이빨을 점검한다.

콜롬버 스파니엘

털

콜롬버 스파니엘의 털은 풍부하다. 이 털은 폐쇄적이고, 실크 같으며 곧은 털이다. 반면 다리와 가슴은 깃털 같다.

관리

콜롬버 스파니엘은 털을 최상의 상태로 유지하기 위해 매주 정기적으로 브러싱이 필요한 견종이다.

순서

■ 관리 도구

슬리커 브러시, 코윰.

■ 관리 방법

눈에 트러블이 생길 수 있으므로 정기적으로 손질할 때 눈을 주의깊게 점검한다.

- 슬리커로 털을 브러싱 해 빠진 털과 엉킴을 제거한다.
- 콜롬버를 적당한 샴푸로 목욕시키고 확실히 헹군다.
- 컨디셔너를 바른다.
- 털 성장 방향을 따라 털이 몸통가까이 눕도록 해주면서 드라이기로 건조시킨다.
- 발톱, 귀, 이빨을 점검한다. 이 견종은 눈물 자국이 생길 수 있으므로 눈 청소 또한 권할 만하다.
- 비절의 털은 가위로 단정하게 한다. 발가락 사이에 눈에 띄는 털을 정리한다.
- 귀 밑 털은 납작하게 눕도록 얇게 해 줄 필요가 있다.
- 머리통의 과다한 털은 숱치는 도구를 써서 매끄럽게 한다.

닥스훈트(long-coat)

털

장모종 닥스훈트는 곧은 털 또는 약간 웨이브에 부드러운 질감이다. 색깔은 다양하지만 반점은 몸 전체에 골고루 나 있고 흰색은 허용되지 않는다. 빨간색, 검정과 황갈색이외 2색, 초코릿 색에 반점이 있는 것이 있다.

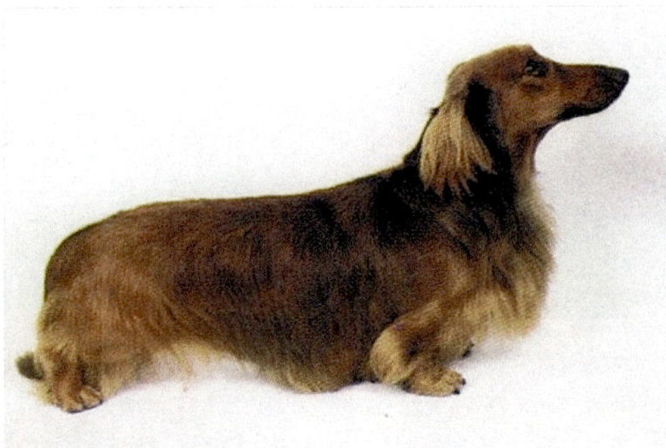

관리

납작하고 실크 같은 긴 털은 엉킴을 방지하기 위해 정기적인 빗질을 전체적으로 해 주는 것과 털갈이 중 빠진 털 제거를 위한 경우를 제외하고는 조금만 관심을 가지면 된다.

순서

■ 관리 도구

강모 브러시. 코움.

■ 관리 방법

이 견종은 냄새를 따라 구멍 안으로 들어가거나 땅 밑을 킁킁거리기를 아주 좋아한다. 따라서 시골지역에서는 털의 손질에 유의하여야 한다. 지속적으로 산책을 마칠 때 마다 브러싱 해 줄 것을 권한다.

- 핀 브러시나 슬리커로 전체 털을 브러싱한다.
- 코움으로 털을 머리에서 꼬리까지 빗질해 주면서 엉킴을 점검한다.
- 모든 닥스훈트는 질 좋은 개전용 샴푸로 가끔 목욕시킨다. 완전히 헹궈주고 드라이기를 사용하거나 따뜻한 공기에서 건조시킨다. 쇼에 내보내기 며칠 전 목욕을 시키고 피부에서 나온 오일성분이 털에 보충될 충분한 시간을 준다.
- 발톱을 점검한다. 닥스훈트의 발톱은 쇼견과 애완견 모두 정기적으로 다듬어 준다. 그리고 퀵(신경과 혈액이 공급되는 혈관)은 보이지 않으므로 특별히 주의한다.
- 귀는 탈지면으로 닦아내고 이빨은 정기적인 칫솔질로 청결을 유지한다.
- 꼬리 밑을 체크해서 항문 주위의 남은 털을 제거한다.
- 털 마무리용 라놀린을 가볍게 뿌려주어 (또는 손으로 발라주어) 광택을 보충해 준다. 물론, 개를 전시하고자 한다면 털에 어떤 제품도 사용해서는 안된다.

잉글리시 세터

털

털은 기본적으로 흰색이며('벨톤'으로 불리는 파란색 또는 오렌지색 반점이 가볍게 또는 많이 있기도 하다) 파란색과 오렌지색은 명암이 다양하다. 가끔 레몬색이나 다갈색 벨톤이 보이기도 한다. 주둥이와 발 주변의 황갈색을 동반한 파란색 벨톤은 3색으로 알려져 있다.

귀와 한 선상에 있는 머리 뒷부분의 털은 약간 웨이브(곱슬은 아님)가 있고 일반적인 나머지 털은 길고 실크 같다. 엉덩이 띠와 앞 다리는 거의 발까지 내려가면서 깃털 같다.

관리

털은 개의 고상함과 매력을 더해 줄 수 있게 부위별로 구분하여 관리한다. 잉글리시 세터의 예술적인 손질은 자연 모습을 유지하면서 깨끗하고 깔끔한 외곽선을 만드는데 있다. 숱가위는 단지 털을 눕게 만들 때에만 사용한다. 이는 단지 속털이 제거되어 겉털이 눕게 되는 의미하는 것이다. 가위를 사용하면 털을 망치게 되므로 사용하지 말아야 한다.

이발기는 부드럽게 흘러내리는 털을 망칠 수 있으므로 몸통에는 사용해서는 안된다. 어떤 세터는 두껍고 다루기 힘든 털을 가지고 있어 잘라버리고 싶은 유혹이 생긴다. 그러나 이렇게 하기 전에 주인과 꼭 상의해야 한다.

순서

■ **관리 도구**

슬리커 브러시와 코움.

■ 관리 방법

털을 브러싱하기 전에 숱 가위로 한두 번 잘라 줄 것을 권한다. 이 방법으로 실수로 털이 깎여 나가지 않고 적당한 양의 털이 제거되었는지 확인 할 수 있다.

자신의 잉글리시 세터를 쇼에 내보내기로 결심한 초보자는 경험 많은 핸들러를 찾아 조언을 구하는 것이 좋다.

- 엉킨 털을 제거하면서 머리에서 꼬리까지 브러싱한다. 필요하면 엉킴 제거 크림을 사용한다.
- 머리에 자라는 부드럽고 숱이 많은 솜털은 엄지와 검지로 한 번에 조금씩만 부드럽게 뽑아준다.
- **목** : 귀 밑의 털은 부채를 뒤집은 형태로 자란다(가슴뼈까지 내려가면서 어깨와 귀 쪽을 향해 바깥으로 곡선을 이루면서). 숱 가위로 이 부채모양 부위를 양 옆의 털이 어깨의 긴 털과 섞일 때까지 정리 한다.
- **귀** : 숱 가위를 이용해 털이 짧고 납작하게 누울 때까지 자르기를 반복하면서 긴 털 속으로 향하여 자른다. 귀의 앞쪽 가장자리는 원하던 부드러운 인상을 주면서 더 길게 남긴다. 귀 밑의 털을 제거하여 귀가 목 쪽으로 눕게 한다.
- **꼬리** : 숱 가위를 이용하여 꼬리의 시작부위의 밑부터 1인치(2.5cm)정도 부위까지 털을 제거한다. 꼬리의 깃털을 잘 빗질해 준다. 그런 다음, 이 털들을 꼬리 반대 방향으로 붙잡고 세터의 비절의 위치를 측정한다. 꼬리는 이 선에서 또는 약간 위에서 멈춘다. 일반 가위를 이용해 꼬리 끝의 필요없는 털을 모두 제거하고 꼬리가 짧다면 조금 더 밑을 자른다. 일단 꼬리의 깃털을 풀어주면 털은 초승달 모양으로 흘러내린다.
- **발목 뒤** : 숱 가위를 이용하여 발에서 뒤꿈치 뒤쪽 밑으로 자라는 털이 보이면 남은 털을 잘라낸다. ❶

- **발** : 일반 가위를 사용해, 패드 주변의 털을 정리한다. 그런 다음, 숱 가위를 이용해 발가락 사이의 불필요한 털을 정리한다. 위에서 발을 보면서, 발톱에서부터 다리를 향하여 위쪽으로 자르고, 삐져나온 털이 모두 제거 될 때까지 자르는

동작을 여러 번 반복하고 손가락을 이용해 발가락사이의 불필요한 털을 잡아당겨 뽑는다. 네 발을 같은 방법으로 손질한다.

- 목욕 후 확실히 헹구고 난 다음 컨디셔너를 발라준다.
- 수건으로 말린 다음 털이 난 방향을 따라 바람으로 건조한다. 대안책으로, 전체 털을 머리에서 꼬리까지 빗질한 뒤 케이지드라이 한다.
- 발톱, 귀, 이빨을 점검한다.

잉글리시 토이 스파니엘(킹 찰스)

털

털은 길고 실크같으며 곧은 털이다. 가벼운 웨이브는 허용되는데 곱슬거리지 않는다. 다리, 귀, 꼬리 깃털이 풍성하다.

■ 색깔

- 검정과 황갈색의 2색(주둥이, 다리, 가슴, 귀의 선, 꼬리 밑과 눈 위에 나타나는 밝은 마호가니 황갈색의 점과 함께 몸 전체의 광택 있는 검정색. 가슴의 흰색 반점은 이상적이지 않음)
- 3색(진주 분말 같은 흰색과 검정색 반점이 잘 분배되어있고 뺨, 귀의 선, 꼬리 밑, 눈 위의 황갈색 반점, 눈 사이에서 이마까지 밝은 흰색)
- 블레넘(진주 분말 같은 흰색과 붉은 밤색반점이 잘 분배되어 있다. 두부 중간에 넓고 선명하게 밝은 점이 있어야 한다. 약 3/4인치(2cm)의 붉은 밤색 점.
- 루비 색(전체가 풍부한 붉은 밤색. 가슴에 흰색 반점은 이상적이지 않다)

관리

정기적으로 브러싱으로만 관리 해주면 아주 쉽다.

순서

■ 관리 도구

핀 브러시와 코움.

■ 관리 도구

강아지 때부터 매일 브러싱과 빗질을 해준다. 털은 절대로 정리해서는 안된다. 죽은 빠진 털은 정기적인 손질을 해 주었다면 미용으로 쉽게 제거할 수 있다.

- 핀 브러시를 사용하여 전체적으로 브러싱한다.
- 코움으로 엉킴을 확실히 제거하면서 전체적으로 빗질한다.
- 다음은, 피부 점검한다. 비듬이 보이면 피부가 건조하기 때문이라고 결론지으면 안 된다. 피부에 비듬을 만들 수 있는 작은 진드기 때문일 수도 있다. 만약 그렇다면, 수의사가 특별히 처방한 샴푸가 필요하다.
- 목욕과 샴푸를 하고(단백질 강화 또는 티트리와 라벤더 샴푸는 놀랄만한 효과가 있다) 잘 헹군다.
- 컨디셔너를 발라준다.
- 털이 자라는 방향으로, 역행하지 않고, 브러싱 해 주면서 바람으로 건조시켜 준다.
- 눈을 점검하여 필요하면 눈 세정용 용액을 적신 탈지면으로 닦아준다.
- 왁스가 남아 있지 않은지 확실히 하기 위해 귀안을 점검한다. 만약 필요하면, 궤양용 파우더를 가볍게 뿌린다.
- 발톱을 점검하고 필요하면 잘라준다. 발 밑 또한 점검하고 패드 사이의 필요없는 털을 정리한다.

플랫 코티드 리트리버

털

털이 빽빽하고 질은 중상정도이다. 촘촘해야 하며 최대한 납작하게 누워야 한다. 다리와 꼬리는 깃털이 있고 이 장식은 성견의 특징적인 외모이다.

관리

매주 정기적으로 브러싱 해주면 쉽게 관리할 수 있다.

순서

■ 관리 도구

강모 브러시와 코움.

■ 관리 방법

목욕을 자주 시키게 되면 개가 물 안에서 작업할 때 중요한 역할을 하는 피부에서 분비되는 오일이 제거된다.

- 강모 브러시와 성긴 빗을 이용해 정기적으로 관리한다. 깃털, 특히 쉽게 엉킴이 생기는 귀와 팔꿈치 밑 깃털에는 특별한 관심을 기울여야 한다.
- 만약 목욕이 꼭 필요하면(쇼에 참가 한다거나 또는 지저분한 곳에서 뒹굴었거나) 털을 물에 완전히 적시고, 질 좋은 개전용 샴푸를 사용한다.
- 수건으로 물기를 최대한 제거한 후 털을 최대한 납작하게 유지하기 위해 털이 난 방향을 따라 바람으로 건조시킨다.
- 발톱, 귀, 이빨을 점검한다.

- 발밑의 패드 사이의 털을 제거한다.
- 발 바깥 쪽 가장자리를 가위로 정리한다.
- 뒷다리 무릎에서 발뒤꿈치 방향으로 숱가위를 이용해 털을 정리한다.
- 귀는 머리 쪽으로 가까워야 한다. 따라서 귀 밑의 숱을 조금 다듬어 주는 것이 보기좋다. 귀 위의 어떤 불필요한 털이나 죽은 털은 엄지와 검지로 잡아당겨 부드럽게 제거한다.

글렌 오브 이말 테리어

털

길이는 중간정도에 질이 거칠고 속털은 부드럽다.

이 견종의 색깔은 파란색, 황갈색 또는 반점이 있다. 털이 길게 늘어진 다리와 배 윗부분은 완전히 곱슬거린다.

관리

매주 전체적으로 빗질해 주는 것으로 충분하다.

순서

■ 관리 도구

슬리커 브러시

■ **관리 방법**

외곽선을 깔끔하게 하기 위해 숱 가위로 정리한다.

- 중간 사이즈의 성긴 빗으로 전체적으로 빗질하고 난 다음 모든 엉킴을 제거한다.
- 적당한 샴푸로 목욕하고 잘 헹궈준다. 컨디셔너는 사용하지 않는다. 털이 반드시 거칠어야 하기 때문이다.
- 수건으로 건조시키고 가볍게 드라이기를 쓰거나 따듯한 공기에서 건조를 마무리 한다.
- 전체적으로 빗질해 준다.
- 목의 외곽선은 강화하고 필요하면 길이를 정하기 위해 목 위를 숱가위를 사용하여 정리한다.
- 머리털과 눈 주위 털은 오염되지 않게 정리해 주면서 애완견은 가끔 가위로 짧게 잘라준다.
- 꼬리 밑의 털을 정리한다.
- 발톱, 귀, 이빨을 점검한다.

골든 리트리버

털

골든의 털은 납작하거나 또는 촘촘한 깃털과 함께 웨이브 져있다. 그리고 속털은 빽빽하고 물에 잘 젖지 않는다.

관리

골든 리트리버는 그 관리 유지가 비교적 쉽다. 단순히 털 전체를 주 단위로 브러싱해 준다.

순서

■ 관리 도구

슬리커 브러시, 코움.

■ 관리 방법

매일 브러싱한다. 골든은 더러워지는 것을 정말 좋아하지만 또한 깔끔하게 정돈해 주는 것도 즐긴다.

- 슬리커로 전체 털을 머리에서 꼬리까지 브러싱하여 빠진 털을 제거한다.
- 귀 뒤는 부드러운 털이 자주 엉키므로 특별히 관리하여야 한다.
- 코움으로 털을 전체적으로 빗질한다.
- 적당한 샴푸로 목욕하고 확실히 헹군다.
- 털 영양공급 컨디셔너를 사용한다.
- 수건으로 건조시키고 털이 자란 방향을 따라서 송풍기를 이용해 마무리한다.
- 발톱, 귀, 이빨을 점검한다.
- 발밑부터 불필요한 털을 정돈하여 패드주변과 비절 까지 정리해 준다.
- 필요하면, 귀 밑은 숱을 다듬고 귀 가장자리를 주의해서 정리한다.
- 이 개는 자연스럽게 보여야 하지만 꼬리는 끝 부분부터 깃털 모양으로 차차 가늘어 지게 정리한다. 꼬리 끝 부분을 잡고 곡선으로 자른다.
- 쇼 독은 정기적으로 손질과 정리를 해 준다. 애완견은 끝이 너무 길어 질질 끌리면 정리가 필요하다. 어떤 개이든 가장자리가 너무 길거나 정돈이 안 된 상태는 있을 수 없다.

※ 거세나 자궁적출수술을 받은 개는 털이 무거워 질 수 있으므로 더 많은 관심이 필요하다.

고든 세터

털

머리, 앞다리, 귀의 끝 부분은 검정과 황갈색의 털은 짧고 촘촘하다. 적당한 길이의 납작한 털로 몸의 다른 부분은 가능한 웨이브가 없다.

귀의 깃털은 길고 실크같다. 다리 뒤 부분의 털은 길고 촘촘하며 곧은 털이다. 배 가장자리의 털은 가슴과 인후부까지 연결된다.

관리

털은 최상의 모습을 자랑하기 위해서 부분적으로 관리한다. 고든 세터 관리는 자연스러운 모습을 유지하면서 관리하고 외곽선은 깨끗하고 단정하게 만든다. 숱 가위는 털을 잘라 잘 눕도록 해 주는데 사용한다. 이는 단지 속털을 제거하여 윗 털을 납작하게 눕게 하는 데에만 사용하라는 의미이다.

클리퍼는 부드럽고 흘러내리는 듯한 털의 모습을 망칠 수 있기 때문에 몸통에만 사용한다. 어떤 세터는 두껍고 억센 털을 가지고 있어, 깎아버리고 싶어진다. 그러나 깎기 전에 주인과 상담하는 것이 꼭 필요하다.

순서

■ **관리 도구**

슬리커 또는 핀/강모 브러시, 코움.

■ **관리 방법**

세터와 마찬가지로, 이 견종은 털을 먼지 없이 유지하고 건강하게 보이게 하기 위해 정기적(매일)인 브러싱이 필요하다. 브러시로 털을 정리하기 전에 숱 가위로 한두 번 깎아주는 것이 좋다. 이 방법은, 털이 지나치게 정리되지 않고 충분한 양만 제거되었는지 점검할 수 있다.

- 슬리커 또는 핀/강모 브러시로 머리에서 꼬리까지 브러싱하여 어떤 엉킴도 없게 제거한다.
- 다음으로, 머리에서 머리 밑쪽으로 자란 부드러운 갈기를 시간을 조금 투자하여 엄지와 검지로 뽑아내서 제거한다.
- **목** : 귀 밑의 털은 가슴뼈까지 내려가면서 어깨와 귀 쪽을 향해 바깥으로 곡선을 이루면서 부채를 뒤집은 형태로 자란다. 숱 가위로 부채모양 부위를 양 옆의 털이 어깨의 긴 털과 섞일 때 까지 정리한다. ❶
- **귀** : 귀의 꼭대기에는 숱 가위를 이용해 납작하게 눕도록 섞으면서 매끈하게 흘러내리는 모습을 만들어 털 밑으로 누워있는 반대 방향으로 약 2인치(5cm)까지 넣는다. 귀 밑의 털을 제거해 주어 귀가 목 쪽으로 가깝게 눕게 한다. 귀의 나머지부분은 길고 실크 같은 모습으로 남겨둔다.
- **꼬리** : 꼬리의 깃털 같은 털을 잘 브러싱해 준다. 그런 다음, 이 털들을 꼬리 반대 방향으로 잡고 세터의 뒷다리 무릎의 제일 높은 부분을 측정한다. 꼬리는 이 선에서 또는 약간 위에 위치해야 한다. 일반 가위를 이용해 꼬리 끝의 필요 없는 털을 모두 제거하고 꼬리의 끝 부분이 짧다면 조금 더 밑을 자른다. 일단 꼬리의 깃털을 풀어주면 털은 초승달 모양으로 흘러내리는데 이런 형태로 만들어 준다.

- **발** : 일반 가위를 사용해 패드 주변의 털을 정리한다. 그런 다음, 숱 가위를 이용해 발가락 사이의 불필요한 털을 정리한다. 위에서

발을 내려다보며 발톱에서부터 다리를 향하여 위쪽으로 잘라가면서, 튀어나온 털이 모두 제거 될 때까지 여러 번 반복하면서 자르고 사이의 불필요한 털을 뽑아준다. 이 방법으로 네 발을 모두 손질한다. 앞발은 숱 가위를 이용하여 패드부터 약 2인치(5cm)정도까지 올라가 삐져나온 털을 뽑아낸다. 일반 가위로 깔끔한 외모가 되도록 마무리 한다.

- **비절** : 비절 쪽의 털을 모두 제거하지 않는다. 원하는 모양으로 숱을 다듬고 정리한다.
- 적당한 샴푸에 목욕을 시키고 확실히 헹구고 난 다음 컨디셔너를 발라준다.
- 수건으로 수분을 제거한 다음 털의 난 방향으로 바람으로 건조한다. 대안책으로, 코움으로 전체 털을 머리부터 꼬리까지 빗질한 뒤 케이지드라이 한다.
- 발톱, 귀, 이빨을 점검한다.

그랜드 바셋 그리폰 벤딘

털

평평한 몸 구조에 털은 거칠고 약간 길다. 이 견종은 두꺼운 속털을 가지고 있는데 실크 같지도 양털 같지도 않다. 가장 자리는 너무 털이 많지도 않다.

색깔은 레몬, 오렌지, 3색 또는 회색 반점이 있는 흰색이다.

관리

털은 큰 손질이 필요 없지만 정기적인 미용, 브러싱과 빗질이 필요하므로 머리와 발 주변을 약간 정돈해 주고 죽은 털이나 엉킨 털 그리고 먼지를 제거해 준다.

순서

■ 관리 도구

핀 브러쉬 또는 슬리커 브러시, 코움과 스트리핑 나이프

■ 관리 방법

이 개는 땅을 파헤치므로 가시식물, 가시 등을 털에 붙이고 다니며 엉킴이 생길 수 있다. 정기적으로 점검한다.

- 털을 머리부터 꼬리까지 브러싱해주고 특히 몸의 밑 부분과 겨드랑이 그리고 턱 수염으로부터 오물을 제거하며 엉킨 털을 풀어준다.
- 자연의 순한 성분의 샴푸로 목욕시키고 확실히 헹군다.
- 수건으로 수분을 제거하고 따뜻한 공기나 케이지 안에서 또는 드라이기를 이용하여 마무리한다.
- 털은 납작하게 눌러 브러싱하고 귀와 발 주변의 불필요한 털은 정리한다.
- 귀 속은 청소하고 털을 제거해 준다. 이빨을 깨끗이 하고 발톱을 점검한다(필요하면 깎고 갈아준다).

아이리시 레드 앤드 화이트 세터

털

털은 보기 좋은 깃털과 함께 아름다운 결이 있다. 가벼운 웨이브는 허용된다. 색깔은 자주빛 흰색 바탕에 진한 붉은 반점이 있으며 색깔 사이의 경계는 선명하다. 얼굴과 발 주변과 앞다리 팔꿈치 까지 올라가면서 비절까지 올라가면서 얼룩덜룩하거나 반점이 있는 것은 허용된다.

관리

1주일에 두 번 정도 정기적으로 브러싱해 털을 맵시 있게 유지하고 죽은 털을 제거한다. 코움으로 머리부터 꼬리까지 깃털을 빗질한다.

이 개는 보통 털이 풍부하게 자라지는 않는다. 그러나 관심으로 좋아 질 수 있다. 많은 손질은 필요 없는데 귀는 밑 부분을 따라 모양을 잡아준다. 발은 비절까지 손질한다. 꼬리의 끝은 정리하는데 깃털 모양은 아니다. 목도 손질한다.

- 모든 털을 머리부터 꼬리까지 브러싱하고 좀 긴 털들은 꼼꼼하게 빗질한다.
- 귀를 점검한다. 필요하면 귀 밑의 털은 제거하여 귀가 목 쪽으로 눕게 한다.
- 가위로 꼬리를 지나면서 흘러내리는 털과 꼬리 끝의 불필요한 털은 제거한다(꼬리가 짧으면 좀 더 밑으로 잘라준다). ❶
- 숱 가위를 이용해서 비절에서 패드까지 삐져나온 털을 정리한다.
- 다음은, 패드 주변을 숱 가위를 이용해 발가락 사이의 삐져나온 털을 정리한다(잉글리시 세터의 프로파일 참고).
- 단백질 또는 자연 샴푸로 목욕시키고 잘 헹구어 준다.
- 컨디셔너를 발라주어 외모를 더 보기 좋게 하고 털에 영양을 공급한다.
- 수건으로 수분을 없애고 건조시킨다.
- 따뜻한 공기속이나 케이지-드라이기안에 넣는다. 또는 드라이기를 낮은 단계로 하여 사용한다.
- 발톱, 귀, 이빨을 점검한다.

아이리시 세터

털

머리, 앞다리, 귀 털은 짧고 촘촘하다. 몸의 다른 부분과 다리의 털은 적당한 길이로 납작하며 곱슬이나 웨이브가 없는 것도 가능하다.

귀의 깃털은 길고 실크 같다. 앞다리의 뒷부분과 엉덩이 위의 털은 길고 좋다. 배위의 털은 양이 적당하고 가장자리는 가슴과 인후까지 뻗어 있다. 발은 일반적으로 깔끔함을 위하여 둥근 모양으로 손질되지만 발가락 사이에 깃털이 잘 나 있다. 꼬리의 가장자리는 끝으로 갈수록 짧아지면서 적당한 길이이다.

관리

비교적 키우기 쉽고 운동시키고 손질하기가 편하다.

순서

■ 관리 도구

질이 좋은 강모 브러시, 핀 브러시는 필요한 부위에 사용하고 마무리를 위해 코움을 사용한다.

■ 관리 방법

지나친 손질은 전형적인 모습을 망치게 되므로 털을 손질할 때 주의한다.

- 질 좋은 강모 브러시로 브러싱 해 준다. 긴 털은 핀 브러시로 빗어주면 엉킴은 제거된다.

- 코움으로 빗질해서 빠진 털을 제거한다. 만약 더 많은 털을 제거해야 한다면 코움을 사용한다.
- 순한 샴푸로 목욕시킨다.
- 확실히 헹구고 난 후 컨디셔너를 써준다.
- 털을 나풀거리게 하기 보다는 납작하고 매끈하게 유지하기 위해 털이 자라는 방향을 따라 바람으로 건조한다. 드라이기를 위에서 아래로 향하게 한다. 컨디셔너를 뿌려주면 약한 광택이 난다.
- 발톱, 귀, 이빨을 점검한다.
- 자연스러운 모습을 위해 보기 좋은 각을 강조하면서 손질한다. 이 견종에 경험이 많지 않은 애견미용사는 대회를 위해 특별한 개를 손질하기 위해서는 전문가의 조언을 참고해야 한다. 모든 개가 손질하는 것이 다르므로 너무 많이 또는 너무 부족하게 손질하게 되면 개 전체의 모습을 망치게 된다.
- **머리** : 삐져나온 털은 엄지와 검지로 잡아당겨 제거해 주면 털이 매끄럽게 마무리된다.
- **목** : 숱 가위를 이용해 인후부 부터 가슴뼈 바로 위까지 털의 결을 따라 숱을 다듬어준다.
- 귀 밑 부터 가슴뼈 중간까지 정리하는데 둘러싸고 있는 털은 숱 가위로 솎아주어 매끄럽고 깨끗한 자연스러운 외형을 만들어 준다. 숱 가위는 털의 결을 가로 질러서 절대 사용하지 않는다. 이 부분은 계단 효과를 내기 위해 남겨 두어야 하기 때문이다. 털이 자라는 방향으로 손질해야 하며 가슴의 깃털은 가슴뼈에서 앞다리의 아랫부분까지 흘러내린다. ❶

❶

- **귀** : 안과 바깥쪽은 숱 가위로 털이 자란 방향에 따라 아래를 향해 작업하면서 털을 짧게 해 준다. 또한 숱 가위는 귀밑의 목 부분의 삐져나온 털을 제거하고 단정

한 외모를 위해 털을 솎거나 납작하게 만들기 위해 쓸 수 있다. 마무리를 위해 주변을 손질한다.

- **몸** : 죽은 털을 제거하고 매끄러운 외모를 만들기 위해 가슴의 가장자리에서 밑으로 가면서 머리부터 꼬리까지 빗질한다. 먼저, 코움을 사용하고 필요하면 더 촘촘한 것을 쓴다.
- **앞발** : 발은 삐져나온 털을 제거하기 위해 1인치 또는 다리에서 그 정도 위에서부터 밑 부분을 가위로 정리한다. 깔끔한 외모를 만들기 위해 숱 가위로 발가락 주변을 정리한다. 발가락 사이는 진흙으로 엉망이 되는 것을 방지하기 위해 삐져나온 털은 숱을 다듬는다.
- **뒷발과 비절** : 깔끔한 외모를 주기위해 앞발과 같은 과정(위 참조)으로 뒷발을 손질한다. 비절의 포인트로부터 발가락 까지 위를 향하여 빗질한다. 숱 가위를 밑으로 향해 가위질하고 납작하고 깨끗한 마무리를 한다.
- **꼬리** : 꼬리는 끝으로 갈수록 털이 줄어들게 하면서 적당한 길이로 정리한다.
- 이발기의 사용은 예를 들어 거세한 애완견과 같이 털이 부풀어 심하게 두껍거나 관리 할 수 없는 상태에 있을 때 한다.

아이리시 울프하운드

털

아이리시 울프하운드는 거칠고 덥수룩한 털을 가지고 있어 적어도 일주일에 세 번은 브러싱이 필요하고 털의 좋은 상태를 유지하지 위해 손가락으로 뽑는다.

관리

몸 전체를 매주 브러싱해 준다.

순서

■ 관리 도구

슬리커 브러시, 코움.

■ 관리 방법

욕조 램프를 설치 해 이 거인을 욕조에 넣는 것을 쉽도록 한다. 그렇게 하지 않으면 허리에 무리가 올 것이다.

- 매일 브러싱과 빗질을 해 주길 목표로 삼으면 아마도 일주일에 두 번은 할 것이다. 가끔 사브론(savlon)(순하고 부드러운 항생 크림)을 발라주고 브러싱을 잘 해준다. 이렇게 하면 개를 깨끗하게 유지하면서 냄새도 신선하게 해 줄 것이다.
- 매달 또는 필요 시, 목과 배 밑 부분의 엉킴이나 긴 털, 죽은 털을 제거하고, 검지와 엄지로 뽑아낸다. 가위는 생식기 주변, 꼬리 밑, 발에 사용한다.
- 털은 패드 쪽으로 납작하게 손질하지만 패드사이의 털을 제거하지 않는다. 매달 삐져나온 털을 자르고 발톱을 잘 깎아준다. 개를 어릴 때부터 이에 익숙하도록 만들면 개는 손질을 꺼려하지 않을 것이다.
- 귀를 점검하고 귀 세정제로 일주일에 한 번 청소한다. 이빨은 일주일에 한번 점검한다.
- 목욕은 여름에만 1년에 딱 한번 아주 좋은 날에 실외에서 시킨다. 따듯한 물과 질 좋은 샴푸를 사용한다.
- 털에서 분비되는 오일이 빠져나가지 않도록 잘 헹구고 수건으로 말린 뒤 자연 건조 시킨다. 아침에 목욕시키면 오후 시간을 건조시킬 수 있다.
- 컨디셔너는 털을 부드럽게 만들므로 쓰지 않는다. 컨티셔너의 사용은 대회에서는 허용하지 않는다.
- 약 3개월 간격으로 털을 전체적으로 질 좋은 드라이 샴푸로 브러싱해 주면 기름기가 너무 많거나 지저분한 것은 제거되고 냄새는 좋아진다.

쿠이커혼제

털

털은 중간길이로 가볍게 웨이브 지거나 곧은 털이다. 그러나 곱슬은 아니며 밀폐된 털이지만 너무 빽빽하지 않다. 속털은 잘 발달됐다.

관리

브러싱은 정기적으로 1주일에 두 번 강모 브러시로 해주며 코움은 깃털과 꼬리털에 한다. 쿠이커혼제는 돌보기에 비교적 쉬운 견종이며 이 개들은 관리를 잘 받았을 때 사랑스러워 보인다.

순서

■ 관리 도구

슬리커 브러시와 코움.

■ 관리 방법

쿠아커혼제는 매력으로 가득차 있다.

- 털 전체를 완전히 브러싱하고 머리부터 꼬리까지 빗질해서 죽은 털을 제거한다.
- 순한 샴푸로 목욕하고 잘 헹군다.
- 털 강화 크림으로 컨디셔닝하고 확실히 헹군다.
- 수건으로 수분을 제거한다.

- 따뜻한 공기 내에서 건조를 시키거나 털이 자라는 방향을 따라 가볍게 바람으로 건조시킨다.
- 털을 머리부터 꼬리까지 빗질한다.
- 발톱, 귀, 이빨을 점검한다.

라지 문스터랜더

털

털은 길고 빽빽하다. 그러나 곱슬거리거나 뻣뻣하지 않다. 앞부분과 엉덩이 부분, 꼬리의 깃털이 아주 좋고 수컷이 암컷보다 더 좋다. 털은 머리에서 짧고 매끄러워야 한다.

관리

1주일에 한두 번 특히 귀의 깃털은 산책에서 묻어온 이물을 제거해 주기 위해서 브러싱을 한다.

순서

■ 관리 도구

강모 브러시, 코움.

■ 관리 방법

눈 주변 깃털은 쉽게 엉키므로 잘 관리해 준다. 발가락 사이와 비절부분의 삐져나온 털을 정리해 준다.

- 강모 브러시로 머리부터 꼬리까지 브러싱한다.
- 코움으로 빗질하여 죽은 털을 제거하고 뭉침을 점검하기 위해, 특히 귀 뒤와 긴 깃털을 다시 한번 빗질한다.
- 순한 자연 성분의 샴푸로 목욕시킨다.
- 확실히 헹군다.
- 털을 강화하고 영양을 공급할 필요가 있으면 컨디셔너를 사용한다. 완전히 헹구어 내야하는 것을 잊지 말아야 한다.
- 수건으로 수분을 제거한다.
- 개를 따뜻한 공기 중에 두거나 케이지-드라이기에 넣어 두고 드라이기를 사용해 건조를 마친다.
- 발톱, 귀, 이빨을 점검한다.
- 패드 밑 부분을 살피고 발을 점검한다. 엉킨 털을 부분별로 주의해서 제거한다.
- 마지막으로, 털을 머리부터 꼬리까지 다시 한번 빗질한다.

노바 스코티아 덕 톨링 리트리버

털

털은 곧은 털로 방수이다. 중간 길이와 부드러움을 가진 더블코트로 부드럽고 빽빽한 속털을 가지고 있다.

노바 스코티아 덕 톨링 리트리버는 등에 가벼운 웨이브는 허용되며 인후부, 귀 뒤, 허벅지 뒤편에 깃털이 있다. 앞 다리에도 적당히 깃털이 있다.

색깔

여러 명암의 빨간색과 오렌지색이며 꼬리 밑의 깃털은 더 밝다. 적어도 하나 정도의 흰색얼룩이 꼬리의 끝, 발, 가슴 또는 눈 사이에 있는 것이 이상적이다.

관리

정기적인 브러싱은 이 개를 최상의 상태로 유지시킨다.

순서

■ 관리 도구

강모 브러시와 핀 브러시

■ 관리 방법

이 견종은 손질을 받는 동안 교감을 나누는 것을 즐긴다. 따라서 1주일에 두어 번 정도의 시간을 개 손질을 위해 비워두고 견을 맵시 있게 보이도록 만든다.

- 지나친 브러시의 사용은 속털을 제거하거나 상처를 줄 수도 있으므로 주의한다.
- 강모 브러시 또는 핀 브러시로 털을 머리부터 꼬리까지 브러싱한다.
- 꼬리와 깃털에는 핀 브러시를 사용한다.
- 다음 핀 브러시로 몸 위와 깃털 위를 전체적으로 브러싱한다. 귀 뒤를 브러싱하는 것을 잊지 말아야 한다.
- 필요하면 목욕을 시킨다. 부드러운 샴푸를 사용하여 털에서 오일이 제거 되지 않도록하며 확실히 헹군다.
- 수건으로 건조시킨다. 키가 큰 개체는 '드립-드라이(물을 떨어뜨려 건조시키고)'를 하고 부위별로 건조시킨다. 어떤 건조 방법(예, 케이지-드라이기)도 쓰지 않기를 충고한다.
- 발톱, 귀, 이빨을 점검한다.

오터하운드

털

오터하운드의 털은 기름지고 덥수룩한 더블코트이다. 이 털은 빽빽하지만 뻣뻣하지는 않다. 머리털은 다리털처럼 부드럽다.

관리

겉모양은 자연스럽다. 그러나 이 견종은 목욕을 좋아하는 개로 복종을 잘하지 않는 듯 보인다.

순서

■ 관리 도구

슬리커 또는 핀브러시와 코움.

■ 관리 방법

너무 강한 샴푸를 쓰지 않는다. 그러면 몸에서 분비되는 오일성분이 다 떨어져 나가고 이 견종의 특징적 외모가 없어진다.

- 털 전체를 슬리커 또는 핀 브러시로 브러싱
- 코움으로 머리부터 꼬리까지 빗질하여 죽은 털과 엉킴을 제거한다.
- 적당히 순한 샴푸를 사용해 목욕시킨다. 털의 상태에 알맞은 컨디셔너와 오일을 필요한 곳에 발라준다.
- 핀 브러시로 브러싱해 주면서 털의 방향으로 주의를 기울이면서 바람으로 건조시킨다.

- 발톱, 귀, 이빨을 점검한다.
- 마지막으로, 발밑과 패드 사이를 점검한다. 엉킨 털이 있으면 가위로 제거한다.

파피용

털

길고 촘촘하며 실크같다. 그리고 정기적인 브러싱이 필요하다. 털은 풍성하게 흘러내리지만 속털은 없다. 가슴에 풍부한 목털이 있으며 등과 옆면은 납작하게 흘러내린다. 두개골, 주둥이, 앞다리에는 짧은 털이 덮여있다. 비절의 발목까지, 그리고 꼬리와 허벅지는 긴 털로 덮여 있다.

관리

주 1회 브러싱을 해 주면 관리가 쉽다.

순서

■ 관리 도구

핀 브러시 또는 강모 브러시

■ 관리 방법

화이트닝 샴푸로 털을 윤기 있게 만들 수 있다.

- 핀 브러시로 머리부터 꼬리까지 브러싱 한 다음 코움으로 털의 엉킴이 없도록 빗질한다.
- pH-발란스 샴푸로 목욕시킨다.

- 흰털 부위는 화이트닝 샴푸 사용한다.
- 컨디셔너를 사용한다.
- 수건이나 바람으로 건조시킨다.
- 발톱, 귀, 이빨을 점검한다(이빨의 트러블이 생기기 쉬운 견종임).
  - 이빨은 일주일에 한번 청소해 준다.
- 발 밑을 점검한다.

페팃 바셋 그리폰 벤딘

털

털은 덥수룩하고 길지 않으며 만지면 거칠다. 이 견종은 두꺼운 속털을 가지고 있으며 실크같거나 양털같아서는 안된다.

색깔은 레몬, 오렌지, 3색 또는 회색반점이 섞인 흰색이다.

관리

털은 손질이 필요없지만 머리주변과 발을 정돈해 주고 브러시와 코움으로 빠지거나 엉킨 털을 제거해 주면서 정기적으로 관리해 준다.

순서

■ 관리 도구

핀 또는 슬리커 브러시, 코움과 스트리핑 나이프

■ 관리 방법

이 개는 땅바닥을 헤집기 때문에 털에 가시식물, 가시에 의해 엉킴이 생길 수 있으므로 정기적으로 점검해 준다.

- 특히 몸 밑 부분과 겨드랑이, 수염에 붙은 이물질을 제거하고 엉킨 털을 풀면서, 전체적으로 브러싱 또는 빗질을 해준다.
- 자연성분의 순한 샴푸 또는 거친 털 용 샴푸로 목욕하고 확실히 헹군다.
- 수건으로 수분을 제거하고 따뜻한 공기속이나 케이지에서 또는 드라이기를 이용해 마무리 한다.
- 털을 납작하게 브러싱하고 귀와 발주변의 삐져나온 털을 정리한다.
- 귀를 손질하고 삐져나온 털은 제거해준다. 이빨을 닦고 발톱을 점검한다(필요하면 깎거나 갈아준다).

파래닌 쉽독

털

털은 길거나 중간 길이이다. 거칠고, 빽빽하며 거의 납작하거나 조금 웨이브가 있다. 엉덩이와 허벅지의 털은 더 빽빽하고 양털 같다. 주둥이의 털은 짧지만 얼굴과 뺨의 털은 더 길다. 털색은 검정색이 섞인 것과 섞이지 않은 다양한 명암의 엷은 황갈색, 밝거나 어두운 회색, 푸르거나, 약간 자주 빛 흑색 또는 반점, 검정색, 또는 검정과 흰색이 섞여있다. 그러나 흰색, 검정색, 황갈색의 큰 무늬는 바람직하지 않다.

관리

슬리커와 코움으로 정기적(1주일에 한번)인 빗질이 필요하다.

순서

■ **관리 도구**

슬리커 브러시 또는 핀 브러시와 코움.

■ **관리 방법**

발밑은 절대로 그대로 두면 안된다.

- 전체를 슬리커나 핀 브러시로 머리부터 꼬리까지 브러싱한다.
- 코움으로 빗질하여 죽은 털을 제거한다.
- 이 견종은 꼭 필요할 때만 목욕을 시킨다. 목욕이 꼭 필요하다면, 자연성분의 샴푸를 사용하고 잘 헹구어 졌는지 확인한다.
- 손질을 돕기 위해 컨디셔너를 바른다.
- 수건으로 문지르기 보다는 두드리듯 건조시킨다.
- 따뜻한 공기속이나 케이지 또는 부드러운 드라이기 바람으로 건조시킨다.
- 발톱, 귀, 이빨을 점검한다. 며느리발톱 역시 점검하여 필요하며 곱슬털이 주변에 생기는 것을 방지하기 위하여 보이지 않는 부위를 손질한다.
- 발밑에 불필요한 털 또는 털 뭉치가 있는지 점검하고 필요하면 보브 가위로 제거한다.
- 마지막으로, 강모 브러시로 털을 브러싱하고 마무리 한다.

살루키

털

털은 매끄럽고 실크같은 질감에 귀, 꼬리, 다리 뒷부분과 발가락사이는 깃털로 되어있다. 강아지들과 가끔 나이든 개들에게 가벼운 양털 같은 깃털이 허벅지와 어깨에 있다. 매끄러운 부분들에는 깃털이 없다. 반점을 제외한 모든 색깔과 혼합이 가능하다.

관리

털의 주요부분은 강모 브러시로 정기적인 브러싱만 잘 해준다면 관리가 쉽다. 슬리커 브러시를 사용하여 엉킴을 제거하고 귀, 꼬리 등의 긴 털은 정기적으로 관리가 필요하다. 살루키는 옆구리 털이 부풀어 오르는 경향이 있는데 스트리핑 스톤으로 제거가 가능하다.

순서

■ 관리 도구

강모 브러시와 슬리커 브러시

■ 관리 방법

개가 무엇을 먹거나 씹고 있는 동안 귀의 긴 털을 보호하기 위하여 스누드를 사용

- 슬리커 브러시를 사용해 긴 털(특히 귀 뒤)을 브러싱하고 모든 엉킴을 제거한다.
- 강모 브러시로 브러싱을 해 몸 전체의 죽은 털을 제거한다.
- 필요하면 양질의 샴푸와 컨디셔너로 목욕시킨다. 비듬이 있는 것처럼 보이는 검정색 개들에게는 샴푸를 선택하는 것이 매우 중요하다.
- 따뜻한 공기 속에서 자연 건조시키거나 부드러운 드라이 바람으로 건조시킨다.
- 발톱, 귀, 이빨을 점검한다.

스코티시 디어하운드

털

털이 덥수룩하지만 완전히 털로 덮여있지는 않다. 그리고 양털 같은 털은 바람직

하지 못하다. 이 견종에 대한 정확한 형태의 털은 두껍고 폐쇄적으로 누워있으며 만지면 거칠고 잔물결이 있다. 몸, 목, 네발의 털은 2 3/4인치(7cm)에서 4인치(10cm) 길이가 적당하다. 머리, 가슴, 배의 털은 부드럽다. 앞다리 안쪽과 엉덩이 가장자리에 약간 털이 있는 것은 전형적이다.

색깔은 어두운 푸른-회색과 더 밝은 회색 또는 반점과 노란색이 섞인 것, 붉은 모래 빛 또는 검정색 반점과 함께 붉고 엷은 황갈색이 있다.

가슴, 발가락과 꼬리 끝이 조금 흰색인 것은 허용되나 스코티시 디어하운드는 자신의 색깔이 있는 개이므로 흰색이 적을수록 좋다.

관리

털은 핀 브러시로 정기적으로 브러싱이 필요하고 코움으로 머리에서 꼬리까지 빗질해 이물질을 제거해 주면 관리가 비교적 쉽다.

순서

■ 관리 도구

핀 브러시

■ 관리 방법

쇼독은 쇼가 있기 약 1주일 전에 목욕과 손질을 받아 털이 자리 잡도록 해준다.

- 핀 브러시로 머리에서 꼬리까지 브러싱한다.
- 가능한 한 적게 목욕을 시킨다. 만약 개가 매우 더럽거나 다른 방법이 없다면 거친 털에 알맞은 샴푸를 사용해서 목욕시킨다.

- 수건으로 건조시키고 따뜻한 공기, 케이지 또는 드라이기로 마무리한다.
- 발톱, 귀, 이빨을 점검한다.
- 스코티시 디어하운드의 귀는 '쥐같은' 모양을 만들기 위해 손질을 하기도 하지만 가능한 한 자연스러운 모습으로 전시된다.

실키 테리어(오스트레이리안)

털

윤기있고 실크같은 털이다. 색깔은 파란색과 황갈색의 2색, 회색빛 파란색과 황갈색의 3색이 있다. 이 색깔들이 더 풍부하면 좋다.

관리

매일 핀 브러시로 브러싱해 주면 손질하기가 쉽다. 주인이 털에 먼지와 엉킴이 있는데도 내버려두면 가끔은 컨디셔닝스프레이 또는 엉킴 분리 도구로 손질해 줄 필요가 있다. 털끝에서 시작해서 뿌리 쪽으로 점차적으로 작업해 들어간다. 털이 당기고 개가 다치는 것을 방지하기 위해 한 번에 조금씩만 시도해 준다.

순서

■ 관리 도구

핀 브러시, 마무리와 윤기를 더하기 위한 코움과 순수 강모 브러시.

■ 관리 방법

정기적으로 전체를 브러싱과 빗질을 해주지만 너무 지나치게 하지 않는다. 털이 부서질 수도 있다.

- 핀 브러시 또는 슬리커로 머리에서 꼬리까지 브러싱한 다음 다리 밑과 배, 귀 뒤와 턱수염에 주의를 기울여 코움으로 빗질한다.
- 단백질 샴푸 또는 순한 샴푸로 목욕시키고 잘 헹군다.
- 엉킴 제거용 컨디셔너를 바르고 머리에서 꼬리까지 빗질한다.
- 헹군 후, 흡수수건으로 두드려주고 털을 원래 누워있는 결대로 드라이기의 부드러운 바람으로 건조시킨다.
- 발톱, 귀, 이빨을 매주 점검한다.
- 털은 등에서 나누어 양 쪽 밑으로 내리고 강모 브러시를 이용해 척추에서부터 가볍게 브러싱해 주면서 마무리 한다.

스피노네 이탈리아노(이탈리안 스피노네)

털

털은 강하고 두꺼우며 약간 곱슬이 있는 털로 덮여있으며 속털이 없다. 몸 털은 약 1 1/2~2인치(4~6cm)이며, 코 등, 귀, 머리는 더 짧다. 앞다리와 발은 더 짧기도 하다. 눈썹은 더 길고 뻣뻣한 털로 되어 있다. 훨씬 더 길고 부드러운 털이 수염과 턱수염형태로 볼과 윗입술을 덮고 있다.

색깔은 흰색이나 오렌지 또는 갈색 반점을 동반한 흰색, 오렌지색이 섞인 작은 반점의 흰색, 갈색이 섞인 작은 반점의 흰색.

관리

이 품종은 그렇게 화려한 품종은 아니다. 스피노네 이탈리아노는 순박하고 기능적인 개이며 그 매력은 약간 헝클어진 듯한 모습이다. 지나치게 깔끔하게 보여지지 않도록 관리해야 한다. 너무 잦은 목욕은 털을 부드럽게 만들고 쇼 독은 호스를 이용해 씻기고 자연건조 시키는 것이 최상이다. 슬리커를 이용한 정기적인 브러싱은 이물질이나 씨를 제거한다. 머리는 빗질해 준다.

턱수염은 계속적인 관리가 필요하고 정기적으로 씻어주어야 한다. 이 개들은 귀 염증에 잘 걸린다. 따라서 귀는 매일 점검해주고 일주일에 두 번 청소해 준다. 귀 속 털은 엄지와 검지로 제거한다. 귀 파우더를 사용하는 것이 도움이 된다.

가끔 특이하게 태어나는 경우가 있는데 매우 이상적인 '돼지 피부 같은' 피부는 조금 솎아낼 필요가 있는 바른 싱글 코트를 가지게 된다. 그러나 많은 개들이 더 길고 부드러운 털을 가지고 태어나며 정기적으로 스트리핑하면 털의 질이 좋아지고 더 거친 질감으로 만들 수 있다.

엄격하게 말해서, 대부분의 주인들이 스트리핑 나이프를 쓰기는 하지만 손으로 하는 것이 좋다(Mars 99 M328이 탁월하다). 스트리핑스톤 블록은 마무리와 흐트러진 털을 제거하는 데 유용하다.

부드러운 더블코트를 가지고 태어난 개들은 항상 얇은 피부를 가지고 있고 그 털들은 바른 모습으로 개선하기가 거의 불가능하다. 이런 경우는 목욕시키고 깎는 것이 더 낫다.

순서

■ 관리 도구

슬리커 브러시, 강모 브러시

■ 관리 방법

머리와 다리에 주의를 기울여 쇼가 있기 몇 주 전에 스트리핑한다. 털이 자라므로 몸 털을 정기적으로 브러싱해준다. 머리는 쇼가 있는 이틀 전에 정리한다.

- 코움으로 빗질한다. 턱수염과 콧수염을 엉킴과 이물질이 제거될 때 까지 머리에서 꼬리까지 빗질한다.
- **몸** : 머리를 하기 전에 몸과 다리를 먼저 스트리핑한다. 대회를 위해서 스트리핑을 할 때의 주의할 점은 옆 부분을 심사위원에게 가장 깔끔한 모습으로 보이도록 스트리핑하는 것이다. 죽은 털은 손으로 솎아서 뽑아낸다. 몸 꼭대기부터 시작해 털이 누워있는 방향을 따라 스트리핑한다. 초크 파우더를 사용하면 작업이 쉽다.

목 밑으로 몸을 따라 다리로 내려가면서 모든 가장자리를 제거한다. 항문과 생식기 부위의 부드러운 털은 가위로 짧게 자른다. 필요하면 발도 털을 솎아내고 모양을 강화하기 위해 손질해 준다. 가장자리의 털을 제거하면서, 꼬리털을 스트리핑한다. ❶

❶

- **머리** : 머리털의 스트리핑 목표는 길고 가늘게 보이도록 만들고 두개골과 주둥이의 정확하게 나누어지는 옆 윤곽이 드러나게 하는데 있다. 눈의 털 모양을 슈나우져와 같은 모양으로 만들어주는 것은 바람직하지 않다.

  눈썹 뒤에서 시작하여 두개골 꼭대기, 후두부 위를 플러킹하고 목 안쪽으로 털을 역시 스트리핑 해준다. 눈 뒤쪽 구석으로부터 두개골 옆면에 털을 솎아낸다. 깨끗한 외곽선을 만들기 위해 귀 털을 스트리핑한다. 귀가 너무 짧으면 귀가 덮이는 밑 부분을 향하는 털을 조금 남겨두고 가위로 가장자리를 손질해 조금 더 긴 것처럼 보이게 한다. ❷

- 턱수염을 빗질하고 숱 가위를 사용하여 주둥이를 네모지게 강조해 주기 위해 턱수염을 짧게 자른다. 턱수염은 항상 짧아야 한다.

❷

- 마지막으로, 숱 가위를 사용해 눈썹을 약 1인치(2.5cm)로 짧게 해준다. 강한 선이 되지 않도록 주의를 기울여 한다. 눈썹은 항상 자연스럽게 보여야 하며, 결코 앞쪽으로 흘러내리지 않게 하여 엿보는 듯한 특징을 약하게 보이도록 만든다. 스피노네의 눈썹은 항상 뒤쪽으로 브러싱해 주고 저먼 와이어헤어드 포인터처럼 앞쪽으로 향하게 하지 않는다. 어떤 스피노네(고대 혈통으로 불리어지는)는 눈앞에 스톱에서부터 자라는 부채모양의 털을 가지고 있다. 만약 이것이 눈을 가리면, 숱 가위를 이용해 짧게 해 주어야 한다.
- 티트리와 라벤더같은 자연성분의 샴푸로 목욕시킨다.

- 확실히 헹군다.
- 강력흡수수건으로 물기를 제거한다.
- 머리에서 꼬리까지 빗질하고 따뜻한 공기, 케이지 또는 부드러운 드라이기 바람으로 마무리한다.
- 발톱, 귀, 이빨을 점검한다. 스피노네는 네발 모두 며느리발톱이 있다. 이들은 다른 품종보다 더 자주 깎아주어야 한다.
- 패드사이를 점검하고 삐져나온 털을 제거해 준다. 그렇게 하지 않으면 털이 서로 엉켜 산책을 할 때 불편함을 느끼게한다.
- 털 강화를 위해 피니시 컨디셔너를 가볍게 뿌려준다. 필요하면 자연오일을 보충해서 사용해 준다.
- 만약 스트리핑을 하는 대신 털을 깎았다면, 털의 엉킴을 제거하고 목욕과 컨디셔닝을 한다.
- No.5 날을 이용해 목의 윗부분부터 시작해 깎아주고 그 다음 몸과 다리의 털을 깎는다. 꼬리, 며느리 발톱, 패드사이의 털은 가위를 사용하고 발은 둥근 모양으로 손질한다. 항문과 생식기부위를 정리한다. 귀 바깥쪽의 긴 털은 정리해서 잘라준다. No.8 날을 이용하여 두개골의 옆면과 꼭대기를 눈썹에서 부터 바깥쪽으로 후두부 위를 깎고 목 안쪽으로 스트리핑한다.
- 가끔, 이 견종은 외곽선을 강화하기 위하여 털을 스트리핑한 모습과 더 짧게 정돈한 애완견의 모습을 볼 수 있다.
- 그러나 털은 관리가 비교적 쉬운데 피부는 얇고 더블 코트로 되어 있으며 스트리핑이 개가 견뎌내기에 힘들어 하는 비참한 경우를 제외하고는 짧게 깎을 필요가 없다. 이런 경우에는, 털의 엉킴을 제거하고 목욕시켜 건조한 다음 중간 날로 약 3/4인치(2cm)길이만 남기고 전체 몸의 털을 깎는다.
- 눈썹 위부터, 귀와 두개골 옆면 꼭대기의 털을 (약 3/4인치/2cm) 짧게 깎는다. 머리는 위에서 자세히 설명한 대로 마무리한다.

이탈리안에 대한 이야기

어렸을 때 첫 번째 그레이트 데인을 잃어버린 린다 메인은 그를 대신할 다른 그레이트데인은 없다고 느껴 다른 견종을 키워보기로 결심했다. 그 뒤 그 지역 챔피언쉽 쇼에 갔을 때 스피노네 이탈리아노에 푹 빠져버리게 되었다.

항상 쇼 독에게 관심을 가져왔지만 그녀의 경험은 짧은 털을 갖은 품종에 한정되어 있어 스피노네를 대회를 위해 준비시키는 것은 다른 일이었다. 스트리핑의 이점은 바로 눈에 보이는 것이 아니므로 미리 시작을 잘 해야 한다.

거친 털 만들기

거친 털을 만들기 위하여 린다는 죽은 털을 정기적으로 손으로 스트리핑했다. 이는 쇼가 열리기 3주 전 이내에는 해서는 안 된다. 털을 깔끔하게 유지하기 보다는 털의 거친 특성을 되찾을 시간을 주는 것이 필요하다.

목욕이 털을 부드럽게 만들기 때문에 개를 깨끗하게 유지하기 위해 린다는 슬리커 브러시를 사용해 정기적으로 브러싱했다. 스피노네는 더러움을 잘 타고 뒹구는 것을 좋아한다. 따라서 가끔씩 호스로 씻겨 더러움을 제거한다.

머리와 턱수염

턱수염은 음식물/찌꺼기/침이 잘 묻으므로 가능한 한 자주 씻어준다. 전형적인 이탈리안 스피노네의 손질 과정은 눈, 귀, 발톱과 발, 특히 패드 사이의 일상적인 점검이다.

린다는 이탈리안 스피노네의 매력의 일부가 털이 많은 얼굴에 있기 때문에 손질하기 가장 어려운 부분이 머리임을 알게 되었다. 이 또한 손으로 털을 스트리핑해야 하는데, 한 번에 털을 아주 조금씩만 뽑아 너무 지나쳐서 그 환상적인 표현력을 잃지 않도록 한다.

쇼 준비

'우리가 하는 대부분의 쇼 준비는 미리 이루어진다.'라고 린다는 말한다. '그러나 쇼 직전에는 털 전체를 브러싱과 빗질을 턱수염이 깨끗한지 확인한다.'

'그런 다음, 대회에 나가기 전에 내가 해야 할 일은 간단하게 브러싱한 후 턱수염을 천천히 건조시키는 것이다. 일단 이것이 끝나면, 우리는 준비가 된 것이다.'

서섹스 스파니엘

털

털은 풍부하고 납작하며 곱슬기는 전혀 없다. 넉넉한 속털은 날씨에 영향을 받지 않는다. 귀는 부드럽고 웨이브 진 털로 덮여있으며 굉장히 많아진다. 몸의 앞부분과 엉덩이는 깃털이 적당히 있으며, 깃털로 되어 있어 즉석에서 정리가 되는 꼬리는 털은 두껍다.

관리

정기적인 브러싱은 필수이다. 자연적인 외모가 요구되며 이 개들은 브러싱할 때 관심이 필요하고 영양을 공급해 주면 깜짝 놀랄만한 모습으로 된다.

순서

■ 관리 도구

슬리커 브러시, 코움, 가위

■ 관리 방법

짧은 시간이라도 방치해 두면 긴 털이 아주 빨리 엉키기 때문에 겨드랑이 와 서혜부에 특별한 관심을 기울인다. 귀의 밑 선을 따라 털을 정리해서 공기가 잘 통하도록 해준다. 귀에 생길 수 있는 트러블을 예방하기 위해 정기적으로 귀를 청소한다.

- 가슴, 다리, 귀 안과 밖, 겨드랑이와 서혜부에 특별한 관심을 기울여 브러싱한다.
- 코움으로 빗질한다.
- 머리 꼭대기, 등, 옆구리와 엉덩이 부위의 빠진 털을 엄지와 검지로 제거한다.
- 발톱, 귀, 이빨을 점검한다.
- 발밑을 점검하여 필요하면 엉킨 털을 가위로 제거한다.
- 서섹스 스파니엘은 아주 깨끗한 개이며 냄새도 나지 않는다. 작은 목욕은 (환상적인 금색빛의 다갈색) 털에 영양을 더해주는 털에서 분비되는 오일을 파괴시켜 색상이 변하고 악취를 풍기게 된다. 만약 개가 지저분한 곳에서 뒹굴었다면 반드시 목욕은 시켜야 한다.

티벳탄 스파니엘

털

윗 털은 질감이 실크같다. 얼굴과 앞다리의 털은 매끈하고 몸통의 털은 적당한 길이로 납작하다기 보다는 누워있다.

이 개는 촘촘하고 빽빽한 속털을 가지고 있다. 귀와 앞 다리 뒤쪽은 보기 좋은 깃털로 되어있고 꼬리와 엉덩이는 긴 털로 덮여 있다.

이 견종은 몸이 온통 털로 덮여있는 종류는 아니며 암컷이 수컷에 비해 숱이 작은 경향이 있다.

관리

가끔 털이 난 방향으로 브러시와 빗질을 하기 전에 반대 방향으로 먼저 브러싱해 주는 것이 좋다. 이 작업으로 전체적으로 뭉침 없는 털을 확인할 수 있다.

순서

■ 관리 도구

질이 좋은 강모 브러시와 코움.

■ 관리 방법

털을 들어올리고 부분별로 나누어 완전하게 빗질해준다.

- 털을 머리에서 꼬리까지 완전히 브러싱한다. 그리고 코움으로 다시 한 번 해준다. 꼬리, 스커트, 깃털과 귀의 가장자리를 손질 할 때는 코움을 이용한다.
- 애완견은 스스로 깨끗함을 유지하기 때문에 너무 자주 목욕 시킬 필요는 없다. 자연 성분의 샴푸(티트리와 라벤더 오일 같은)가 털을 아름다운 꽃처럼 보이게 해준다. 그러나 이 개의 털 상태는 식이 요법과 운동에 더 많이 영향을 받는다. 쇼에 나갈 개들은 보통 쇼 전날 밤에 목욕시킨다.
- 컨디셔닝 크림을 사용한다. 그러나 이런 제품들을 조금씩 사용해야 한다. 너무 자주, 많이 사용하면 부드럽고 실크 같은 털이 너무 보풀 거리게 된다.
- 수건을 사용한 다음 드라이기로 건조(드라이기는 강아지 때부터 사용해야 한다. 만약 드라이기에 개의 반응이 좋지 않으면 수건으로 전체 건조 과정을 마치는 것으로 마무리 한다).
- 건조되었을 때, 머리에서 꼬리까지 완전히 브러싱한 다음 전체적으로 빗질 한다.
- 발밑을 점검하여 엉켜서 걸을 때 불편함을 줄 수 있는 삐져나온 털 제거한다.
- 마지막으로 발톱, 귀, 이빨을 점검한다.

웰시 스프링거 스파니엘

털

풍성하며 흰색 바탕위에 어두운 빨간색이다. 털은 곧고 또는 납작한 실크같은 질감에 빽빽하고 전혀 웨이브나 물결이 없다. 앞다리와 비절은 깃털이 적당하며 귀와 꼬리는 가볍게 깃털이 있다.

관리

손질은 너무 많은 트러블을 만들기 때문에 단지 가벼운 스트리핑이나 숱 다듬기 정도만 필요하다. 외모는 자연스럽게 보여야 하며 갈기의 털만 제거한다.

순서

■ 장비

핀 브러시 또는 슬리커 코움.

■ 관리 방법

핀 브러시는 긴 털에 사용하고, 강모 브러시는 짧은 털과 몸통에 사용한다.

- 털의 길이에 따라(위를 참고) 핀, 슬리커 또는 강모 브러시로 브러싱한다.
- 머리에서 꼬리까지 빗질해 죽은 털을 제거한다.
- 숱 가위를 사용해 비절 아래의 털을 짧게 해준다.
- 다음은, 견고한 고양이 발처럼 발을 정리한다.
- 머리의 삐져나온 털은 정리해서 매끄러운 모습으로 만들어 준다.

- 숱 가위를 이용해 너무 두꺼워 보이는 부분을 정리한다. 개가 손질은 받았지만 자연스럽게 보이는 것이 중요하다. ❶
- 적당한 샴푸(티트리와 라벤더)로 목욕시킨다.
- 확실히 헹군다.
- 다음으로, 수건으로 수분을 제거한 다음 따뜻한 공기나 케이지 속에 넣거나 털의 결에 따라 가볍게 바람으로 건조시킨다.
- 발톱, 귀, 이빨을 점검한다.

❶

Chapter 13 짧은 털 품종

PROFESSIONAL GROOMING

이번 장에서 다룰 짧은 털 견종

- 그레이하운드(GREYHOUND)
  - 아펜 핀셔(Affenpinscher)
  - 오스트레일리안 개틀 도그(Australian cattle Dog)
  - 바센지(Basenji)
  - 바셋 파우브 더 브레타그네(Basset Fauve de Bretagne)
  - 바셋 하운드(Baseet Hound)
  - 비글(Beagle)
  - 배우세론(Beauceron)
  - 벨지안 멜리노이즈와 라에케노이즈 (Belgian Malinois and Laekenois)
  - 블러드 하운드(Bloodhound)
  - 보스톤 테리어(Boston Terrier)
  - 복서(Boxer)
  - 브라코 이탈리아노(Bracco Italiano)
  - 불독(BULL DOG)
  - 불마스티프(Bullmastiff)
  - 불 테리어(Bull Terrier)
  - 체사피크베이 리트리버 (Chesapeake Bay Retriever)
  - 치와와(Chihuahua ; smooth Coat)
  - 차이니즈 샤페이(Chinese Shar-Pei)
  - 콜리(Colie ; Smooth)
  - 닥스훈트(Dachshund ; Smooth and Wirehaired)
  - 달마시안(Dalmatian)
  - 도메그만 핀셔(Doberman Pinscher)
  - 폭스하운드(Foxhound ; American and English)
  - 프렌치 불독(French Bulldog)
  - 저먼 쇼트헤어드 포인트 (German Shorthaired Pointer
  - 그레이트 데인(Great Dane)
  - 해밀턴스토바레(Hamiltonstövare)
  - 이비잔 하운드(Ibizan Hound)
  - 이탈리안 그레이 하운드(Italian Greyhound)
  - 래브라도 리트리버(Labrador)
  - 란캐셔 힐러(Lancashire Heeler)
  - 맨체스터 테리어(Manchester Terrier)
  - 맨체스터 테리어(Manchester Terrier ; Toy)
  - 마스티프(Mastiff)
  - 미니어쳐 핀셔(Miniature Pinscher)
  - 나폴리탄 마스티프(Neaploitan Mastiff)
  - 파라오 하운드(Pharaoh Hound)
  - 포인터(Pointer)
  - 퍼그(Pug)
  - 로디지안 리즈백(Rhodesian Ridgeback)
  - 롯트와일러(Rottweiler)
  - 슬로기(Sloughi)
  - 스타포드셔 불 테리어 (Staffordshire Bull Terrier)
  - 스웨디시 발훈트(swedish Vallhund)
  - 비즐라(Vizsla)
  - 와이마라너(Weimaraner)
  - 웰시 코지 (Welsh Corgi ; Cardigan and Pembroke)
  - 휘펫(Whipper)

털관리

어떤 사람은 이 털의 형태가 관리하기 더 쉽다고 한다. 이것이 꼭 진실은 아니다. 이 견종들은 털갈이를 하기 때문에 정기적으로 손질을 해주어야 한다. 그렇지 않으면 털이 아무 곳에나 막 날아다닐 것이다. 짧고 거칠며 접착력 있는 털은 카펫, 옷,

자동차시트 등에 달라붙어 떼어내기가 극도로 어렵다.

적어도 이 귀찮은 일을 예방하는데 도움이 될 수 있는 것은 하운드 글러브를 끼고 정기적으로 브러싱 해 주는 것이다. 또한 털이 빠지는 시기에는 개를 목욕시켜주고 목욕하는 동안 하운드 글러브로 외피를 문질러 엉킴을 제거해 주어야한다.

개의 털을 손질하기 전에 고려해야할 것은 개가 쇼에 나갈 것인지 체크하는 것이다. 관련 견종의 표준은 자연 그대로 모습을 요구하기 때문이다. 짧은 털 개의 아주 멋진 외모를 유지하려면 브리더는 매일 스트리핑 나이프로 털 전체를 훑어 주고 정기적으로 목욕시켜야 한다. 대개 쇼에 나가기 전 털이 자리 잡게 하기위해 며칠 정도 시간이 걸린다.

그레이하운드

이 그룹의 예로 사진에 나온 그레이하운드는 마틴 버틀러와 케빈 도드 소유의 Greyhound Champoin Porcelain of Springflite이다.

털

털은 촘촘하고 폐쇄적이다. 이 견종은 사실상 검정색, 흰색, 빨간색, 엷은 황갈색, 진한갈색, 반점 또는 이런 색들이 흰색과 섞인 어떤 색도 가능하다.

관리

이 털은 강모 브러시와 하운드 글러브만 있으면 관리가 쉽다. 세무가죽으로 가끔 먼지를 제거해 주면 도움이 된다.

순서

■ 관리 도구

하운드 글러브, 모직 브러시, 코움.

■ 관리 방법

털에 물기가 남아 있을 때 하운드 글러브로 브러싱을 해 주면 죽은 털을 제거하는데 더 효과적이다.

- 하운드 글러브로 머리에서 꼬리까지 손질해 주면 죽은 털은 제거되고 털이 건강히 자라도록 자극할 수 있는 이점이 있다❶.
- 적당한 샴푸로 목욕시키고 죽은 털을 제거해주기 위해 개가 욕조에 있을 때 하운드 글러브로 털을 힘차게 문질러 준다❷. 이는 죽은 털이 나중에 가구 여기저기에 붙어 있는 것을 아주 많이 방지해 준다.
- 흡수수건으로 물기를 제거하고 ❸ 따뜻한 공기에서 건조과정을 마친다❹.

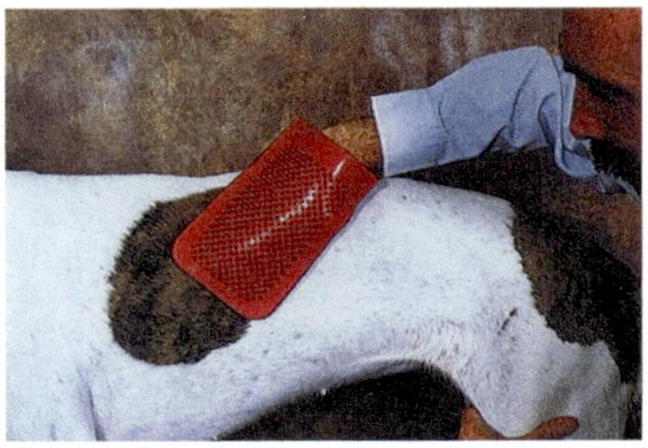
❶

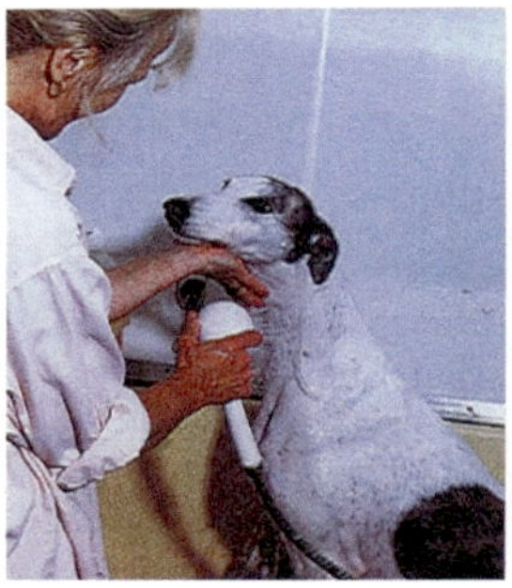
❷

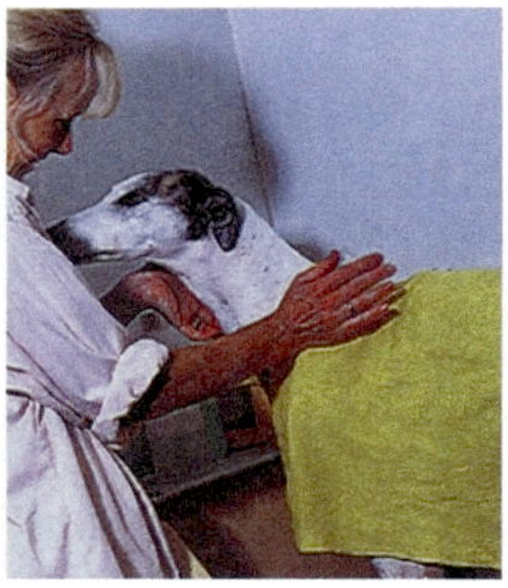
❸

❹

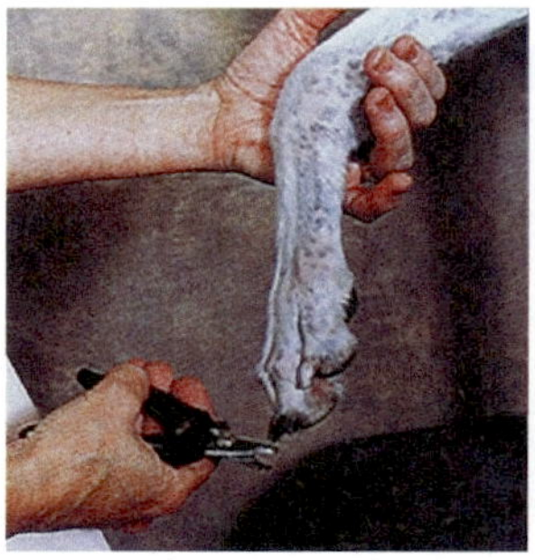
❺

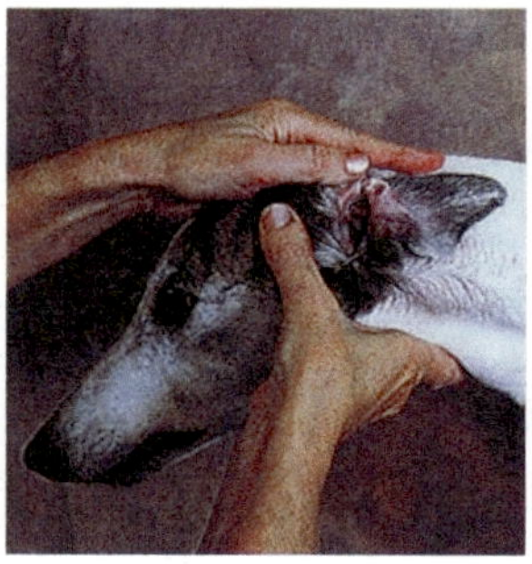
❻

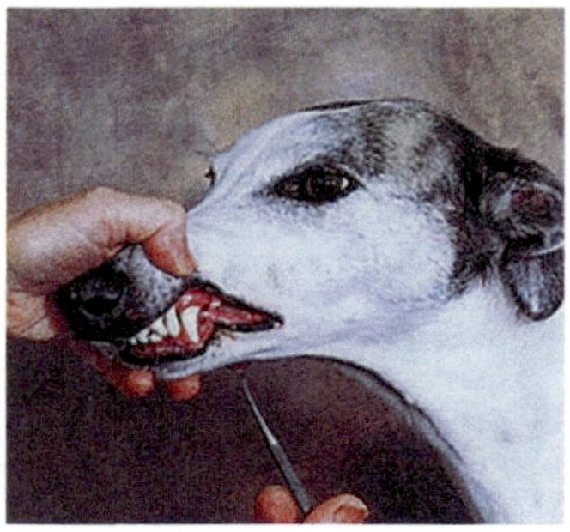
❼

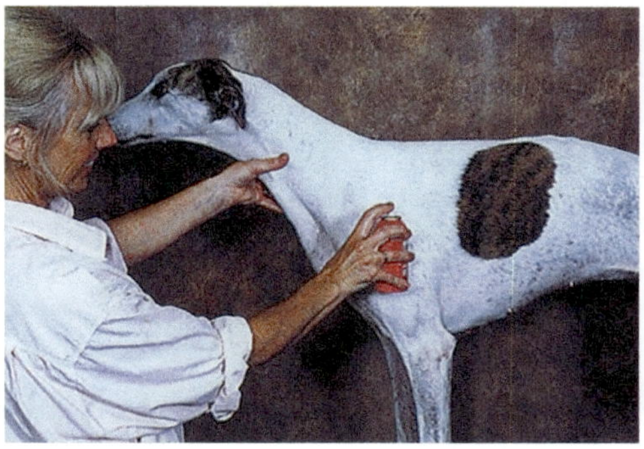

❽

❾

- 발톱 ❺, 귀 ❻, 이빨 ❼을 점검한다.
- 마지막으로, 피니시 스프레이를 털에 가볍게 뿌려주고 폴리싱 실크 더스터 또는 순수 모직 브러시로 브러싱해 준다❽.
- 완성 ❾.

아펜 핀셔

털

털이 거칠고 덥수룩하다. 색깔은 검정색이지만 회색이 조금 섞인 것도 허용된다.

미국 애견가 클럽에서 정하는 기준은 다음과 같다.

'빽빽하고 덥수룩하며 거칠고 어깨와 몸의 털의 길이는 약 1인치이다. 후구와 꼬리는 더 짧을 것이다. 머리, 목, 가슴, 배 그리고 다리는 더 길고 덜 거친 털을 가지고 있다. 성견 아펜 핀셔는 어깨뼈 사이 융기 속에 갈기 또는 망토 모양의 강한 털이 있다. 머리, 눈썹과 턱수염의 더 긴 털이 서 있으므로 얼굴에 원숭이 같은 표현을 강조하면서 윤곽을 만든다. 귀의 털은 아주 짧게 깎는다. 털의 다양한 길이를 섞어주고 단정하지만 덥수룩한 외모를 만들기 위해 조금의 손질이 필요하다.'

그러나 KC에 따르면:

'표준은 손질이 필요 없고, 덥수룩하고 거친 질감으로 몸통은 짧고 빽빽하다 그리고 나머지 부분은 덥수룩하다. 특별히, 어깨, 목, 머리의 더 길고 긴 털은 원숭이 같은 형태이고 주고 두개골, 눈의 윤곽, 코와 턱에서 멀리 떨어져 나 있다.'

관리

털 관리가 거의 필요 없지만, 좋은 상태로 유지하기 위하여 정기적으로 빗질을 해 주어야 한다.

코움으로 빗질해주고 난 다음 나일론 또는 쿠션이 있는 브러시로 뻣뻣한 털을 브러싱하여 죽은 털을 제거하고 털을 단정하고 일상적인 모습으로 유지시킨다.

일반적인 외모는 약간 덥수룩하기 때문에 애완견은 자연그대로 둘 수 있으며, 몸의 숱을 다듬어주어 매끈한 모습을 만들어 주면서 깔끔하고 맵시 있는 외모로 손질해 줄 수 있다.

얼굴은 앞에서 볼 때 둥근 모양이 되게 가위질한다. 턱수염은 쇼의 목적으로 길게 남겨두지만 어떤 애완견 주인은 짧게 자르기를 원한다.

순서

■ 관리 도구

코움은 일반적인 용도에 필요하고 얼굴의 털, 특히 눈 주위를 위해 작은 코움이 필요하다.

작고 질이 좋은 강모 나일론 헤어브러시(여성용)는 아펜 핀셔의 털에 아주 좋지만 비싼 편이다. 개가 물어뜯지 않도록 하면 오래갈 것이다.

■ 관리 방법

개를 너무 단정하고 깔끔하게 만들려고 하지 말고 덥수룩한 외모로 만들어 준다.

이 견종은 일반적으로 아주 어린 강아지 일 때부터 애견미용을 받게 해야 한다. 강아지에게 손질이 즐거운 경험임을 가르치는 것은 필수이다. 애견미용은 일반적인 점검을 병행한다(예, 이빨, 발톱 등).

- 슬리커로 털을 브러싱하여 죽은 털을 제거한다.
- 얼굴까지 포함해 완전히 브러싱한다.
- 몸의 뒤 쪽 절반은 '매끈하게 만들어져야'하기 때문에 죽은 털을 뽑아내기 위하여 엄지와 검지를 사용한다. 어깨는 갈기의 모양을 만드는 더 긴 털이 있어야하고 그 긴 털은 더 매끄러운 엉덩이로 섞여 들어간다. 일반적으로, 자주 브러싱해 주고 정기적으로 정리해 완벽한 모습으로 보이도록 해준다.
- 자연성분 샴푸로 목욕시키고 확실히 헹군다. 털에 아름다운 광택을 남겨주는 일반적인 털 관리 컨디셔너는 이 작은 개의 외모를 정말 보기 좋게 해 준다.
- 수건으로 수분을 제거하고 바람 또는 케이지드라이기로 마무리한다.
- 발톱, 귀, 이빨을 점검한다.
- 귀 가죽 바깥쪽의 털을 손질해 주기 위하여 귀의 시작 부분에서 끝으로 보브 가위를 사용한다.
- 어떤 애완견 주인은 턱수염을 짧게 손질하기를 좋아하지만, 얼굴은 자연스럽게 (특히 대회를 위해서는) 남겨둔다.
- 가슴, 다리, 엉덩이를 거쳐서 모양을 만든다. 필요하면 숱 가위를 사용하고 자연스러운 모습을 위해 털을 스트리핑해 준다.
- 꼬리 털 밑을 깔끔하게 한다.
- 아펜 핀셔의 발은 고양이 발처럼 깔끔해야 한다. 발에 털이 너무 많으면 너무 크고 펑퍼짐해 보인다. 필요하면 발 바깥선 주변으로부터 삐져나온 털을 손질해서 정돈해 주어야하며 원래의 크기보다 더 커보여서는 안된다. 이것은 애완견에게는 필수적인 것은 아니지만 쇼 독에게는 필수이다.

사교적인 아펜 핀셔

다음은 저명한 브리더 웬디 부어러(Wendy Boorer)와 최근 패트 패쳔(Pat Patchen)에게서 나온 내용들이다.

대부분의 아펜 핀셔의 털은 덥수룩한 모습을 남겨두면서 깔끔한 외모를 위해 최소한의 손질이 필요하다. 털은 덥수룩하고 거칠며 목욕이 거의 필요 하지 않다. 특히, 전시 전에는 털이 부드러워 질 수 있으므로 목욕을 시키지 않는다. 털은 몸통, 뒷부분과 꼬리가 더 짧고 더 빽빽한 반면 머리는 길고 더 덥수룩하다.

표준은 손질이 필요하지 않지만 아펜 핀셔의 자연스러운 털은 너무 짧은 것부터 긴 것까지 아주 거친 것에서 꽤 부드러운 것까지 그리고 곧은 털에서 다양한 정도의 웨이브까지 다양하다. 따라서 손질을 할 때 외곽선에 집중하는 것이 필수이다 그리고 항상 얻고자 하는 결과가 무엇이었는지 생각하면서 한다. 원숭이같은 개구쟁이 모습을 더해준다. (귀와 꼬리 외의 부분에) 손질을 한 흔적을 보여주는 것은 대회에서는 바람직하지 않다.

머리

아펜 핀셔의 털은 원숭이같은 두(頭) 부에서 일어 서있고 눈, 코의 윤곽을 이루는 덥수룩한 털로 인해 더해진다. 만약 주인이 약간 덜 덥수룩해 보이는 것을 선호한다면, 털은 귀 뒤에서 머리 전체를 거쳐 앞쪽 방향으로 빗질해 준 뒤 등에 브러싱을 하기 전에 둥글게 손질한다.

귀의 털은 매끄럽게 가장자리 가까이까지 정리한다.

몸통

털은 어깨가 옆구리보다 더 길어야하고 죽은 털은 코움 또는 스트리핑 나이프로 쉽게 제거된다. 어깨의 긴 털과 엉덩이의 짧은 털은 깔끔하지만 덥수룩한 모습을 위해 솎아 주어야 만 한다는 것을 기억하면서 가슴 또는 옆구리의 길고 풍성한 털은 숱을 다듬고 짧게 해준다.

다리와 발

다리의 털은 윗 부분에서 더 길고 깃털 같은 모습이지만 정돈은 거의 필요하지 않다. 발은 작고 둥글며 아담하다. 정확하게 모양을 만든 발과 개에 충분한 자유를 주는 발톱은 개가 나이가 들 때까지 자르지 말아야 한다.

꼬리

자연상태로 내버려 두면 꼬리는 크리스마스트리와 같아지고 어떤 애완견주인은 그런 상태를 좋아한다. 그러나 대회를 위해서는 꼬리는 시가모양 이어야 한다. 이 모양은 꼬리를 위로 잡고 모양을 만들기 전에 털을 뒤 쪽으로 빗질해주면 된다. 끝은 약간 둥근 모양이어야 하고 덥수룩한 가장자리는 가위를 아래로 향하게 하여 잘라낸다.

PROFESSIONAL GROOMING

주의!

아펜 핀셔는 가끔 브러싱과 빗질을 해 주는 것 이외에는 관심을 거의 필요로 하지 않는 표준을 가진 자연적인 견종이다.

오스트레일리안 캐틀 독

털

털은 매끄럽고 짧으며 빽빽한 속털과 함께 더블코트이다. 폐쇄적인 겉털은 단단한 곧은 털이며 날씨에 영향을 받지 않는다. 몸 밑 부분과 다리 뒤 쪽의 털은 허벅지 가까이에서 부드러운 엉덩이 띠를 형성하기 위해 더 길다. 머리, 다리 앞쪽과 발의 털은 짧다. 목의 털은 더 두껍고 더 길다. 색깔은 파란색, 다른 색깔이 있는 경우와 없는 경우를 포함하여 파란색 반점이 있거나 파란색이 얼룩덜룩하다. 붉은색 반점도 가능하다.

관리

털은 정기적인 브러싱과 죽은 털을 제거하기 위해 빗질이 필요하고 관리가 쉽다.

순서

■ 관리 도구

강모 브러시, 코움.

■ 관리 방법

몸 밑과 다리 뒤의 털은 길다. 따라서 브러싱 할 때 이 부위에 특별히 관심을 가져야 한다.

- 강모 브러시로 완전히 브러싱한다.
- 다음은, 코움을 사용해 죽은 털을 제거한다.
- 필요시에 pH-발란스 샴푸를 사용해 목욕시킨다. 대부분의 쇼 독은 가끔씩만(1년에 한두 번) 목욕시킨다. 쇼 전에 젖은 섀미가죽으로 전체를 문질러 주는 것이 대개 전부이다.
- 만약 당신이 직업적인 애견미용사라면, 수건으로 수분을 제거한 다음 전기드라이기로 건조시킨다. 강모 브러시로 브러싱해 주는 동시에 따뜻한 공기 속에서 또는 바람으로 건조를 마무리한다.
- 비전문적인 애견미용사(애완견이나 쇼 독 주인)라면 간단히 수건으로 수분을 제거하고 브러싱해 주는 것으로 충분하다.
- 발톱, 귀, 이빨을 점검한다.
- 발가락 사이와 발밑을 점검하고 삐져나온 털을 정리한다.
- 쇼 독은 자연스러운 모습으로 전시되어야 하며 손질은 필요로 하지 않는다.

바센지

털

털은 짧고, 매끄러우며 밀폐되어 있고 촘촘하다.

색깔은 검정과 흰색의 2색, 빨간색과 흰색의 2색, 검정색, 황갈색 그리고 두 눈 위('멜론 피프스')와 마스크에 황갈색 반점이 있는 흰색이 3색, 검정색, 반점(선명, 검정색 바탕에 빨간색 줄무늬), 황갈색과 흰색의 2색. 발, 가슴, 꼬리 끝은 흰색이어야 한다. 꼬리는 높이 자리잡아 척추위로 단정히 확실히 말려 올라간다.

관리

강모 브러시와 하운드 글러블르 사용하면 털을 관리하기가 쉽다.

순서

■ 관리 도구

하운드 글러브, 코윰.

■ 관리 방법

개가 털갈이를 할 때 죽은 털을 제거하기 위해 하운드 글러브를 사용한다.

- 하운드 글러브로 죽은 털을 제거한다.
- 라놀린 같은 컨디셔너를 손바닥으로 골고루 바른다. 대안책으로, 털의 광택을 강화하고자 하는 목적으로 스프레이 컨디셔너를 사용한다.

- 단백질 샴푸나 순화 샴푸 또는 둘 다 사용한다. 그리고 보조 컨디셔너로 1년에 2~3회 씻어 준다.
- 흡수수건으로 말리고 케이지나 바람으로 건조시킨다.
- 발톱, 귀, 이빨을 점검한다.
- 천 조각이나 마 조각으로 마무리를 한다.

바셋 파우브 더 브레타그네

털

털의 질은 빳빳하고 빽빽하며 납작하다. 절대로 양털 같지는 않아야 한다. 그러나 깎으면 양털 같아 질 수 있다.

바셋 파우브 더 브레타그네의 색깔은 옅은 황갈색, 황금빛 황갈색 또는 붉은 황갈색이며 가슴에 흰 반점이 있는 것은 허용한다.

관리

털은 강모 브러시와 하운드 글러브를 이용해 일주일에 두 번 정도 정기적으로 브러싱해 주는 것으로 쉽게 관리된다.

핀 브러시 또는 슬리커 브러시는 죽은 털을 제거해 줄 것이다.

순서

■ **관리 도구**

강모 브러시, 코움.

■ 관리 방법

이 개는 토끼를 쫓아 구멍 안으로 들어가는 것을 좋아한다. 강모 브러시로 털을 깨끗하게 유지하기 위해 정기적인 브러싱이 필요하다.

- 핀 브러시 또는 커리 브러시를 이용하여 밀폐된 털 부분을 긁지 않도록 주의 하면서 완전히 브러싱한다. 하운드 글러브로 마무리한다.
- 털의 질을 좋게 하기 위하여 적당한 샴푸로 목욕시킨다.
- 바르는 컨디셔너 또는 스프레이 컨디셔너를 필요하면 사용한다.
- 흡수수건으로 물기를 뺀 다음 케이지 또는 바람으로 건조시킨다.
- 발톱, 귀, 이빨을 점검한다.
- 하운드 글로브 또는 새무가죽을 이용해 마지막 브러싱을 해준다. 털에 좋은 광택을 더해 줄 것이다.

바셋 하운드

털

털은 매끄럽고, 짧으며 너무 빽빽하지 않고 밀폐되어 있다. 외곽선은 깨끗하고 깃털은 없다. 색깔은 일반적으로 검정색, 흰색과 황갈색의 2색, 또는 레몬과 흰색의 2색이며 어떤 하운드 색깔이든 다 가능하다.

관리

이 견종은 자신을 보여주기를 좋아하고 깔끔한 것을 즐기기 때문에 애견미용실에서 정기적으로 볼 수 있고 인기있는 품종이다. 정기적인 브러싱으로 관리가 쉽다.

순서

■ 관리 도구

하운드 글러브, 강모 브러시, 코움.

■ 관리 방법

개의 주름을 정기적으로 점검하여 접힌 부분의 피부가 깨끗하고 건강한지 확실히 한다.

- 하운드 글러브를 이용해 브러싱한다. 털갈이 부분의 죽은 털을 제거하기 위해 커리 브러시를 쓰고, 그 다음 하운드 글러브를 사용한다.
- 단백질 샴푸를 사용하고 털의 흰색 부분은 화이트닝 샴푸를 사용하여 목욕시킨다.
- 필요한 곳에 스프레이 컨디셔너 사용이 가능하다. 또는 라놀린 컨디셔너를 손으로 발라준다.
- 강력흡수수건 사용 후 케이지 또는 바람으로 건조시킨다.
- 발톱, 귀, 이빨을 점검한다.
- 마지막으로, 주름을 점검하여 젖은 부분이나 혹 등이 없는지 확인한다.

비글

털

아주 맵시 있고, 털이 짧고, 빽빽하며 방수가 된다. 색깔은 엷은 갈색이 아닌 어떤 하운드 색도 가능하다.

관리

관리는 쉽고 강모 브러시와 하운드 글러브를 이용해 매일 브러싱해 준다. 마지막 윤기를 위해 새무가죽을 사용한다.

순서

■ 관리 도구

하운드 글러브, 강모 브러시, 코움.

■ 관리 방법

죽은 털을 제거하기 위해 목욕을 한 후 하운드 글러브를 사용한다.

- 강모 브러시로 브러싱, 또는 하운드 글러브로 머리에서 꼬리까지 가볍게 브러싱해 죽은 털을 제거하고 피부를 자극하여, 혈액순환을 촉진시킨다.
- 필요할 때에 적당한 샴푸로 목욕시키고 흰색 부분은 수퍼화이트닝 샴푸를 사용한다.
- 몸은 목욕 중 털갈이 털을 제거하기 위해 하운드 글러브로 힘차게 문지른다.
- 색깔을 밝게 하고 건강한 광택을 줄 필요가 있는 곳에 컨디셔너를 사용한다.
- 수건으로 물기를 제거하고 난 다음 케이지 또는 바람으로 건조시킨다. 감기가 걸리지 않도록 주의한다.
- 발톱, 귀, 이빨을 점검한다.
- 마지막으로, 하운드 글러브 또는 새무가죽으로 몸 전체를 브러싱한다.

배우세론

털

검정색에 황갈색 반점이 있다. 또는 회색 바탕에 검정색과 적갈색이 흐트러진 반점이 있다.

관리

배우세론의 털은 자연스럽고 건강한 외모를 강화하기 위해 정기적으로 브러싱해 주어야 하며 관리가 비교적 쉽다.

순서

■ 관리 도구

슬리커 브러시, 코움.

■ 관리 방법

손질에 적응할 수 있도록 어릴 때부터 브러싱해 주는 것이 필수이다.

- 슬리커 브러시로 죽은 제거하기 위하여 머리에서 꼬리까지 완전히 브러싱한다.
- 자연성분의 털 강화 샴푸로 목욕시키고 잘 헹군다.
- 수건으로 수분을 제거하고 따뜻한 공기 또는 드라이기로 가볍게 마무리 한다.
- 발톱, 귀, 이빨, 특히 이중으로 숨겨져 있는 며느리발톱을 점검한다.
- 하운드 글러브 또는 천으로 브러싱한다.

벨기안 맬리노이즈와 라에케노이즈

벨기안 맬리노이즈

라에케노이즈

털

라에케노이즈는 짧고, 뻣뻣한 털을 가지고 있다. 벨기안 멜리노이즈의 털은 단단한 질감으로 짧다. 모든 다양한 종류(벨기안 쉽독과 벨기안 터뷰렌)는 이중질감의 털을 가지고 있으며 털은 거친 겉털과 빽빽한 속털로 되어있다.

관리

적어도 1주일에 한번은 브러싱이 필요하다. 성견 수컷은 날씨에 따라 털이 빠지는 경향이 있다. 그러나 암컷은 발정기후 3달 정도에 갑자기 빠진다. 다시 자라는 데는 약 두 달이 걸린다. 강아지 털은 성견보다 더 두껍고, 더 큰 털을 가지고 있다; 이 털 들은 약 한살 정도가 되면 빠진다.

순서

■ 관리 도구

슬리커 브러시와 코움.

■ 관리 방법

산책 후 이물질 제거를 위해 정기적인 브러싱이 필요하다.

- 털을 보호하고 성장을 촉진하기 위하여 컨디셔너를 약간 뿌린 후, 슬리커를 사용하여 머리에서 꼬리까지 브러싱한다. 털은 항상 젖었을 때 브러싱한다. 건조했을 때는 하지 않는다. 컨디셔너가 없으면 물을 안개처럼 가볍게 뿌려주는 것도 괜찮다. 쇼 준비를 위해서도 사용한다(물만 허용된다).
- 털이 난 반대 방향으로 하며 그 다음 슬리커로 뿌리 쪽으로 내려 빗는다. 다리의 털 부분에 특별한 관심을 기울이면서 털이 난 방향으로 빗어준다.
- 속털을 제거할 필요가 있는 곳에 레이크를 사용한다.
- 죽은 털을 제거하기 위하여 털갈이 빗을 사용한다.

- 개를 거세한 경우에는 훨씬 더 많은 관심이 필요하다. 거세한 개는 특히 엉덩이, 옆구리와 뒷다리에 관심을 기울여야 한다.
- 목욕은 거의 필요하지 않다. 만약 개가 진흙투성이가 되었다면, 시원한 물 한 동이와 스펀지로 또는 정원 호스로 더러움을 없앤다. 낡은 수건으로 말린 후 완벽히 건조되었을 때 부드러운 브러싱으로 남은 흙을 털어낸다.
- 발톱, 귀, 이빨을 점검한다.
- 필요하면 발밑의 불필요한 털과 자리잡은 이물질을 가위로 없앤다.
- 털 강화제를 가볍게 바른다.
- 주의 : 쇼 독은 목욕 후 털이 자리 잡을 수 있도록 쇼 며칠 전에 목욕시킨다.

블러드하운드

털

매끄러운 털은 짧고 날씨의 영향을 받지 않는다.

관리

털 관리는 정기적인 브러싱으로 가볍게 한다.

순서

■ 관리 도구

하운드 글러브, 강모 브러시, 코움.

■ **관리 방법**

귀, 눈과 얼굴의 주름을 매일 점검한다.

- 하운드 글러브 또는 강모 브러시로 죽은 털을 제거하기 위하여 브러싱한다.
- 필요시, 질 좋은 샴푸로 목욕한다.
- 얼굴의 주름은 확실하게 점검하고 혹 같은 것이 생기지 않도록 점검해 주어야 한다. 담당 수의사 또는 애견 브리더의 추천을 받은 피부 치료제를 혹이 선명한 곳에 바른다.
- 수건으로 털을 건조시킨다. 다른 건조 방법은 필요하지 않다.
- 발톱, 귀, 이빨을 점검한다.
- 털 컨디셔닝 스프레이는 마지막 마무리에 사용되만 쇼 독에게는 사용해서는 안 된다.

보스톤 테리어

털

털은 짧고, 매끄러우며 골고루 윤기가 나고 촘촘하다. 색깔은 옆구리에 흰색 반점들이 있거나 흰색 반점이 있는 검정색이다. 머리의 눈 사이 하얀 반점, 목 띠, 가슴, 앞다리의 부분 또는 전체, 비절의 흰색 부위는 목욕이나 손질로 더 선명하고 매력적인 모습이 된다.

관리

돌보기에 쉽지만 강모 브러시와 하운드 글러브를 사용한 정기적인 브러싱이 요구된다.

순서

■ 관리 도구

하운드 글러브, 강모 브러시, 코움.

■ 관리 방법

양질의 샴푸가 흰색 반점을 더 빛나게 한다.

- 강모 브러시를 이용해 전체를 머리에서 꼬리까지 확실히 브러싱한다.
- 좋은 pH-발란스 샴푸로 목욕시킨다.
- 목욕 중에 하운드 글러브로 힘차게 문질러 주어 죽은 털을 제거해 준다.
- 눈 밑의 주름 또는 접힌 부분은 깨끗이 하고 완전히 건조해야 한다.
- 헹군 다음, 컨디셔닝 광택을 가볍게 뿌린다.
- 케이지에서 건조시킨다.
- 모든 주름을 점검하고 건조시키며 파우더를 조금 뿌려준다.
- 마지막으로, 발톱, 귀, 이빨을 점검한다.

복서

털

색깔은 엷은 황갈색으로 어두운 디어 레드에서 엷은 황갈색까지 다양하다. 또는 반점(예, 여러 명암의 황갈색에 검정색 줄무늬). 흰색 얼룩은 바탕색의 1/3을 넘지 않아야 한다.

관리

관리는 쉽다. 털은 짧고, 광택이 나며, 매끄럽고 밀착되어 있다. 그리고 조금만 브러싱해 주어도 상당히 보기가 좋다.

순서

■ 관리 도구

고무 커리와 하운드 글러브

■ 관리 방법

- 어린애 같고 장난꾸러기이다. 대부분의 복서는 관리시간을 즐긴다.
- 고무 커리와 하운드 글러브를 이용해 전체를 털을 브러싱한다.
- 양질의 샴푸로 목욕시키고 블루 린스와 수퍼 화이트 샴푸로 흰색 부위에 빛을 준다.
- 개가 젖은 상태에서 죽은 털을 제거하기 위하여 하운드 글러브로 힘차게 브러싱한다.
- 흡수수건으로 건조시키고 따뜻한 공기 또는 케이지에서 건조시킨다.
- 발톱, 귀, 이빨을 점검한다.
- 털 광택 컨디셔너를 뿌린다.

브라코 이탈리아노

털

털은 윤기가 흐르고 촘촘하고 빽빽하며 짧다. 색깔은 가장 매력적인 오렌지와 흰색의 2색, 오렌지와 붉은 빛의 갈색, 밤색과 흰색의 2색, 또는 밤색의 붉은빛 갈색. 순색은 흰색만 허용된다. 크기는 26인치(65cm)까지이다.

관리

털은 관리하기가 쉽다.

순서

■ **관리 도구**

하운드 글러브, 강모 브러시, 코움.

■ **관리 방법**

너무 자주 목욕시키면 털의 윤기를 망칠 수 있다.

- 강모 브러시와 하운드 글러브로 정기적으로 브러싱한다.
- 정기적으로 목욕시키지 않는다. 자연성분의 샴푸를 사용한다.
- 수건으로 건조시키고 따뜻한 공기에서 건조시킨다.
- 글러브 또는 천으로 전체를 브러싱한다.
- 발톱, 귀와 이빨을 점검한다.

불독

털

털은 질감이 좋으며, 짧고 폐쇄적이며 매끄럽고 덥수룩하지 않다.

불독은 여러 가지 색깔이 있는데, 전체 또는 부분(주둥이만 검정색이고) 반점. 여러 가지 명암의 빨간색과 엷은 황갈색, 진한갈색 등.

관리

불독은 강모 브러시와 하운드 글러브로 관리가 쉬운 견종이다.

순서

■ 관리 도구

하운드 글러브, 강모 브러시와 코움(comb)

■ 관리 방법

외모를 바보같이 만들지 말 것. 불독의 대부분은 믿을 수 없을 만큼 친근하고 사랑스러운 개이다.

- 강모 브러시나 하운드 글러브로 손질한다.
- 단백질 샴푸로 목욕시킨다. 주의를 기울여 깨끗하게 하고난 다음 얼굴주변, 다리, 몸통의 피부가 접힌 곳은 완전히 건조시킨다.
- 확실히 헹군다.
- 발에 아픈 곳이 없는지 점검한다.
- 개가 욕조 안에 있을 때 죽은 털을 하운드 글러브로 제거한다.
- 바람 또는 케이지에서 건조시킨다.
- 피부의 접힌 부분에 파우더를 바른다.
- 발톱, 귀, 이빨을 점검한다.
- 털 강화 스프레이 또는 단백질 컨디셔너가 털 안으로 스며들 수 있게 브러싱한다.

불마스티프

털

불마스티프의 털은 짧고 납작하게 누워있고 단단하며 날씨의 영향을 받지 않는다.

불마스티프의 색깔은 여러 가지 명함의 반점, 엷은 황갈색과 빨간색의 2색이며 색깔은 순색이고 선명하다.

견종표준에 따르면, 가슴에 가벼운 흰색 얼룩은 허용되지만 바람직하지는 않다. 그러나 특징적인 검정색 주둥이는 필수이다.

관리

블마스티프의 털은 일반적으로 관리가 쉽다.

순서

■ **관리 도구**

하운드 글러브, 강모 브러시, 코움.

■ **관리 방법**

일상적인 손질은 강아지 일 때 일찍 시작한다. 손질에 습관이 들지 않은 성견은 너무 커서 다루기 힘들다.

- 강모 브러시 또는 하운드 글러브로 털을 아주 힘차게 브러싱한다.
- 적당한 자연 성분 샴푸로 목욕시키고 잘 헹군다.
- 수건으로 말린 다음 따뜻한 공기나 케이지-드라이기 안에서 또는 바람으로 몇 분간 건조시킨다.
- 발톱, 귀, 이빨을 점검한다.

불 테리어

털

털은 짧고 납작하며 골고루 분포되어 있으며 좋은 광택과 함께 만져보면 거칠다. 부드러운 속털은 겨울에 나타난다.

관리

약간의 관리가 필요하지만 강모 브러시 또는 하운드 글러브의 브러싱을 무척 좋아한다.

순서

■ 관리 도구

하운드 글러브, 강모 브러시, 코움.

■ 관리 방법

불 테리어는 힘이 넘치는 강아지이다. 장난기가 많지만 강하다. 만약 개가 훈련이 잘 되어있지 않다면 목욕은 두 사람이 달려들어야 할 것이다.

- 머리에서 꼬리까지 브러싱한다.
- 다음은, 적당한 샴푸로 목욕하고 철저히 헹군다.
- 수건으로 잘 말린 다음 공기나 케이지 또는 바람으로 건조시킨다.
- 광택을 주기 위하여 컨디셔너를 조금 뿌린다.
- 발톱, 귀, 이빨을 점검한다.

체사피크베이 리트리버

털

체사피크의 털은 기름기 있고 두꺼우며 방수이다.

관리

손질은 쉬우며 기본적인 것으로 충분하다. 털은 강모 브러시와 세무가죽으로 가장 잘 손질된다.

순서

■ 관리 도구

짧은 살 줌 그룸(short-toothed zoom groom)(손바닥 안에 잡히는 고무 타입 브러시로 느슨해진 털을 제거하는데 매우 효과적이다), 코움과 세무가죽.

■ 관리 방법

할 수 있다면 개를 물에 들어가지 않도록 해야 한다.

- 전체 털을 브러싱한다.
- 체사피크의 털에서 오일이 너무 많이 빠지지 않도록 하는 적당한 샴푸로 목욕시킨다. 지나친 목욕은 방수 털을 망칠 수 있으므로 정말 필요할 때에만 목욕시킨다.
- 확실히 헹구어 준 후, 강력흡수수건으로 건조시킨다. 대안책으로, 지나친 물기를 제거하기 위하여 세무가죽을 사용할 수 있다.
- 따뜻한 공기에서 건조하는 것으로 마무리한다.
- 발톱, 귀, 이빨을 점검한다.

치와와 스무스 코트(짧은 털)

털

스무스코트 견종의 털은 부드러운 질감에 폐쇄적이고 윤기가 흘러야 한다. 속털이 허용되며, 색깔은 섞여있다.

관리

매주 브러싱해 주는 것만으로 관리가 쉽다.

순서

■ 관리 도구

쿠션이 있는 모직 브러시, 코움.

■ 관리 방법

반려동물 견종으로 치와와는 손질 시위 관심을 아주 좋아한다.

- 강모 브러시로 머리에서 꼬리까지 브러싱한다.
- 티트리와 라벤더 오일 같은 적당한 자연 성분의 샴푸로 목욕시킨다. 만약 너무 더러워진 경우가 아니라면, 목욕은 3개월 마다 한번 해 주는 것으로 충분하다.
- 잘 헹군다.
- 털 강화 크림으로 컨디셔닝한다.
- 발톱을 점검(적당히 짧아야 한다)한다.
- 귀와 이빨을 점검한다(귀는 탈지면으로 너무 깊이 넣지 않도록 한다).
- 새무가죽을 사용하여 털에 광택을 준다.

차이니즈 샤페이

털

털은 극도로 거친 곧은 털이며 어깨에 띠가 있다. 그러나 다리는 더 납작하다. 속털은 없다. 길이는 짧고 강한 것(1/2인치/1.25cm이하)에서 더 길고 두꺼운 것 까지(1/2~1인치/1.25~2.5cm)다양하다. 그러나 몸에는 모두 어깨띠가 있고 털은 거칠다.

진한 색깔(흰색 제외)은 괜찮다. 꼬리와 허벅지 뒤쪽은 더 밝은 색깔이다.

관리

손질은 필요치 않고 목욕을 자주 시킨다. 귀와 발톱은 관심이 필요하다.

순서

■ **관리 도구**

(손가락이 없는) 그루밍 장갑, 스트리핑용 나이프(예, Mars628), 큰 발톱 줄

■ **관리 방법**

털의 피부질환으로 붉게 물든 부분은 '유황 꽃' 파우더로 치료한다.

- 죽은 털을 제거하기 위하여 특히 털갈이 시기에 그루밍 장갑으로 브러싱한다.
- 적당한 샴푸로 목욕시켜 주고 자주 해주지는 않는다.
- 접힌 곳이나 주름에 샴푸가 남지 않도록 주의해서 헹군다.
- 수건으로 건조시킨다.
- 접히고 주름진 피부는 점검해 확실히 건조시킨다.

콜리(스무스 코트)

털

매끄러운 콜리의 짧은 속털은 방수이고 빽빽하다. 따뜻한 속털은 완전히 방수이다.

색깔은 러프 콜리에서는 많이 보이는 진한 갈색과 흰색 두 개의 색과는 대조적으로 파란색 멀러가 많이 보이고 3색 일 때도 있다.

관리

스무스 코트 콜리는 조금만 신경써도 돌볼 수 있는 쉬운 견종으로, 단지 물에 적신 새미가죽으로 내려가면서 문질러 주어 심지어 진흙이 많은 날씨 후에도 개가 깨끗해지고 편안하게 해 줄 수 있다.

매이슨 피어슨 타입의 강모 브러시로 매주 손질해 주는 것은 모든 털과 이물질을 제거해 청결하게 해주는데 나머지는 개 스스로 알아서 다 한다.

콜리는 1년에 두 번 털갈이를 한다. 이 시기의 철저한 브러싱은 죽은 털을 제거하기 위하여 2~3주 동안은 필수이다.

순서

■ 관리 도구

강모 브러시, 코움.

■ 관리 방법

손질은 별로 필요하지 않지만 발밑부분은 주의가 필요하다. 이물질이 자리잡는 것을 방지하기 위하여 긴 털은 정리한다. 그렇게 하지 않으면 걸을 때 불편함의 원인이 될 수 있다.

- 죽은 털을 제거하기 위하여 강모 브러시로 머리에서 꼬리까지 브러싱한다. 코움으로 털을 머리에서 꼬리까지 빗질한다.
- 자연성분 샴푸로 목욕시키고 마무리를 위하여 양질의 컨디셔너를 발라준다.
- 컨디셔너는 털의 상태강화를 위한 특별한 경우에 사용한다.
- 흡수수건으로 건조시키고 따뜻한 공기에서 마무리한다.
- 발톱을 점검한다. 필요하면, 스무스 코트 콜리의 발톱은 줄로 갈 수 있다.
- 귀와 이빨도 점검한다.
- 강모 브러시와 천으로 털을 다시 한번 브러싱한다.
- 발밑을 점검하여 가위로 불필요한 털을 제거한다.

닥스훈트(스무스 코트와 와이어타입)

스무스 코트 닥스훈트

와이어 코트 닥스훈트

털

- **스무스 코트 닥스훈트** : 빽빽하고 짧은 털
- **와이어 코트** : 짧고 곧으며 거친 털. 속털은 빽빽하다. 수염이 많은 턱과 덤불진 눈썹으로 색깔은 변하지만, 둥근 반점은 몸 전체에 골고루 얼룩져 있고, 흰색은 허용되지 않는다. 빨간색, 검정색과 황갈색 2색 또는 초콜릿색의 둥근 반점이 있다.

관리

매끄러운 털은 부드러운 강모 브러시로 브러싱하는 것과 세무가죽으로 광을 내는 것 외에는 관리가 필요 없다.

뻣뻣한 털의 경우 일반적으로 1년에 두 번 스트리핑해 준다. 털은 3가지 타입으로 이루어져 있다:

- 이상적인 와이어 털은 거친 겉털과 부드럽고 빽빽한 속털로 구성된다. 이것은 멀리서 보면 너무나 납작해 보이므로 약간의 거친 콧수염과 덤불진 눈썹을 제외하고는 스무스 코트 닥스훈트 같아 보인다. 쇼 2주전쯤에 엄지와 검지로 또는 스트리핑 나이프를 사용하여 목을 정돈하고 숱을 다듬는 것 이외에는 전혀 필요 없다.
- 와이어 털 견종의 더 일반적인 형태는 이중층으로 구성 된 것이다. 그러나 겉털은 더 풍부하고 턱수염, 눈썹과 다리 장식으털이 더 많다. 이 형태의 털은 깔끔함을 유지하기 위하여 1년에 두 번 스트리핑 나이프로 솎아줄 필요가 있다. 그리고 쇼를 위해서는 원하는 매끄러운 외곽선을 만들기 위하여 꽤 많은 준비와 관리가 필요하다.

  쇼 전에 적어도 한달 정도는 목, 가슴과 등의 털을 스트리핑 나이프로 솎아 내야 하지만 새 털이 완전히 자라는데 드는 시간은 경험만으로 알 수 있다.

  몸 밑 부분의 털을 정리하고 머리위의 털은 깔끔하고 납작해야만 한다. 눈과 귀 밑의 긴 털도 제거한다. 턱수염은 앞쪽으로 빗질하고 그 뒤 쪽의 털은 납작하게 스트리핑한다. 머리 부분에는 엄지와 검지를 사용하는 것이 안전하다. 꼬리 밑의 긴 털은 제거하고 끝부분만 깔끔하게 덮을 수 있도록 남긴다. 발 주변의 털은 정리하고 앞발 앞으로부터 털은 제거한다. 비절부터 털을 모두 뽑아내어 뒷다리에 보기 좋고 깨끗한 모양이 되게 한다.
- 부드러운 털의 닥스훈트는 스트리핑만으로도 깔끔한 모습을 유지할 수 있다. 그러나 결코 꾸며지지는 않는다. 다리, 머리, 귀 뒤의 털은 닥스훈트의 털이 완전히 빠졌을 때도 항상 부드럽다.

순서

■ 관리 도구

강모 브러시, 코움, 스트리핑 나이프.

■ 관리 방법

이 하운드 견종은 구멍 안으로 기어 들어가고 땅 밑을 킁킁거리는 것을 너무 좋아한다. 매번 산책을 마쳤을 때 빠른 브러싱을 권한다.

- 전체를 머리에서 꼬리까지 브러싱. 강모 브러시는 매끄러운 털과 뻣뻣한 털에 모두 사용하기에 최고이다.
- 엄지와 검지를 이용해 필요시에 철사 같은 털을 스트리핑 한다.
- 코움으로 머리에서 꼬리까지 빗질하면서 엉킴을 점검한다.
- 질 좋은 개전용 샴푸를 사용해 가끔 목욕해 준다. 확실히 헹구고 드라이기나 따뜻한 공기 속에서 건조한다. 털에서 분비되는 오일이 다시 광택을 만들 시간을 주기 위하여 뻣뻣한 털 견종은 적어도 쇼 1주일 전에 목욕을 시키고, 스무스 종은 며칠 전에 미리 해 준다.
- 발톱을 점검한다. 발톱은 쇼 독이나 애완견 둘 다 정기적으로 손질해 주고 퀵(신경과 혈액이 공급되는)이 보이지 않기 때문에 주의를 기울여야 한다.
- 귀는 탈지면으로 닦아내고 이빨은 정기적인 칫솔질로 깨끗이 유지한다.
- 약간의 코트 피니시 라놀린을 가볍게 뿌려(또는 손으로 바름)주어 광채를 더해준다. 만약 개를 전시할 거라면, 털에 어떤 것도 발라서는 안 된다.

달마시안

털

털은 짧고, 단단하며 빽빽하고 윤기가 흐른다.

관리

많은 털이 털갈이 시기에 빠져나오므로 달마시안의 털은 정기적인 손질해주면 좋다. 필자는 전에 달마시안을 가지고 있던 사람의 차를 산 적이 있다. 그 차를 2년을 가지고 있었는데 뒤 카펫에 붙어있던 털을 결국 완전히 제거할 수 없었다(내 노력이 부족해서가 아니다).

순서

■ 관리 도구

하운드 글러브, 강모 브러시

■ 관리 방법

달마시안을 목욕하는 동안, 죽은 털을 제거해 주기 위하여 힘차게 문지른다.

- 적당한 자연성분 샴푸로 목욕시킨다.
- 세제가 모두 제거되었는지 확인하면서 확실히 헹군다.
- 고무 브러시 또는 하운드 글로브로 목욕 시 빠진 털을 제거하기 위하여 힘차게 문질러 준다.
- 수건으로 건조시킨다.
- 발톱, 귀, 이빨을 점검한다.
- 하운드 글러브 또는 강모 브러시로 브러싱하고 마지막으로 새무가죽으로 문질러 준다.

도베르만 핀셔

털

털은 매끄럽고 짧다. 그리고 거칠고 두꺼우며, 폐쇄적이고 누워있다. 색깔은 확실한 검정색, 갈색, 파란색 또는 엷은 황갈색으로 희미한 붉은색 반점이 있다.

관리

하운드 글러브로 정기적인 손질을 해준다.

순서

■ 관리 도구

하운드 글러브, 강모 브러시, 코움, 새무가죽

■ 관리 방법

새무가죽으로 마지막으로 문질러 광택있게 마무리한다.

- 고무 장갑으로 매일 브러싱해 주어 죽은 털을 제거한다.
- 자연성분의 샴푸로 너무 지저분한 곳에 빠졌거나 뒹군 것이 아니라면 단지 1년에 두 번만 목욕시킨다. 물에 적신 천(세제없이)으로 1주일에 한번 또는 필요 시 닦아낸다.
- 젖었을 때 하운드 글러브로 힘차게 문질러 준다.

- 광채를 내기 위하여, 베이비오일이나 코코넛오일을 발라준다(쇼 독에게는 사용해서는 안 된다).
- 수건으로 수분을 건조시킨다.
- 발톱, 귀, 이빨을 1주일에 한번 점검한다.

폭스하운드(아메리칸과 잉글리시)

털

짧고 빽빽하며 방수임

관리

이 털은 쇼 독 조차도 관리가 쉽다.

순서

■ 관리 도구

하운드 글러브, 코움.

관리 방법

위험할 정도로 에너지가 넘치므로 조심한다.

- 하운드 글러브로 정기적으로 머리에서 꼬리까지 브러싱한다.
- 독쇼를 위해서 목욕을 시킨다면 자연 성분의 샴푸를 쓴다. 필요하다면 적당히 가벼운 오일리 컨디셔너를 발라준다.
- 수건으로 건조 후 따뜻한 바람으로 마무리한다.
- 발톱, 귀, 이빨을 정기적으로 점검한다.

- 천/글러브로 털을 강화하기 위하여 브러싱한다.
- 대회를 위해서는 밍크오일 스프레이를 쓰고 세무가죽으로 문질러 쓸어내려 털의 색깔을 강화하여 털에 좋은 빛을 준다.

프렌치 불독

털

털은 촘촘하고 매끄러우며 골고루 윤기가 흐르고 짧고 폐쇄적이다. 색깔은 얼굴색, 반점과 엷은 황갈색을 포함하고 있는 것이 있다.

관리

프렌치 불독의 털은 정기적으로 브러싱하고 강모 브러시와 하운드 글러브를 사용한다.

'배트(박쥐)' 귀, 얼굴 주름과 꼬리의 시작 부분에 특별한 관심이 필요하다. 이 부위는 깨끗함을 유지해야 한다.

순서

■ 관리 도구

강모 브러시, 하운드 글러브, 코움.

■ 관리 방법

실크 천으로 털을 매끄럽게 해 주는 것은 전문적인 손길이 닿은 듯 느끼게 해 준다.

- 하운드 글러브로 전체를 머리에서 꼬리까지 브러싱한다.
- 적당한 자연성분 샴푸로 목욕하고 헹군다.

- 흡수수건을 사용한 후 케이지-드라이기 또는 바람으로 건조시킨다.
- 발톱, 귀, 이빨을 정기적으로 점검한다.
- 광채를 더하기 위해 라놀린 컨디셔너를 가볍게 뿌리거나 바른다.
- 마지막으로, 실크 천으로 털 전체를 닦아준다.

저먼 쇼트헤어드 포인터

털

저먼 쇼트헤어드 포인터의 털은 짧고 두껍다. 꼬리 밑면과 엉덩이의 뒤 가장자리는 다소 길다. 귀와 머리의 털은 더 부드럽고 얇으며 짧다. 어떤 애완견은 더 긴 털을 가지고 있지만 대회에서는 바람직하지 않다.

관리

관리는 강모 브러시 또는 하운드 글러브로 정기적인 브러싱을 해 주는 것으로 쉽다.

순서

■ 관리 도구

강모 브러시, 하운드 글러브

■ 관리 방법

개의 털이 젖은 상태에서 하운드 글러브를 사용하면 죽은 털을 제거해 줄 것이다.

- 강모 브러시 또는 하운드 글러브를 사용하면 죽은 털을 제거하기 위하여 전체를 머리에서 꼬리까지 브러싱

- 순화 샴푸로 목욕시키고 다음은 알맞은 컨디셔너를 사용해 털의 윤기를 강화시키고 확실히 헹구어 준다.
- 털이 여전히 젖어 있을 때 죽은 털을 제거하기 위하여 하운드 글러브를 힘차게 사용한다.
- 흡수수건으로 건조하고 케이지 내에서 또는 드라이기로 마무리한다.
- 발톱, 귀, 이빨을 점검한다.
- 천으로 문질러주거나 모직 브러시로 마지막으로 한 번 더 브러싱한다.

그레이트 데인

털

털은 짧고 빽빽하며 윤기가 있고 결코 덥수룩하지는 않다. 색깔은 다음과 같다:

- **얼룩 무늬** : 줄무늬. 배경색은 가장 밝은 buff에서 가장 어두운 오렌지까지 있다. 줄은 항상 검정색이다.
- **엷은 황갈색** : 가장 밝은 황갈색에서 가장 어두운 오렌지 까지 명함이 다양하다. 머리와 귀의 어두운 명암은 예외
- **파란색** : 밝은 회색에서 어두운 초록빛 회색의 슬레이트 색까지 다양한 명암이다.

코는 파란색일 수 있다.

- **검정색** : 확실한 전체 검정색이다.
- **여러 가지 색 반점** : 순수 흰색 바탕에 닳은 듯한 모습을 가지며 (아마)전체 검정색 또는 전체 파란색 반점이 있다.

관리

개의 습관으로 인해 관리가 쉽고 깨끗함.

순서

■ 관리 도구

하운드 글러브, 강모 브러쉬, 코움.

■ 관리 방법

욕조가 평평하지 않거나 개를 보조램프를 통해 걸어 들어가게 할 수 없다면 개를 들어올리기 위해 도움이 필요할 것이다.

- 강모 브러시 또는 하운드 글러브로 브러싱한다.
- 적당한 샴푸로 목욕시키고 확실히 헹군다.
- 수건으로 말리고 따뜻한 공기에서 마무리 한다.
- 발톱, 귀, 이빨을 점검한다.

해밀턴스토바레

털

해밀턴스토바레는 더블코트이다. 속털은 짧고 폐쇄적이며 부드럽다. 그리고 특히 겨울에 두껍다. 겉털은 강하고 날씨에 영향을 받지 않으며 몸에 폐쇄적으로 누워있다. 이 개는 풍부한 검정색, 황갈색과 흰색이 있다.

관리

이 개는 관리가 쉬운 견종이다.

순서

■ 관리 도구

하운드 글러브, 강모 브러시, 코움.

■ 관리 방법

하운드 글러브를 힘차게 둥근 동작으로 사용해서 죽은 털을 제거한다.

- 강모 브러시 또는 하운드 글러브로 털을 머리부터 꼬리까지 브러싱한다.
- 자연의 순한 샴푸로 목욕시킨다.
- 철저히 헹군다.
- 흡수수건으로 수분을 제거한다.
- 개를 따뜻한 공기나 케이지드라이기에 넣거나 드라이기를 이용하여 건조 과정을 마친다.
- 발톱, 귀, 이빨을 정기적으로 점검한다.

이비잔 하운드

스무스 코트타입

와이어 코트타입의 이비잔 하운드

털

스무스 코트타입 견종, 와이어 코트타입 견종 둘 다 털은 항상 단단하고, 폐쇄적이며 빽빽하다. 꼬리 밑과 다리의 뒷부분에서는 더 길다.

이비잔 하운드의 색깔은 흰색, 밤색 또는 진한 라이온색 또는 이들의 혼합색이다.

관리

단지 주마다 브러싱만 요하는 견종으로 관리가 아주 쉽다.

순서

■ 관리 도구

양질의 하운드 글러브, 강모 브러시.

■ 관리 방법

털에 좋은 윤기를 주기 위해서는, 브러싱을 한 후 글러브 또는 벨벳 천으로 마지막으로 광택을 준다.

- 강모 브러시와 하운드 글러브로 정기적으로 브러싱한다.
- 독소를 위해서만 목욕이 필요하다-자연 성분 샴푸 사용한다.
- 수건으로 건조하고 따뜻한 바람으로 건조시킨다.
- 발톱, 귀, 이빨을 점검한다.

이탈리안 그레이하운드

털

털은 짧고 촘촘하며 윤기가 흐른다. 색깔은 검정색, 파란색, 크림색, 엷은 황갈색,

빨간색 또는 흰색이며 이런 색들이 흰색으로 구분되어 섞여 있는 경우도 있다.

관리

벨벳 패드 또는 실크 조각으로 정기적, 매일의 관심으로 쉽게 관리 할 수 있다.

순서

■ 관리 도구

하운드 글러브, 벨벳 글러브 또는 패드

■ 관리 방법

벨벳패드로 매일 관리해 주면 환상적으로 보인다.

- 양질의 단백질 샴푸로 목욕시킨다.
- 순화샴푸를 가끔 사용 또는 털의 윤기 강화를 위해 컨디셔너를 사용한다.
- 케이지 또는 바람으로 건조시킨다.
- 발톱, 귀, 이빨을 점검한다.
- 벨벳 패드 또는 실크 조각으로 전체 털을 닦아 준다.

래브라도 리트리버

털

개 중의 젠틀맨인 이 견종은 짧고 빽빽하지만 웨이브나 깃털이 없는 특색이 있다. 만지면 단단한 느낌이 들고 날씨에 영향을 받지 않는 속털을 가지고 있다.

래브라도의 색깔은 양털 같은 검정색, 노란색 또는 붉은 갈색/초콜릿색이다. 노란색은 밝은 크림색에서 레드 폭스색까지 있다. 가슴위의 조그만 흰색반점도 허용된다.

관리

이 견종은 정기적인 브러싱으로 돌보기가 쉽고 기분좋은 목욕을 아주 좋아한다.

순서

■ 관리 도구

강모 브러시, 코움.

■ 관리 방법

일반적으로, 1년에 두 번 목욕으로 충분하다

- 강모 브러시로 전체를 머리부터 꼬리까지 브러싱한다.
- 티트리와 라벤더 같은 적당한 자연성분 샴푸로 목욕시킨다.
- 확실히 헹군다.
- 수건으로 수분을 흡수한다.
- 따뜻한 공기 또는 케이지-드라이기, 또는 드라이기로 건조시킨다.
- 발톱, 귀, 이빨을 점검한다.
- 마지막으로, 애완견에게는 마무리를 위해 컨디셔너를 털에 가볍게 뿌려준다.

란캐셔 힐러

털

짧고 두꺼우며 단단하고 납작한 겉털로 덮여있는 촘촘한 속털로 구성되어 있으며 털이 짧으며. 겉털은 목에서 약간 길다. 속털은 겉털 사이로 보여서는 안되며 갈기에 어떤 긴 털이 서 있는 것도 안 된다. 갈기는 겨울에 눈에 띈다.

관리

새무가죽과 빠른 빗질로 관리가 쉽다.

순서

■ 관리 도구

강모 브러시, 코움.

■ 관리 방법

독쇼에서는 자연스러운 털의 윤기를 강화하기 위해 천으로 광택을 낸다.

- 강모 브러시로 전체를 브러싱한다.
- 코움으로 죽은 털을 제거하기 위하여 빗질한다.
- 티트리와 라벤더 오일 같은 자연성분샴푸로 목욕시킨다.
- 발톱, 귀, 이빨을 점검한다.
- 마무리를 위해 강모 브러시와 새무가죽으로 문질러 준다.

맨체스터 테리어

털

이 견종은 짧고 폐쇄적이며 매끄럽고 윤기 있는 단단한 질감의 털을 가지고 있다. 색깔은 아주 진한 검정색과 마호가니 황갈색이다.

관리

매우 쉽다.

순서

■ 관리 도구

하운드 글러브와 강모 브러시.

■ 관리 방법

맨체스터 테리어의 매끄럽고 윤기 있는 털은 천으로 광택을 내주면 더 좋다

- 하운드 글러브 또는 강모 브러시로 머리부터 꼬리까지 브러싱한다.
- 광택을 강화하기 위하여 자연성분의 샴푸로 목욕시킨다.
- 잘 헹군다.
- 수건으로 말리고 따뜻한 공기, 케이지-드라이기 또는 부드러운 드라이 바람으로 마무리 한다.
- 발톱, 귀, 이빨 점검
- 머리부터 꼬리까지 브러싱하고 천 또는 벨벳 패드를 마무리 작업에 사용한다.

맨체스터 테리어(토이)

털

미국에서 잉글리시 토이 테리어로 알려진 이 견종은 짧고 윤기있는 털을 가지고 있으며, 균형있고 고상하며 아담하고 광택이 흐르는 깨끗한 몸매로 되어있다.

털은 빽빽하고 두껍고 윤기 있다.

관리

하운드 글러브와 강모 브러시로 정기적으로 브러싱해주면 털을 최상의 상태로 유지시켜 줄 수 있다.

순서

■ **관리 도구**

하운드 글러브, 강모 브러시, 코움.

■ **관리 방법**

맨체스터 토이 테리어가 젖은 상태일 때 하운드 글러브를 사용한다. 이것은 죽은 털을 제거하는데 도움이 된다.

- 하운드 글러브로 전체를 머리부터 꼬리까지 브러싱한다.
- 자연성분 샴푸로 목욕시킨다.
- 완전히 헹군다.
- 털갈이를 할 때, 하운드 글러브는 죽은 털을 제거하는데 목욕에 사용할 수 있다.

- 광택을 강화하기 위해 컨디셔너를 사용한다.
- 수건으로 건조하고 따뜻한 공기, 케이지 또는 가벼운 바람으로 마친다.
- 발톱, 귀, 이빨을 점검한다.
- 마지막으로, 강모 브러시, 하운드 글러브 또는 벨벳 천을 이용해 한 번 더 브러싱 해준다.

마스티프

털

마스티프의 털은 짧고 폐쇄적으로 누워 있지만 어깨 위, 목과 등은 너무 촘촘하지는 않다. 색깔은 복숭아 빛-엷은 황갈색, 은빛-엷은 황갈색, 엷은 황갈색 또는 어두운 엷은 황갈색 반점이다. 주둥이, 귀, 코는 검정색이다.

관리

이 견종은 털을 좋은 상태로 유지하기 위하여 강모 브러시와 하운드 글러브를 사용해 정기적인 브러싱이 필요하다.

순서

■ 관리 도구

하운드 글러브와 강모 브러시.

■ 관리 방법

마스티프는 침을 흘리는 것을 관심있게 관리해야 한다. 다시 알려지게 되었으며, 따라서 이런 관심을 자주 보낼 필요가 있을 것이다.

- 죽은 털을 제거하기 위하여 털을 완전히 브러싱한다.
- 적당한 양질의 단백질 샴푸로 목욕시킨다.
- 털이 젖어 있을 때, 하운드 글러브를 사용하여 죽은 털을 제거해 준다.
- 확실히 헹군다.
- 영양공급 컨디셔너를 사용하고 잘 헹군다.
- 강력흡수수건으로 완전히 건조시킨다.
- 발톱, 귀, 이빨을 점검한다.
- 하운드 글러브 또는 강모 브러시로 브러싱을 하고 마무리 한다.

미니어처 핀서

털

미니 핀의 털은 곧으며 골고루 윤기가 흐를 뿐만 아니라 매끄럽고 단단하며 짧다.

- **색깔** : 다양한 명암의 순수 선명한 빨간색, 검정색, 초콜릿색, 파란색의 다양한 색깔이 있다. 선명하게 구분된 황갈색 반점이 볼, 입술, 아래턱뼈, 인후, 눈 위와 가슴 위에 두개, 앞다리 발의 밑쪽과 그리고 비절과 발의 밑쪽에 있다. 모든 미니어처 핀서의 색깔은 발에 무늬가 있다(빨간색은 제외).

관리

관리가 쉬움. 하운드 글러브뿐만 아니라 강모 브러시를 사용해서 정기적인 브러싱을 해 주면 미니 핀을 최상의 상태를 유지하는데 도움이 될 것이다.

순서

■ 관리 도구

하운드 글러브, 강모 브러시, 새무가죽.

■ 관리 방법

1주일에 여러 번 브러싱해 주면 털과 피부를 좋은 상태로 유지할 수 있다. 벨벳 패드는 털을 아름답게 만든다.

- 순수 강모 브러시로 털 전체를 머리부터 꼬리까지 브러싱한다.
- 자연성분 샴푸로 목욕시키고 확실히 헹군다.
- 수건으로 말리고난 다음 따뜻한 공기의 케이지 또는 가벼운 드라이기로 마친다.
- 발톱, 귀, 이빨을 점검한다.
- 강모 브러시 또는 실크효과를 위해 패드 또는 천으로 털을 가볍게 브러싱하면서 마친다.

나폴리탄 마스티프

털

짧고 빽빽하며 단단한 질감에 좋은 윤기가 흐르고 가장자리 털은 없다.

- **색깔** : 검정색, 파란색, 모든 명암의 회색, 갈색(엷은 황갈색에서 빨간색), 갈색들의 반점. 가슴의 작은 별과 흰색 발가락은 허용된다.

관리

정기적인 브러싱으로 관리가 쉽다. 접힌 부분과 주름은 반드시 깨끗하게 건조함을 유지 시켜준다. 그렇지 않으면 쓰라림이 커 질 수 있다.

순서

■ 관리 도구

하운드 글러브, 강모 브러시, 코움.

■ 관리 방법

침을 많이 흘리므로 큰 수건으로 닦아 낸다.

- 죽은 털을 제거하기위해 브러싱해 준다.
- 보조를 받아 개를 욕조에 넣는다. 또는 보조 램프를 사용해서 욕조로 걸어 들어가도록 한다.
- 순한 소재의 자연성분 샴푸로 목욕시킨다.
- 확실히 헹군다.
- 케이지드라이기 또는 따뜻한 공기(예, 따뜻한 방 또는 따뜻하고 햇볕 쨍쨍한 날 실외에서)에서 건조시킨다.
- 광택을 강화하기 위하여 컨디셔너를 털에 가볍게 뿌린다.
- 이빨을 점검하고 필요하면 칫솔질을 해준다.
- 주름과 접힌 부분을 점검해서 수분이 없도록 확실히 해 주어야 한다. 그렇게 하지 않으면 가려움증과 습진의 원인이 될 수 있다.
- 나폴리탄 마스티프의 눈은 가능한 자주 씻어주어야 한다.
- 귀속은 트러블이 생기는 것을 피하기 위하여 매주 청소해 준다.
- 턱밑 부위에 음식 찌꺼기가 매우 빨리 모이므로 정기적으로 닦아준다.

파라오 하운드

털

이 종류가 눈길을 끄는 것은 빛나고 윤기있는 털 때문이다. 털은 촘촘하고 폐쇄적인 것에서부터 조금 거친 것 까지 있고 깃털은 없다. 털의 색깔은 황갈색 또는 풍부한 황갈색이다. 흰색은 가슴('별모양')과 발가락에 있을 수 있으며 눈 사이에 가는 흰줄이 얼굴 중간 까지 내려가는 것도 허용된다. 꼬리 끝의 하얀색은 아주 이상적이다.

관리

매우 쉽다.

순서

■ 관리 도구

하운드 글러브, 하운드 글러브와 새무가죽.

■ 관리 방법

감기에 걸리기 쉬우므로 목욕 후 재빨리 건조시킨다.

- 하운드 글러브로 전체를 머리부터 꼬리까지 브러싱한다.
- 죽은 털은 하운드 글러브로 제거해 주면서 자연성분 성분 샴푸와 컨디셔너로 목욕시킨다.
- 확실히 헹군다.

- 수건으로 수분을 제거하고 자연적으로 마르도록 놔둔다.
- 발톱을 점검한다. 파라오의 발톱은 눈에 뜨일만한 속도로 자란다. 따라서 매주 점검해 줄 필요가 있다.
- 탈지면으로 귀를 부드럽게 청소한다. 탈지면은 파라오의 민감한 귀에 상처를 줄 수 있으므로 귀 구멍 안에 들어가지 않도록 한다.
- 이빨을 점검한다.
- 마지막으로, 광택을 주기 위하여 새무가죽으로 닦아준다.

포인터

털

매끄럽고 단단한 털은 광택을 가지고 있어야 하며, 촘촘하고 짧다. 이것은 몸 전체를 거쳐 골고루 퍼져있으며 완벽하게 곧은 털이다.

관리

강모 브러시 또는 하운드 글러브로 정기적으로 브러싱해 주는 것으로 쉽다.

순서

■ 관리 도구

강모 브러시, 하운드 글러브.

■ 관리 방법

털이 아직 젖어 있을 때 하운드 글러브를 이용하면 죽은 털을 제거할 수 있다.

- 강모 브러시 또는 하운드 글러브로 죽은 털과 먼지를 제거하기 위하여 전체 털을 머리부터 꼬리까지 브러싱한다.
- 자연성분의 순화 샴푸와 컨디셔너로 털의 윤기를 강화한다.
- 털이 젖은 상태에서 하운드 글러브로 힘차게 사용하여 제거한다.
- 흡수수건으로 수분을 제거한다.
- 케이지 또는 드라이기로 건조한다.
- 발톱, 귀, 이빨을 점검한다.
- 천 또는 강모 브러시로 마지막으로 브러싱해 준다.

퍼그

털

촘촘하고 매끄러우며, 부드럽고 짧으며 윤기가 있다. 강하거나 양털같지는 않다. 색깔은 엷은 갈색 또는 검정색이다. 엷은 갈색 퍼그는 선명하게 강조되는 검정색 얼굴, 귀와 얼굴 주름을 가지고 있다. 발톱은 검정색이다.

관리

관리가 쉽다. 단지 정기적인 브러싱이 필요하다.

퍼그의 코를 덮는 주름과 귀는 매일 점검해 주어야 하고 조금도 흐트러짐 없이 깨끗함을 유지해야 한다. 만약 혹이 발전하면 수의사에게 상담해야만 한다. 눈을 특별히 잘 관리해 주어야 한다. 눈은 선명함을 유지해야 하며 눈에 이상이 발견될 경우 수의사에게 즉시 치료받아야 한다. 나이 든 퍼그의 눈은 특별히 약하고 가끔 안약이 필요하다.

순서

■ 관리 도구

브러시 또는 하운드 글로브, 코움.

■ 관리 방법

얼굴 중 접힌 곳에 혹이 생기지 않았는지 살펴보아야 한다.

- 매일 브러싱한다.
- 적당한 자연성분 샴푸로 목욕하고 확실히 헹군다.
- 확실히 건조시킨다.
- 개의 발톱, 귀, 이빨을 점검한다.
- 얼굴 주름을 점검하고 필요하면 탈지면으로 닦아내면서 청소하고 건조시킨다.

로디지언 리지백

털

로디지언 리지백의 털은 짧고 빽빽하고 광택과 윤기가 있지만 절대로 양털같거나 실크 같지는 않다. 색깔은 가벼운 황갈색에서 붉은 황갈색이다.

관리

로디지언 리지백은 강모 브러시 또는 하운드 글러브로 정기적인 손질이 필요하다.

순서

■ 관리 도구

강모 브러시 또는 하운드 글러브.

■ 관리 방법

하운드 글러브 또는 천은 애견미용 시간의 마지막 단계에서 광택있는 외모로 만들어 준다.

- 강모 브러시 또는 하운드 글러브로 브러싱한다.
- 이 견종은 목욕을 거의 필요로 하지 않는다. 목욕이 필요할 때는 적당한 자연의 순한 샴푸를 사용한다.
- 확실히 헹군다.
- 수건으로 건조하고 따뜻한 공기, 케이지-드라이기 또는 드라이기로 마무리 한다.
- 발톱, 귀, 이빨을 점검한다.

롯트와일러

털

롯트와일러는 겉털과 속털로 구성된 빛나는 더블 코트를 가지고 있다.

겉털은 중간 길이로 거칠고 납작하다. 속털은 목 위와 허벅지에는 필수이지만 윗털을 통과해서 보여서는 안된다. 털은 앞다리와 엉덩이에 좀 긴 것이 허용된다.

색깔은 풍부한 황갈색에서 마호가니색 까지 선명하게 구분된 반점이 있다. 두 눈 위, 뺨 위에 반점, 주둥이의 양쪽 옆면(그러나 콧등 위는 아님)에 줄무늬, 후두부 위에, 가슴뼈의 각 편에 두개의 삼각형, 앞다리위의 발목뼈에서 발가락 까지, 비절 옆면(그러나 다리 뒤편으로부터 검정색을 완전히 없애지 않은), 그리고 꼬리 밑이다.

관리

정기적으로 일주일에 적어도 3일은 필요하지만 관리가 비교적 쉽다.

순서

■ 관리 도구

강모 브러시, 하운드 글러브, 코움.

■ 관리 방법

만약 개가 쇼를 위한 것 이라면, 털을 부드럽게 보여야 하므로 털이 자리를 잡을 수 있도록 쇼 이틀 전 쯤에 목욕을 시킴

- 하운드 글러브나 강모 브러시 또는 둘 다를 이용해 털이 누워있는 방향의 반대로 느슨하고 빠진 털을 제거하기 위하여 브러싱한다. 그런 다음 광택이 생기게 하기 위해 옳은 방향으로 다시 브러싱한다. 털을 납작하게 눕히고 표면에 있는 털을 제거하기 위해서 빗질로 마무리한다.
- pH-밸런스 자연 순화 샴푸를 이용해 1년에 두 번 샴푸로 목욕시킨다. 또는 특별히 검정색 또는 뻣뻣한 털 견종을 위한 샴푸를 사용한다. 대안책으로 털을 비속에 산책 시킨 후 거친 수건으로 건조시켜 마무리한다.
- 확실히 헹구도록 한다.
- 목욕 중에 죽은 털을 제거하는데 하운드 글러브를 이용한다.
- 수건 또는 케이지드라이로 마무리 한다.
- 발톱을 점검하고 짧게 유지한다.
- 귀와 이빨을 점검한다.

- 필요하며 스프레이 컨디셔너를 아주 조금 사용한 후, 벨벳 패드 또는 실크 천으로 닦는다. 쇼를 위한 개라면, 컨디셔너가 털에 남아있는 것은 절대로 허락되지 않는다.

슬로기

털

털이 거칠고 촘촘하다. 색깔은 모든 명암의 안면이 검정색 인 것도 있고 그렇지 않은 것도 있다. 검정색 또는 엷은 황갈색을 포함한다. 어두운 흰색, 반점이 있거나 황갈색 점이 있는 검정색 또는 머리, 발 그리고 가끔은 가슴에 엷은 황갈색 바탕에 반점도 또한 허용된다.

관리

깨끗하고 건강하게 유지하기 위한 정기적인 브러싱이 필요하다.

순서

■ 관리 도구

하운드 글러브, 강모 브러시, 코움.

■ 관리 방법

하운드 글러브는 느슨한 털을 제거하는 데 필수적이다.

- 하운드 글러브로 브러싱한다.
- 자연성분 샴푸에 목욕하고 헹군다.

- 수건으로 털을 말리고 따듯한 공기 또는 케이지-드라이기 또는 가벼운 드라이기로 마친다.
- 발, 귀, 이빨을 점검한다.
- 마지막 광택을 위하여 하운드 글로브 또는 천으로 브러싱한다.

스탠포드셔 불 테리어

털

털은 매끄럽고 짧으며 폐쇄적이고 광택이 난다. 다양한 색깔이 있다. 빨간색, 엷은 황갈색, 검정색 또는 파란색, 그리고 흰색이 있는데 색깔과 함께 어울리는 반점도 다양하다.

관리

스탠포드셔 불 테리어는 손질을 필요로 하지 않지만 하운드 글러브 또는 강모 브러시를 이용해 정기적인 브러싱을 해주어 외피를 완벽한 상태로 유지시켜 준다.

순서

■ 관리 도구

하운드 글러브, 강모 브러시.

■ 관리 방법

대부분의 스타포드셔는 물을 좋아하고 기분좋은 목욕을 즐긴다. 짧은 털을 제거하는 데 도움이 되기도 한다.

- 하운드 글러브로 전체를 머리부터 꼬리까지 브러싱한다.
- 자연성분 샴푸로 목욕시킨다.
- 확실히 헹구도록 한다.
- 개가 털갈이 중일 때, 목욕시키면서 하운드 글러브를 이용해 죽은 털을 제거하기 위하여 철저히 문질러 준다.
- 다시 헹군다.
- 케이지 또는 바람으로 건조시킨다.
- 발톱, 귀, 이빨을 점검한다.

스웨디시 발훈트

털

털은 거칠고 폐쇄적인 모양이며, 중간 길이의 촘촘한 윗 털과 풍부하고 부드러운 양털같은 속털로 되어있다. 색깔은 등, 목과 몸의 옆면에 더 어두운 보호털과 함께 금속빛 회색, 회색빛 노란색과 붉은빛 갈색이다. 안장(saddle) 무늬가 보여야 한다. 주둥이, 인후, 가슴, 배, 발과 비절은 대개 크림색이다. 흰색은 인후 밑 또는 목 띠 주변에는 가끔 있을 수 있다(흰색이 $\frac{1}{3}$ 정도 있는 것은 허용).

관리

이 종류는 1년에 두 번 털갈이를 한다. 속털이 먼저 털갈이를 한다. 따라서 레이크가 필요하다.

순서

■ 관리 도구

레이크, 하운드 글러브, 코움.

■ 관리 방법

새무가죽이나 천을 이용하면 유용하다.

- 레이크와 하운드 글러브로 머리부터 꼬리까지 브러싱한다.
- 자연 티트리 샴푸로 목욕시킨다.
- 수건으로 말리고 케이지 안이나, 드라이기를 이용해서 마무리한다. 개를 전시할 목적이라면 털이 자리를 잡도록 쇼 며칠 전에 하도록 한다.
- 발톱, 귀, 이빨을 점검한다.
- 마지막으로, 강모 브러시와 새무가죽으로 브러싱한다.

비즐라

비즐라는 두 가지 다른 털 형태가 있다: 스무스 코트(왼쪽)와 와이어 코트(오른쪽)

털

색깔은 붉은 갈색을 띠는 금색이다. 비록 바람직하지는 않지만 가슴과 발위의 약간의 흰색은 허용된다. 털은 만지면 기름기가 느껴지고 짧고 빽빽하며 매끄러우면서 빛이 난다.

관리

강모 브러시와 하운드 글러브로 정기적인 브러싱을 해준다.

순서

■ 관리 도구

하운드 글러브, 코움.

■ 관리 방법

강아지 때부터 강모 브러시를 사용해서 건강한 털과 피부로 관리한다.

- 강모 브러시로 브러싱해 준다.
- 목욕은 피부에서 분비되는 오일을 없애고 종종 비듬이 생기게 할 수도 있으므로 필요할 때만 해준다. 자연성분 샴푸를 사용하고 잘 헹군다.
- 수건으로 수분을 제거해 준다.
- 하운드 글러브로 전체적으로 브러싱한다.
- 발톱, 귀, 이빨을 점검한다.

와이마라너

털

와이마라너의 털은 짧고 매끄러우며 윤기가 난다.

관리

관리는 매우 쉽다. 죽은 털을 제거하기 위하여 하운드 글러브로 머리부터 꼬리까지 살짝 브러싱한다.

순서

■ 관리 도구

하운드 글러브

■ 관리 방법

필요할 때만 목욕시킨다. 하운드 글러브로 털을 깨끗하게 유지시켜 준다.

- 하운드 글러브로 머리부터 꼬리까지 브러싱한다.
- 필요하면, 자연성분 샴푸로 목욕시키고 확실히 헹군다.
- 수건으로 잘 말리고 케이지나 따뜻한 공기에서 건조를 마친다.
- 발톱, 귀, 이빨 점검을 잊지 말아야 한다.
- 마지막으로, 새무가죽이나 천으로 털에 광택을 주기위해 문질러 준다.

PROFESSIONAL GROOMING

롱 코트 와이마라너

이 타입의 털은 약 2.5~5cm길이로 목, 가슴, 배에서는 더 긴 털이 있다. 꼬리와 다리 뒤쪽에는 깃털의 모든 엉킴을 제거하기 위해 브러싱을 할 때 관심이 필요하다.
산책할 때 더러운 것에 오염이 잘 되는 털과 꼬리는 특별히 관심을 둔다.
발은 특히 잔디씨를 점검한다.
일주일에 적어도 세 번 강모 브러시와 코움으로 깃털 부분의 브러싱을 권유한다.

웰시 코지(카디건과 펨브로크)

털

카디건은 중간 길이, 펨브로크는 약간 더 긴 털로 큰 차이가 별로없다. 털은 속털이 정말로 빽빽해서 추위를 타지 않는다.

관리

이 견종은 같이 살면서 관리하기가 쉽다.

순서

■ 관리 도구

슬리커 브러시, 강모 브러시, 코움.

■ 관리 방법

몸이 낮아서 밖에 있을 때 배에 진흙, 씨, 잔가지 등을 묻힐 수 있으므로 산책을 마칠 때 마다 머리부터 꼬리까지 브러싱해 준다.

- 슬리커나 커리 브러시로 완전히 브러싱해 준다.

- 흰색부위는 화이트닝 샴푸를 사용하면서, 단백질 샴푸로 목욕시킨다(자연성분의 티트리와 라벤더 샴푸를 사용하면 흰털이 아름답게 보일 것이며 화이트닝은 항상 필요한 것은 아니다).
- 털에 영양을 더하기 위해(그러나 부드럽지는 않게) 컨디셔너를 사용한다.
- 수건으로 잘 말린 다음 드라이기를 사용해 털이 자라는 방향으로 건조시킨다.
- 털 관련 제품은 쇼 독에게 쓰지 않는다.

휘펫

털

털은 촘촘하면서 짧으며 폐쇄적이다. 깨끗하게 유지하기 쉬우며 목욕 후 보기가 아주 좋다. 색은 혼합색이다.

관리

관리하기가 쉽다.

순서

■ 관리 도구

하운드 글러브 또는 그루밍 글러브

■ 관리 방법

젖은 상태에서 죽은 털을 제거하기 위하여 하운드 글러브로 머리부터 꼬리까지 문질러 준다.

- 죽은 털을 제거하는 데 하운드 글러브를 사용하고 적당한 샴푸를 사용해 목욕시킨다.
- 건강한 피부를 만들고 빛을 내기 위하여 1년에 몇 차례 순화샴푸와 컨디셔너를 사용해 준다.
- 수건으로 말린다. 케이지 안이나 드라이기 사용으로 마무리한다.
- 발톱, 귀, 이빨을 점검한다.
- 마무리를 위해 컨디셔너를 털에 가볍게 뿌려 준다.

Chapter 14 스트리핑을 한 견종

PROFESSIONAL GROOMING

이번 장에서 다룰 스트리핑을 해야 할 견종

- 웨스트 하이랜드 화이트 테리어(WEST HIGHLAND WHITE TERRIER)
  - ▸에어데일 테리어(Airedale Terrier)
  - ▸보더 테리어(Border Terrier)
  - ▸브루셀 그리폰(Brussels Griffon ; Griffon Bruxellois)
  - ▸케언 테리어(Caairn Terrier)
  - ▸댄디 딘몬트 테리어(Dandie Dinmont Terrier)
  - ▸폭스 테리어(Fox Terrier ; wire and Smooth)
  - ▸아이리시 테리어(Irish Terrier)
  - ▸레이크랜드 테리어(Lakeland Terrier)
  - ▸노르포크 테리어(Norfolk terrier)
  - ▸노르위치 테리어(Norwich Terrier)
  - ▸파슨 러셀 테리어(Parson russell Terrier)
  - ▸슈나우저(Schnauzer ; Miniature, Standard and Giant)
  - ▸스코티시 테리어(Scottish Terrier)
  - ▸실리함 테리어(Sealyhan Terrier)
  - ▸웰시 테리어(Welsh terrier)

털 관리

개를 스트리핑 방법은 다양하다. 어떤 견종은 손으로 또 어떤 견종은 스트리핑 나이프로 스트리핑을 한다.

애완견 클리핑

어떤 형태의 털은 이발기를 사용하면 자연스러운 성장을 망칠 수 있다. 애완견의 경우, 클리핑을 하면 엉킴이 안 생기고 애견미용사의 미용시간을 확실히 절약해 주며 주인에게는 비용을 줄여준다.

큰 개를 손으로 스트리핑을 하는 것은 오랜 시간이 걸린다. 그러나 개를 양의 털을 깎듯이 깎아주면 시간은 5~10분이면 끝난다. 따라서 클리핑은 좋은 선택이다.

애견미용사와 개 주인은 모든 것을 고려해 무엇이 최선인지 미리 결정해야 한다. 고려해야 할 점 중에서, 스트레스, 시간, 애견미용 비용이 있으며, 개가 전시를 위한 것인가도 고려해야 한다.

애견미용사는, 클리퍼를 사용하기 전에 어떤 견종이 대회에 많이 서는지 알아야한다. 대부분의 애완견 주인은 자신의 개를 전시하는 것에 관심이 없다. 그리고 그들은 엄지와 검지로 털을 뽑거나 나이프로 스트리핑을 하는 등의 복잡하고 자세한 사항에 대해서도 관심이 없다. 단지 개가 가능한 맵시 있어 보이고 기분 좋은 냄새가 나기를 원한다.

쇼 독

자신의 개가 최고로 보여지기를 바라는 사람들은 각각의 견종표준을 보여주는 기술을 확실히 배워야한다. 이것은 여러 종류의 테리어가 가진 각기 다른 특징들을 배워야 한다. 같은 테리어그룹이라도 서로 다른 머리 형태를 가지고 있다는 것을 알게 될 것이다.

테리어

옛날에 테리어는 1년에 한번 또는 6개월에 한번 손질했다. 하지만 요즘은 항상 맵시있는 모습을 유지해 주기위해 좀더 자주 손질한다. 6~8개월마다 정기적으로 손질을 하고 쇼에 나갈 때는 더 자주한다.

상을 받는 개들을 보면 매주, 가끔은 매일 관심을 갖아야 한다는 것을 알 수 있다.

웨스트 하이랜드 화이트 테리어

사진은 앤 가드너(Ann Gardner) 소유의 웨스트 하이랜드 화이트 테리어 Kenes Cartan Lass이다.

털

웨스티의 더블코트는 맵시있고 깨끗함을 유지하기 위하여 계속적인 관심이 필요하다. 겉털은 곱슬이 없는 2인치(5cm)의 거친 털이다. 모피를 닮은 속털은 짧고 부드러우며 폐쇄적이다.

관리

웨스티는 털의 상태와 독 쇼에 출진할지 여부에 따라 스트리핑할 것인지 털을 깎아줄 것인지를 결정한다.

주로 털을 깎아주게 되는 경우는 밑이 엉킴과 뭉침이 생긴 채로 애견미용실을 단골로 찾는 손님이다. 주인과 개의 편안함을 위하여 이런 경우 털을 짧게 자르는 편이 더 낫다. 만약 주인이 더 짧은 털을 원하는 경우가 아니라면 오스터No.4 날 또는 No.5 날이 충분하다. 스트리핑을 했을 때 다리부분은 작업하지 않고 다리 윗털과 섞어서 대강 2인치(5cm)길이로 해준다. 얼굴은 절대로 깎지 말고 가위로 둥글게 만든다.

순서

■ 관리 도구

스트리핑 나이프, 클리퍼, 슬리커 브러시, 코움.

■ 관리 방법

웨스티는 엉킴을 제거할 때 털이 당기는 것을 아주 싫어하는 민감한 견종이므로 엉킴을 방지하기 위해 정기적인 브러싱이 필요하다.

- 필요하면 엉킴 제거 스프레이로 제거하면서 전체 털을 브러싱한다❶.
- 목을 귀 뒤 2인치(5cm)부터❷ 어깨로 내려가면서 가슴을 지나 ❸, ❹ 몸통을 따라 꼬리까지, 옆선은 팔꿈치로부터 수평의 선을 골반까지, 앞가슴의 아랫부분까지 남기면서 손질한다❺, ❻.
- 꼬리를 손질한다❼.

❶

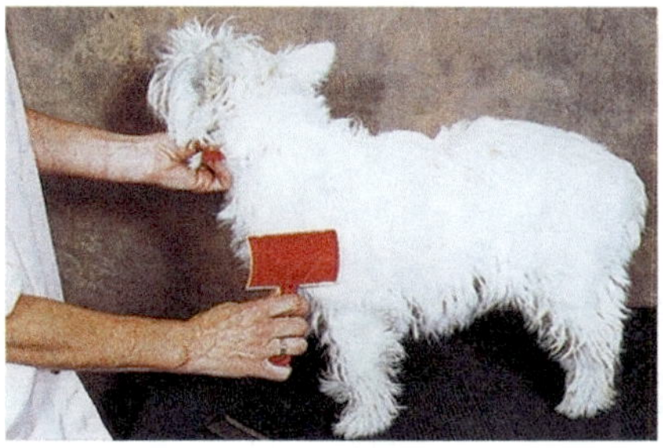

❷

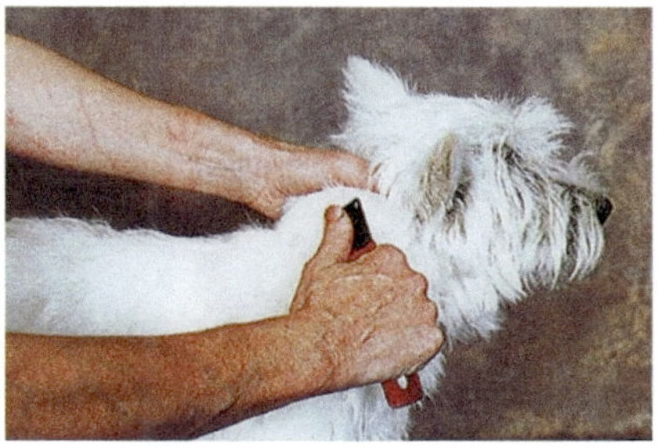

❸

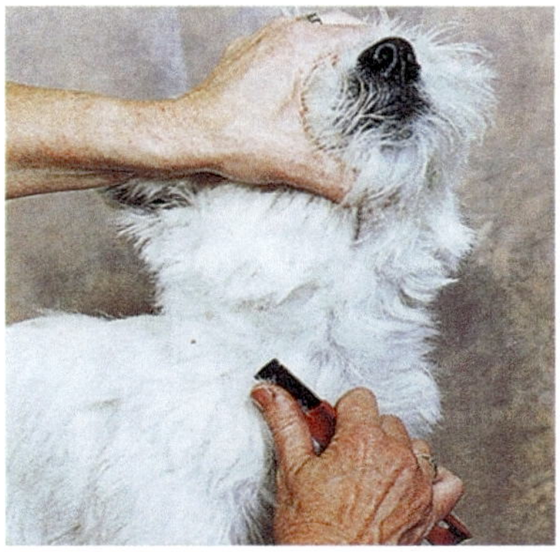

❹

❺

❻

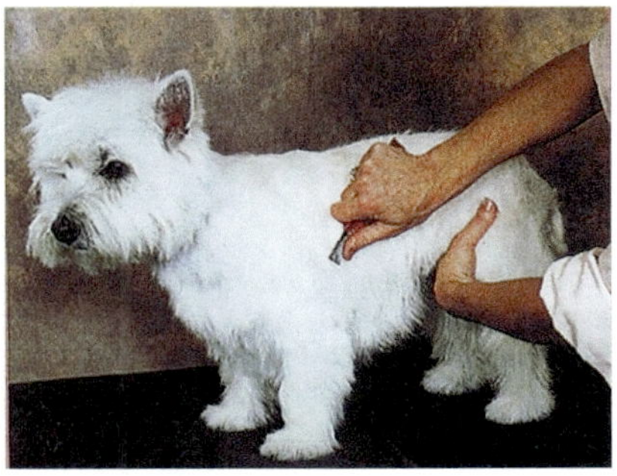

❼

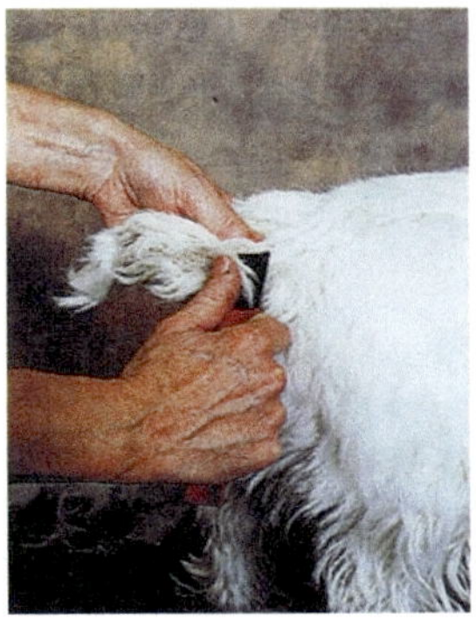

❽

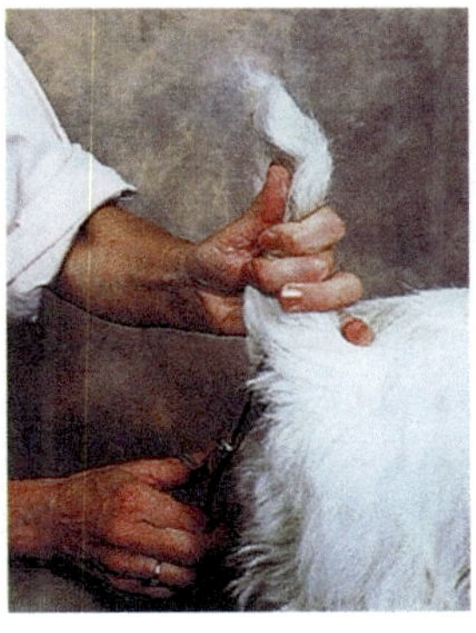

❾

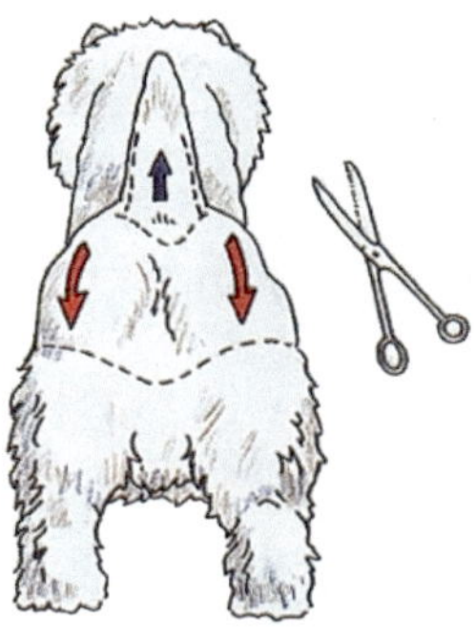

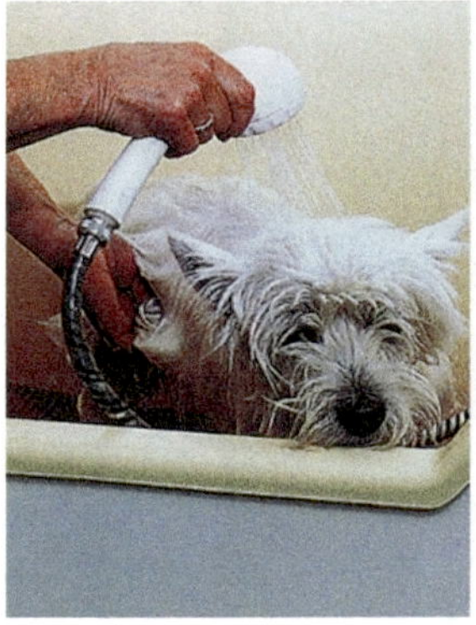

⑩

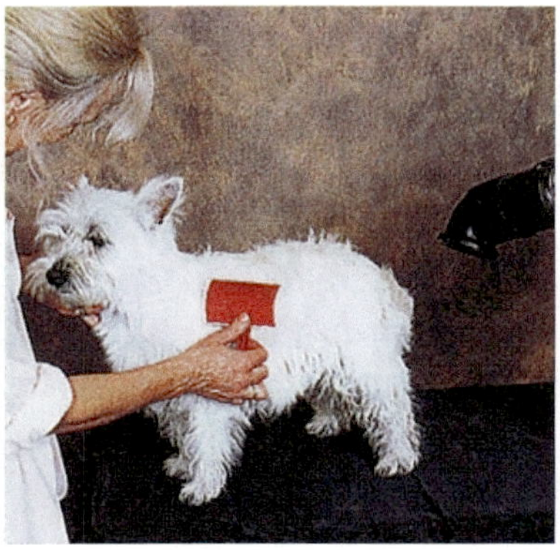

⑪

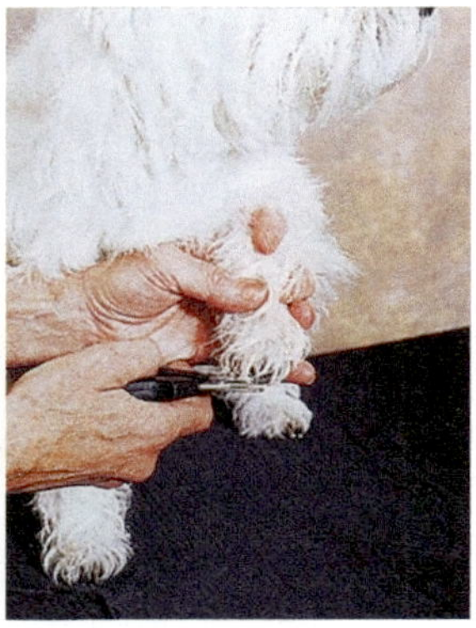

⑫

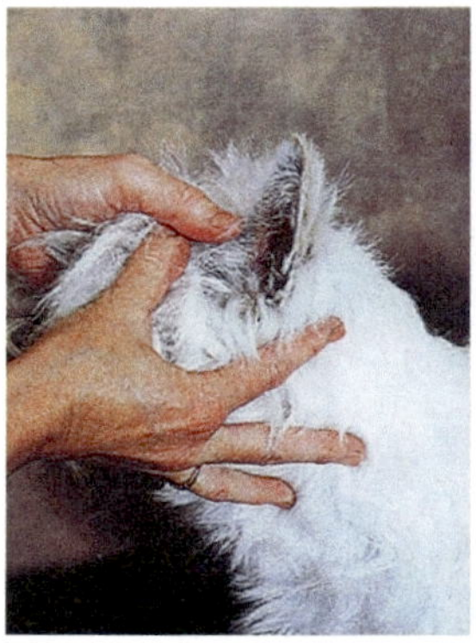

⑬

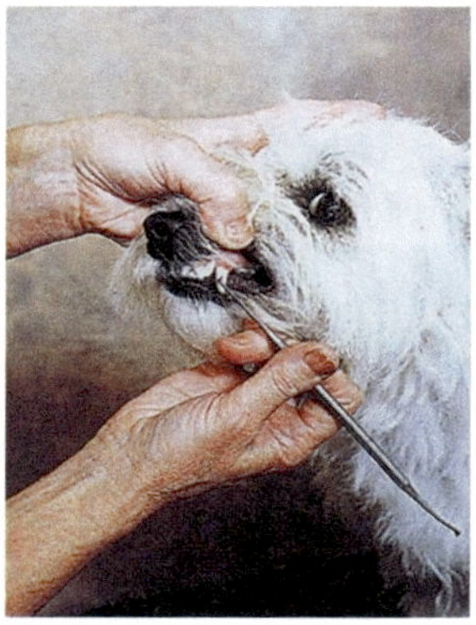

⑭

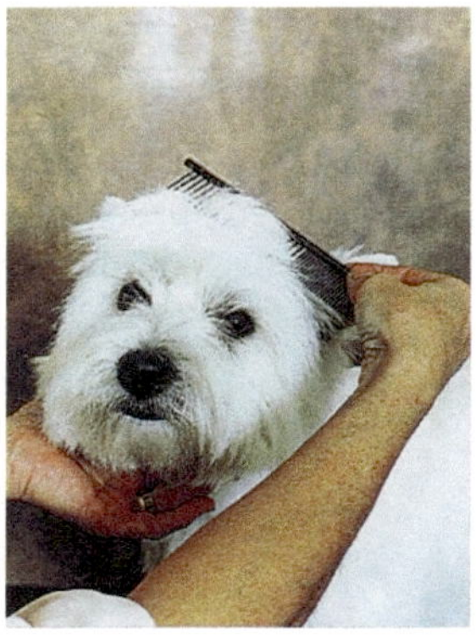

⑮

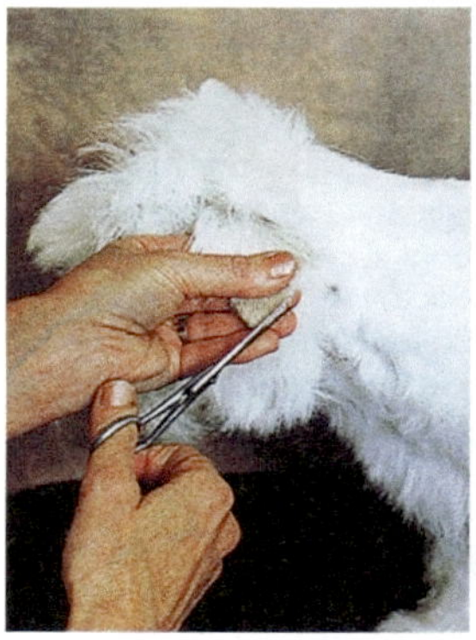

⑯

⑰

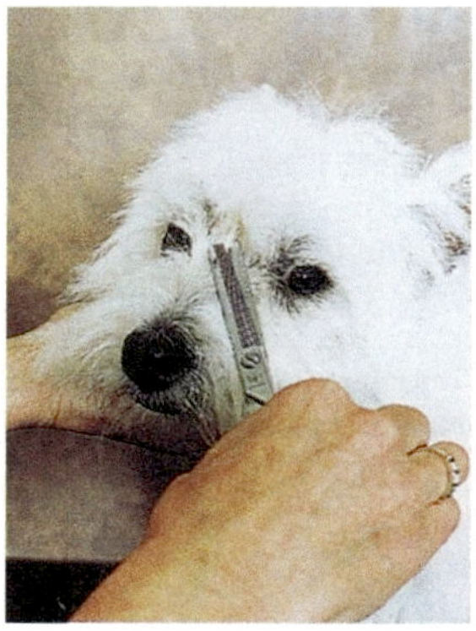

⑱

⑲

- 이런 종류의 털을 짧게 하는 데는 스트리핑 나이프나 손, 숱 가위를 쓰는 방법이 있고 거의 안하는 경우도 있다. 주인의 요구로 애완견을 No.4나 5 날 또는 No.40날을 손으로 스트리핑 한 것 같은 외형을 만들기위해 1/2인치(1.25cm) 코움(comb) 부착기를 사용해 깎는다.
- 털을 꼬리 밑에서부터 항문 주변까지 정리 ⑧. 가위나 이발기를 사용할 때는 모델견의 안전에 주의하며 이 부위 가까이에 쓸 때는 안전을 위해 항상 개의 생식기 부분을 손으로 잡는다. 털의 성장방향을 따라 움직이면서, 깎는다⑨.
- 꼬리의 아래 부분을 스트리핑을 하고 가볍게 블랜딩(blending)해 준다. 혹은 자연스럽게 연결해 준다.
- 화이트닝 샴푸로 목욕시키고 필요한 곳에 컨디셔너를 바른다⑩.
- 핀 브러시 또는 슬리커를 긴 털에 사용하면서 바람으로 건조시킨다⑪.
- 웨스티의 발톱⑫, 귀⑬, 이빨⑭을 점검한다.
- 목욕할 때 삐져나온 털을 정리한다.
- 스트리핑 나이프 또는 숱 가위로 '스텝(계단)' 효과를 내지 않고 매끄럽고, 균형 잡인 외모를 만들기 위해 스커트를 몸 안쪽으로 섞는다. 참고5.
- 머리의 털을 전체적으로 빗질하면서⑮ 자연스런 모습이 나타날 수 있도록 몸을 흔들게 한다.

- 귀는, 나이프 또는 숱 가위로 뽑아내고 가위로 귀 가장자리의 삐져나온 털을 깔끔하게 해준다. 안전을 위하여 손가락으로 항상 귀 끝을 붙잡고 손가락을 향하여 자른다⑯.
- 머리는 목의 뒤부터 국화 모양을 만들기 위하여 턱 앞 쪽으로 동그랗게 가위질한다⑰.
- 숱가위로 눈이 보일만큼 스톱(눈 사이의 부위) 털을 자른다⑱.(스톱을 너무 간결하게 하지 말고 부드럽게 연결할 것)
- 애완견은 다리털을 아래쪽으로 섞으면서 약 4인치(10cm)로 가위질하고 스커트는 밑을 짧게한다. 어떤 웨스티는 몸 밑을 No.10날로 가슴에서부터 배까지, 생식기 부위와 만나는 곳까지 털을 깎아준다. 이곳은 스커트가 깎인 부분을 가리고 흘러내리므로 개가 서있을 때는 눈에 보이지 않아야 한다.
- 어떤 사람들을 머리만 제외하고 No.4 날이(피부가 완전히 드러나지 않을 정도의 조금 긴 길이) No.5 날로 머리부터 꼬리까지 털을 깎아 주기를 바란다. 그리고 털을 깎아 주면 아주 맵시있어 보인다. 그러나 이런 사랑스러운 견종을 피부까지 너무 짧게 한 경우를 보게 되는데 그럴 필요는 없다. 심지어 엉켰을 때도 털을 남겨 둘 수 있다. 만약 클리핑이 필요하다면 너무 많은 상처를 입지 않도록 주의한다. 그런 다음 거친 날을 사용한다.
- 완성⑲.

에어데일 테리어

털

더블코트로 방수이다. 단단하고 빽빽하고 뻣뻣하다. 털이 깔개(이 견종은 아주 영리하다)처럼 보이게 해서는 안 된다. 곧은 털로 누워있고 폐쇄적이며 몸과 다리에 덮여있다. 겉털은 더 짧고 더 부드럽다.

관리

매일의 브러싱해 주어 맵시있게 보이도록 해준다. 그러나 털은 1년에 3~4번의 전문적인 스트리핑이 필요하다. 가족과의 놀이를 함께 하고 오랜 산책을 즐기는 이 개들은 정기적인 관심이 필요하다.

이 견종은 항상 완벽한 모습을 얻기 위해 그루밍 하는 것을 즐긴다. 많은 애견미용사는 스트리핑 보다는 깎는 것을 좋아한다. 그리고 전문적으로 손질을 받든 어떤 관리를 했든 에어데일은 맵시 있어 보인다. 쇼에서는 스트리핑만이 허용되므로 털에 관련해서 지속적인 관리가 필요하다.

쇼에서 은퇴한 개는 대개 클리핑 해주는 것이 시간 소비도 적고 개에게도 스트레스가 적다(특히 나이든 개에게는). 정기적으로 클리핑하면 속털이 바뀌는 경향이 있고 털은 더 부드러워지고 본래털이 가진 선명한 색깔을 잃게 된다. 이것은 애완견에게는 별로 문제가 되지 않지만 독 쇼에 출진한 에어데일 테리어에게 있어서는 허락되지 않는다.

순서

■ 관리 도구

테리어 핀 패드 브러시, 코움, 클리퍼 또는 스트리핑 도구, 가위(귀와 얼굴 주변을 한번 둥글게 하고, 몸의 나머지 부분은 포인트를 한번 준다)

■ 관리 방법

이 매력적인 견종을 스트리핑된 상태로 유지하는 것은 어려운 일이다. 대부분의 애완견과 은퇴한 쇼 독은 털을 깎는다.

- 테리어 핀 패드 브러시로 전체를 브러싱한다.
- 머리의 뒤부터 등까지 내려가면서 몸통에 붙도록 평평하게 손질한다.
- 등 선을 손질하지만 목 부분에 너무 가까이 가지는 않는다❶.
- 목의 앞부분과 가슴은 앞다리와 몸이 만나는 곳까지 내려가면서 작업하고 더 많은 털을 남기면서 그림자 효과만 내고 몸통에 딱 붙도록 손질한다❶.

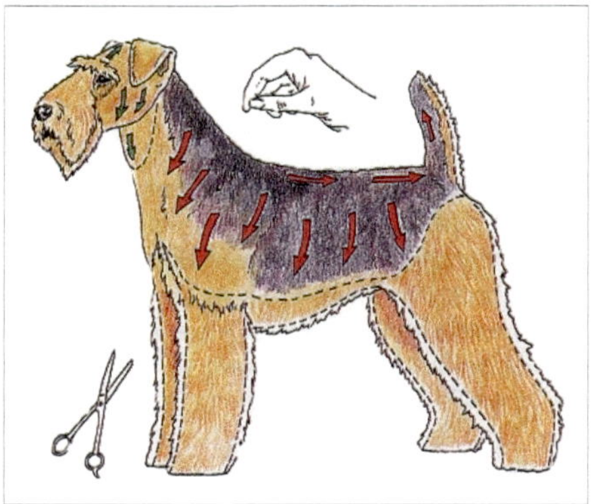

❶

- 어깨는 평평하고 몸통에 붙도록 손질한다.
- 앞다리는 거의 손질하지 않는다. 삐져나온 털만 뽑아내면서 가위로 주의해서 실행한다. 뒤라인부터 손질한다. 앞다리의 앞쪽과 바깥쪽부터 어깨를 거쳐 발까지 가슴에서 발가락 끝까지 직선 라인을 주기위하여 털을 뽑는다❶, ❷.
- 등에서 갈비뼈와 가슴의 밑 부분의 무거운 털을 작업해 가면서 몸통의 골격을 따라 갈비뼈의 모습을 만든다. 가슴 밑 부분에는 덥수룩함을 막기 위해 필요없는 털만 제거한다. 가슴 밑의 선은 몸의 라인을 따라 손질한다❶.
- 갈비뼈와 엉덩이가 만나는 부분은 가슴의 털 보다는 더 붙게 뽑지만 너무 촘촘하게하면 안된다. 밑 선은 붙게 손질한다❶.
- 배에 뭉치거나 덥수룩한 털을 제거하고 모든 털은 뽑지 않도록 한다❶.
- 뒷다리 부위는 무게감 있게 손질한다❶.
- 허벅지의 중간부터 뒷다리 무릎까지 덥수룩한 털만 정리한다❶.
- 비절의 선은 직선으로 손질한다. 발 가장 자리부터 발가락 사이의 털은 손질한다. 둥근 외곽선으로 모양을 낸다❷.
- 깨끗한 마무리를 위해 뒷다리 안쪽을 뒤에서 볼 때 직선의 평평한 라인이 되도록 손질한다❸.
- 꼬리를 끝부분까지 피부에 붙어 보이도록 머리를 향하여 손질. 엉덩이와 만나는 뒷부분은 아주 촘촘하게 손질한다❶, ❸.
- 꼬리와 만나는 엉덩이부분은 피부에 연결되어 보이도록 손질하고 뒷다리로 갈수록 더 무겁게 한다❸.
- 두개골은 아주 짧게 손질한다. 눈썹은 눈의 바깥쪽 코너에서 납작하고 짧게, 안쪽 코너에서는 알맞은 길이로 정리한다❹.
- 눈의 바깥쪽 코너부터 입까지 볼을 짧게 정리한다❹.

❷

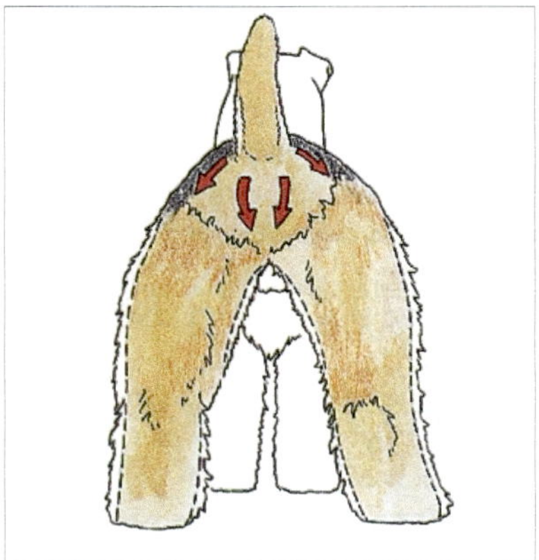
❸

❹

- 눈의 안쪽에서 입까지 밑으로 내려가면서 이 견종의 특징적인 얼굴 표현을 위해서 아주 조금 손질한다❹.
- 주둥이의 윗부분 즉, 눈썹 사이부터 코까지의 털을 두개골 꼭대기부터 내려오는 직선 라인을 따라 정돈한다❹.
- 수염은 남겨두고, 앞쪽으로 브러싱한다. 목의 뒤까지 턱밑을 정리한다❹.
- 귀는 깨끗하게 마무리 해야 하는데 귀의 가장자리에 특별한 관심을 주면서 안밖을 짧게 정리한다❹.
- 발톱, 귀, 이빨을 점검한다.
- 꼭 필요한 경우가 아니면 목욕은 피한다. 정기적인 브러싱으로 털을 깨끗하게 유지해 준다. 만약 목욕을 피할 수 없는 상황이라면 털을 완전히 물에 젖게 한 후 순한 샴푸를 사용하고 확실히 헹군다. 하운드 글러브로 죽은 털을 제거하기 위하

여 머리부터 꼬리까지 브러싱한다. 따뜻한 방에서 자연적으로 건조되도록 둔다.

- 애완견은 스트리핑이나 손질을 하기 보다는 보다는 털을 깎아 준다.

보더 테리어

털

털은 밀폐된 속털과 두꺼운 피부와 함께 거칠고 빽빽하다.

관리

털은 깎지 않지만 1년에 두 번 스트리핑이 필요하다. 이 작업은 죽은 털의 층을 제거해 줄 뿐만 아니라 개의 컨디션을 최상으로 유지해 준다. 털이 자연적으로 나누어지고 웨이브가 피부 속으로 들어가기 시작했을 때 그 개는 스트리핑을 받을 준비가 된 것이다.

어떤 애견미용실은 스트리핑을 하지 않아 이 훌륭한 털을 클리핑하여 망쳐 놓아 개를 불쌍한 꼴로 만들어 놓는다. 스트리핑은 시간을 요한다. 애견미용사는 주인과 상담을 하고 미용에 필요한 시간과 노력에 맞는 요금을 청구해야 한다.

순서

■ 관리 도구

스트리핑 나이프, 코움, 슬리커 또는 핀 브러시, 가위

관리 방법

맵시 있어 보이는 모습을 1년 내내 유지하기 위하여 정기적으로 관리를 해 줄 필요가 있다.

❶

❷

- 코움으로 완전히 빗질해 준다.
- 어깨 뒷부분부터 시작하고 몸 전체를 따라 작업하면서 엄지와 검지를 이용하여 스트리핑을 한다❶. 나이프를 사용해야 한다면 가장자리가 톱날처럼 있는 것이 좋다. 털은 흐름의 반대방향으로 문질렀을 때 더 쉽다. 성장 방향으로 털을 당겨 준다.
- 꼬리 밑의 털을 두 갈래로 나누어 각각의 면의 털을 제거한다. 가위로 항문주변을 정리한다.
- 머리와 귓속의 긴 털을 제거한다❷.
- 발의 털은 스트리핑 나이프로 비절의 긴 털을 제거하면서 위를 향해 정리한다.
- 꼭 필요할 때만(예를 들어, 개가 어떤 지저분한 것에 뒹굴었을 때) 목욕시킨다(목욕은 쇼 독의 경우 뻣뻣해야하는 털을 부드럽게 만들기 때문에 출진하기 전 얼마간의 시간동안 거의 목욕을 시키지 않는다). 단백질 샴푸를 사용하고 확실히 헹군다.
- 케이지에 넣거나 바람이 너무 세지 않게 하여 드라이기를 사용해 건조시킨다.
- 그러나 대부분의 개는 청결과 좋은 상태를 유지하기 위하여 매일 브러싱만 한다.
- 마지막으로, 발톱, 귀, 이빨을 점검한다.

브뤼셀 그리폰(그리폰 부뤼셀로이즈)

털

두 가지 타입의 브뤼셀 그리폰이 있다. 와이어 코트와 스무스 코트. 이 견종은 세 가지 색깔이 있다(빨간색, 검정색, 검정색과 황갈색의 2색)

관리

스무스 코트는 비교적 쉬워 자연 강모 브러시로 브러싱이 필요하고 발가락 사이의 털을 제거해 꼬리 끝에 생긴 곱슬을 제거하기 위해 커브가위를 이용한다.

코움은 스무스코트 견종이 털갈이 시기를 관리할 때 유용하다. 꼬리 밑 부분과 항문 주위는 청결을 위해 손질 할 수 있다.

와이어 코트는 더 세심한 스트리핑이 필요하다.

순서

■ 관리 도구

강모 브러시, 작은 슬리커, 코움, 숱 가위, 족집게.

■ 관리 방법

이 개는 자연적스럽게 보여야 하고 지나친 손질을 하지 않는 약간은 거칠어 보이는 털을 가진 작은 개이다. 어떤 그리폰 들은 속털이 부족해서 스트리핑을 하고 나서 몇 주 정도는 약간 털이 없어 보인다.

- 강모 브러시로 머리에서 꼬리까지 작업하고 코움으로 머리에서 꼬리까지 빗질한다. 등위의 털을 몇 올 씩 엄지와 검지로 들어 올리고 부드럽게 잡아당긴다. 만

약 털이 가볍게 빠지면 스트리핑 준비가 된 것이다.

- 어깨뼈 사이 융기 또는 어깨 사이의 목의 시작 부분을 윗 털부터 스트리핑한다. 그리고 등과 꼬리로 내려가면서 계속한다. 항상 털의 성장 방향으로 솎아낸다.
- 균형잡힌 외곽선을 유지하면서 대퇴부부터 긴 털을 제거한다❶.

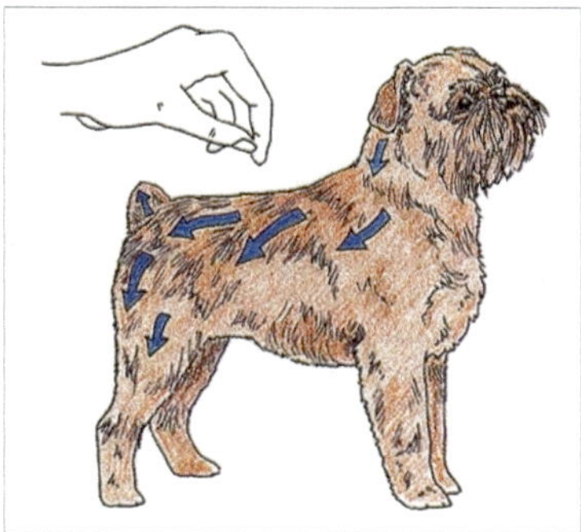

❶

❷

- 비절부분에 자라는 두꺼운 털을 제거한다. 다리의 앞부분과 발의 가장 긴 털을 제거한다. 여기에 지나친 스트리핑은 견종표준과 같이 고양이 같은 외형과는 반대로 발이 길어 보인다❶.
- 다리의 긴 털을 제거하면서 어깨에서 가슴 쪽으로 스트리핑 해 나간다❶.
- 각 어깨의 바깥쪽의 긴 털을 팔꿈치로 내려가면서 앞면이 직선으로 보이게 스트리핑 한다❶.
- 가슴은 앞에서 가장 낮은 포인트까지 스트리핑 한다.
- 가위 또는 클리퍼로(오스터 No.10 날)는 배 밑과 민감한 생식기 주변을 정리한다.
- 테이블에 서 있을 때 맵시 있고 균형 잡힌 모습을 위해 삐져나온 털을 제거하고 개의 완성된 그림을 그려본다.
- **머리** : 털을 단지 한 번에 조금씩만 주의해서 스트리핑 하는데 눈 뒤부터 시작한다. 귀와 머리 꼭대기 위로 올라가며 작업한다. 눈썹의 모양을 만들기 위하여 눈 위에 털을 조금 길게 남긴다. 귀 뒤에서 가슴 쪽으로 내려가면서 스트리핑 한다. 턱수염은 눈에 띠게 해 주고 가슴 쪽으로 털과 섞어주면서 목의 옆면과 턱뼈 쪽으로 내려가면서 계속한다❷.

- 깔끔한 목선과 머리에 포인트를 주기 위하여 귀와 턱수염 밑의 깃털을 앞쪽방향으로 빗질한다. 귀의 가장자리는 깔끔한 마무리를 위해서 가위로 깨끗하게 손질한다.
- 스톱(코 바로 위에 눈 사이의 포인트)은 부드러운 부위이고 털을 조금씩만 제거하기 위하여 족집게가 필요할 것이다.
- 털이 눈 안으로 들어가고 지저분한 것이 쌓이는 것을 방지하기 위해 눈의 코너를 곡선 가위로 제거해 주어야 한다.
- 귀와 연결되는 턱수염은 눈의 코너에서 직선이 되게 제거한다❷.
- 깔끔한 마무리를 위해 가위와 숱 가위로 항문주위를 정리한다.
- 발밑과 발가락 사이의 털을 정리한다.
- 자연성분의 순한 샴푸로 목욕시키고 잘 헹군다.
- 수건으로 수분을 제거한 다음 케이지 또는 가벼운 바람으로 건조시킨다.
- 발톱, 귀, 이빨을 점검한다.
- 주의 : 애완견은 1년에 2회는 완전한 스트리핑하고, 그 중간 중간에 조금씩 손질해 주는 것이 좋다.
- 쇼를 위한 스트리핑은 털이 자라는 단계가 다르므로 단계별로 하는 것이 이상적이다. 몸통의 옆면과 다리를 먼저하고, 다음은 등과 머리를 나중에 한다.
- 애완견은 스트리핑을 하기 보다는 거친 날로 가볍게 손질 할 수 있다.

케언 테리어

털

케언은 날씨에 영향을 받지 않는 더블코트를 가지고 있다. 겉털은 풍부하고 거칠지만 조잡하지는 않다. 속털은 짧고 부드러우며 폐쇄적이다.

색깔은 크림색, 황갈색, 빨강색, 회색 또는 거의 검정에 가까운 색이다. 이 모든 색깔들이 반점으로 나타나는 경우도 가능하다.

관리

케언은 대개 나이프로 스트리핑을 한다; 애완견은 가끔 더 깨끗하고 더 맵시 있는 모습을 만들어 주기위해 깎는다. 그러나 털 깎이는 속털과 윗털이 깎인 다음은 같은 길이가 되어 그 털은 상당히 부드러워지지 때문에 털을 망치는 원인이 된다.

순서

■ 관리 도구

클리퍼/스트리핑 도구, 가위, 강모 브러시, 코움.

■ 관리 방법

케언 테리어는 짧게 깍지 않는다.

- 죽은 엉킴을 제거하기 위해 털을 머리에서 꼬리까지 브러싱한다. 가끔 애완용 케언이 브러싱을 받은 적이 없는 경우가 있는데 견을 다루거나 브러싱하는데 익숙해 질 때까지 부정적으로 반응 할 수 있다.
- 방치된 털이라면 스프레이 컨디셔너를 사용하고 손질을 시작하기 전에 가볍게 브러싱한다.
- 발밑과 항문 주변의 털을 가위로 제거한다.
- 스트리핑 한 곳(또는 No.7날로 깎은 곳)에, 목에서 밑으로 털이 난 방향으로 지나간다❶.
- 귀 뒤부터 끝까지 정리 안 된 털을 솎아 낸다.

❶

- 자연적인 모습과 치료학적인 면을 위해 순한 샴푸로 목욕하고 필요한 곳에 컨디셔너를 사용한다.
- 수건으로 수분을 제거한 다음 바람으로 건조시킨다. 웨스티와 같이 케언도 목욕 후 수건으로 문질러 주는 것을 즐긴다.
- 개의 발톱, 귀, 이빨을 점검한다.
- 필요하면, 몸 아랫부분의 털은 이물질이 잘 달라붙으므로 깎아서 제거한다. 개가 뒹굴어서 몸이 뒤집어 졌을 때가 아니면 보이지 않도록 해야하며 밖에서 보이지 않게 해야 한다) 애완견에게만 해야한다.
- 쇼 용 케언은 절대로 털을 깎으면 안 된다. 발 주위와 수컷의 생식기의 끝을 제외하고는 나이프를 대서는 안된다. 어떤 전시자는 숱 가위를 사용하지만 이것은 대개 털에 거친 면을 남긴다. 손질을 하는 다른 여러 종의 테리어와는 달리 케언은 손질을 받지 않은 듯한 느낌을 주어야 한다. 케어의 손질은 시간과 기술이 필요하다. 독쇼의 초보자는 케언을 어떻게 준비하는지 배우기 위해 경험 많은 핸들러로부터 도움을 구하는 것이 좋다.
- 숱가위를 이용해, 눈 사이가 확실히 표가 나게 머리를 정리한다. 그리고 머리의 외곽선에 잘 장식된 둥근 모양을 남기고 몸에 비례되게 해준다.
- 몸의 털을 스트리핑이나 클리핑을 하면서 균형을 잡기위해 꼬리를 위쪽으로 정리한다.
- 발톱, 귀, 이빨을 점검한다.

댄디 디몬트 테리어

털

털은 이 견종의 아주 중요한 특징이다. 댄디의 털은 2/3의 단단한(뻣뻣하지는 않음)털과 1/3의 부드러운(실크 같지는 않음)털의 혼합이다.

털은 5cm정도 길이어야 한다. 눈 위의 긴 털은 부드럽고 실크 같으며 색깔이 아주 연하다.

관리

댄디 디몬트를 손질 할 때는 죽은 털만 제거한다. 이 개들은 스트리핑을 해주어야 한다−개 주인의 편의를 위해 가끔 털을 깎아주기도 하는데 클리핑은 털을 망친다.

순서

■ 관리 도구

핀 브러시 또는 슬리커, 코움, 스트리핑 나이프

■ 관리 방법

약간의 베이비오일과 컨디셔너를 섞은 것은 댄디 디몬트의 털에 영양을 공급해 주는데 도움이 된다.

- 털을 망가트리지 않고 엉킴을 제거하기 위하여 펠트부위에 엉킴 제거제를 뿌려 주면서 핀 브러시 또는 슬리커로 브러싱한다. 엉킴 분리도구로 덩어리가 된 털을 다듬는다. 모든 엉킴은 목욕 전에 확실히 제거한다.
- 댄디는 목욕을 자주 해 줄 필요는 없지만 목욕을 피할 수 없는 상황이라면, 단백질 샴푸로 목욕시키고 확실히 헹군다.
- 목욕 후 필요하면 컨디셔너를 바른다(쇼 독은 컨디셔너를 사용해서는 안된다).
- 핀 브러시로 브러싱을 해 주면서 수건으로 수분을 제거하고 뜨겁지 않게 드라이기를 멀리서 사용하여 마친다.
- 만졌을 때 거칠어야하므로 털의 질감을 부드럽게 만드는 목욕은 쇼 전에는 하지 않는다.
- 발톱, 귀, 이빨을 점검한다.

❶

- 털을 머리에서 꼬리까지 빗질한다.
- 쇼 약 8주전에 겉털 중에서 죽은 털을 제거한다. 댄디의 털은 약 4~5cm길이가 제일 좋다. 목과 어깨는 쇼 전 2~3주 사이에 주의해서 손질한다.
- 쇼 약 2주전에 빗으로 눈 위의 긴 털을 만들기 위해 귀의 끝 부분 털만 남겨두고 손질한다. 머리가 넓어 보이는 효과를 준다. '술' 처럼 달랑거리는 귀 끝의 장식을 알맞은 길이로 남겨둔다❶.
- 귀의 밑면의 모든 털을 제거하여 귀가 볼 아주 가까이에 달랑거릴 수 있게 해준다.

❷

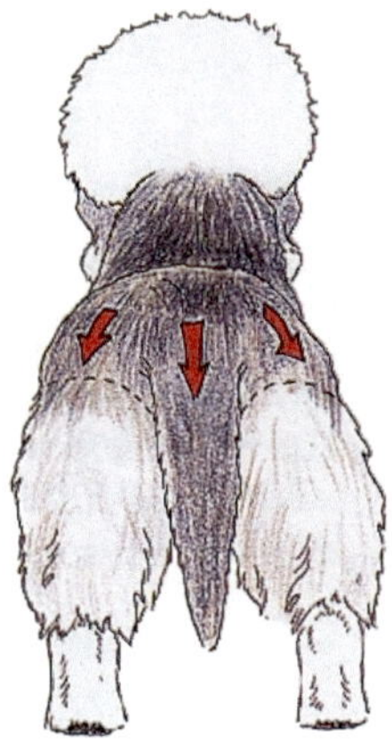
❸

- 되도록이면 딱 붙게 하면서 코부터 스톱까지의 긴 털은 모두 정리해 없앤다. 스톱을 강조하기 위해 눈 사이의 작은 공간이나 들어간 부분의 털은 제거한지만 이마 쪽으로 너무 멀리까지 제거하지 않는다❶, ❷.
- 풍부한 털을 다듬어주면서 눈 밑을 정리한다. 아름다움과 큰 몸집을 강조해 줄 것이다. 이 손질이 너무 지나치지 않게 주의를 기울여야 한다❶, ❷.
- 앞다리는 다리의 뒷부분을 향해 약간의 '깃털'을 남기면서 앞쪽과 안쪽 면의 긴 털을 모두 정리해 없앤다❷.
- 뒷다리는 무릎에서 바닥까지의 긴 털은 모두 깨끗이 정리한다. 꼬리의 시작부터 비절로 바로 내려가는 선에 있는 털을 정리한다❸.

- 꼬리는 시작부는 두껍고 끝으로 갈수록 점점 가늘게 만든다. 꼬리의 뒤의 모든 털은 스트리핑 나이프로 조심스럽고 가볍게 스트리핑을 할 수 있지만 자연스러운 모습을 만들려면 조금 고통이 따르더라도 엄지와 검지를 사용하는 것이 더 낫다. 자연스러운 깃털에서 삐져나오거나 엉킨 털은 모두 제거한다❸.
- 발은 둥글고 깔끔한 모양으로 정리한다. 필요하다면 퀵을 다치지 않게 주의하면서 발톱을 자른다.
- 스트리핑 나이프와 엄지, 검지로 몸 밑 부분의 갈비뼈 끝부분에서 뒷다리까지 엉덩이와 다리가 만나는 허리부분이 자연적인 모양이 나도록 주의해서 손질한다.
- 눈 위의 긴 털은 댄디의 매력이다. 그리고 특별관리와 관심이 필요하다. 눈 위의 긴 털은 둥근 모양으로 손질한다. 모든 엉키거나 정리 안 된 털은 엄지와 검지로 쇼 바로 전날이나 쇼를 하는 바로 그날 미리 짧게 해준다. 그리고 쇼에 정렬적인 많은 사람들은 초크와 파우더를 이용해 조금 더 하얗게 만들어 주는 효과를 준다. 그러나 대회에 나가기 전에 초크를 모두 제거하는 것을 잊지 말아야 한다. 그렇게 하지 않으면 은빛 광택을 잃을 것이다. 목부터 위로 향하여 빗질하고 머리위로 부드럽게 일어서도록 한다. 눈은 깨끗이 정리한다.

폭스 테리어(와이어 코트와 스무스 코트)

두 가지 종류의 폭스 테리어:스무스 코트(왼쪽)와 와이어 코트(오른쪽)

털

두 가지 종류의 폭스 테리어가 있다. 스무스코트와 와이어코트의 털은 많은 관심이 필요치 않지만 목욕 시 죽은 털을 제거하기 위하여 하운드 글러브로 기분 좋게 브러싱을 해 주면 좋다.

와이어코트 견종은 짧고 부드러운 속털과 함께 어깨의 약 3/4인치(2cm)에서 어깨 사이의 융기, 등, 갈비뼈와 다리까지 빽빽하고 뻣뻣한 질감의 털을 가지고 있다. 등과 다리의 털은 옆면의 털보다 더 거칠다. 턱의 털은 잔물결이 있고 안면의 강한 모습을 주기에 충분히 길다. 다리털은 빽빽하고 잔물결이 있다. 눈은 윤곽이 분명하도록 주의 깊게 손질해 준다.

관리

이 고상한 작은 개는 손질이 잘 됐을 때 정말로 최고로 보인다. 스무스코트 견종은 털갈이를 하지만 정기적인 브러싱으로 털의 손실을 최소화 할 수 있다. 와이어코트 견종은 털갈이를 하지 않는다. 애완용 와이어코트 견종은 1년에 3~4번 정도는 스트리핑이나 클리핑을 해주어야 하고 털을 엉킴과 뭉침 없이 유지하기 위하여 핀 브러시로 일주일에 두어 번 브러싱해 준다. 쇼에 나가는 와이어코트 견종의 털은 정기적 관심으로 꼼꼼한 손질이 필요하다.

비록 클리핑하는 것이 더 쉽고 맵시있어 보일지라도 털의 독특한 풍부한 색깔을 엳어지게 하고 이 견종의 전형적인 뻣뻣한 질감이 없어진다.

순서

■ 관리 도구

스무스코트 견종은 하운드 글러브와 숱 가위가 필요하고, 와이어코트 견종은 핀 브러시, 콤비네이션 코움(한쪽은 가늘고 다른쪽 끝은 넓은), 패드 사이를 자르는 일반 가위, 숱 가위, 스트리핑 나이프가 필요하다.

■ 관리 방법

다음사항은 폭스 테리어 손질의 기본적 관리방법이다. 그러나 개를 전시할 목적이라면 손질의 포인트를 알려줄 경험 많은 브리더와 상의하는 것이다. 전문적인 손질의 기술은 경험을 통해서만 얻을 수 있다.

와이어코트 폭스 테리어

- 핀 브러시로 폭스 테리어의 털을 브러싱하고 머리부터 꼬리까지 빗질한다.
- 목의 포인트부터 밑으로 팔꿈치와 털의 결을 따라 몸을 거쳐 내려가고 엉덩이 위는 약간 아치형으로 모양을 만들면서 필요한 길이까지 손으로 뽑거나 스트리핑한다. 애완견인 경우 이 부위는 No.5 날 또는 No.7 날로 자주 털을 깎아준다❶.

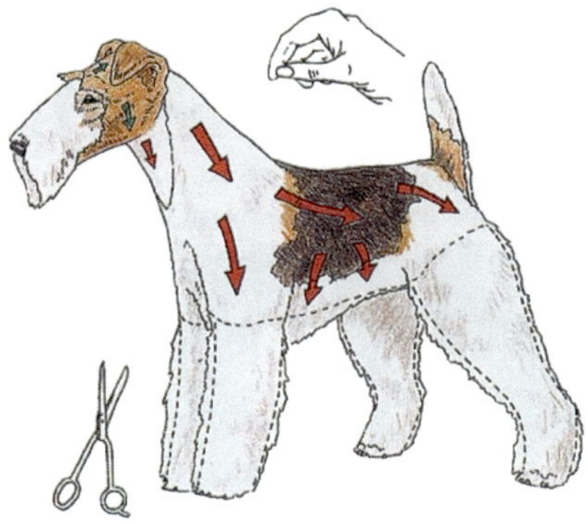
❶

- 배와 엉덩이 안쪽의 털을 깎는다❶.
- 눈썹부터 두개골의 시작까지, 귀의 양쪽 면을 따라 내려가면서 뽑아주거나 나이프로 솎아낸다❷.
- 눈의 바깥코너에서부터 볼과 목 밑으로 인후를 V형으로 점점 가늘어지게 손질❷.
- 손으로 스트리핑을 한다면, 엄지와 검지로 한다. 만약 귀 털을 깎는다면, 귀의 가장자리는 깔끔하게 가위를 사용한다❶.
- 꼬리 부분의 털은 스트리핑하거나 깎고 밑 부분은 가위로 자른다.
- 순한 샴푸로 목욕시키고 확실히 헹군다. 목욕은 털을 부드럽게 만들므로 꼭 필요할 때에만 한다.

❷

- 털의 흐름을 따라 수건으로 말린다. 털을 납작한 상태로 유지하기 위하여 브러싱을 해 주고 헤어 드라이기를 사용하거나 자연바람으로 건조 시킨다. 케이지드라이기는 털을 일어서게 하며 대부분의 폭스 테리어는 케이지드라이기는 싫어하므로 사용을 피한다.
- 개의 발톱, 귀, 이빨을 점검한다.
- 손질을 한 부위로 지나가면서 털을 제거해 준다. 나이프나 숱 가위 또는 클리퍼를 필요한 부위에 사용한다.
- 머리에서 꼬리까지 빗질한다.
- 눈썹을 앞쪽으로 빗질하고 손가락으로 털을 잡아당겨 중간에 V자 모양을 만든다. 끝 정돈은 가위를 사용한다.
- 눈썹을 삼각형 쪽으로 잡아당기면서 아래로 다시 한 번 빗질한다. 끝부분은 깔끔하게 가위로 자른다.
- 패드사이와 발가락 주변의 털을 손질해서 없애고 둥글고 아담한 모양을 만든다. 발에 가위를 사용할 때는 테이블 위에 올려놓고 시행한다.
- 턱수염을 앞쪽으로 빗질하고 손질한다.
- 원통형으로 만들기 위해 손가락으로 털을 촘촘하도록 남겨 두면서 앞다리에 삐져나온 털은 잡아당겨 뽑는다. 그런 다음 끝을 깔끔하게 가위로 자른다. 흰색을 더 밝은 색깔로 유지시키고 다리의 털이 너무 부드러워지지 않도록 조금 잡아당겨 뽑아준다.
- 가슴의 가장자리와 밑 부분은 몸의 외곽선을 따라서 손질한다.
- 손가락을 이용하여 삐져나온 털을 잡아당긴다. 개의 뒤에 서서 볼 때 뒷다리의 모양은 다리 맨 위부터 발까지 직선이 되어야 한다. 다리 아래부분과 비절의 털을 약간 길게 해주면 허벅지 맨 위와 중간 부분이 짧고 단정해 진다. 털의 끝 부분은 가위로 정리한다.

스무스코트 폭스 테리어

- 하운드 글러브로 털 전체를 처음부터 끝까지 브러싱한다.
- 쇼를 준비 중이라면 외곽선을 날카롭게 하고 볼 옆면 주위를 깨끗하게 하기 위해 숱 가위나 클리퍼로 털을 정리한다❶.
- 목욕을 시키기 위해서는 와이어코트 폭스 테리어를 위한 지침을 참고한다.
- 귀, 이빨, 발톱 그리고 패드를 점검한다.

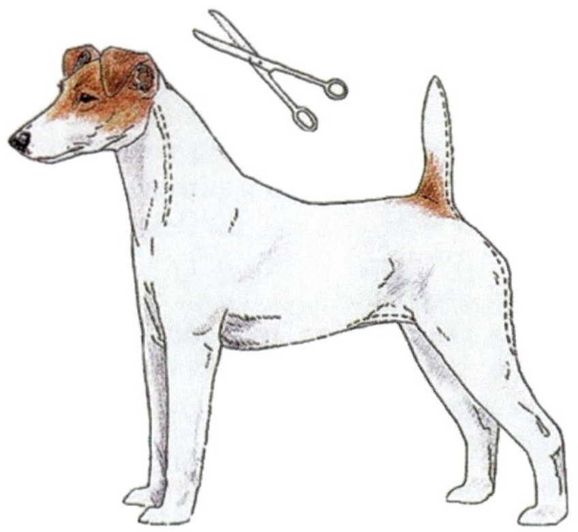

❶

아이리시 테리어

털

털은 독특한 빨간색으로 거칠고 뻣뻣하며 부러진 듯 보인다. 이 견종의 털은 부드럽거나 실크 같은 상태가 되어서는 안 된다. 털의 길이는 몸의 외곽선, 특히 엉덩이를 가려서는 안 된다. 털은 덥수룩하지 않고 곧고 납작해야하고 매듭이 생기거나 곱슬이 없어야 한다. 뻣뻣한 털의 뿌리는 촘촘하고 좀 더 부드러운 털이 자란다. 속털, 안면의 털은 잔물결이 있다. 다리의 털은 빽빽하다.

관리

이 견종의 맵시 있는 모습과 건강을 유지하기 위하여 정기적인 브러싱이 필요하다. 슬리커 브러시, 스트리핑 스톤을 사용해서 털이 누운 결을 따라 브러싱 한다.

순서

■ 관리 도구

슬리커 브러시, 테리어 팜 패드, 스트리핑 스톤, 코움, 스트리핑 나이프, 필요한 곳에 클리퍼와 가위를 사용한다.

■ 관리 방법

12주 주기로, 아래에 묘사한 전체적인 스트리핑은 아이리시 테피어의 외모적 특징을 유지시켜 줄 것이다. 쇼 독은 더 정기적으로 관심을 기울여야 한다.

- 슬리커 브러시로 브러싱 한다.
- 코움으로 빗질한다.
- 엄지와 검지 또는 올인원 스트리핑 나이프를 이용하여 눈의 코너부터 볼과 만나는 입의 가장자리까지 털을 솎아낸다❶.
- 스트리핑으로 귀 위의 털은 짧게 만든다. 스트리핑 나이프는 몸뿐만 아니라 귀 등에 사용 될 수 있다. 빠지거나 느슨한 털을 정돈하면서 털을 가로질러 문지른다.
- 주둥이의 털은 정확하고 크게 표현하기 위하여 남기지만 털이 전체를 덮거나 너무 길어 균형을 해치지 않도록 한다.
- 매끈한 외모를 만들기 위해 털을 조심해서 빗어주고 목과 몸을 따라 내려가면서 털을 스트리핑 한다. 비절 털은 더 짧아야 한다❶.
- 눈에 띄는 긴 털을 손이나 나이프로 스트리핑 한다. 털은 한번에 조금씩만 잡도록 한다. 스트리핑시에는 항상 털의 성장부에서 극소량 뽑는다❶.
- 애완견은 가끔 너무 짧지 않게 깎는다. 그러나 주인과 의논 후 실행해야 한다.

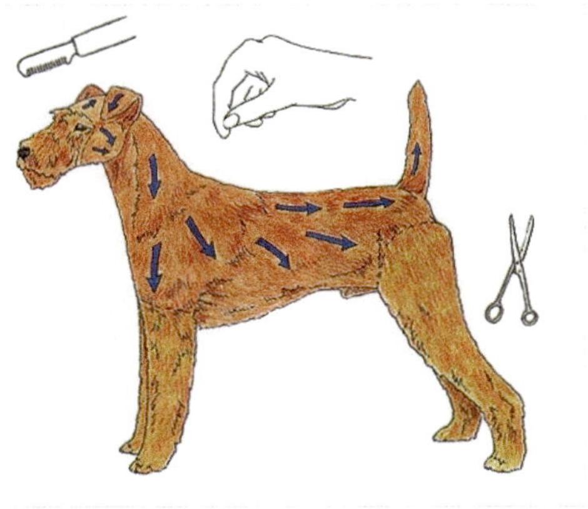

❶

- 이 과정은 훨씬 빠르고 비용도 적게 들지만 일반적인 스트리핑과 손질을 받았을 때와 결코 같은 모습이 될 수는 없다.
- 어깨와 다리가 만나는 곳과 생식기와 배꼽 주변은 속털이 펠트화 될 수 있으므로 특별히 관리한다. 엉킴을 방지하기 위하여 정기적으로 빗질한다.
- 꼬리는 시작부부터 끝 쪽으로 털의 성장 흐름에 따라 스트리핑 한다❶.
- 다리는 몸에 비해 조금 더 길게 손질을 하지만 털은 짧고 맵시있는 모습으로 남긴다. 스트리핑과 가위질로 손질한다.
- 자연성분의 샴푸로 목욕시키고 잘 헹군다.
- 머리에서 꼬리까지 빗질한 다음 드라이기 또는 자연바람이나 케이지에서 건조시킨다.
- 건조 된 후 삐져나온 털을 정돈한다.
- 발톱, 귀, 이빨을 점검한다.
- 패드 밑의 털은 가위로 자르고 발가락 사이를 점검한다.

레이크랜드 테리어

털

깔끔한 견종으로 촘촘한 속털과 함께 빽빽하고 거칠며 날씨의 영향을 받지 않는다.

관리

정기적인 브러싱과 관리가 필요하며 1년에 두 번은 전문적으로 완전 스트리핑을 해주어야 한다.

대회를 위해서는 최상의 전시상태를 유지하고 털이 다 빠지지 않도록 하기위해 1주일에 두 번은 손질해 주어야 한다. 가위와 클리퍼의 사용은 털의 색깔과 질을 망치게 할 수 있다. 스트리핑 해주는 것이 털의 색깔을 변하지 않게 해주며 웨이브 지고 거친 털을 유지해줄 수 있다. 쇼 독은 발의 패드 사이, 배 밑과 특별히 약한 부분은 다른 점은 있지만 손 또는 나이프로 스트리핑을 해 주어야 한다.

애완견 주인들은 적어도 매 10~12주에 한번은 애견미용실에서 털을 깍아달라는 요구를 한다. 다른 방법은 이 개를 매일 브러싱해 주는 것이다.

순서

■ 관리 도구

슬리커 브러시, 코움, 스트리핑 나이프, 숱가위, 가위, 클리퍼.

■ 관리 방법

올바른 손질 기술을 사용하여 항상 맵시 있게 보여야 함.

- 죽은 털과 엉킴을 제거하기 위하여 슬리커 브러시로 전체를 처음부터 끝까지 브러싱한다.
- 코움으로 빗질한다.
- 머리는 (No.10 날) 숱 가위로 깍는다. 눈썹에서 두개골의 꼭대기로, 내려가 귀는 눈의 바깥쪽 코너로부터 볼로 내려가 입의 코너 쪽으로 작업한 다음 후두에서 목 쪽으로 결의 반대방향으로 작업한다❶.
- 두개골에서 목으로 내려가 어깨위의 앞다리와 몸이 만나는 곳 까지 (No.7 날) 깍아주고 다듬어 준다❶, ❷.

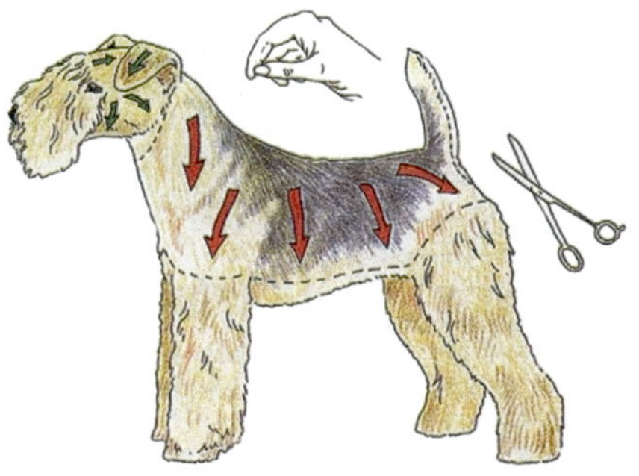

❶

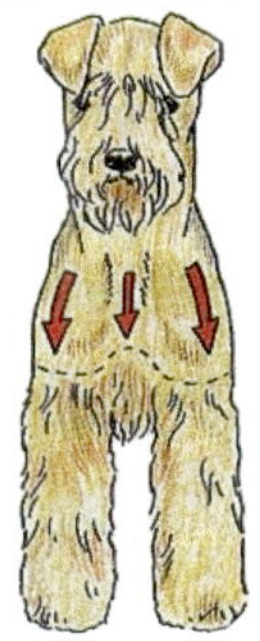

❷

❸

- 털을 다리 쪽으로 골고루 빗어준다❷.
- 꼬리의 성장부를 정리하고 항문주변은 가위로 자르거나 가볍게 깎는다❶.
- 배 밑과 다리와 배가 만나는 곳인 관절 안쪽은 No.1 날로 깎는다❶.
- 발가락 사이와 발밑부분의 털을 정리한다❶.
- 적당한 샴푸로 목욕시키고 뻣뻣한 털이 가지는 인상을 강조하는데 적당한 컨디셔너를 사용한다.
- 발톱, 귀와 이빨을 점검한다.
- 정리한 부위를 드라이로 털을 정리한다.
- 슬리커 브러시로 앞다리를 빗질한다.
- 발을 손질하여 둥글고 아담한 모양을 만든다.
- 발을 들어 올려 앞다리의 털이 자연스럽게 떨어져 내리도록 한다. 그런 다음, 원통형으로 자른다.
- 가슴 밑의 장식 털을 손질한다. 몸의 외곽선을 따라 손질하고 마지막 갈비뼈와 엉덩이 털이 만나는 곳을 향하여 잘라 올라간다❸.
- 눈썹을 앞 쪽으로 빗질한다. 다음은 털이 자라는 흐름을 따라 털을 손질한다. 얼굴의 털과 섞어주고 눈 사이, 눈 위와 눈 밑으로 흘러내리는 털은 풍부하다❶.
- 지저분한 털을 손질해서 없애고 깔끔한 외모를 위해 턱수염은 앞쪽으로 빗질한다.

※ 모든 장식 털(예, 얼굴, 다리, 가슴 밑)은 가위보다 손으로 손질해 주는 것이 더 좋다. 엄지와 검지를 이용해서 털이 난 방향을 따라 손질한다. 이렇게 하면 엉킴이 적은 강한 털로 유지시켜 줄 수 있다.

노폭크 테리어

털

덥수룩한 노폭 테리어의 털은 단단하고 뻣뻣하다. 이 털은 곧고 폐쇄적이며 날씨에 영향을 받지 않는다. 조그만 수염과 눈썹을 제외하고는 머리털은 짧고 매끄러운 반면 목과 어깨의 털은 더 길고 덥수룩하다. 귀 털을 짧게하기 위하여 뽑아준다.

관리

이 개는 손으로 스트리핑을 해준다. 지나친 손질은 바람직하지 않지만 매일 정기적으로 브러싱하는 것은 필수이다.

순서

■ 관리 도구

스트리핑 나이프, 코움, 핀 브러시 또는 슬리커 브러시.

■ 관리 방법

시작하기 전에 개 주인이 자연적인 모습과 맵시 있어 보이는 모습 중 어느 것을 선호하는지 정한다.

- 머리에서 꼬리까지 브러싱과 빗질을 한다.
- 덥수룩한 털을 제거하고 자연스러운 모습으로 마무리한다. 모양을 깔끔하게 만들기 위해 손 또는 나이프로 스트리핑 한다❶.
- 순한 샴푸로 목욕시키고 확실하게 헹군다.
- 상온이나 케이지 또는 부드러운 바람으로 건조시킨다.

1

- 코움으로 빗질한다.
- 발톱, 귀와 이빨을 점검한다.
- 발가락사이를 점검하여 삐져나온 털을 가위로 제거한다.
- 애완견과 쇼 독은 둘 다 생식기/항문 부분은 깨끗하게 털을 없애 위생적으로 해 줄 필요가 있다. 애완견은 다리털을 가위로 잘라주어 깔끔한 모습을 만들어 주고 머리는 덥수룩한 모습 그대로만 정리되도록 한다.
- 쇼 독은 손과 나이프로 스트리핑을 해 주면서 털에 계속적인 관심을 기울여야 한다. 털의 상태를 유지하기 위해 자주 브러싱해 준다. 그리고 애완견만큼 자주 목욕시키지 않는다.

노리치 테리어

털

털은 뻣뻣하고 곧으며 폐쇄적이다. 속털은 두껍다. 얼굴의 윤곽을 만들고 갈기털을 형성하는 목 위는 털이 더 길고 덥수룩하다. 조그만 수염과 눈썹을 제외하고는 머리위의 털은 짧고 매끄럽다. 색깔은 빨간색, 황갈색, 검정색과 황갈색의 2색, 또는 회색이다. 흰색 얼룩이나 반점이 가슴에 있는 것은 바람직하지는 않지만 허용은 된다.

관리

지나친 손질은 조각 같은 모습을 만들지만 몇몇 테리어 견종에게는 바람직하지 못하다. 쇼 독에게는 다른 종류의 손질이 요구된다. 오래된 털 사이에 새로운 털이 자라도록 대부분 털을 롤링해 준다. 애완견 주인들은 대개 빠진 털이 옷이나 가구에 묻는 것을 방지하기 위해 오래된 털을 제거하는 것을 선호한다.

순서

■ 관리 도구

핀 브러시/슬리커 브러시, 코움, 스트리핑 나이프, 일반 가위, 숱가위.

■ 관리 방법

오염방지를 위하여 정기적으로 브러싱한다.

- 슬리커 또는 핀 브러시와 코움으로 털을 머리에서 꼬리까지 브러싱과 빗질을 한다.
- 엄지와 검지 또는 스트리핑 나이프로 빠진 털을 솎아낸다❶. 그런 다음 스톱부터 목 쪽으로, 눈의 바깥부터 귀 쪽으로, 두개골의 꼭대기까지 뒤 방향으로 작업한다. 귀의 덥수룩한 털을 스트리핑 한다.

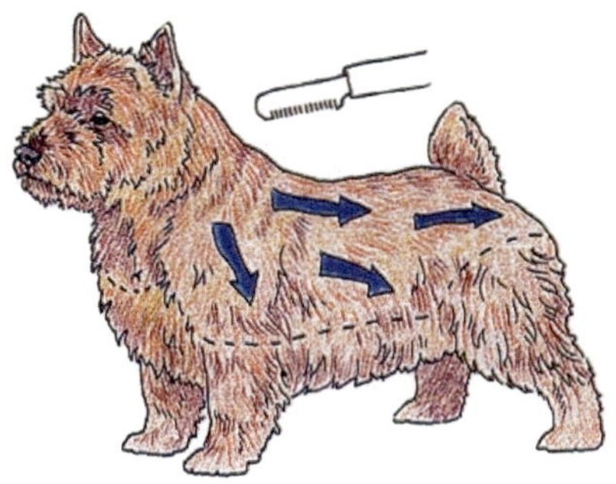

❶

- 빠진 털이 모두 제거되면, 스커트 밑으로 털을 솎는다❶. 만약 이 털이 2인치(5cm)보다 길어지면 맵시 있는 모습을 만들기 위해 숱 가위로 짧게 쳐 준다.
- 꼬리 앞부분을 스트리핑 한다. 숱 가위를 이용해 꼬리의 등 부분과 항문 주변을 손질하여 깔끔한 외형으로 만든다.
- 곧은 날 가위를 이용해 발의 가장자리와 패드 위로 지나치게 자란 털을 둥근 모양으로 자른다.
- 다리의 덥수룩한 털을 제거한다.
- 자연성분 샴푸로 목욕시킨다.

- 상온에서 케이지 바람으로 건조시킨다.
- 머리에서 꼬리까지 브러싱과 빗질을 해준다.
- 개의 발톱, 귀와 이빨을 점검한다.
- 노폭과 노리치 테리어는 주인이 짧은 털을 원하므로 자주 깎아준다. 세심하게 손질 받고 난 뒤의 사랑스런 모습을 볼 때 털을 다 깎는 것이 얼마나 부끄러운 일인지 알게 된다. 주인이 원하는 경우, 털이 길게 남을 수 있는 날로 자연스러운 모습과 맵시있는 외모로 관리해 줄 수 있다.

파슨 러셀 테리어

스무스코트

러프-세 종류 중 가장 긴 겉털을 가지고 있다

브로큰-스무스코트에 가깝지만 목과 어깨에 털이 더 풍부하다

털

자연스럽게 거칠고 폐쇄적이며 빽빽하다. 러프, 스무스코트 또는 브로큰 견종에 상관없이 속털이 있다. 배와 배 밑도 털로 덮여있다.

관리

대부분의 경우에, 적당한 손질을 해 준다면 거의 관리가 필요치 않다. 일단 마르고 나면 더러움은 브러시로 쉽게 제거된다. 목욕은 정말 필요한 경우가 아니라면 털의 질감과 방수에 영향을 미칠 수 있으므로 권할만하지 않다. 이 점은 러셀을 전시하고 싶다면 특히 중요하다. 쇼 러셀의 털을 스트리핑 할 때는 항상 손으로 해야 한다. 절대로 털을 깎아서는 안된다.

애완견 주인들은 러셀을 종종 애견미용실로 데려온다. 대개는 러프는 스트리핑을 해 줄 것이고 또는 개가 산책이나 놀이 중 진흙에서 좀 지나치게 놀았다면 목욕을 시켜 줄 것이다. 러셀에게 애견미용을 해주는 것은 대개 털의 매끈함을 유지하기 위하여 스트리핑이나 클리핑 정도이지 그 이상은 아니다.

순서

■ 관리 도구

코움, 강모 브러시.

■ 관리 방법

하운드 글러브는 개가 털갈이를 할 때 죽은 털을 제거하는 데 그만이다.

- 머리에서 꼬리까지 빗질하고 죽은 털 제거를 위해 코움을 사용한다.
- 톱니 가장자리의 살이 깊은 나이프로 털을 스트리핑 한다.
- 발 주위를 정돈한다.

- 꼭 필요할 때만 목욕을 시킨다. 목욕 시킬 때는 적당한 개 전용 샴푸를 쓰고 있는지 확인한다. 털갈이 시기에는 하운드 글러브를 죽은 털을 제거하는데 사용할 수 있다.
- 발톱, 귀와 이빨을 점검한다.

슈나우져(미니어처, 스탠더드, 자이언트)

털

슈나우져는 사이즈에 따라 미니어처, 스탠다드, 그리고 자이언트 세 다른 견종으로 분류된다. 그러나 털 관리와 손질 시 주의사항은 같다.

겉털은 거칠고 빳빳하며 짧다. 목과 어깨는 더 짧지만 몸의 털에 부드럽게 섞인다. 후두, 두개골, 귀와 꼬리 밑은 깨끗하다. 다리위의 털은 거칠다. 이 견종은 촘촘한 속털을 가지고 있다.

색깔은 블랙 앤 실버(검정과 은색), 블랙(검정색), 솔트앤 페퍼(소금과 후추색)가 있다.

관리

애견미용실에서 자주 볼 수 있는 품종이다. 손질은 미용기술이 필요하다. 스트리핑과 가위질, 클리퍼와 섞어주기, 롤링까지. 이 견종의 털을 특히 다리와 수염을 슬리커로 브러싱하고 코움으로 빗질을 해 줄 필요가 있다. 1년에 두 번 털이 날릴 때 완벽하게 털을 뽑아주는 스트리핑을 해준다.

순서

■ 관리 도구

일반 가위, 두개의 슬리커 브러시(얼굴을 위해 작고 부드러운 소프트 슬리커와 나머지 털을 위한 하드 슬리커) 갈기 외피를 위해 테리어 패드.

■ 관리 방법

1년 내내 맵시 있는 모습을 유지하기 위하여 더 잦은 정기적으로 스트리핑/롤링을 해준다. 쇼 독은 빈틈없는 털을 유지하기 위하여 매주 롤링을 해준다. 롤링은 엄지와 검지로 삐져나온 죽은 털을 계속 제거하는 것이다. 그렇게 하면 새 털의 성장도 계속 된다. 속털은 무딘 스트리핑 나이프로 제거해주면서 계속 점검한다.

❶

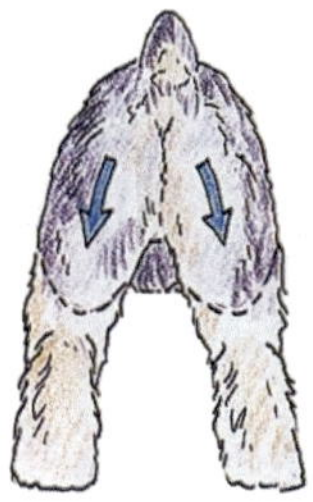

❷

❸

❹

❺

- 머리부터 시작해 두개골 꼭대기, 목과 몸, 어깨로 내려가 앞다리와 몸통이 만나는 곳까지 스트리핑 한다❶.
- 배와 다리가 만나는 곳에서 비절 흐르는 선에 있는 털을 섞어주기 위하여 등을 따라 뒷다리로 내려가면서 작업한다❶.
- 밑 선에서 엉덩이까지 그리고 비절과 미근부 바로 위까지 내려가면서 작업한다❶.
- 손 또는 나이프를 이용하여 스트리핑한 뒤 꼬리를 손질한다(털이 난 방향을 따라 작업한다). 애완견은 털을 깍기도 한다. 꼬리의 옆면은 짧게 손질한다❷.
- No.10 날로 귀를 아래방향으로 깎는다. 털을 짧게 해주기 위해 숱 가위를 사용하기도 한다. 가위로 가장자리를 정돈한다❶.
- 볼과 인후부 아래와 가슴 앞쪽으로 내려가면서 깎는다❶.
- 배는 다리와 배가 만나는 부분을 깎아준다. 갈비뼈 주위는 남겨서 위로 갈수록 가는 모양으로 짧게 만들어 몸의 외곽선 모양을 강화해 준다.
- 털이 건조하거나, 엉켜있는 곳에 스프레이 컨디셔너를 사용하여 브러싱한다.
- 머리에서 꼬리까지 한 번 더 빗질한다.
- 자연성분의 샴푸로 목욕시킨다.
- 수건으로 말리고 케이지 안이나 드라이기를 사용해서 마무리한다.
- 가위로 몸통의 외곽선을 따라 몸통 밑에서 윗 방향으로 손질한다.
- 몸에서 떠 있는 털을 제거하기 위하여 손질한 부분을 정리한다.
- 눈썹과 턱수염을 앞쪽으로 빗질하고 콧등에서 눈의 바깥쪽 코너까지 선명한 선이 나오게 자른다. 그런 다음 선명한 눈썹을 만들고 스톱이 보이게 눈 사이를 작은 역 V자형으로 자른다.
- 가위를 사용해서 눈썹 사이를 다이아몬드 형태로 정리한다.
- 귀의 가장자리는 삼각형 모양으로 자른다. 머리는 '하우스 브릭(벽돌)'의 인상을 주어야 한다.
- 앞다리 사이의 가슴 털은 납작하고 매끈해 보이도록 잘라야 한다.
- 앞다리의 털은 팔꿈치와 앞다리들이 서로 가깝게 보이지만 서로 붙지 않게 바깥쪽 팔꿈치로부터 털을 더 많이 잘라 깔끔한 외형을 만들어 준다.
- 발은 둥글고 고양이 같은 모습으로 정리한다.

- 긴 털을 짧은 몸의 털 안으로 섞고 뒷다리를 손질한다.
- 애완견은 종종 스트리핑 보다는 털을 깎는다. 털을 깎는 것이 시간적으로 더 빨리 끝나므로 비용이 절감된다. 세심한 손질을 받은 후 이 견종은 맵시 있고 멋있어 보인다.

스코티시 테리어

털

스코티의 털은 폐쇄적이다. 이 견종은 짧고 빽빽한 속털과 거칠고 빽빽하며 뻣뻣한 방수되는 겉털로 구성된 더블 코트를 가지로 있다.

관리

적어도 1주일에 3회 정도 스커트와 턱수염에 정기적인 브러싱이 필요하다.

순서

■ 관리 도구

슬리커 브러시, 코움, 스트리핑 나이프, 클리퍼, 가위.

■ 관리 방법

스코티시 테리어는 처음보았을 때 보다 더 많은 작업이 필요하다. 따라서 처음에 생각했던 것 보다 더 많은 시간을 투자해야 한다.

- 엉킴과 죽은 털을 제거하기 위하여 슬리커로 브러싱한다.

- 눈썹부터 귀의 시작부 쪽을 거쳐 두개골의 윗부분까지, 눈의 바깥쪽부터 입의 가장자리까지의 선을 따라 볼로 내려가면서 No.10 날로 깎는다❶.
- 눈 사이에서 코의 $1\frac{1}{2}$인치(4cm) 까지 길게 깎는다.
- 귀는 시작부 안쪽에 숱을 남기고 가위를 사용하여 모양을 만든다.

❷

❶

- 팔꿈치 바로 위부터 스커트를 남기기 위하여, 머리부터 목까지 내려가면서 손 또는 나이프로 털을 스트리핑하고 숱을 다듬는다. 쇼 독은 털을 깎으면 안 된다. 털의 성장 흐름에 따라 작업해야 한다는 것을 기억해야 한다. 스트리핑을 한다면 두꺼운 스트리핑 나이프로 죽은 털만 제거한다❷.
- 등에서 내려가 몸통의 옆면에는 팔꿈치 바로 위부터 골반의 밑부분까지 한 줄로 수평이 되게 하면서 손질을 계속한다❷.
- 정돈을 위해 스트리핑 또는 클리퍼로 꼬리의 윗부분을 손질한다❷.
- No.10 날로 꼬리 밑과 항문주변의 털을 주의해서 깎는다.
- 클리퍼를 사용할 때는 그 개가 쇼에 나갈 계획이 있는가를 먼저 확인한다.
- 복부의 털을 깎는다(주인과 먼저 상의).
- 인후 밑에서 가슴뼈로 앞부분의 털을 내려가면서 깎고 옆의 털과 연결해 준다❷.
- 적당한 샴푸로 개를 목욕시키고 필요한 곳에 컨디셔닝을 한다.
- 핀 브러시나 슬리커로 긴 털을 브러싱하면서 털의 성장부위에 바람을 넣어 말린다.
- 발톱, 귀, 이빨을 점검한다.

- 스커트를 몸통 안쪽으로 머리에서 꼬리까지 연결해 준다.
- 발 주위를 깔끔한 모습으로 정리한다.
- 패드와 발가락 사이의 털을 짧게 자른다.
- 눈썹과 턱수염을 앞쪽으로 빗질한다.

실리함 테리어

털

날씨에 영향을 받지 않는 속털과 함께 털은 길고 단단하고 뻣뻣하다.

관리

개의 낮은 몸자세와 긴 스커트는 지저분한 것을 잘 끌어 모은다. 그리고 애견미용은 흰색 또는 흰색과 레몬색의 털을 맵시 있게 유지하기 위해서 정기적으로 필요하다.

순서

■ 관리 도구

슬리커 브러시, 코움, 스트리핑 나이프, 클리퍼.

■ 관리 방법

정기적인 전문 손질이 필수이다.

- 이물질과 엉킴을 제거하기 위하여 슬리커로 브러싱한다.
- 코움으로 빗질한다.

- 머리는 깎을게 아니라면 솎아 내거나 숱 가위를 사용한다(쇼 독은 스트리핑을 해야만 한다). 그림에서 보여 주듯이 눈썹의 중간부분 위에서부터 시작한다. 따라서 눈썹은 코를 향하여 눈의 안 쪽 부분 위에 앞 쪽으로 흘러내릴 것이다. 두개골 뒤쪽으로 가면서 작업한다. 다음은, 눈의 안 쪽 코너에서부터 입의 가장자리까지 손질해 내려가고 인후도 뒤 쪽을 향하여 손질한다❶.

❶ ❷ ❸

- 다음 눈의 중간에서 바깥쪽으로, 볼을 따라 입의 바깥 쪽 까지 손질하고 인후까지 다시 손질한다❷. 애완견과 쇼 독 둘 가슴뼈에서 입까지의 라인과 귀의 안쪽 가장자리까지 털을 깎아 준다❶, ❷.
- 귀안 밖의 양쪽 면은 아래방향으로 손질하고 가장자리는 가위로 정리한다. 애완견은 No.10 날로 털을 깎는다❶, ❷.
- 애완견은 배와 다리가 만나는 곳에서 몸의 중간까지 허벅지 안쪽의 털을 깎는다. 쇼 독은 항문 주변을 삼각형 모양으로 깎는다. No.7 날 사용한다❸.
- 쇼 독에게는 머리부터 목으로 내려가 어깨위의 털을 팔꿈치까지 발목안의 털을 솎아내고 숱을 다듬는다. 애완견은 No.5 날로 털을 깎아 줄 수 있다.
- 등을 따라 옆면으로 내려가면서 나이프 또는 손가락으로 스트리핑을 하고 스커트는 남겨 팔꿈치에서 골반까지의 라인을 따라 블랜딩한다.
- 꼬리는 시작부에서 끝 쪽으로 스트리핑이나 클리핑으로 손질(쇼 독은 털을 깎아서는 안 된다).
- 죽은 털을 제거하기 위하여 빗질한다.

- 화이트닝 샴푸로 애완견을 목욕시키고 필요한곳에 컨디셔너를 바른다. 쇼 독은 샴푸만 사용한다. 털 관리 제품은 털 강화를 위해 사용할 수 없다.
- 핀 브러시나 슬리커로 털의 흐름을 따라 긴 털을 브러싱해 주면서 중간 세기의 온풍을 이용하여 건조시킨다.
- 발톱, 귀, 이빨을 점검한다. 귀 구멍 안의 털은 겸자로 제거한다.
- 깔끔하게 일어선 털을 빗어준다.
- 항상 털의 성장부로 가면서 숱 가위로 스커트와 다리의 털을 몸통 안으로 섞어준다❷.
- 발 주위는 가위로 잘라 고양이 발의 형태로 만들어 준다. 패드 사이의 낀 털을 제거한다. 이것은 쇼 독과 애완견 다 실행해준다.
- 얼굴 가장자리는 밑을 향하게 빗어주고 선에 맞게 자른다.
- 눈썹과 턱수염은 앞으로 빗질하고 덥수룩한 털을 피부에 가깝게 가위를 대어 잘라준다. 흘러내리는 가장자리 털은 자리를 잘 잡을 수 있게 빗어 주고 눈 사이는 자르지 않는다.

웰시 테리어

털

검정색과 황갈색 2색의 털로 폐쇄적이며 풍부하다. 겉털은 덥수룩하고 뻣뻣하며 속털은 부드럽다. 싱글코트는 바람직하지 않다.

관리

5개월 정도 되었을 때 시작하여 겉털은 손으로 뽑거나 나이프로 3개월 마다 스트리핑한다. 털을 뽑아주는 것은 주인이 원하기는 하나 나이든 개를 힘들게 할 수 있으며 보기 좋은 색을 망치게 된다.

순서

■ 관리 도구

스트리핑 나이프 2개(거친것과 무딘것), 가위, 숱가위, 테리어 패드, 코움.

■ 관리 방법

이 개는 맵시있고 자연스럽게 보여야 한다.

- 테리어 패드 또는 핀 브러시를 사용하여, 에너지가 넘치게 돌아다니며 붙은 이물질과 엉킴을 제거하기 위하여 털 전체를 머리에서 꼬리까지 손질한다.
- 코움으로 빗질. 수염과 긴 털은 거친 나이프를 사용한다.
- 머리, 목의 앞부분과 어깨 털을 스트리핑 한다. 눈썹을 남기고 눈의 중간부터 작업하면서 목 뒤를 향하여 털을 스트리핑 하고, 눈의 안 쪽 부터 입의 가장자리 밑으로 인후까지 뒤를 향하여 작업한다❶.
- 눈썹은 엄지와 검지로 뽑아주는 것이 좋다. 눈썹은 눈 위에 남겨놓지만 슈나우저의 눈썹처럼 날카롭게 가위로 자르지는 않는다. 눈썹은 이 견종의 이상적인 형태로 만들어 주어야 한다. 눈 밑의 털은 제거하지 않는다. 얼굴은 국자처럼 바깥으로 굽거나 트럼펫 같은 모양이 되지 않아야 한다❶.
- 귀는 스트리핑 나이프나 가위로 딱 붙도록 손질한다. 가위로 가장 자리를 깔끔하게 한다❶.

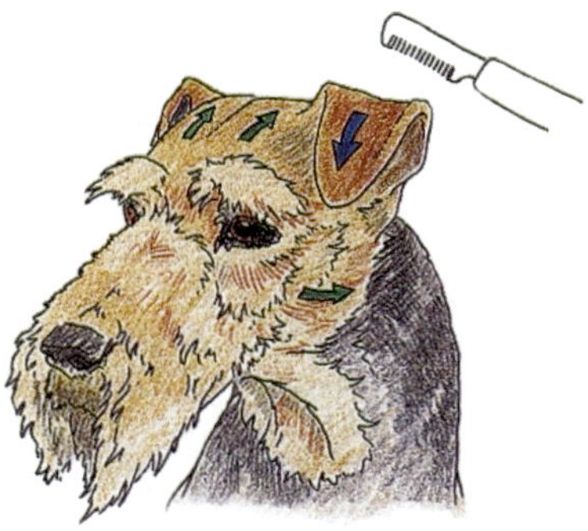

❶

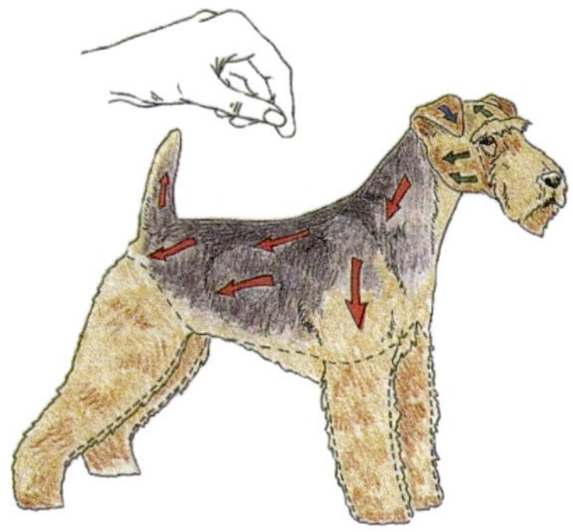

❷

- 목과 어깨위에서 팔꿈치까지 내려가면서 손으로 털을 스트리핑 한다. 그러나 아래가슴과 갈비뼈 부위가 있는 몸 밑의 털 가장자리는 남겨두었다가 외곽선을 강조하기 위해 가위로 손질한다❷.
- 거친 나이프는 몸통에서 꼬리의 미근부까지 엉덩이 관절부위의 털을 솎아 줄 때 사용한다❷.
- 꼬리는 털의 성장부를 솎아내고 꼬리의 등 털은 적당한 길이로 남겨두고 황갈색 면은 짧게한다. 꼬리는 '채찍' 모양으로 남겨두어서는 안된다❷.
- 다리의 털을 블랜딩하기 위해 솎아주거나 숱가위를 사용하여 외곽선에 맞추어 모양낸다. 이 개는 재단한 듯 맵시있어 보여야 하지만 자연스럽게 보여야 하기도 한다❷.
- 웰시 터리어는 목욕을 자주 시키지 않는다. 애완견은 필요에 따라 털의 질감을 강화하기 위하여 순한 자연성분의 샴푸로 목욕시키고 케이지드라이, 상온 또는 부드러운 바람으로 건조시킨다.
- 죽은 털은 정리하고 턱수염을 얼굴 앞 쪽을 향하여 짧게 만들어 주고 눈썹은 숱가위로 정리한다(눈썹은 슈나우저처럼 길게 남겨두지 않는다).
- 귀 파우더를 뿌려주고 귀 속의 털을 주의해서 제거하고 발톱, 귀, 이빨을 점검한다.
- 패드 사이의 털을 가위로 잘라준다.
- 애완견은 생식기부분부터 가슴까지 2인치(5cm)로 털을 깎아주어 이 부위를 깨끗하고 위생적으로 관리한다. 피부가 쓰라릴 정도로 너무 짧게 깎지 않으면서 전체를 관리할 수 있게 No.10 날의 길이가 제일 좋다.

※ 초크를 사용하면 스트리핑하는 것이 쉽다. 좋은 방법은 초크의 모서리로 스트리핑이 필요한 부분을 표시하는 것이다. 만약 필요하다면 무딘 빗살 가위가 필요하며 인후를 자르는 사고를 막을 수 있다. 모든 테리어 견종처럼 견종의 표준에 대해 읽고 견종 전문가나 견종 클럽에 연락해 어떤 손질이 애견가 클럽 규정에 어긋나지 않는지 확인한다.

Chapter 15 두껍고 빽빽한 털 견종

PROFESSIONAL GROOMING

이 장에서 다룰 두껍고 빽빽한 털 견종

- 차우차우(CHOW CHOW)
  - 아키타(Akita ; Japanese)
  - 알라스칸 말러뮤트(Alaskan Malamute)
  - 아나토리안 셰퍼드 독 (Anatolian Shepherd Dog)
  - 가나안 독(Canann Dog)
  - 러프 콜리(Collie ; Rough)
  - 에스트렐라 마운튼 도그(Estrela Mountain Dob)
  - 피니시 라프훈트(Finnish Lapphund)
  - 피니시 스피츠(Finnish Spitz)
  - 저먼 셰퍼드 독(German Shepherd Dog)
  - 저먼 스피츠(German Spitz)
  - 그레이트 피레니즈(Great Pyrenees)
  - 그린랜드 독(Greenland Dog)
  - 호바와트(Hovawart)
  - 제페니즈 스피츠(Japanese Spitz)
  - 키이스훈트(Keeshond)
  - 쿠바츠(Kuvasz ; Hungarian)
  - 레온버거(Leonberger)
  - 마렘마 쉽독(Maremma Sheepdog)
  - 뉴펀들랜드(Newfoundland)
  - 노르웨이언 부훈트(Norwegian Buhund)
  - 노르웨이언 엘크하운드(Norwegian Buhund)
  - 노르웨이언 룬데훈트(Norwegian Lundehund)
  - 포메라니안(Pomeranian)
  - 사모예드(Samoyed)
  - 스키퍼키(Schipperke)
  - 시바 이누(Shiba Inu ; Japanese)
  - 시베리안 허스키(Siberian Husky)
  - 세인트 버나드(St. Bernard)
  - 스웨디시 라프훈트(Swedish Lapphund)
  - 티벳탄 마스티프(Tibetan Mastiff)

털 관리

이 개들은 매우 잘 생기고 대부분 웨지(wedge)모양의 머리와 아름다운 눈을 가지고 있다. 이 견종들은 자연의 추위와 맞서 살아가도록 만들어졌다. 함께 살기에 사랑스러운 키이스훈트와 노르웨이언 엘크하운드처럼 그들은 대개 잘 길들여져 있다. 그러나 이 견종들의 본성은 아주 활동적으로 주인이 일하러 간 사이 하루종일 소파에 드러누워 있으려 하지 않을 것이다. 이 견종의 털은 상당한 손질이 필요하다.

솜털같은 털이 한 손 가득씩 빠져 나올 것이다. 며칠 만에 제대로 한 털갈이는 거실 카펫을 완전히 덮을 수 있다. 불행히도 현대의 개들은 따뜻한 기온에 있으므로 계속털갈이를 하는 것처럼 보인다. 따라서 청소가 반복된다. 내가 아는 이들 견종을 가진 주인들은 카펫 보다는 청소가 쉬운 나무바닥 거실에서 산다.

전문적인 목욕과 손질로 몇 시간 만에 문제의 털을 대부분 제거 할 수 있으며 주인이 해야 할 작업을 줄여 줄 것이다.

빠른 건조

강풍 드라이기(우리나라에도 대형견용 드라이기라 하여 최근에 시판되고 있다)를 사용하여 목욕 후 털에서 물이 빠져나가게 하면 건조 시 상당한 시간을 절약해 줄 것이다. 강풍 드라이기는 또한 목욕 전에 상당한 양의 빠진 털도 날려 보내는 데 사용할 수 있다. 그러나 개들은 이 드라이기의 높은 속도에 적응시켜야 한다.

털 뽑기

이 견종들은 털을 뽑기 위하여 코움을 먼저 사용하고 그다음 촘촘한 코움으로 빗질해준다. 브러쉬는 마무리에 사용한다. 다음 과정이 털의 상태를 개선시켜 줄 것이다.

- 먼저 슬리커 또는 핀 브러시로 철저히 빗질한다.
- 빗에 낀 털을 자주 제거한다.
- 아래를 향해 빗질한다.
- 어떤 죽은 털도 놓치지 않게 머리에서 꼬리까지 꼼꼼하게 빗질한다.

전문 애견미용

이 견종들은 털을 깎거나 스트리핑하거나 또는 숱을 다듬는 작업은 하지 않지만 많은 손질이 필요하고 애완견이든 쇼 독이든 상관없이 아름답게 보이기 위해서 애견미용실을 점점 더 자주 찾게된다.

이 견종들은 어릴 때부터 브러싱에 익숙해지도록 해주면 작업하기가 좋으며 친절함, 단호한 손에 곧 반응하고 즐기는 좋은 성격을 가진 개이다. 모든 애완견 주인들은 강아지에게 브러싱과 빗질은 편안한 삶과 건강을 유지하기 위해 필수라는 것을 알아야 만 한다. 책임감있는 브리더라면 강아지를 분양할 시기에 관리방법을 주인들에게 알려주어야 한다.

차우차우

털

차우차우는 몸통 부위에 풍부한 털을 가지고 있다. 매끈한 털 차우차우(smooth coat)는 플러시 질감의 풍부하고 빽빽하게 곧은 털이 위로 서 있는 짧은 윗 털과 양털 같은 속털을 가지고 있다. 덥수룩한 털 차우차우(rough coat)는 극히 풍부하고 빽빽하며 곧게 서 있는 털을 가지고 있다. 겉털은 거칠고 속털은 부드러운 양털같다. 목 주위는 갈기털을 형성하면서 특히 두꺼우며 허벅지에 엉덩이 띠 또는 큐롯바지 모양의 장식을 가지고 있다.

색깔은 전체적으로 검정색, 빨간색, 파란색, 엷은 황갈색, 크림색 또는 흰색이다. 털은 자주 털갈이를 하지만 반점이나 경계색깔은 없다. 꼬리 밑 부분과 허벅지 뒤는 종종 밝은 색이다.

관리

이 개는 관리잘 된 모습으로 전시 될 때 화려하지만 관리를 잘 할 수 있을꺼라 느끼는 주인이 거의 없을 정도로 아주 정기적인 브러싱 및 빗질이 필요하다. 그러나 아주 어릴 때 부터 자주 관리해 주면 손질은 차우차우와 주인 모두에게 즐거움이 될 것이다.

순서

■ **관리 도구**

코움, 슬리커 브러시, 핀 브러시, 가위.

■ 관리 방법

차우차우는 귀 주변에 털이 잘 엉킨다. 엉킴을 제거하는 데 주의해야 한다.

- 털이 엉키는 곳은 먼저 먼지를 제거하고 죽은 털 또는 펠트를 제거하기 위해 피부 쪽으로 슬리커로 전체를 브러싱해 준다. ❶ 한 손으로 털을 잡고 다른 한 손은 위쪽으로 브러싱한다❷. 부드러운 부분부터 브러싱을 시작하여 털 전체를 처음부터 끝까지 작업한다. 브러싱은 머리를 향하여 한다. 장식 털을 브러싱 할 때는 철저히 하고 위를 향하여 머리에서 꼬리까지 빗질한다.
- 개를 욕조에 넣고 털을 피부까지 완전히 젖게 한다❸.
- 헹굴 때 모든 더러움이 제거되도록 적당한 샴푸로 목욕시킨 다음 컨디셔너를 바른다❹.
- 수분을 제거하기 위하여 흡수수건으로 개를 두드려준다❺.
- 핀 또는 슬리커 브러시로 브러싱하면서 바람으로 건조시킨다. 수분을 제거하기 위하여 드라이기를 사용한다❻.
- 코움으로 머리에서 꼬리까지 빗질한다❼.
- 발톱을 점검하고 필요하면 손질해 준다❽.
- 귀는 지저분한지 상처가 있는지 냄새가 나는지를 점검한다❾.
- 이빨 또한 깨끗이 하고 점검한다❿.

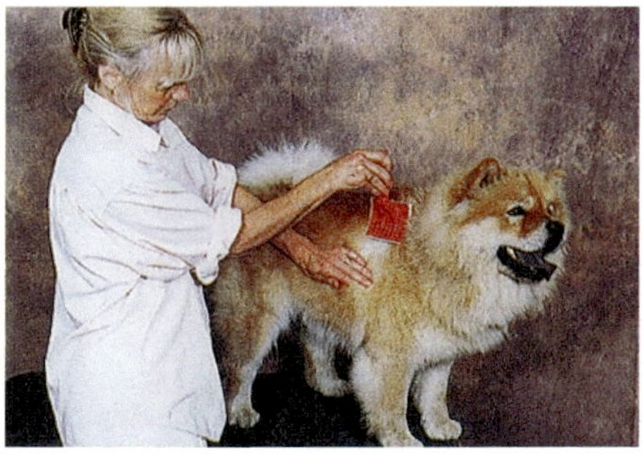

❶

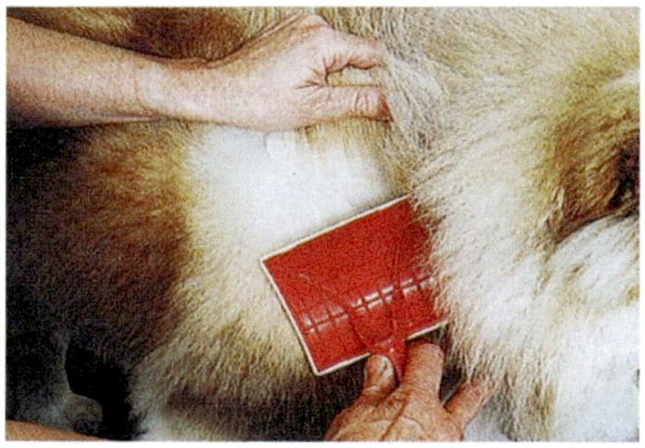

❷

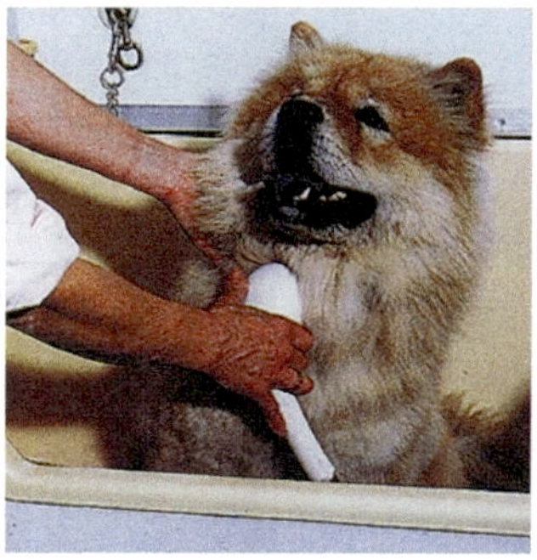

❸

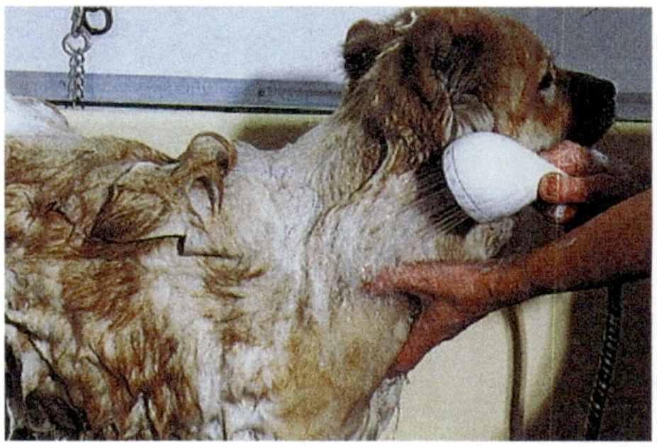
❹

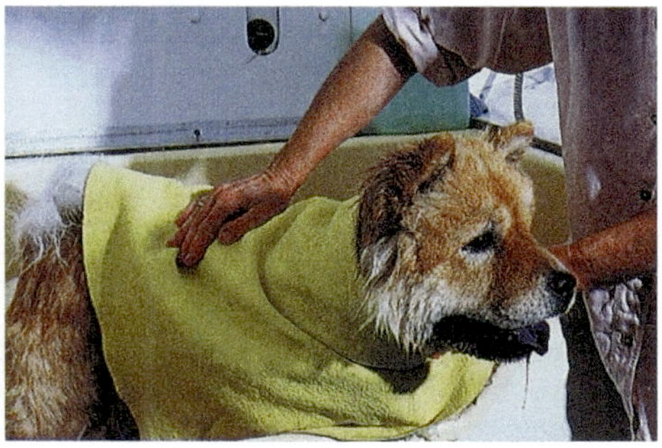
❺

❻

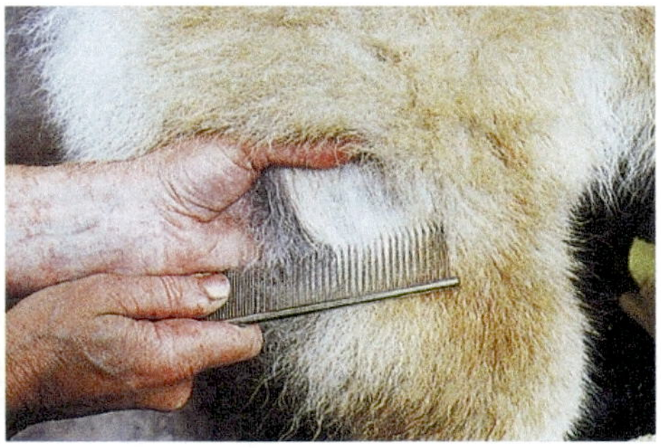
❼

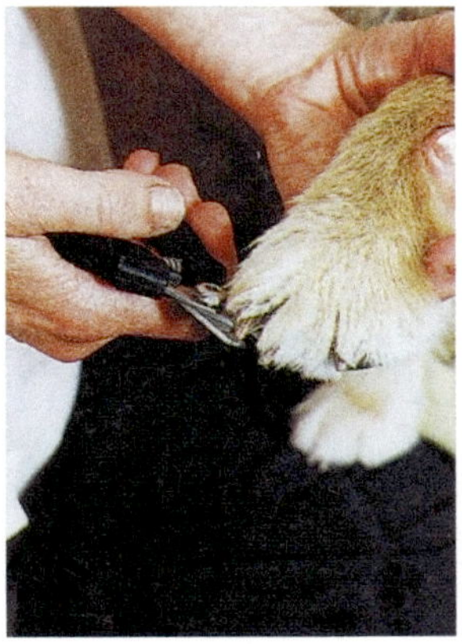
❽

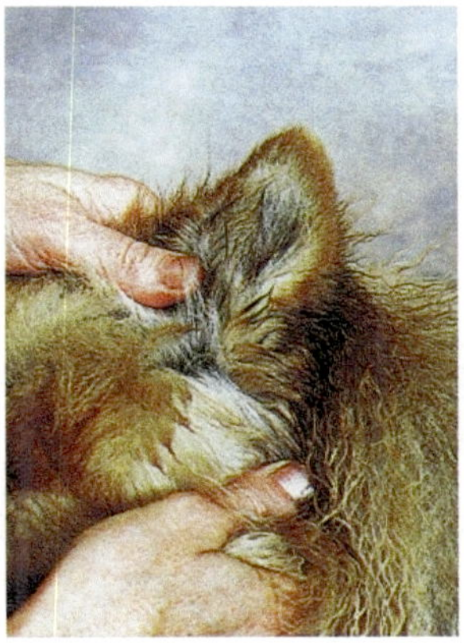
❾

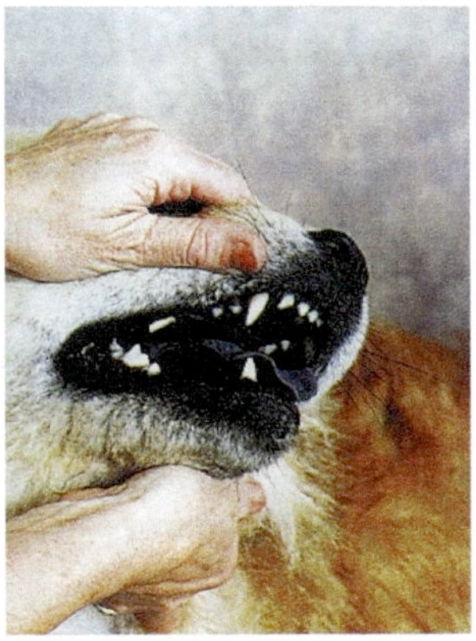
❿

- 발밑의 털은 진흙이 붙어 서로 엉겨붙고 피부 혹이 생기는 것을 방지하기 위해 제거한다⓫.
- 발은 고양이발 같이 동그란 모양이 되도록 손질한다. 차우차우는 쇼 목적으로는 손질을 하지 않는다는 것을 주의한다⓬.

• 완성⑬.

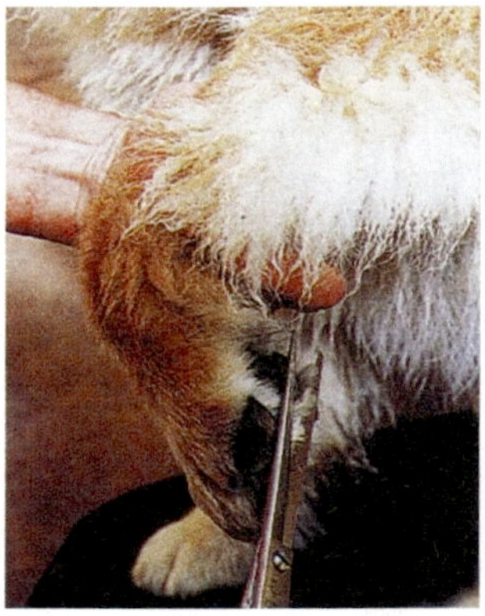

⑪

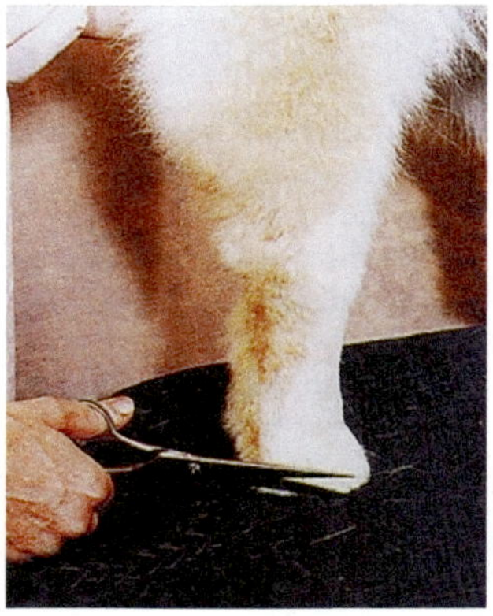

⑫

⑬

아키타(재퍼니즈)

털

아키타는 더블코트이다. 바깥쪽의 거친 털은 곧고 몸통에서 서있다. 속털은 부드럽고 빽빽하며 꼬리털은 풍부하다.

털은 어떤 색깔도 가능하다. 반점 윤곽이 분명하고 눈 사이의 하얀 무늬는 있기도 하고 없기도 하다.

관리

정기적으로 매주 브러싱해 주면 털의 건강을 유지할 수 있다.

겉털은 아니지만 속털은 보통 1년에 두 번 털갈이를 한다.

순서

■ 관리 도구

슬리커 또는 핀 브러시, 코움.

■ 관리 방법

어린 강아지는 손질 받는다는 것을 인식시키기 위하여 강적 브러시를 사용해 준다.

- 핀 브러시 또는 슬리커 브러시로 전체를 브러싱 해 준다.
- 속털은 솎아내지 않지만 빗으로 엉킴을 풀고 손질한다.
- 질 좋은 pH-밸런스 또는 자연샴푸로 목욕시킨다.
- 수건으로 지나친 수분을 흡수시키고 상온에서 건조시킨다.
- 발톱, 귀, 이빨을 점검한다.
- 쇼를 하는 사람들은 필요하면 패드사이의 삐져나온 털을 손질하고 절도있는 외모를 강조하기 위해 발을 정리하는데 모양을 만들 때 주의한다.

알라스칸 말러뮤트

털

알래스칸 말러뮤트의 털은 겉털은 두껍다. 속털은 빽빽하고 기름기가 있으며 양털 같다. 겉털은 목 주변의 두꺼운 털로 상징적이다. 털은 어깨와 목, 등으로 내려가면서 엉덩이 위, 엉덩이 띠와 꼬리 안에서 증가하면서 중간 길이다.

관리

정기적인 브러싱은 강아지 때부터 필수이다.

순서

■ 관리 도구

슬리커 또는 핀 브러시, 코움, 레이크.

■ 관리 방법

털의 반대 방향으로 정기적으로 브러싱한다.

- 종종 단백질 털 컨디셔너가 손질에 도움이 되고 털이 부서지는 방지해 준다.
- 죽은 털을 제거하기 위하여 슬리커로 브러싱한다.
- 죽은 속털을 제거하기 위하여 털갈이 빗으로 빗질한다.
- 질 좋은 샴푸로 목욕시킨다. 많은 브리더들은 목욕 시 pH-알카리 샴푸를 추천한다. 자주 목욕해 주는 견종은 아니다. 따뜻한 물 목욕은 털갈이 기간 중 털을 세우는데 도움이 된다.
- 건조시간의 속도를 높이기 위하여 수건을 쓴 다음 남은 수분을 드라이기로 날려서 건조시킨다.
- 핀 브러시로 털을 브러싱하면서 드라이기로 마치는데 털이 완전히 건조되지 않도록 주의한다. 또는 따뜻한 공간에서 자연건조 되도록 한다.
- 발톱, 귀, 이빨을 점검한다.
- 애완견은 발목 뒤의 털을 작은 가위나 숱 다듬는 도구로 깔끔하게 정리하기를 원하겠지만 쇼 독은 자연그대로의 모습으로 손질한다.

PROFESSIONAL GROOMING

너무나 유쾌한

하이문의 자넷 알-하다드의 애완견은 그녀가 최근 활동을 줄이기 시작할 때 까지 오랫동안 최고의 알래스칸 말러뮤트였다. 1960년에 그녀의 첫 번째 강아지를 사면서부터 자넷은 40년 이상 이 견종에 일생을 바쳤다. 그녀는 세계의 많은 국가에서 심사위원으로 참가했으며 크루프츠에서는 이 견종을 두 번 심사했다. 그녀는 알래스칸 말러뮤트 클럽의 명예 서기관을 25년간 했으며 지금은 개 관련 신문에 이 견종에 대해 쓰고 있다.

■ **일상관리**
자넷의 말에 따르면 알래스칸 말러뮤트의 손질은 그 빽빽하고 무거운 털에도 불구하고 놀라울 정도로 쉽다. 많은 스피츠 견종처럼 말러뮤트의 털은 냄새가 나지 않는다. 털이 난 반대 방향으로 매일 브러싱해 주는 것이 기본적으로 필요한 전부이다. 목욕은 정기적으로 필요한 것은 아니다. 털이 난 반대 방향으로 브러싱해주면 이 견종 표준에 맞는 모질을 유지하는데 도움이 된다.

■ **털갈이 때는 좀 더**
털갈이 시기에는 더 많은 관심이 필요하다. 이 시기에 수컷과 암컷은 차이점이 있다. 수컷은 암컷에 비해 더 무거운 반면 암컷은 두 번에 걸쳐 거의 같은 양의 털갈이를 한다. 이 털갈이는 속이 빈 매트리스 같다라고 묘사되고 또한 폭발한 둥근 꽃을 닮은 것으로 묘사된다. 자넷의 말에 따르면 두 가지 비교가 다 맞다.
이 때 레이크나 빗을 쓰는 것은 매일 또는 이틀에 한번을 빽빽하고 기름기 있는 양털 같은 속털을 가능한 빨리 제거하여 새 털이 나오게 하기위해 필요하다. 핀 또는 슬리커 브러시가 사용될 수 있고 간단하게 손으로 뽑기 또한 효과적이다. 개가 전시 될 때는 털의 질감을 다시 얻고 기름기 있는 상태로 되게 하기 위하여 쇼 이틀 전에 목욕 시키는 것이 더 낫다. 초크는 가끔 털을 거칠게 만드는 데 사용되지만 모든 흔적은 개가 대회에 들어가기 전에 제거해야 한다.

알래스칸 말러뮤트는 무척 많은 털갈이를 한다. 주인은 손질할 준비를 한다.

아나토리안 셰퍼드

털

이 견종은 비교적 짧고 빽빽한 겉털과 두꺼운 속털을 가지고 있다. 납작하고 폐쇄적이며 솜털 같지도 웨이브가 있지도 않다. 털은 목, 어깨와 꼬리에서는 약간 길고 두꺼우며 귀나 다리에는 깃털이 없다. 이 더블코트는 작업견으로 터키 중앙부 높은 평원의 강한 바람과 온도의 극한성에 몸을 보호하도록 만들어졌다. 거친 바깥쪽 털은 자연적으로 물과 진흙을 털어내고 빽빽하고 부드러운 속털은 겨울추위와 더운여름 태양열에 절연효과가 있다.

모든 아나토리안들은 작업견, 애완견 또는 쇼 독 어떤 용도로 키우든 상관없이 2~3주정도 걸리는 과정인 완전털갈이를 1년에 두 번한다. 겉털은 이 시기에 빠지고 점차 대체되지만 양털 같은 속털은 급격히 빠진다. 강모 브러쉬로 브러싱해주거나 레이크로 피부가 긁히지 않게 주의해서 제거한다.

관리

이들은 돌보기가 비교적 쉬운 견종이다. 목욕 후와 전문적 손질 후엔 매력적으로 보인다.

순서

■ 관리 도구

강모 브러시, 코윰.

■ 관리 방법

가끔 해주는 목욕은 아나토리안의 두껍고 빽빽한 털 중에 죽은 털을 제거하는데 도움이 된다.

- 강모 브러시로 전체를 머리부터 꼬리까지 브러싱한다.
- 단백질 pH-밸런스 샴푸로 목욕시킨다.
- 확실히 헹군다.

- 개가 욕조에 있을 때 물기를 제거한다. 케이지-드라이나 바람 건조를 한다. 피부 트러블을 피하기 위하여, 속털이 목욕 후 젖은 채로 남아있지 않도록 하는것이 중요하다.
- 개의 발톱을 점검한다. 성견은 무게가 약 130파운드(60kg)나 되어 단단한 바닥에서의 정기적인 운동이 자연적으로 발톱을 짧게 유지시켜준다. 숨겨진 며느리 발톱이 있을 수 있으므로 너무 많이 자라거나 날카롭게 튀어나오는 것을 방지하기위해 정기적으로 손질이 필요하다.
- 개의 이빨과 귀를 점검한다. 입안을 항생제로 정기적으로 닦아내 청소하는 것은 프라그로 인한 염증을 막을 수 있을 것이다.

가나안 독

털

빽빽한 겉털을 가지고 있으며 거칠고 곧으며 길이는 짧거나 중간 정도이다. 속털은 폐쇄적이고 철에 따라 풍부하다.

색깔은 진한 모래색에서 붉은 갈색, 흰색 또는 검정색의 2색, 또는 이런 색에 흰색 반점이 있는 것으로 두 가지 패턴으로 마스크가 있거나 없다. 만약 마스크가 있다면 양쪽 대칭이다. 검정색 마스크는 모든 색깔위에 허용되고 흰색 반점도 가능하다.

관리

정기적인 브러싱은 이 개를 보기 좋게 유지해 줄 것이다.

순서

■ 관리 도구

강모 브러시 또는 슬리커 브러시, 코움, 개가 털갈이를 할 때는 레이크가 빗이나 강모 브러시보다 두꺼운 속털을 더 잘 통과하므로 사용해준다.

■ 관리 방법

털은 생각보다 더 두껍다. 따라서 목욕 후 꼭 잘 건조되도록 한다.

- 강모 브러시로 완전히 브러싱한다.
- 죽은 털을 제거하기 위해 코움으로 머리에서 꼬리까지 빗질한다.
- 자연성분 샴푸로 목욕시키고 잘 헹군다.
- 수분을 수건으로 제거하고 따뜻한 공기 또는 케이지에서 건조시킨다.
- 발톱, 귀, 이빨을 점검한다.

러프 콜리

털

털은 개의 몸 외곽선에 맞게 아주 빽빽하다. 겉털은 곧고 만지면 거칠다. 속털은 부드럽고, 폐쇄적이며 거의 피부를 감추고 있다. 갈기털은 아주 풍부하고 마스크와 얼굴은 매끈하다. 귀의 끝 부분은 매끈하지만 시작부 쪽으로 갈수록 더 많은 털이 있다. 앞다리는 깃털이 잘 되어 있고 비절 위로 풍성한 깃털로 되어있다(비절 아래는 매끈함).

꼬리털은 아주 풍부하다.

관리

애완견 또는 쇼 독 중 어떤 견이라도 정기적인 손질이 멋진 털과 깃털로 유지시켜 줄 것이다. 단지 털갈이 때 매일 손질 해 주고 자주 목욕시켜 주어야 한다.

순서

■ 관리 도구

순수 강모 브러시, 코움, 가위(숱 가위와 보브가위), 물 스프레이, 수건, 핀 브러시.

■ 관리 방법

더블 코트(긴 겉털과 두꺼운 속털)의 자연성 때문에 순수 강모 브러시를 사용 한다. 정기적인 핀 브러시의 사용은 속털을 제거하고 콜리의 고유한 외곽선을 망칠 수 있으므로 주의해야 한다. 컨디셔너는 애완견에게 물 스프레이와 같이 써 줄 수 있지만 정기적인 목욕은 털을 부드럽게하여 뭉침과 엉킴을 일으킬 수 있으므로 필요하지 않다.

- 털의 질감(거칠어야함) 때문에 물 스프레이를 사용하지 않고는 절대로 손질할 수 없다. 그렇지 않으면 털이 부서질 것이다.
- 목줄을 빼고 콜리를 세운다. 물만 들어 있는 스프레이로 전체에 가볍게 뿌리지만 (쇼 독은 규칙에 맞게), 다른 개들은 컨디셔너로 한다.
- 수건으로 닦아준다. 이로써 대부분의 표면 먼지와 더러움은 제거될 것이다. 대부분의 콜리는 발과 다리만 씻어주면 된다. 앞발을 세운다음 뒷발을 대야에 넣고 씻어 준다(아래 참고).
- 털이 아직 젖었을 때 등부터 시작하여 층을 일으키면서 털이 누워있는 반대방향으로 브러싱한다. 갈기와 목털에도 해 주고 꼬리도 잊지 말고 머리에서 꼬리까지 계속 작업을 해야 마쳤을 때 바른 질감의 털로 건조 될 것이다.
- 다리의 깃털과 귀 뒤를 정돈하기위하여 코움을 이용한다.
- 귀의 촘촘한 털은 성장부를 부드럽게 빗질하고 만약 대회를 준비 중이라면 숱 가위로 불필요한 털을 제거한다. 머리뒷부분에 자라는 길고 촘촘한 털은 엄지와 검지를 사용하여 털을 잡아 뽑아 제거해 준다. 보브가위를 사용하면서 다리라인

주변을 손질하고 발가락 사이에 자라는 긴 털을 제거한다. 뒷다리의 깃털을 빗질한다. 애완용 콜리에게 가위를 사용해 뼈쪽으로 수평선으로 자르면서 손질 할 수 있다. 쇼 독에게는 대개 부드럽고 더 자연스러운 모습을 위하여 숱 가위를 이용해 손질한다.

- 이 단계에서 콜리의 발톱을 점검하고, 앞다리 발 바로위의 며느리발톱도 잊지 말아야 한다. 발톱 깎이로 발톱을 손질해 준다.
- 털갈이하는 동안 모든 콜리에게 손질이 필요하다. 핀 브러시는 빠진 속털을 제거해 새털이 자라도록 해 주므로 이 시기에 사용하도록 한다. 속털 특히 팔꿈치 아래, 귀 주변과 뒷다리 주변은 이시기에 쉽게 엉킨다. 만약 엉킴이 이미 생겼다면, 보브가위를 엉킴 안쪽으로 넣어 피부에서 멀리 느슨하게 자를 수 있도록 사용한다. 전체적인 빗질은 모든 엉킴을 제거해 준다. 콜리는 정기적으로 손질하면 엉킴이 생기지 않을 것이다.
- 목욕은 할 일이 생길 것 같지 않지만 약효가 있는 샴푸나 컨디셔닝 샴푸를 사용한다(만약 당신의 콜리가 지저분한 곳에서 뒹굴었다면, 약효가 있는 샴푸가 좋다). 그리고 목욕을 계속하게 되면 털이 부드러워진다는 것을 알아야 한다.
- 머리에서 꼬리까지 골고루 피부까지 적신다. 피부를 보호하는 두껍고 양털 같은 속털은 머리에서 꼬리까지 물기를 머금는 데 시간이 걸린다. 샴푸를 바르고 많은 양의 따뜻한 물로 확실히 헹군다. 개를 욕조에서 꺼내어 스스로 몸을 털도록 한다.
- 수건으로 닦아내고 강모 브러시로 부드럽게 브러싱한다. 손에 잡히는 크기의 드라이기 또는 드라이기는 건조를 쉽게 해줄 것이다. 그러나 계속해서 강한 드라이기를 사용한다면 털이 더 많이 빠지게 될 것이다.
- 만약 죽은 털을 제거하기 위해 목욕을 시키는 것이라면 핀 브러시를 사용하여 털 빠짐을 촉진시켜준다.
- 색깔 보충제(파란색, 흰색 등)는 쇼 독에게는 허용되지 않지만 화이트닝을 위해서 집에서 사용될 수는 있다.

에스트렐라 마운튼 도그

털

두 가지 형태가 있다. 긴 털 견종의 겉털은 두껍고 적당히 거칠며 염소 털과 닮았다. 털은 몸 위에 납작하거나 곧게 웨이브져 있지만 곱슬은 결코 아니다. 속털은 아주 빽빽하고 보통 색깔이 더 밝다. 머리털은 짧고 매끄러우며 목과 가슴 주위에는 갈기를 형성하며 풍부하다. 짧은 털 견종은 털이 두껍고 적당히 거칠며 곧고 속털은 더 짧다.

관리

정기적인 브러싱이 필요하다.

순서

■ 관리 도구

핀, 슬리커 또는 강모 브러시, 코움과 촘촘한 레이크.

■ 관리 방법

긴 털 만큼이나 정기적인 관심이 필요한 짧은 털 견종에게 필요한 손질은 과소평가해서는 안된다.

- 핀, 슬리커 또는 강모 브러시로 브러싱한다.
- 죽은 털을 제거하기 위해 머리에서 꼬리까지 빗질한다.
- 목욕을 시킨다면, 자연성분 샴푸를 사용하여 확실히 헹구어준다.
- 흡수수건으로 건조시킨다.

- 촘촘한 레이크는 털갈이 털을 제거하는 데 사용된다.
- 발톱, 귀, 이빨을 점검한다.
- 패드 밑의 엉킨 털을 점검하고 가위로 제거한다.

피니시 러프훈트

털

털은 풍부하다. 겉털은 길고 거칠며 속털은 부드럽고 두껍다. 머리, 다리의 앞부분의 털은 더 짧다. 털은 모든 색깔이 가능하지만 갈기의 색이 주요색이어야 한다.

관리

피니시 러프훈트는 정기적인 브러싱이 필요한데 특히 애완견일 때 더 그러하다. 그러나 가정견이라도 실외에서 키우는 것이 더 알맞다.

순서

■ 관리 도구

슬리커 브러시, 코움.

■ 관리 방법

어떤 피니시 러프훈트는 물에 대한 공포를 가지고 있는 것처럼 보인다. 이것은 아마도 그들 조상들이 젖어 빨리 얼어 죽은 역사와 관계가 있을 것이다.

이것이 문제되는 것을 방지하기 위하여 이 견종을 손질할 때는 계획적이어야 한다. 시작하기 전에 필요한 것이 모두 있는지 확인하여 러프훈트가 젖어 있는 시간을 최소화해 준다. 그렇게 하지 않으면 개는 목욕 후에 몸을 지나치게 굴리고 흔들 것이다.

- 털갈이 중인 죽은 털을 제거하기 위하여 코움으로 털 전체를 머리에서 꼬리까지 빗질한다.
- 죽은 털을 제거하기 위하여 위에서 한 번, 밑에서 한번 브러싱하면서 슬리커로 전체를 브러싱한다.
- 티트리와 라벤더 같은 질 좋은 자연성분의 샴푸로 목욕시킨다.
- 피니시 러프훈트의 털에는 컨디셔너를 사용하지 않는다. 털을 잘 헹군다. 털은 매끈하게 마무리 한다.
- 헹군 후 수건으로 털을 잘 말리고 드라이기로 마무리한다. 드라이기 바람을 피부가 아닌 털에 쐬도록 한다.
- 발톱, 귀, 이빨을 점검한다.
- 발밑에 털 뭉치가 없는지 점검하고 가위로 최소한으로 제거한다. 그 외, 개는 자연스러운 그대로 둬야한다. 몸의 어떤 다른 곳도 손질을 하지 않는다.

피니시 스피츠

털

머리와 다리 앞부분의 털은 짧다. 몸과 다리 뒤는 길고, 반 정도 서있으며 목과 등은 뻣뻣하다. 어깨의 겉털은 적당히 길고 거칠다. 허벅지 뒤와 꼬리 위에는 더 길고 빽빽하다. 속털은 짧고 부드러우며 빽빽하다. 색깔은 붉은 갈색 또는 붉은 금색이 있으며 밝은 것이 더 좋다.

관리

손질이 필요치 않다. 그러나 브러싱은 필수이다.

순서

■ 관리 도구

슬리커 브러시, 코움.

■ 관리 방법

모든 스피츠 견종은 털이 난 반대 방향으로 브러싱한다.

- 털을 브러싱하고 난 다음 코움으로 머리에서 꼬리까지 빗질한다.
- 목욕은 필요할 때만한다. 자연성분 샴푸를 사용하고 잘 헹군다.
- 발톱, 귀, 이빨을 점검한다.
- 벨벳 또는 실크 패드로 털을 문질러 준다.

저먼 셰퍼드 도그

털

저먼 셰퍼드 독은 두꺼운 더블코트를 가지고 있다. 긴 털을 가진 종류도 있다.

관리

저먼 셰퍼드의 털은 관리가 비교적 쉽고 목욕 후에 확실히 빛난다. 정기적인 브러싱이 멋진 상태를 유지해 줄 것이다.

순서

■ 관리 도구

커리 또는 슬리커 브러시, 코움.

■ 관리 방법

이 개는 털이 너무 많이 빠지므로 좋은 날씨에 실외 또는 카펫을 깔지 않은 방에서 손질하는 것이 최고이다.

- 커리 브러시 또는 슬리커로 몸의 털을 철저히 브러싱해서 죽은 털을 제거한다.
- pH 밸런스 샴푸 또는 순화 샴푸로 목욕시킨다.
- 죽은 털 제거를 위해 강한 드라이기로 털을 날린다.
- 드라이기 또는 공기나 케이지드라이기로 건조 과정을 마친다.
- 발톱, 귀, 이빨을 점검한다.
- 사이잘(sisal) 브러시로 털을 손질하고 만약 필요하면 털 컨디셔너를 가볍게 뿌려준다.

저먼 스피츠

털

털은 더블코트이고 부드러우며 양털 같은 속털과 길고 거친 질감의 곧은 겉털이 온몸을 덮고 있다.

목 부분은 털이 어깨까지 내려와 있어 매우 풍부하다.

관리

손질은 정기적으로 철저히 해야 유지가 쉽다.

순서

■ 관리 도구

슬리커 브러시, 코움.

■ 관리 방법

어떤 저먼 스피츠 브리더는 비절과 발 주변의 털을 정리하기도 하나 손질을 많이 하는 견종은 아니다.

- 엉킴과 죽은 털을 제거하면서 슬리커 또는 핀 브러시로 전체를 브러싱한다.
- 질 좋은 샴푸로 목욕시킨다.
- 확실히 헹궈준다.
- 핀 브러시로 브러싱하면서 바람으로 건조한다.
- 발톱, 귀, 이빨을 점검한다.

그레이트 피레니이즈(피레닌 마운틴 독)

털은 아주 촘촘하고 풍부한 속털과 날씨의 영향을 받지 않는 길고 거친 겉털로 되어 있다. 털은 두껍고 곧거나 약간 웨이브가 있지만 결코 곱슬 거리지 않는다.

그레이트 피레니이즈의 색깔은 주로 베이지 반점이 있는 흰색, 울프 그레이 또는 옅은 노란색이다.

관리

이 견종은 적어도 1주일에 한번은 완전한 손질이 필요하다. 게다가 그레이트 피레니즈는 항상 목욕 전에 철저히 손질해 주어야 한다.

순서

■ 관리 도구

핀 브러시, 코움(코움은 귀 주변의 엉킨 매듭 제거를 위해 사용)

■ 관리 방법

거대한 견종인 그레이트 피레니즈 강아지는 어릴 때부터 손질에 적응시켜야만 한다. 적응시키지 않고 내버려둔 성견을 설득해서 목욕시키는 것은 쉬운 일이 아니다.

- 핀 브러시로 털 전체를 처음부터 끝까지 브러싱한다. 몸통과 엉덩이 띠 부분에서 피부 까지 브러싱 해 털 뭉치가 될 죽은 털을 확실히 제거해야만 하기 때문에 좀 더 힘있게 한다.
- 브러싱 후 코움으로 빗질한다.
- 화이트닝 샴푸로 목욕(그러나 대부분의 애견클럽의 규정이 모질을 개선하기 위한 어떤 것도 허용하지 않기 때문에 쇼 전에는 일반샴푸를 사용한다).
- 확실히 헹군다.
- 만약 필요하면, 개가 스스로 몸을 흔들어 대량의 물이 떨어져 나가도록 해준다.
- 수건으로 수분을 제거한 후 나머지 털을 건조하기 위해 드라이기를 사용한다. 털을 건조시키는 동안 브러싱하여 내려가면서 겉털을 속털에 가깝게 납작해지도록 눕힌다.
- 따뜻한 공기 또는 드라이기로 건조 과정을 마친다.
- 발톱, 귀, 이빨을 점검한다.
- 마지막으로 필요하면 스프레이 컨디셔너를 사용하면서 다시 한번 브러싱한다.

그린랜드 독

털

두꺼운 더블코트는 반투명 속털과 거친 털이 바로 나 있는 겉털로 구성되어 있다.

관리

브러싱은 가끔의 목욕과 함께 이 견종에게 필요하다.

순서

■ 관리 도구

강모 브러시, 코움.

■ 관리 방법

그린랜드 독의 사이즈와 몸무게를 절대 과소평가 하면 안된다. 목욕 시간을 짧게 하는 것도 도움이 될 것이다.

- 강모 브러시로 머리에서 꼬리까지 브러싱한다.
- 다음은, 빗질로 죽은 털을 제거한다.
- 필요시 자연성분 샴푸로 목욕시키고 잘 헹궈준다.
- 수건으로 말린 뒤 따뜻한 공기 또는 케이지드라이로 마친다.
- 발톱, 귀, 이빨을 점검한다.
- 쇼 독은 수건으로 수분을 제거하고 강력 드라이기로 수분과 죽은 제거하고 건조를 마친다.

호바와트

털

몸통의 털은 길지만 얼굴과 앞다리는 짧다. 갈비뼈 부위와 허벅지는 길지 않다. 촘촘하고 가벼운 속털은 곧거나 약간 웨이브가 있다. 색깔은 검정색 또는 금색이다.

관리

돌보기에 비교적 쉬우며 정기적으로 브러싱해 주고 가끔 목욕시켜 주는 것이 필요하다. 손질은 발만 한다.

순서

■ 관리 도구

커리 브러시 또는 슬리커 브러시, 코움.

■ 관리 방법

쇼 독인 경우 미리 목욕시켜 털이 자리 잡을 충분한 시간을 준다.

- 커리 브러시 또는 슬리커로 털 전체를 브러싱한다.
- 코움으로 빗질한다.
- 자연성분 샴푸로 목욕한다.
- 확실히 헹구어 샴푸가 전부 제거되도록 한다.
- 털은 털 강화와 건조함을 방지하기 위하여 가벼운 컨디셔너를 사용한 후 바람으로 건조시킨다.

- 발톱, 귀, 이빨을 점검한다.
- 발밑에 털이 없는지 점검하고 가위로 제거한다.
- 발은 타원형의 보기 좋은 아치 모양을 강화하기 위하여 가위로 둥글게 손질한다.

재패니즈 스피츠

털

이 견종은 풍부하게 서 있는 겉털과 두껍고 짧으며 빽빽한 부드러운 속털을 가지고 있다. 목의 갈기와 어깨는 아래로 발목까지 닿는다. 꼬리는 긴털로 풍부하게 되어있고 등은 곱슬 털이 덮고 있다. 얼굴의 털은 귀, 앞다리 앞 쪽, 비절과 같이 짧다.

관리

정기적인 브러싱이 필수이다.

순서

■ 관리 도구

핀 브러시 또는 슬리커, 코움.

■ 관리 방법

만약 개가 진흙과 먼지투성이가 되었다면 브러싱이나 목은은 하지 말고 진흙이 마른 후 브러싱하면 진흙은 털에서 떨어져 나가 하얗고 깨끗한 상태로 남을 것이다.

- 핀 브러시 또는 슬리커로 완전히 브러싱한다. 털이 누운 반대 방향으로 브러싱해 하면 깨끗하고 먼지 없이 유지할 수 있다.

- 코움으로 빗질한다.
- 화이트닝 샴푸로 목욕시키고 빛을 더하기위해 적당한 흰색 컨디셔너를 발라준다(쇼를 앞두고는 어떤 털 개선제도 더하기 사용해서는 안 된다).
- 브러싱하면서 말려준다.
- 발톱, 귀, 이빨을 점검한다.
- 뒷다리 무릎에서 덥수룩한 털을 정돈하기 위해 숱 다듬기 도구를 사용한다.
- 발밑과 주변털을 정리하여 고양이 발 같은 모습으로 만들어 준다.
- 발밑의 삐져나온 털을 점검하고 털 뭉치가 생긴 것은 가위로 정리한다.

키이스훈트

털

털은 거칠고 서 있으며 곧은 견종이다. 이 견종은 빽빽한 갈기를 가지고 있고 앞다리는 깃털이 잘 나 있다. 바지모양 털이 풍성하다. 키이스훈트는 비절에는 깃털이 나 있지 않다. 부드럽고 두꺼우며 밝은 색깔의 속털을 가지고 있다.

관리

보기보다는 덜 힘들다. 핀 브러시 또는 슬리커와 빗으로 죽은 털을 없애면서 정기적으로 브러싱 해 준다.

순서

■ 관리 도구

나일론 브러시, 그리고 긴 코움.

■ 관리 방법

관리를 계속하기가 쉽다.

- 털의 흐름에 따라 피부까지 닿도록 브러싱한다. 처음에는 꼬리 쪽으로 한번하고 난 다음 머리 쪽으로 하여 마무리한다.
- 깃털과 비절을 빗질한다.
- 발 주위를 손질하여 고양이 발 같은 모양을 만들고 발밑을 점검하여 패드 사이의 삐져나온 털을 제거한다.
- 개의 발톱, 귀, 이빨와 점검한다.
- 비절은 가위로 정돈한다.
- 털갈이를 할 때만 죽은 속털을 제거하기 위하여 코움을 사용한다.
- 털에 기름기가 없기 때문에 목욕은 좀처럼 하지 않는다. 만약 털에 진흙이 묻었다면 마를 때 까지 기다리면 브러시로 쉽게 털어낼 수 있을 것이다. 목욕은 털을 부드럽게 만드는데 이는 대회에서는 바람직하지 못하고 관리하기가 어렵다.
- 목욕을 피할 수 없다면(예, 만약 개가 피부 염증을 가지고 있을 때), 수의사가 추천하는 샴푸를 사용하고 확실히 헹군다.
- 털을 브러싱하면서 뜨겁지 않은 바람으로 건조하고 피부에 바람이 바로 닫지 않게 한다.
- 쇼를 위해서는, 발, 배와 가끔 바지모양 털을 거친 털용 샴푸로 목욕시킨다. 핀브러시는 몸체, 바지모양 털과 꼬리 술 부위에 대회에 나기기 바로 직전 핀브러쉬를 마지막 1분에 사용할 수 있다.

쿠바츠(헝가리안)

털

쿠바츠의 털은 순백색이다. 이 견종은 약간 웨이브진 털을 가지고 있으며 중간정도 거친 겉털과 촘촘하고 양털 같은 속털로 된 더블 코트이다.

관리

정기적인 브러싱이 필요하고, 목욕도 필요하다.

순서

■ 관리 도구

슬리커 브러시, 코움.

■ 관리 방법

더워지는 날씨에 일어날 털갈이에 대비한다.

- 슬리커로 죽은 털을 제거하기 위하여 전체를 브러싱한다.
- 다음은 코움으로 빗질한다.
- 티트리와 라벤더 또는 단백질 밸런스 샴푸로 목욕시킨다.
- 잘 헹궈서 이 두꺼운 털에 샴푸의 흔적이 남지 않도록 한다.
- 수건으로 말리고 난 다음 따뜻한 공기로 건조하거나 케이지. 드라이기를 사용한다.
- 발톱, 귀, 이빨을 점검한다.

레온버거

털

겉털은 촘촘한 속털과 달리 부드럽고 단단한 중간정도이고 상당히 길고 폐쇄적으로 누워있다.

약간 웨이브가 있지만 결코 곱슬은 아닌 털이 갈기, 인후와 가슴에서 매우 확실하게 두드러지고 색깔은 밝은 노란빛 금색에서 붉은 갈색까지 있다.

관리

레온버거의 털은 좋은 상태를 유지하기 위하여 정기적인 브러싱이 필요하다.

순서

■ 관리 도구

슬리커 브러시

■ 관리 방법

강아지 때부터 정기적인 손질에 익숙해지도록 하는 것이 아주 중요하다.

- 슬리커 브러시로 머리에서 꼬리까지 브러싱한다.
- 코움으로 빗질한다.
- 필요할 때만 목욕시킨다. 질 좋은 적당한 샴푸를 사용하고 확실히 헹군다.
- 흡수수건으로 수분을 제거하고 전기 드라이기의 센바람으로 날려 보낸다.
- 따뜻한 공기 또는 드라이기로 건조과정을 마친다.
- 슬리커로 머리에서 꼬리까지 브러싱한다.
- 발톱, 귀, 이빨을 점검한다.

마렘마 쉽독

털

털은 외곽선에 맞춰 길고 양이 많으며 거칠다. 약한 웨이브를 가지고 있지만 곱슬은 허용되지 않는다. 목에서 털은 두꺼운 갈기 모양이다. 두껍고 폐쇄적인 속털이 특히 겨울에 보인다.

색깔은 대개 전체가 흰색이다.

관리

정기적인 브러싱이 필요하다. 털은 1년에 1~2번 털갈이 한다.

순서

■ 관리 도구

강모 브러시/슬리커, 코움.

■ 관리 방법

화이트닝 샴푸가 유용하다(비록 쇼 규정은 쇼 독에게는 사용 할 수 없다고 되어 있지만)

- 강모 브러시로 전체를 브러싱한다.
- 죽은 속털을 제거하기 위하여 코움을 사용한다.
- 화이트닝 샴푸로 목욕(애완견에게만 사용하고 쇼 독은 사용하지 않는다)시키고 샴푸가 확실히 제거되도록 잘 헹군다.
- 강력 흡수수건으로 수분을 제거하고 드라이기를 사용한다.
- 개를 따뜻한 공기나 케이지 드라이 또는 드라이기로 마무리한다.
- 귀와 발톱을 점검하고 청소하고 필요한 곳을 손질한다.
- 마지막으로 이빨을 점검한다.

뉴펀들랜드

털

더블코트이며 납작하고 빽빽하며 거칠고 기름기가 있다.

관리

이 방수 털은 관리하는데 극도로 시간 소비가 많다.

순서

■ 관리 도구

슬리커 브러시, 코움.

■ 관리 방법

일찍부터 사회화 교육을 시키고 애견미용을 길들이는 것은 필수이다.

- 죽은 털을 제거하기 위하여 슬리커 브러시로 뿌리부터 끝으로 머리에서 꼬리까지 브러싱한다.
- 코움으로 빗질한다.
- 단백질 pH-밸런스 샴푸로 목욕시키고 확실히 헹군다.
- 전기 드라이기를 이용하여 불필요한 수분을 날려 보내거나 공기가 충분히 따뜻할 경우 실외에서 몸을 털도록 한 다음 드라이기를 쓴다.
- 뉴펀들랜드는 귀의 아래와 위로 둘 다에 자라는 털을 가지고 있는데 이는 손질을 해 주어야 한다(공기가 돌게 하고 염증을 예방하여 귀가 깔끔하고 단정하게 보이게 한다). 귀가 덮이는 주변의 삐져나온 털은 귀의 자연스러운 곡선을 따라 손질

해 주어야 한다. 그런 다음 덮이는 부분의 위에 난 긴 털을 숱 가위로 약간 손질한다. 한 번에 털을 조금씩만 잡아서 실수하지 않도록 한다. 이 손질은 더 자연스러운 외모로 보이게 해 줄 것이다. 숱 가위는 다른 곳에도 사용될 수 있다.

- 발톱, 귀, 이빨을 점검한다.
- 패드사이에 엉킴과 삐져나온 털이 있는지 점검하고 제거한다.
- 필요하면 항문 주변을 손질한다.
- 컨디셔너를 뿌려준다. 쇼 독은 털에 어떤 것도 발라서는 안 된다.
- 털갈이 시 추가적으로 손질이 필요하다.

노르웨이언 부훈트

털

부훈트의 털은 거칠지만 매끄럽고 속털은 부드럽고 양털 같다.

관리

이 견종은 청결을 유지하기가 쉽다.

순서

■ 관리 도구

강모 브러시, 코움.

■ 관리 방법

스피츠 견종은 일반적인 특징인 듯 노르웨이언 부훈트는 짖기를 좋아한다. 애견미용실을 운영하고 있다면 새겨두어야 할 점이다. 만약 부훈트가 예약을 했다면 다른 짖는 개로 알려진 개가 오전이나 오후에 있는 것을 피하라. 그렇게 하지 않으면 두통으로 하루가 끝나고 말 것이다!

- 강모 브러시로 털 전체를 처음부터 끝까지 브러싱한다.
- 코움으로 죽은 털을 제거한다.
- 자연성분 샴푸로 목욕시킨 후 잘 헹군다.
- 수건으로 말리고 따뜻한 공기나 드라이기 또는 케이지-드라이기로 마무리한다.
- 발톱, 귀, 이빨을 점검한다.

노르웨이언 엘크하운드

털

가장 매력적인 하운드는 폐쇄적이고 풍부하며 날씨에 영향을 받지 않는 털을 가지고 있으며 부드럽고 양털 같은 속털은 풍부하며 털갈이를 한다. 털은 머리와 앞다리에서 짧고 매끄러우며 목, 허벅지 뒤와 꼬리는 가장 길다.

색깔은 회색 또는 다양한 명암의 끝이 검정색인 겉털이 있다. 가슴, 배, 다리, 꼬리 밑면, 엉덩이에서 더 밝고, 하니스 반점(몸을 가로질러 더 어두운 반점)이 있다. 귀와 앞다리는 어둡고 눈에서 귀까지 어두운 줄이 있는 것이 바람직하다. 속털은 순수 희미한 회색이다.

관리

털은 손질을 필요로 하지는 않지만 털갈이 시 죽은 털을 빨리 제거하기 위하여 목욕은 도움이 된다.

암컷은 발정기 바로 직전에 1년에 두 번 털갈이 한다. 두꺼운 속털은 열이나 추위를 차단하기 때문에 여름에 꼭 털갈이는 하지 않는다. 정기적인 브러싱이 필요하다.

순서

■ 관리 도구

슬리커 브러시, 코움.

■ 관리 방법

카펫위에 엄청난 양의 털이 붙는 것을 원하는 것이 아니라면 엘크하운드를 정기적으로 손질할 것!

- 슬리커로 브러싱하고 코움으로 죽은 털을 제거한다.
- 필요에 따라 양질의 샴푸를 사용하여 목욕시킨다.
- 확실히 헹군다.
- 몸을 흔들어 물기를 제거하고 그런 다음 수건으로 말린다.
- 미국에서는 종종 쇼를 앞두고 목욕을 시킨다. 물기를 강한 바람으로 건조시킨다(개가 강력한 드라이기를 필요로 하는 곳에). 그렇지 않으면, 강력흡수 수건을 사용한다. 미국인 주인들은 또한 일반적으로 핀 브러시 또는 슬리커로 브러싱하면서 바람으로 건조시킨다. 그러나 유럽과 영국에서는 하지 않는다.
- 컨디셔너를 가볍게 뿌려주면서 털을 머리에서 꼬리까지 브러싱하고 빗질한다.
- 쇼 독은 털에 어떤 코트 개선제의 사용이 허락되지 않음을 잊으면 안된다. 필요하면 귀와 이빨을 깨끗이 하고 너무 길게 자랐으면 발톱을 손질한다.

노르웨이언 룬데훈트

털

이 견종은 빽빽하고 거친 겉털과 부드러운 속털을 가지고 있다. 털은 머리와 앞다리 부분은 짧고 목과 허벅지에 더 길다.

색깔은 붉은빛의 갈색에서 진한 갈색까지 있으며 털끝에 검정색이 있을 수 있다. 검정색 또는 회색도 또한 가능하다. 흰 반점이 있는 모든 색깔 또는 어두운 반점이 있는 흰색이 있다.

관리

정기적인 브러싱으로 관리가 상당히 쉽다

순서

■ 관리 도구

강모 브러쉬, 코움.

■ 관리 방법

손질 후 사이잘 브러시나 천으로 빨리 한번 훑어주면 털에 환상적인 광택이 난다.

- 강모 브러시로 브러싱한다.
- 죽은 털을 빗질한다.
- 필요하면 자연성분 샴푸로 목욕시키고 잘 헹군다.
- 물기 제거를 위해 흡수 수건을 사용하고 따뜻한 공기로 건조 과정을 마친다.
- 개의 발톱, 귀, 이빨을 점검한다.

포메라니안

털

털은 속털과 겉털로 되어 있다. 속털은 부드럽고 보풀거린다. 겉털은 길고 곧으며 거칠고 몸 전체를 덮고 있다.

목 주위, 어깨 앞부분과 가슴은 어깨 위까지 연결되어 목털을 형성하며 매우풍부하다. 앞부분은 깃털이 잘 되어 있고 허벅지와 뒷다리는 무릎까지 깃털이 잘 되어있다.

관리

깨끗하고 매력적인 모습을 유지하기 위하여 정기적인 관심이 필요하다. 브러싱, 발톱 점검, 귀와 이빨 청소 손질은 1주일에 한번 한다.

수컷은 1년에 한번, 암컷은 1년에 2번(발정기 후), 보기에 상당히 미안할 정도의 모습으로 털갈이를 한다. 털은 다시 자라며 가끔은 그 전보다 더 좋아 진다 걱정할 필요는 없다.

순서

■ **관리 도구**

슬리커/핀 브러시. 코움, 가위, 면봉.

■ **관리 방법**

털이 누워있는 반대 방향으로 브러싱해서 둥근 방울같은 모양으로 만든다.

- 슬리커/핀 브러시로 브러싱한다.

- 피부까지 닿도록 확실히 하고 날을 눕혀 머리 꼭대기에서부터 작업한다.
- 다음은 코움으로 머리에서 꼬리까지 작업한다. 만약 뭉침이 있다면 엄지와 검지 또는 코움을 이용하여 부드럽게 풀어준다. 가위사용이 필요하면 털의 손실을 최소화하기 위하여 매듭을 가로질러서가 아니라 길이로 자른다.
- 목욕은 겉털만 시킨다. 속털은 드라이 샴푸를 사용한다. 물로 하는 목욕은 적당한 pH-알카라인 독 샴푸를 사용하고 주의해서 헹군다.
- 바람으로 건조시키고, 작업방향 대로 눕혀서 머리부터 작업한다. 마르면 브러싱한다.
- 발톱을 점검하고 귀와 이빨을 깨끗이 청소한다.
- 숱 가위 또는 일반가위로 매끄러운 마무리를 위해 무릎부터 손질한다.
- 발 주위는 정리하여 고양이 발 같은 모습을 만들어 발밑과 필요한 곳의 털을 손질한다.
- 항문 주변의 털 또한 위생적으로 손질한다.

사모예드

털

털은 부드럽고 짧은 속털과 함께 겉털은 두껍고 폐쇄적이다. 방수형 겉털은 곧게 서 있는 거친 (그러나 뻣뻣하지는 않은)털이 전체적으로 자라있지만 곱슬은 없다.

관리

이 견종의 두껍고 화려한 털은 더 많은 관심을 요하며 잘 손질 받은 개는 훌륭하게 보인다.

사모예드는 정기적으로 털갈이를 하고 이 시기에 더 많은 손질을 필요하다.

순서

■ 관리 도구

핀 브러시, 코움.

■ 관리 방법

이 개는 털관리에 관심을 기울일 만한 가치가 있다.

- 죽은 털을 제거하기 위하여 핀 브러시로 머리에서 꼬리까지 브러싱한다.
- 코움으로 빗질한다.
- 흰색 컨디셔너로 영양을 공급하면서 얼룩과 색을 없애기 위해 강력 화이트닝 샴푸로 목욕시킨다. 대회를 위해서는 어떤 것도 털에 사용해서는 안 된다.
- 털에서 물기를 강한바람 또는 보통의 바람으로 건조시킨다.
- 발톱, 귀, 이빨을 점검한다.

스키퍼키

털

전형적인 잔물결이 있는 빽빽한 털을 가지고 있고 풍부하다. 머리, 귀와 다리위의 털은 매끄럽고 등과 옆면은 폐쇄적으로 누워있다.

스키퍼키의 털은 목 주변에 갈기, 갈기털과 목털을 형성하면서 서있고 두껍다. 그리고 허벅지위는 치마바지 모양의 털이 있다.

관리

스키퍼키는 관리가 쉽다.

순서

■ 관리 도구

핀 브러시 또는 슬리커, 코움.

■ 관리 방법

빽빽한 털은 개의 청결 유지를 쉽게 만든다.

- 죽은 털을 제거하면서 핀 브러시 또는 슬리커로 브러싱한다.
- 적당한 pH-밸런스 샴푸로 목욕시킨다.
- 털에 빛을 더하기 위해 컨디셔너를 발라준다.
- 털이 자라는 방향을 따라 바람으로 건조시킨다.
- 발톱, 귀, 이빨을 점검한다.

시바 이누(제페니즈)

털

이 견종의 털은 두껍다. 거칠고 곧은 겉털과 부드럽고 빽빽한 속털을 가지고 있다. 꼬리의 털은 약간 더 길다.

시바 이누의 색깔은 빨간색, 검정색, 검정과 황갈색의 2색, 또는 얼룩. 빨간색 또는 회색 반점이 있는 흰색이 있다.

관리

청결을 유지하기 위한 정기적인 브러싱만으로 관리가 쉽다

순서

■ 관리 도구

슬리커 브러시, 코움.

■ 관리 방법

몸의 다른 부분보다 조금 긴 털을 가진 꼬리를 부드럽게 브러싱하는 것을 게을리 하면 안된다.

- 슬리커 브러시로 전체를 브러싱한다. 보통 때 손질하는 반대 방향으로 브러싱한다. 머리를 향해 브러싱한다. 그러나 등은 등의 윗부분을 따라 꼬리를 향해 브러싱한다.
- 다음은, 죽은 털을 제거하기 위해 코움으로 빗질한다.
- 자연성분 샴푸에서 목욕시키고 확실히 헹군다.
- 필요하면 털의 질감에 맞는 크림으로 컨디셔닝하고 확실히 씻어낸다.
- 흡수수건으로 물기를 제거하고 따뜻한 공기 또는 케이지 드라이, 가벼운 드라이 바람으로 건조하면서 마찬다.
- 발톱, 귀, 이빨을 점검한다.

시베리안 허스키

털

시베리안은 좋은 모피같은 외모를 만들어 주는 중간 길이의 더블코트를 가지고 있다. 속털은 부드럽고 빽빽하다. 겉털의 보호 털은 곧고 매끄럽게 누워있으며 결코 거칠거나 덥수룩하지 않다.

관리

강모 브러시로 매주 정기적으로 브러싱해 주는 것으로 손질은 쉽다. 코움으로 빠진 털을 빗질해서 없앤다.

털 관리에 어려움을 겪거나 더 특별한 조언이 필요하다면 견종 클럽에 연락해서 조언을 구한다.

순서

■ 관리 도구

강모 브러시, 코움.

■ 관리 방법

심하게 털갈이를 하는 시베리안은 죽은 털을 모으고 카펫과 가구에 붙는 것을 최소화하기 위하여 정기적인 손질이 필요하다.

- 개가 털갈이 중이라면 슬리커 브러시나 강모 브러시로 브러싱한다. 그런 다음 코움으로 머리에서 꼬리까지 빗질한다. 속털은 털갈이 중 떨어져 나간다.
- 적당한 양질의 pH 밸런스 샴푸로 목욕시키고 컨디셔너를 발라준다.
- 털을 바람으로 건조시킨다.
- 발톱, 귀, 이빨을 점검한다.
- 필요하면 발을 타원형으로 아담해 보이게 손질한다.

세인트 버나드

세인트 버나드의 털은 짧은 털(왼쪽)과 긴 털(오른쪽) 두 가지 종류가 있다.

털

두 가지 털의 형태가 있다. 긴 털 종류는 빽빽하고 납작하고 있고 목과 허벅지 주위에는 털이 더 많다. 그리고 꼬리는 깃털이 잘 나있다. 짧은 털 종류는 허벅지와 꼬리에 약간 깃털이 있으며 폐쇄적이고 하운드 같은 털을 가지고 있다.

관리

손질할 상당한 면적을 가진 견종이다.

순서

■ 관리 도구

슬리커 브러시, 중간 또는 코움.

■ 관리 방법

세인트 버나드는 일반적으로 목욕과 브러싱을 아주 좋아한다-어릴 때부터 손질에 익숙해지도록 한다. 몸이 크기 때문에 보조자가 필요하다.

- 죽은 털을 제거하기 위하여 슬리커로 브러싱한다.
- 코움으로 빗질한다.
- 눈부신 마무리를 위하여 화이트닝 샴푸로 흰색 부위에 사용하면서 적당한 샴푸로 목욕시킨다.
- 쇼에 내보낼 생각이라면 털에 어떤 영향이든 미칠 수 있는 샴푸는 사용하면 안 된다.
- 필요하면 특별한 마무리를 위해 순화 샴푸는 1년에 세 번 정도 사용할 수 있다. 너무 잦은 사용은 피한다.
- 드라이기로 물기를 강력 드라이기 또는 강력흡수수건을 사용해서 없앤다.
- 바람으로 건조시킨다.
- 발톱, 귀, 이빨을 점검한다.
- 숱 가위로 비절의 깔끔하지 않은 털을 제거한다.
- 발 손질이 가끔 긴 털 종류에 필요하다.
- 귀털은 뽑아 주고 밑 선은 가위로 정리해 준다.
- 쇼 독에게 고려할 점은, 목욕할 때는 너무 많은 속털이 빠져나와 개의 털이 너무 짧게 보이게 만들므로 컨디셔닝을 해준다.

스웨디시 라프훈트

털

몸에서 부터 곧게 서있는 털은 날씨의 영향을 받지 않는다. 머리와 앞다리의 털은 짧고 가슴, 허벅지와 꼬리의 털은 더 길다. 목 주위에는 갈기가 있다. 속털은 빽빽하고 촘촘하며 곱슬거린다.

색깔은 갈색, 검정색, 갈색 그리고 검정과 갈색의 혼합이다. 가슴에 흰색 반점, 흰색 발과 꼬리 끝의 흰색은 가능하다.

관리

정기적으로 브러싱만 해준다면 관리가 비교적 쉽다.

순서

■ 관리 도구

슬리커 브러시와 코움.

■ 관리 방법

강모 브러시는 부드러운 강아지 털에 사용할 수 있다.

- 슬리커로 전체를 브러싱한다.
- 코움으로 빗질한다.
- 자연성분 샴푸로 목욕시키고 잘 헹군다.
- 핀 브러시로 열에서 떨어져 브러싱하면서 드라이기로 건조시킨다.
- 발톱, 귀, 이빨을 점검한다.
- 패드 밑의 삐져나온 털을 정리하고 필요하면 가위로 제거한다.
- 털을 강화하기 위하여 광택 스프레이를 더해주면서 털을 한 번 더 브러싱한다.

티벳탄 마스티프

털

수컷은 암컷에 비해 더 많은 털을 가지고 있다. 추운 날씨에는 무거운 속털과 함께 상당히 길고 두꺼우며 양털 같은 털을 가지고 있다. 털은 촘촘하지만 곧고 절대로 실크같거나 곱슬 또는 웨이브지지는 않았다. 갈기같은 모습을 만드는 무거운 속털이 있다. 꼬리는 덤불 같고 빽빽하게 덮여있다.

색깔은 풍부한 검정색, 금색, 검정과 황갈색의 2색, 갈색, 여러 가지 명암의 회색, 파란색 황갈색이 있다.

관리

매주 브러싱만 필요하다. 이 견종은 (봄에) 평균 1년에 한번만 털갈이를 한다.

순서

■ 관리 도구

슬리커 브러시, 코움.

■ 관리 방법

나중에 생길 문제를 방지하기 위해 강아지를 손질에 익숙해지도록 하는 것이 필수이다.

- 슬리커 브러시로 전체를 처음부터 끝까지 브러싱한다.
- 코움으로 빗질한다.
- 목욕이 필요하면 자연성분 샴푸 사용한다.
- 확실히 헹군다.
- 강한 송풍기 또는 강력흡수수건을 사용하여 물기를 없애고 자연적으로 건조되도록 놓아둔다.
- 발톱, 귀, 이빨을 점검한다.

Chapter 16 털을 깎고 손질하는 견종

PROFESSIONAL GROOMING

이 장에서 다룰 털을 깎고 손질할 견종

- 아메리칸 코카 스파니엘(AMERICAN COCKER SPANIEL)
  - ▸베들링턴 테리어(Bedlington Terrier)
  - ▸비숑 프리제(bichon Frise)
  - ▸블랙 러시안 테리어(Black Russian terrier)
  - ▸뷰비어 데스 플란드레드(Bouvier des Flandres)
  - ▸브리타니(Brittany)
  - ▸캐스키 테리어(Cesky Terrier)
  - ▸잉글리시 코카 스파니엘(English Cocker Spaniel)
  - ▸잉글리시 스프링거 스파니엘(English Springer Spaniel)
  - ▸필드 스파니엘(Field Spaniel)
  - ▸케리 블루 테리어(Kerry Blue Terrier)
  - ▸로우첸(Löwchen ; Litter Lion Dog)
  - ▸포르투기즈 워터 독(Portuguese Water Dog)

푸들은 이 장에 속해있지만 필요로 하는 작업의 집중성과 여러 가지 다른 손질법 때문에 제17장에서 다룬다.

털관리

애완견이나 종종 쇼 견은 쇼에서 은퇴하고 나서 털을 자르기도 한다. 가끔 그런 개들의 주인들은 개를 방치해 엉망으로 만들기 보다는 털을 더 이상 관리해줄 수 없자 털을 관리가 가능한 길이로 손질한다.

이 임무는 대개 No.5 날 또는 가위 같은 거친 클리퍼 날의 도움으로 실행된다. 클리퍼가 개의 관리시간을 명백히 줄여주고 미용시간 역시 단축시키기 때문에 많은 미용사들은 클리퍼 사용을 즐긴다. 털을 깎지 않고 하는 일반적인 관리에 있어서 시간은 필수로 스트리핑은 몇 시간씩 걸린다. 클리퍼는 비용도 훨씬 절감하면서 개를 너무나 맵시 있게 유지한다. 비숑 프리제, 로우첸, 포르투기즈 워터 독, 푸들과 코카스파니엘 같은 견종에 어울리는 스타일이 되도록 주의해서 전문적인 솜씨로 털을 깎았을 때 아름다운 모습을 만들어 줄 수 있다.

정기적 관리

푸들처럼 계속 자라는 양털 같은 털은 브러싱과 빗질이 필요하다. 매일 해 줄 수 없다면 1주일에 3~4번, 특히 어린 털이 성견 털로 바뀔 때까지 이다.

아주 어린강아지는 털이 가늘어 거의 엉킴이 없지만 여전히 작업에 적응되도록 브러싱과 빗질을 해 주어야 한다. 푸들의 경우 8주정도 또는 더 어릴 때부터 발, 얼굴과 꼬리의 시작부의 털을 깎아준다. 푸들은 쇼가 가까이 오면 항상 1주일에 1~2회 목욕해 준다.

이것은 털을 전혀 상하게 하지 않는다(사실, 성장을 촉진한다). 그러나 양질의 샴푸를 컨디셔너와 함께 사용해야 한다. 브러싱과 빗질도 완벽하게 되어야 한다.

털을 빗질할 때, 피부에서 가까운 부분부터 털끝으로 털을 나누어 빗질할 필요가 있다. 그렇게 하지 않으면, 기생충감염과 비듬의 원인이 되는 엉킴이 피부에 생길 것이다. 이것은 어린 털의 털갈이 시기에 특히 많이 일어난다.

어린 털의 털갈이 시기의 변화

약 7개월 정도 되면, 털이 바뀌기 시작하는데 오래된 털은 제거한다. 그렇게 하지 않으면 엉망으로 엉킬 것이다. 완전한 성견의 털이 자리 잡기에는 여러 달이 걸리며 털은 더 거칠고 대부분의 경우에 손질하기가 더 쉽다. 어떤 개들은 멋진 솜털을 유지하면서 털의 질이 좋다. 브러싱을 하지 않고 털을 깎지 않은 상태는 손질해 주기가 거의 불가능하다.

아메리칸 코카 스파니엘

그림의 아메리칸 코카 스파니엘은 P.R.과 M.E.존스 부부가 소유한 카몰리의 Davcan Bombastic이다.

털

이 견종의 특징은 털이며 그 털은 머리에서 짧고 몸에는 약간 더 길다. 다리와 복부의 털은 풍부하다. 그러나 모량이 너무 많을 경우 사냥개(sporting dog)로써의 기능이 떨어지므로 너무 지나치면 안된다. 털은 실크 같으며 납작하거나 약간 웨이브가 있다.

관리

털에 대한 세심한 관심이 필요하기 때문에 이 견종을 훌륭한 모습그대로 관리 할 수 있는 주인은 거의 없다. 엉킴이 단단해지기 때문에 이 견종의 상당수가 털이 짧은 등과 옆면을 가지고 있는 것을 보게 된다.

순서

■ 관리 도구

핀 브러시

■ 관리 방법

털이 너무 많이 빠지므로 영양공급을 해줄 때는 브러싱하지 않는다.

- 엉킴 제거제를 사용하여 털 전체를 브러싱한다❶. 만약 털이 너무 심하게 펠트 상태이거나 뭉치가 되어 브러싱으로 개가 고통과 스트레스를 너무 많이 느끼게 될 정도가 되었다면 그 때의 유일한 해결책은 털을 전부 제거하고 그 때부터 이런 일이 다시 생기지 않도록 정기적으로 손질하도록 하는 것이다.
- 애완견은 비록 털로 덮여있을 때라도 팔 아래, 팔꿈치 아래, 배를 따라가면서 허벅지 안쪽면은 No.10 날로 털을 깎아주는 것이 좋다. 개가 서 있을 때는 보이지 않아야 하므로 주의해서 실행해야 한다. 쇼 독에게는 해서는 안 된다.
- No.15 날로 눈의 꼭대기부터 두개골의 뒤 부분까지 얼굴의 털을 깎는다❷, ❸.
- 귀를 강조하기 위하여 아래를 향하여 귀 위의 털을 $\frac{1}{3}$ 정도 깎는다❸, ❹.

❶
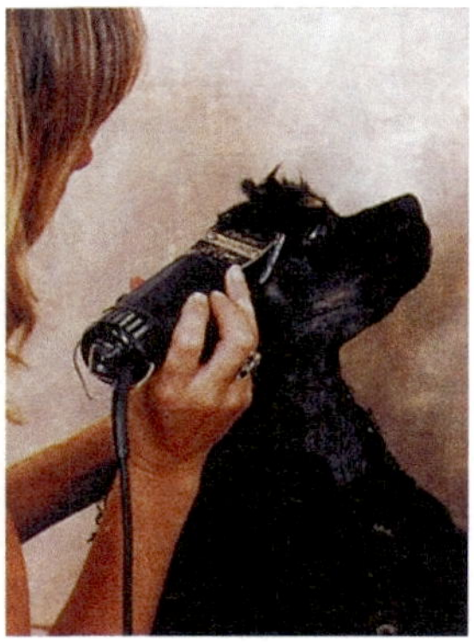
❷

❸
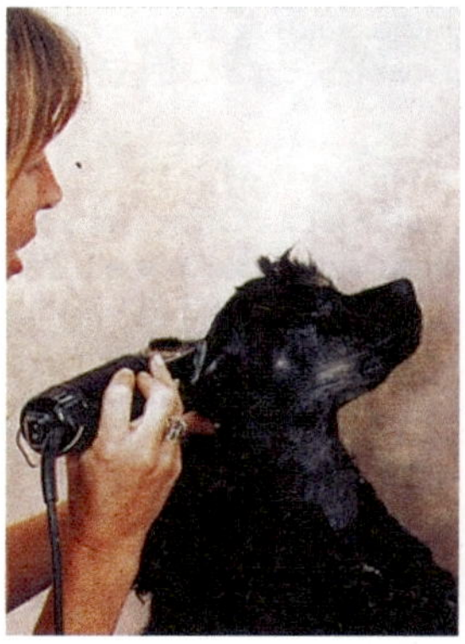
❹
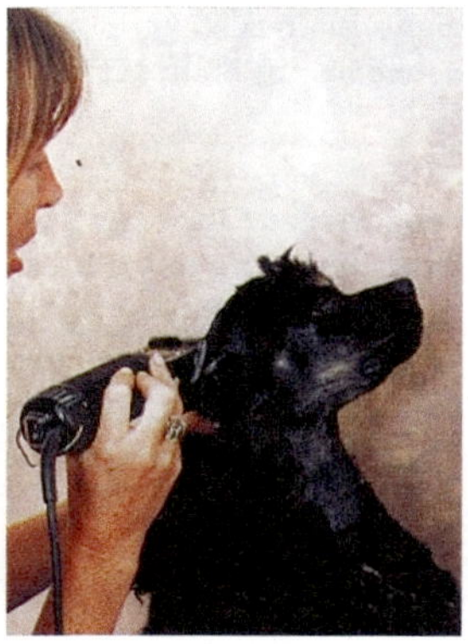
❺
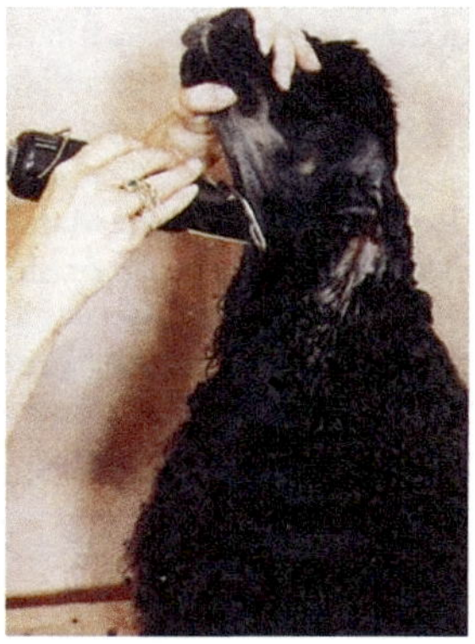
❻

- 매끈한 마무리를 해야 할 필요가 있는 곳의 피부를 팽팽하게 만들면서 느슨한 피부는 자르지 않으며 깨끗한 모양을 만들기 위해 볼로 내려가면서 깎는다❸, ❺.

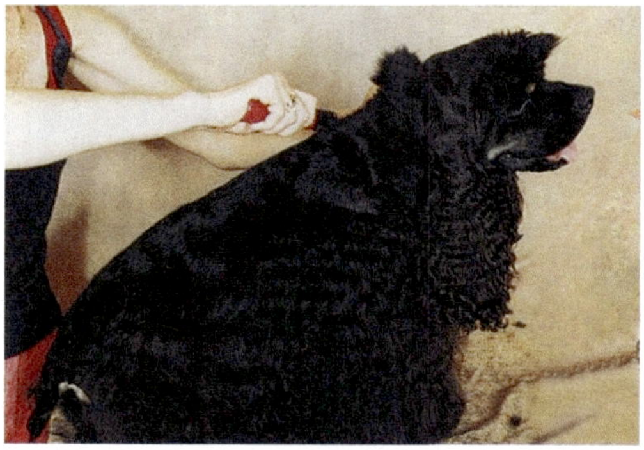
❼

❽

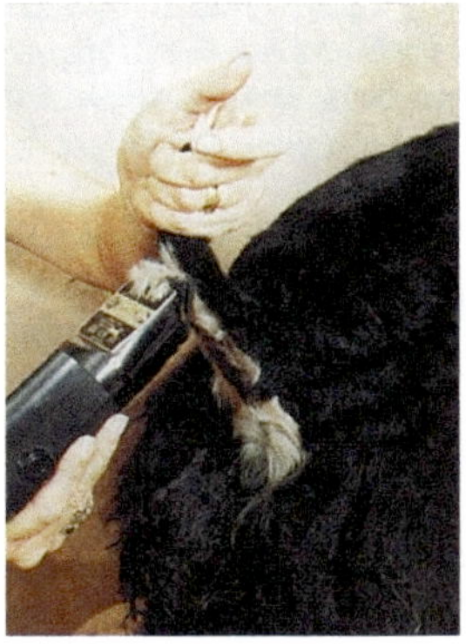

⑨

⑩

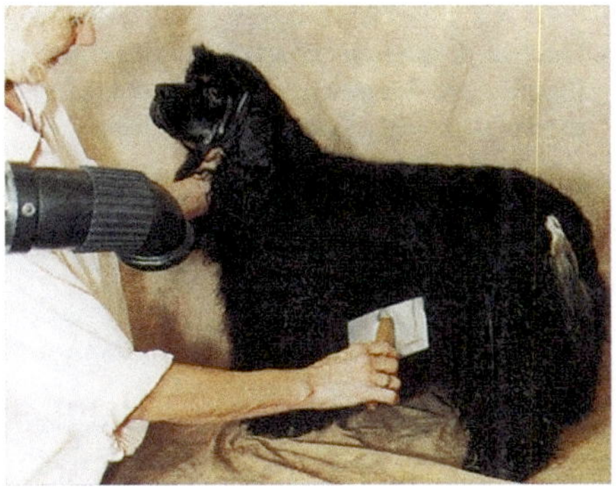

⑪

⑫

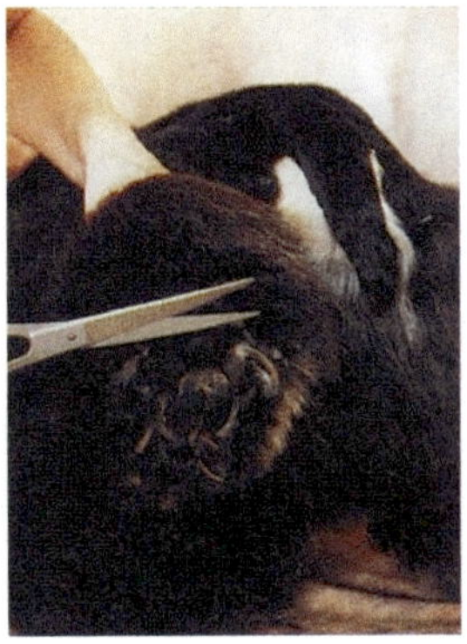

⑬

⑭

- 턱 밑의 털을 깎고6 목으로 내려가 가슴뼈 양쪽 면을 V자 모양으로 만든다❸.
- 몸의 털은 필요(예, 애완견인지 쇼 독인지)에 따라 틀을 깎고, 속아 내고 카딩을 하거나 숱 다듬기를 하지만 결과적인 모양은 같다. 가슴뼈 사이에서 골반 밑 부

분까지 눈에 보이는 선을 만들고 목에서부터 이 선 까지 작업한다. 개의 털이 충분하게 관리되었을 때 거의 땅 까지 닿을 정도의 풍부한 스커트를 남긴다❽.

- 꼬리는 몸에서 위로 향하도록 손질한다❽, ❾.
- No.10 또는 가위로 털을 짧게 하면서 항문 주위의 털을 정리하여 깨끗이 한다.
- 단백질 샴푸로 목욕시킨다❿.
- 확실히 헹구고 컨디셔너를 바른다.
- 핀 브러시 또는 슬리커로 브러싱하면서 바람으로 털 건조시킨다⓫.
- 털 강화제를 가볍게 뿌리고 머리에서 꼬리까지 브러싱한다⓭.
- 발톱, 귀, 이빨을 점검한다.
- 발을 둥근 모양으로 손질하고 패드 밑의 털은 깎아낸다❽.
- 다리 밑 부분은 종의 밑 모양처럼 손질한다❽.
- 어깨를 외곽선을 강조하기 위해 털을 짧게하여 깨끗하게 만들고 털을 깎은 목 부위를 어깨의 털과 연결되어 보이도록 해준다(블랜딩한다)❽.
- 몸의 스커트를 몸과 스커트 사이에 계단 모양이 생기지 않도록 하고 수평이 되도록 블랜딩한다. 뒤의 털을 깎은 부위에 특별한 관심을 기울여 잘 블랜딩 한다❽.
- 귀 가장자리 털은 아래로 내린다. 모양을 좋게 만들기 위해 어느 정도 털을 짧게 하기 보다는 곡선 가위로 가볍게 손질한다.
- 개가 쇼에 나갈 것인가의 여부에 따라 이마 털을 솎아내고 숱 가위로 다듬어준다. 그런 다음 숱 가위 또는 오스터No.10으로 털의 성장부를 깎아주며 손질한다. 그런 다음 다른 편도 브러싱하며 손질한다. 그런 다음 깨끗한 외형을 위해 등의 윗선을 따라 브러싱한다.
- 스커트의 가장자리 털은 깔끔하게 보이기 위해 고르게 해준다.
- 완성⓮.

베들링턴 테리어

털

털은 두껍고 '흡수천'이라고 묘사되며 다른 대부분의 견종들과는 달리 털갈이를 하지 않기 때문에 정기적인 손질이 필요하다. 그리고 천식과 같은 개털에 대한 알레르기를 일으키는 견종이다. 피부로에서부터 잘 서있는 털은 잔물결이 있고 꼬이며, 특히 머리와 얼굴에서, 특이한 경향이 있다.

관리

베들링턴은 맵시있는 모습을 유지하고 죽은 털이 뭉치거나 엉키는 것을 방지하기 위해 4~6주 간격으로 정기적으로 손질할 필요가 있다. 2~3일에 한번 씩 완전히 빗질해야 한다. 그렇게 하지 않으면 털은 빨리 엉켜버리기 시작한다.

순서

■ **관리 도구**

슬리커 브러시, 코움. 이발기, 가위.

■ **관리 방법**

주인이 이 견종의 손질을 배우겠다고 뻔한 고생을 할 경우가 아니라면 전문적인 손질을 할 것을 충고한다. 일반적으로 베들링턴의 전체적인 모양은 털들이 거친 연결이 없이 곡선으로 연속되어 있어야 한다.

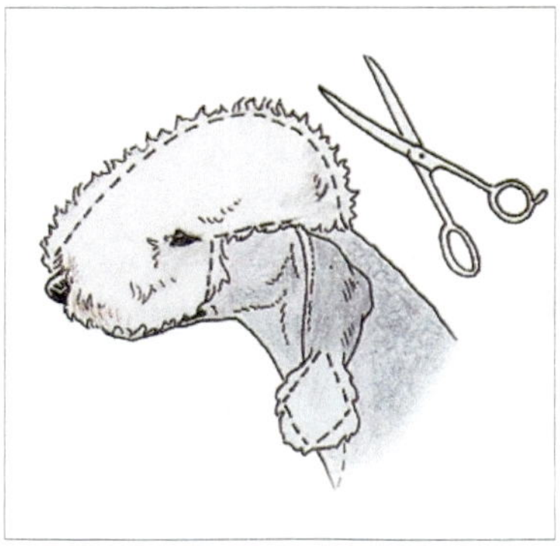

❶

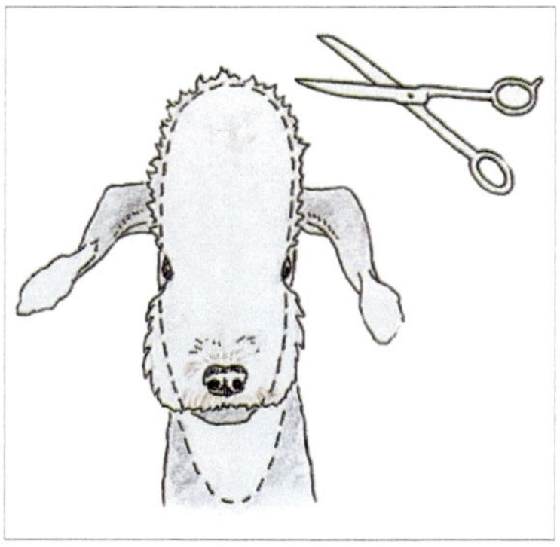

❷

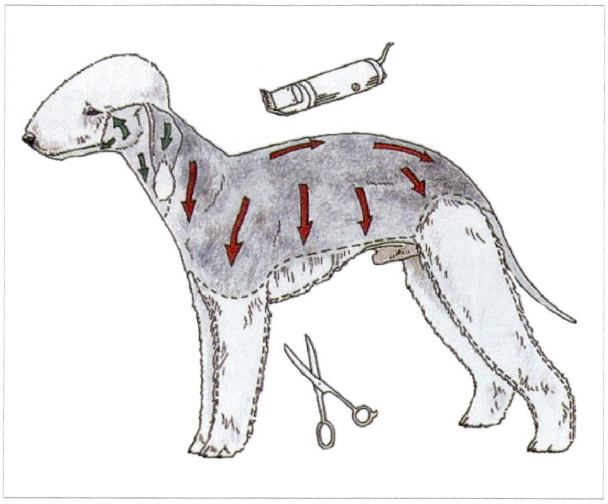

❸

- 슬리커 브러시로 머리에서 꼬리까지 브러싱하고 빗질한다.
- 털이 지저분하다면, 드라이기로 이물질과 지저분한 것을 제거하고 엉킴을 줄이면서 전체적으로 바람으로 날려 보낸다(주의: 씻은 털은 피부로부터 일으켜 세워 손질을 쉽게 만든다).
- 미리 정한 길이대로 No.10 날 또는 No.15 날은 얼굴옆면의 털의 성장부의 반대방향으로 깎는다. 눈의 뒤로부터 귀의 앞 가장자리까지 손질하고 반대편도 같은 방법으로 손질한다❶.
- 귀의 털은 깎아 다이아몬드모양의 솔방울(태슬)을 남긴다❶.

- 아래 턱은 인후로 내려가면서 아담스애플과 가슴뼈 사이 중간쯤에 포인트가 오도록 V자 모양을 만들면서 털을 깎는다. 볼에서와 마찬가지로 No.10 날 또는 No.15를 사용한다❶.
- 원하는 스타일에 따라, 머리 뒷부분은 조금씩 다르게 털을 깎을 수 있다. 전통적인 영국식 스타일을 위해서는 목의 털을 두개골 뒤에서부터 어깨 사이 융기 쪽으로 내려가면서 No.5 날을 사용해 털을 손질해 없앤다. 미국적인 스타일을 위해서는 여전히 No.5 날을 사용하지만 털의 흐름을 귀의 시작부부터 시작하여 목의 시작부 중간을 향하여 선을 만들어 진행하며 목 밑의 털을 V자 모양으로 만들면서 깎는다.
- No.5 날을 사용하여 목의 옆면을 따라 내려가 어깨까지 팔꿈치에서 앞다리의 꼭대기 안의 털과 섞어주며 깎아준다❸.
- 목에서 가슴뼈까지 깎는다. 쇼 독은 가위로 시행해 준다. 자르고 깎은 가장자리는 섞어준다❸.
- No.5 날로 몸통을 따라 갈비뼈 부위로 내려가면서 가슴과 가슴 밑에 가장 자리를 남기며 털을 깎는다❸.
- 허벅지 꼭대기를 향하여 털을 연결해 주고 등의 꼭대기에서 뒤쪽 끝까지 털을 깎는다❸.
- No.10 날 또는 No.15 날을 사용하여, 복부 중간에서부터 허벅지와 만나는 부분과 허벅지 안쪽까지 배 밑의 털을 깎는다.
- 꼬리털을 깎는다. No.10 날 또는 No.15 날로 일률적으로 손질할 수 있다. 대안책으로 '미국적인 스타일'을 만들기 위하여, 꼬리 시작부의 털 $\frac{1}{3}$을 남기고 나머지에서 끝까지 No.10 날 또는 No.15 날로 털을 깎는다.
- 항문 주변의 털을 깎는다.
- 거친 털용 샴푸로 목욕시킨다. 필요하면 컨디셔너를 사용하지만 부드럽고 보풀거리는 것은 이 견종에서는 바람직하지 못하다는 것을 기억해야 한다.
- 핀 또는 슬리커 브러쉬를 이용하여 피부로부터 털을 들어 올리면서 바람으로 말린다.
- 발톱, 이빨과 귀를 점검한다. 귀 구멍 안에 깊이 자라고 있는 털을 뽑아내는 것은 중요하다. 그렇게 하지 않으면 귀속에 왁스가 자리 잡는 원인이 되고 염증을

일으킬 가능성이 있다.

- 털을 깎은 부위에 삐져나온 털을 깔끔하게 하기 위하여 깎아준다.
- 귀의 가장자리를 깔끔하게 가위로 잘라 내려가면서 다이아몬드모양을 가위로 만들어가면서 빗질한다.
- 로만 아치 같은 모양을 만들면서 머리를 주의해서 자른다(후두에서 코까지 올라가는). 그러나 이 곡선을 너무 과장하지는 않는다. 이상적인 표본은 웨지모양이 되어야한다. 매끄럽고 부드러운 곡선모양을 만들면서 두개골을 라인을 따라 손질한다. 옆면은 긴 머리 모양으로 만들고 귀와 코의 끝 사이의 면을 가로질러 아치를 만들면서 끝으로 갈수록 가늘게 만들고 옆면의 털을 다듬어 준다❶, ❷.
- 꼬리의 털은 몸통 안으로 이어 주면서 튜브모양으로 가위로 자른다. 그러나 꼬리의 시작부에 조금만 남겨 모양이 아이리시 워터 스파니엘 처럼 보이지 않도록 주의한다.
- 가위로 가슴으로 내려가며 손질하고 다리사이로 내려간 다음 갈비뼈부위 밑으로 앞다리로 내려가며 튜브모양을 만들면서 털을 자른다.
- 자연스러운 외곽선을 위해 뒷다리 털을 가위로 다듬는다❸.
- 발가락과 패드 사이의 털을 깎거나 자르고 난 다음 발밑을 손질한다. 발은 가위로 보기좋게 깔끔한 모양을 만들면서 완성한다.

비숑 프리제

털

이 견종은 스크류처럼 곱슬지는 빽빽하고 부드러운 털을 가지고 있다.

관리

비숑의 그 매력적인 이미지를 유지하기 위하여 상당한 양의 손질이 필요하다. 이 견종은 한 때 입과 발만 정돈한 모습으로 전시되었지만, 요즘은 자주 전체 털을 자른 모습으로 나온다. 4~6주마다 정기적인 손질이 필요하고 털을 유지하며 이 견종에 알맞은 매혹적인 모습을 만들기 위하여 자주 목욕시킨다.

순서

■ 관리 도구

긴 날 가위, 짧은 날 가위, 강모 브러시, 큰 슬리커 브러시, 작은 슬리커 브러시와 코움.

■ 관리 방법

상당한 관심이 필요하지만 이 유쾌한 작은 개는 그 힘든 작업에 드는 매순간마다 가치가 있다.

목욕 전 엉킴을 힘 있게 제거한다. 왜냐하면 일단 젖으면 엉킴은 실제로 자르지 않고는 제거가 불가능하기 때문이다.

- 불결하고 더러운 비숑을 욕조에 넣고 개가 물에 완전히 젖었을 때 엉킴 제거 스프레이 컨디셔너를 바르고 엉킴 분리기로 엉킴을 브러싱해 없앤다. 목욕 전에 빗질을 잘 해 주면 이는 피할 수 있다.
- 한 번에 작은 부분으로 나누어 손가락으로 엉킴 제거제를 뿌려주면서 펠트를 나누어 주도록 노력한다.
- 슬리커로 빗질한 다음 코움으로 빗질한다.
- 정기적으로 적어도 한 달에 한번은 적당한 샴푸와 양질의 컨디셔너를 사용하여 목욕시킨다. 베이비오일 등을 한 티스푼 컨디셔너에 첨가하여 털이 너무 건조해지지 않게 한다.
- 확실히 헹군다. 깨끗이 하기 위하여 샴푸를 두 번할 필요가 있다.
- 모든 애견미용사가 꼭 필요하다고 생각하는 것은 아니지만 많은 애견미용사가 바람으로 말리기 전에 슬리커 브러시로 젖은 털을 머리부터 꼬리까지 브러싱해 주는 방법을 쓴다.

- 수건으로 가볍게 흡수시킨 후 바람으로 건조시킨다. 전문적인 애견미용사와 쇼독 주인은 먼저 수분을 제거하기 위해 빠른 속도의 드라이기를 사용할 것이다. 그런 다음, 브러싱을 하면서 열과 강도의 단계가 다양한 드라이어를 사용한다.
- 슬리커 또는 모직 브러시로 꼬리부터 계속해서 빗질해 주면서 한 번에 조금 씩 건조한다. 다음은, 다리를 브러싱하고 건조한 다음 몸 털을, 다음은 머리와 귀를 작업한다. 쇼에 나갈 정도의 '파우더퍼프(powderpuff)'를 만들 목적이라면 건조하는 동안 모든 털을 완전히 손질하는 것이 중요하다. 비숑의 곱슬은 부드러운 질감과 더 풍성한 퍼프형태로 브러싱한다.
- 털을 브러싱해 세우면서 손질 전에 머리에서 꼬리까지 빗질한다. 손질하는 동안 계속 빗질해 주어야한다.
- 경험있는 애견미용사의 도움 없이 처음으로 가위질을 시작하려 한다면 완벽한 둥근 모양을 그대로 본 따도록 노력한다.
- 귀는 너무 잘 섞여 있어서 구분해 내기가 어렵다. 쇼 견종 표본에 따른 마무리를 할 목적이라면 귀밑은 숱 가위를 사용한다.
- 발밑의 불필요한 털을 손질한다❶.

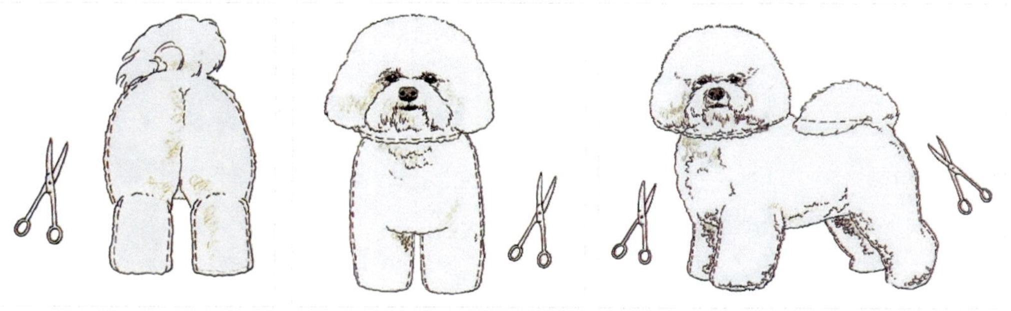

❶ ❷ ❸

- 항문 주변의 털을 손질하지만 꼬리는 긴 털을 남긴다.
- 가위는 몸체에 평행이 되도록 유지하면서 자른다. 뒤에서 봤을 때 다리는 옆면은 곧고 U자를 뒤집어 놓은 모양이 되어야한다❶.
- 다음은, 몸의 털을 손질한다. 옆면을 시작으로 밑으로 움직인다.
- 앞에서 볼 때 곧은 모양이 되게 앞다리를 가위로 자르는데 멀리서 보면 원통형

이다. 발은 다리의 연결되는 선에 감춰져 이 선에 포함된다❷.

- 어깨에서 등을 따라 꼬리까지의 털은 수평을 이루어야하며 목의 털 보다 더 가까워야 한다. 가위로 몸의 선을 따라 목의 털을 잘 연결해 주는 것에 주의를 기울이고 둥근모양을 만들면서 자른다❸.
- 필요하면 엉덩이와 몸의 털을 다시 손질해 잘 다듬어진 모습을 만든다❶.
- 귀 안쪽의 불필요한 털은 손가락이나 겸자를 이용해서 한번에 조금씩만 제거해 준다. 눈 위의 털을 정돈해 준다❷.
- 눈 위의 털은 앞 쪽으로 빗질하고 눈이 완전히 보이게 손질한다. 가위의 끝은 눈에서 멀리 유지하면서 눈의 안 쪽 있는 털을 제거한다❷.
- 나머지를 아래 방향으로 빗질하면서 코 등위를 깔끔하게 한다❷.
- 눈 위의 털을 빗질하고 둥근 모양으로 매끄럽게 손질한다. 또한 눈 위로 흘러내린 털도 손질한다.
- 턱수염과 만나는 턱을 가로지르는 선은 적당히 곧아야 한다. 턱수염은 귀의 장식과 연결되어야 한다. 그리고 목은 몸통의 꼭대기 선과 부드럽게 이어준다❷.
- 머리에서 꼬리까지 마지막 빗질을 하고 발톱, 귀와 이빨을 점검한다.

블랙 러시안 테리어

털

전체적으로 몸은 두껍고 거친 털로 덮여있으며, 머리와 다리는 장식선이 강한 털로 잘 구분되어 있다. 수염과 턱수염은 깃털로 주둥이에 무딘 삼각형 모양을 만들어 준다. 털은 주름 털과 함께 거칠고 두껍다. 몸통의 털은 약 2~4인치(4~10cm) 까지 짧게 한다. 앞다리와 뒷다리는 곧은 긴 거친 털로 잘 보호되어있다. 색깔은 검정색 또는 회색 털이 섞인 검정색이다.

관리

안정된 스타일에 따른 손질은 꼭 필요하다. 정기적인 브러싱은 필수이다(적어도 1주일에 세 번). 개를 바람직하고 매력적인 스타일로 유지하면서 목욕과 털 관리는 대개 전문가의 손으로 실행한다.

순서

■ 관리 도구

슬리커 브러시, 코움, 가위 또는 클리퍼.

■ 관리 방법

이 개는 털갈이를 가볍게 하기 때문에 정기적인 손질을 받는 것이 필요하다.

- 철저히 해 내기 위하여 부분별로 브러싱하고 털을 들어 올려주면서 슬리커 브러시로 전체를 처음부터 끝까지 브러싱한다.
- 코움으로 빗질한다.

❶

❷

- 털에서 분비되는 오일을 너무 많이 없애지 않는 적당한 자연성분 샴푸로 목욕시킨다.
- 강력흡수수건으로 건조한다. 전체적으로 브러싱 또는 빗질한 다음 드라이기 또는 케이지 드라이로 마친다.
- 머리부터 시작하는데 귀는 귀가 접히는 곳에서 아래 방향으로 오스터 No.10 날 또는 가위로 털을 깎으면서 손질한다. 안쪽과 바깥쪽을 손질하고, 안전을 위해 엄지와 검지로 귀를 붙잡고 가위로 가장자리 정리한다❶.
- 눈 뒤에서부터 두개골의 뒤까지 머리 꼭대기의 털을 적당히 짧게 가위로 손질한다❷.
- 턱수염은 앞으로 빗질하고 옆에서 볼 때 깊은 포인트 모양을 주기위해 아래를 향해 가위질한다.
- 목과 몸의 털은 가위로 약 2~4인치(5~10cm)까지 짧게 해준다. 그리고 하복부와 허벅지가 만나는 부위까지 약간 끝이 가늘어지게 한다. 밑털은 깊은 가슴 모양을 만들어 주면서 가장자리와 하복부와 허벅지가 만나는 곳을 향해 위로 곡선을 이룬다❷.
- 가슴 앞부분은 목의 시작부에서 앞 다리까지의 모양을 강조한다❷.
- 꼬리는 가위로 적당히 짧게 하고 꼬리 밑 항문부위는 짧게 자른다❷.
- 앞다리는 깔끔하게 가위로 자르고 발의 털은 둥글게 잘라 깔끔한 모양을 만든다. 다리는 발이 보이게 의도된 것은 아니며 블랙 러시안의 발은 다리의 연장으로 보여야 한다❷.
- 뒷다리는 엉덩이에서부터 비절 까지 각도를 강조하도록 손질한다. 그런 다음 무릎에서 발쪽으로 작업한다❷.
- 비절은 뒷무릎 관절 밴드를 강조하기 위하여 더 많은 털을 남기고 발쪽으로 손질해 내려간다.
- 발은 짧게 자르기보다는 둥근 퍼프(예, 공모양 머리)로 자른다.
- 발밑에 덩어리지고 엉켜 붙어 걸을 때 고통의 원인이 될 수 있는 털을 손질. 대안책은 발 위의 털은 손을 대지 않고 남겨두면서 No.15 날로 털을 깎아 없애는 것이다.

- 발톱, 이빨, 귀를 점검한다. 귀 구멍의 통풍이 잘 되어야 하기 때문에 귀 안의 털을 모두 뽑아내야 한다.

※ 블랙 러시안 테리어는 케리 블루와 비슷해서 월 단위(또는 쇼 별로)의 정기적인 손질이 필요하다.

뷰비어 데스 플란드레드

털

털은 풍부하고 두꺼우며 손으로 나누었을 때 피부가 잘 보이지 않는다. 양털 같지도 곱슬거리기도 않으며 털은 약 2 1/2인치(6cm)가 되어야 하며 다리에서는 점차 짧아진다. 속털은 빽빽하고 폐쇄적이다. 정수리 위의 털은 짧고 눈썹은 눈을 덮지 않는다. 눈썹, 턱수염과 수염은 특별한 인상을 주기위해 강조되지만 눈은 보여야 한다.

관리

이 견종은 덥수룩하고 관리하기 쉬운 건조한 털을 가지고 있다. 8주마다 애견미용실을 찾아 털 관리가 쉽도록 해준다.

순서

■ 관리 도구

슬리커 브러시, 코움, 가위, 클리퍼.

■ 관리 방법

강모 브러시로 손질해 주면 이 견종의 속털 성장을 촉진시킬 수 있다.

- 슬리커 브러시로 전체 브러싱한다. 이 털은 부분별로 손질하는 것이 최선이다. 털의 피부 쪽을 들어 올리고 부분으로 나뉜 곳에서 아래를 향하여 브러싱한다. 뭉침 제거제 또는 털 보호제는 과도하게 털을 부드럽게 하지 않으면서 브러싱을 쉽게하므로 엉킴과 죽은 털 제거에 도움이 된다.
- 체계적으로 손질해야 한다. 왼쪽 뒷다리에서 몸 앞 쪽과 머리를 작업한다. 개를 돌려 세우고 뒷다리부터 오른쪽 면을 작업한다.
- 머리에서 꼬리까지 빗질한다.
- 눈썹 바로 위부터 후두까지의 정수리는 외형을 짧게 만들어 주기 위해 No.10 날로 깎거나 아래로 가위질한다. 이것은 엄지와 검지 또는 거친 스트리핑 가위로 실행이 가능하다. 클리핑으로 강아지때 정수리에 요구되는 삼각형 모양을 만들어 준다❶.
- 귀는 짧게 깍고 가장 자리는 가위로 정리한다. 피부가 찝혀 상처가 나지 않도록 보호하기 위하여 귀를 잡아준다❶.
- 머리에서 꼬리까지 빗질하고 자연스럽게 놔두거나 외모를 강화하기 위하여 볼의 옆면을 숱을 다듬고 솎아낸다.
- 숱 다듬기 도구는 인후와 가슴의 털을 어깨 쪽으로 갈수록 가늘게 만드는데 사용하거나 가위로 더 짧게 자르는데 사용한다❶.
- 몸통의 털은 약 2인치(5cm)의 길이까지 가위로 짧게하고 다리는 몸의 털과 수평으로 섞어주고 모양을 선명하게 하기 위하여 짧게 해 준다❶.

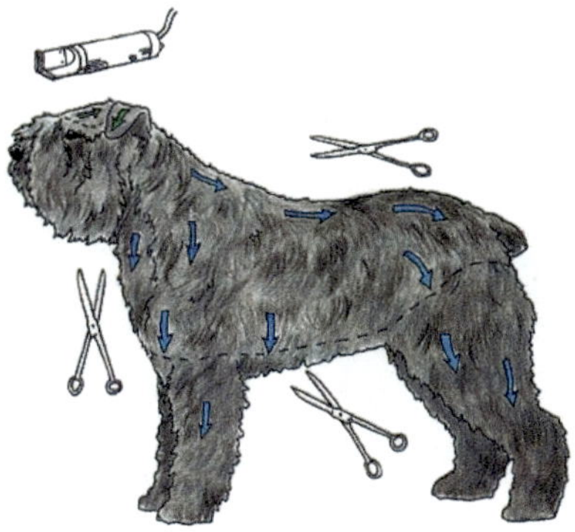

- 단백질 샴푸로 목욕 시키고 컨디셔너를 바른다. 엉킴 제거 발삼 컨디셔너를 사용하고 머리에서 꼬리까지 브러싱해 준다.
- 흡수수건을 사용하거나 드라이기로 물기를 제거 해 준다.
- 핀 브러시를 사용하여 털을 들어 올려 남아있는 죽은 털을 제거하면서 바람으로 건조를 마친다.

- 코움으로 빗질한다. 대회에 내 보내기 전에 털이 자리를 잡도록 며칠정도의 여유가 필요하다.
- 발톱, 귀, 이빨을 점검한다.
- 숱 가위를 사용할 때는 털의 흐름과 함께 아래로 향하도록 유지한다. 절대 가로질러 자르지 않는다. 깊은 가슴을 강화하기 위하여 가위로 자른다. 실린더 모양으로 보이지 않게 하며 접힌 부분은 거의 없다.
- 항문 주변의 털을 가위 또는 No.5 날로 제거한다.
- 더 짧은 날 또는 가위를 이용하여 발밑의 패드사이의 털도 제거한다.
- 고양이 발 처럼 둥글게 손질한다.
- 애완견은 자주 몸 전체를 가위 또는 클리퍼로 쇼 독 보다 더 짧게 잘라준다. 어떤 주인들은 이 견종을 테리어처럼 짧게 자른 턱수염만 제외하고 전체를 다 깎아달라고 요구한다. 위해서는 목욕 전에 No.5 날을 사용하고 바람으로 건조한 후 날 또는 가위로 정리한다.

브리타니

털

털은 빽빽하고 촘촘하며 납작하고 약간 웨이브가 있다. 색깔은 오렌지/흰색, 리버/흰색, 검정색/흰색, 3색, 붉은 갈색 또는 이들 중 어떤 색도 가능하다.

관리

관리하기 전혀 어렵지 않다.

순서

■ 관리 도구

강모 브러시 또는 핀 브러시, 코움.

■ 관리 방법

스트리핑이 필요하지만 절대로 표시가 나서는 안된다. 이 견종은 가능한 한 자연스럽게 보여야 한다.

- 전체를 강모 브러시 또는 핀 브러시로 털이 긴 곳과 깃털부분은 슬리커로 털 전체를 브러싱한다.
- 털갈이용 빗으로 죽은 털을 제거하면서 머리에서 꼬리까지 빗질. 더 깨끗한 모양이 필요한 곳에 숱 가위를 사용한다.
- 단백질 샴푸로 목욕시키고 컨디셔너를 사용한다.
- 수건으로 말린 다음 머리에서 꼬리까지 털이 납작하게 누워보이게 털의 성장부에 공기나 가벼운 바람으로 건조시킨다.
- 발톱, 귀, 이빨 점검한다.
- 머리에서 정리되지 않은 털을 제거하기 위하여 스트리핑나이프를 사용한다. 숱 다듬기 도구는 귀 밑의 털에 매끄러운 모양을 주기 위해 사용한다❶.
- 나이프 또는 숱 다듬기 도구를 이용해 몸 전체의 털을 끝으로 갈수록 매끄럽고 가늘게 해 주며 No15. 날 또는 무딘 스트리핑 나이프로 자세한 설명에 따라 털을 머리에서 꼬리까지 솎아 낸다). 털을 제거하여 작업한 것이 절대 눈에 띄어서는 안 된다.

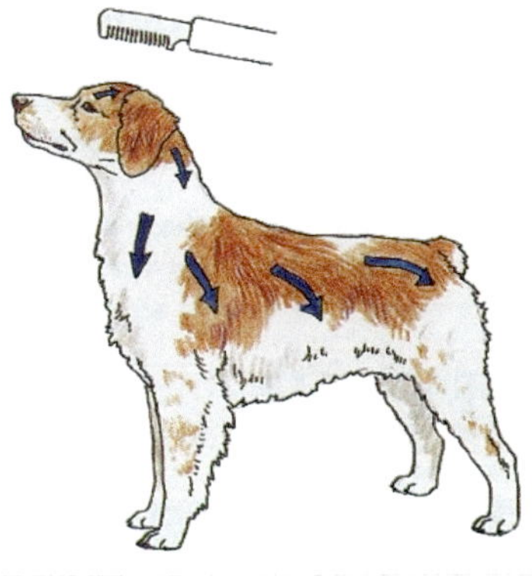

❶

- 깃털이 너무 많은 곳의 숱을 다듬어 준다. 빛과 광택을 더하기 위해 마지막으로 브러싱을 해 주면서 강화제 또는 컨디셔너를 뿌려 털을 더 납작하게 붙도록 만든다.

- 영국에서는 브리타니에게 클리퍼를 쓰지 않지만 숱 가위는 귀, 목과 다리의 불필요한 깃털 정리을 위해 아주 유용하다❶.

캐스키 테리어

털

털은 질감이 실크같고 약간 웨이브가 있으며 금속성 광택이 있다. 색깔은 회색(모든 명암의)이며 가끔씩 볼, 주둥이 밑면, 다리 아래 부분과 꼬리 밑에 황갈색 얼룩이 반점이 있다. 작은 흰색반점과 흰색 목 띠 또는 꼬리 끝의 반점은 허용된다. 아주, 아주 드물게 갈색이 발견된다.

관리

털은 매일의 손질과 정기적인 정리가 필요하다. 다리와 배는 낮은 스커트를 형성하기 위해 깎지 않고 남겨두는 반면 안면은 털은 턱수염과 눈썹으로 자라게 관리한다. 몸통의 털은 $\frac{1}{2}$인치(1.5cm)길이를 넘지 않아야 한다.

순서

■ 관리 도구

슬리커 브러시, 코움, 숱 가위와 곧은 가위, No.10 날, No.5F 날과 클리퍼.

■ 관리 방법

슬리커 브러시는 쇼 독에게 절대로 사용되어서는 안되며 강모 브러시를 대신 사용해 브러싱한다. 애완견은 대개 8주마다 손질이 필요하다.

- 엉킴이 잘 생기는 겨드랑이를 주의하면서 제거하고 슬리커 브러시로 머리에서 꼬리까지 브러싱한다.
- 샴푸와 컨디셔너가 함께 든 제품을 사용하여 목욕시키고 완전히 헹구어졌는지 확인한다.
- 코움으로 긴 털을 머리에서 꼬리까지 빗질하면서 바람으로 건조시킨다.
- 눈 위에서 목 뒤쪽으로 움직이면서 No.7F 날로 두부의 털을 깎는다. 귀는 No.10 날을 사용하여 털의 성장 방향으로 털을 깎는다❶.
- 가위로 귀의 가장자리를 조심해서 손질한다.
- No.7F 날을 사용하여 팔꿈치의 포인트 아래 1인치(2.5cm)에서부터 어깨 위로 목까지 올라가면서 털의 성장 흐름 반대방향으로 털을 깎으면서 다리사이의 수평선을 따라 인후까지, 입의 가장자리부터 눈을 거쳐 귀의 가장자리 꼭대기까지의 선을 따라 올라가면서 깎는다❶.
- 목과 몸통의 스커트는 남기면서 No.7F 날로 털을 깎는다❶.
- No.7F 날을 이용하여 털의 성장 반대 방향으로 비절의 바로 위부터 엉덩이 관절까지 엉덩이 털을 깎는다. 무릎에서 발까지의 털 뿐만 아니라 뒷다리 앞부분에 있는 깃털은 남긴다❶.
- 꼬리는 시작부분부터 끝까지, 항문 주변을 깎는다❶.
- 숱 가위를 이용하여 다른 길이의 털을 연결(블랜딩)한다.
- 코움으로 머리에서 꼬리까지 빗질한다.
- 털이 엉켜 자리 잡는 것을 방지하지 위하여 발밑과 패드 사이를 손질한다.

❶

- 필요에 따라 숱 가위로 턱수염과 다리털을 다듬는다. 발 주변과 스커트 끝을 손질한다. 마무리는 강한 인상이 되지 않고 자연스럽게 보여야 한다.
- 발톱, 귀, 이빨 점검한다.

잉글리시 코카 스파니엘

털

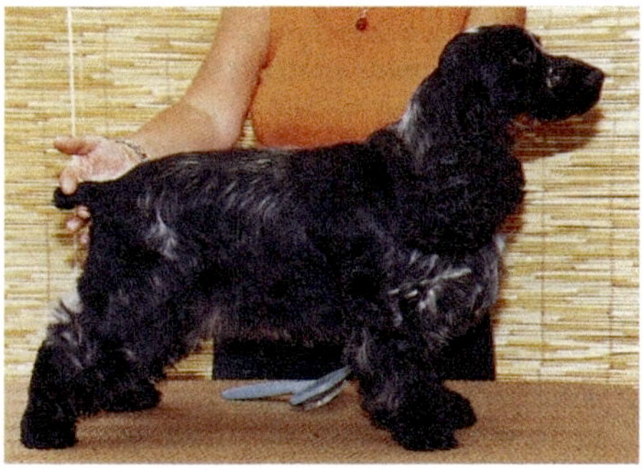

털은 납작하고 질감이 실크같으며 결코 뻣뻣하거나 웨이브나 곱슬이 지지 않는다. 털이 많지는 않지만 아주 무겁다. 털은 앞다리, 몸과 무릎 위의 뒷다리에는 깃털이 보기 좋게 나있다.

관리

이들은 애견미용실에 자주 보이는 견종으로 6~8주마다 손질을 해주어야 한다. 이상적인 코카는 대회를 위해서는 스트리핑을 해 준다. 털이 두껍게 자라고 다리에 엉킴이 생기기 시작할 때, 주인들은 대개 털을 짧게 깍는다.

숱 가위는 숱을 다듬고 납작하게 하는데 사용하며 클리퍼를 쓰지 않는 머리는 털을 뽑아준다.

독 쇼를 위해서는 그 견종 표준사항을 읽고 클리퍼를 사용하는 것이 코카에게 옳은 과정인지 경험 있는 브리더로부터 듣는다.

애완견을 위해서 필요한 브러싱과 빗질, 개나 털의 알맞은 관리 방법을 개 주인과 의논한다.

순서

■ 관리 도구

쇼 독인지 애완견이지에 따라 다르다. 슬리커, 핀 브러시, 코움, 숱 가위, 가위, 클리퍼와 스트리핑 나이프.

■ 관리 방법

이 개들은 8주를 넘기지 않는 주기로 정기적으로 손질해 주는 것이 가장 좋다. 견주는 자주 머리에서 꼬리까지 털을 깎인다.

쇼 독은 모 유지하는 데 손으로 손질하는 것이 좋다. 왼쪽 엄지와 검지사이에 피부를 감아서 오른 쪽 엄지와 검지로 한 번에 조금씩만 털을 잡아당기면서 긴 털을 뽑아낸다.

- 슬리커 또는 핀 브러시로 털 전체를 브러싱한다.
- 코움으로 엉킴을 제거하면서 머리에서 꼬리까지 빗질한다. 필요하면 엉킴제거 도구를 사용한다. 빗질로 엉킨 털을 제거하는 것이 항상 가능한 것은 아니다. 엉킴을 풀어낼 수 없어 털뭉치를 가위로 잘라내야 하는 경우도 있다. 정기적인 손질로 털이 엉키는 문제와 부딪히지 않도록 한다.
- 애완견은 대개 No.10 날로 팔꿈치 아래, 배, 허벅지 안쪽과 꼬리 아래로 이어지는 밑 부분의 털을 깎는다. 그러나 쇼 독은 해서는 안된다.
- 스커트 선은 아메리칸 코카 스파니엘처럼 곧지는 않다. 밑 선은 가슴뼈에서 골반의 가장 낮은 포인트까지 뒤집어 놓은 달 모양에 더 가깝다.
- 쇼 독에게는 털이 너무 무거우면 갈비뼈의 선을 따라 아래로 숱을 다듬어 주어야 한다. 털을 빗질하여 들어 올리고 밑으로 갈비뼈로부터 깃털이 자연스럽게 흘러내리고 너무 찰랑거리지 않을 정도로 제거한다.

❶ ❷ ❸

- 몸 위의 털은 솎아내고, 숱을 다듬거나 깎아준다❶. 클리퍼는 대부분 덥수룩한 외모와 털을 아주 곱슬거리게 하면서 두껍게 만들기 때문에 꼭 필요한 경우가 아니라면 하지 않는 것이 좋다. 그러나 많은 애완견 주인들은 이 견종의 털을 깎아달라고 주문하며 털을 관리 할 수 있는 정도로 유지하기 위해서 매 6주마다 애견미용실을 찾는다. 은퇴한 쇼 독 또한 이 형태로 자른다.
- 머리는 바른 방향으로 숱을 다듬으며 뽑아주고 깎아준다. 눈부터 두개골의 포인트까지 귀의 꼭대기를 납작하고 특색있는 고상한 머리로 만들면서 목 밑으로 정리한다. 깔끔한 마무리를 위해 불필요한 길고 덥수룩한 털을 제거한다. 쇼 독은 비록 털이 더 두껍고 덜 매끄러운 상태로 남지만 이 과정을 손으로 해준다. 애완견은 이발기를 사용할 수 있다. 목과 만나는 귀 밑의 털을 귀에 공기가 통하도록 해 주는 데 도움이 되도록 숱을 다듬거나 손질해 주는 것 또한 일반적이다❶, ❷.
- 광대뼈에서 주둥이로 내려가고, 턱 아래부터 가슴뼈 안으로 내려가면서 작업(필요한 때만 이발기를 사용한다). 일반적으로 쇼 독은 이 부분에 숱 가위를 사용한다 ❶, ❷.
- 앞다리 앞과 옆면에서 길고 덥수룩한 털을 제거한다. 많은 주인들이 다리 앞부분에서 발까지 그리고 발을 포함하여 내려가면서 가늘어지는 모양으로 만들어 준다. 앞에서 보았을 때, 다리 뒤에 깃털이 보이지 않아야 한다. 팔꿈치부터 자연스럽게 뒤로 향해 누워있어야 한다. 다리 시작부의 깃털은 바닥을 건드리지 않아야 하므로 필요하면 손질한다❶, ❷.
- 쇼 독은 비절 주변에 깃털이 풍부해야 한다.
- 뽑기가 비교적 쉽고 더 자연스러워 보이므로 자르는 것은 권하지 않는다. 깃털은 느슨한 바지 같이 보이도록 남겨두지 말고 끝으로 갈수록 가늘어지게 한다. 비절에서 패드까지 모양을 잡아 내려간다. 비절은 길고 가는 모양이 될 수 있으므로 너무 가까이 까지 손질하지 않는다❶, ❸.
- 꼬리는 시작부에서 두꺼워야 하며 촘촘한 꼬리로 갈수록 점점 가늘어 진다. 깃털을 완전히 빗질하고 원하지 않는 털을 뽑아낸다. 꼬리의 깃털은 다리의 깃털만큼 두꺼워야한다. 목표는 전체 털을 균형있게 하는 것이다. 꼬리의 불필요한 털을 뽑아내는 것은 꼬리의 윗면에 깔끔하고 매끄러운 마무리를 위해 필요하다. 꼬리를 손질하고 꼬리 밑의 깃털이 무릎까지 내려가게 모양을 내면서 깔끔하게 자른다❶, ❸.

- 샴푸로 목욕시키고 털의 강화와 납작하게 눕도록하기 위하여 컨디셔너를 바른다.
- 털이 자란 방향을 따라 (핀 브러시로)브러싱해 주면서 바람으로 건조시킨다.
- 발톱, 귀, 이빨을 점검한다.
- 비절에서부터 발까지 내려가면서 털을 손질한다.
- 발가락은 둥근모양으로 손질하고 발밑의 패드사이에 남는 털을 제거한다. 불필요하고 정돈되지 않은 털은 뽑아내지만 너무 많이 뽑으면 안되며 쇼 독에게는 이런 작업이 바람직하지 않다. 깔끔하고 납작하게 폐쇄된 형태로 마무리하는 것이 목표이다. 애완견의 발가락 사이의 털은 종종 극도로 엉키고 더러워진다. 이 엉킴은 피부 트러블을 일으킬 수 있다.
- 깃털은 전체적으로 빗질한다.
- 마쳤을 때, 털은 깨끗하게 보여야하며 쇼에 나갈 것인지 애완견인지에 따라 털의 성장부위를 솎아내고 숱을 다듬으며 카딩을 하거나 깎는다. 털에 광택과 좋은 건강상태를 위해 부드러운 새무가죽으로 문질러 준다.

잉글리시 스프링거 스파니엘

털

털은 폐쇄적이며 곧고 날씨의 영향을 받지 않으며 거칠지 않다. 귀, 앞다리, 몸과 엉덩이의 깃털은 적당하다. 그러나 귀에 풍성하게 자라는 경우가 있어 엉키고 지저분한 것을 끌고 다니는 것을 피하기 위해 짧게 손질해 주는 것이 더 낫다.

관리

스트리핑, 숱 가위와 클리핑은 손댈 수 없을 정도의 엉킨 털을 가지고 있는 애완견에게는 필수이다. 그러나 자연스러운 모습이 바람직하고 많은 것보다는 적은 손질로 이 견종을 보기 좋게 유지해 줄 수 있다.

순서

■ 관리 도구

핀 브러시 또는 슬리커

■ 관리 방법

부엌에서 쓰는 고무장갑 또는 고무 골무가 빠지고 물결 있는 털 제거를 훨씬 쉽게 만들 것이다. 특히 머리 꼭대기와 몸 위의 털.

❶

- 코움으로 엉킴을 뭉침을 제거하면서 핀 브러시 또는 슬리커로 몸과 깃털을 브러싱한다.
- 애완견 손질로는 귀 바로 밑의 모든 털을 숱 가위로 손질한다. 이 작업은 공기가 귀 안으로 잘 통과하도록 해주고 염증을 방지한다. 적당한 귀 세정제로 정기적으로 청소한다.
- 카딩은 필요한 곳의 숱을 다듬는 데 유용하다. 정리되고 깔끔한 모습을 위해 불필요한 털이 흘러내리는 곳에 숱가위를 사용한다.
- 샴푸로 목욕시킨다.
- 납작하게 건조시키기 위하여 젖었을 때 전체적으로 빗질한 다음 털의 성장 흐름에 따라 가벼운 바람으로 털을 말리거나 케이지에서 건조시킨다.
- 발톱, 귀, 이빨을 점검한다.
- 발밑에 이물질과 긴 털이 있는지 점검한다.
- 비절의 뒤편부터 깨끗한 모습을 보이면서 깔끔하게 해 주기 위해 불필요한 털을 손질한다.
- 발을 보기좋게 둥글고 깔끔한 모습으로 정리한다.
- 쇼 견은 귀 밑의 털을 손질하여 귀가 납작하게 눕도록 해준다.

- 매끈한 마무리를 얻기 위하여 가위를 사용해 귀 위의 털을 밑을 향한 방향으로 약 1/3정도 손질한다❶.
- 다음은 머리의 꼭대기부터 긴 털을 뽑아낸다❶.
- 숱 가위를 다시 사용해 턱 밑과 낮은 가슴 뼈 위의 털을 손질한다. 어깨위의 털을 얇게 몸통 쪽으로 다듬어 준다❶.
- 옆면 위와 후두 쪽부터 목과 등으로 내려가면서 죽은 털을 엄지와 검지를 이용해 뽑아낸다. 가위는 사용해서는 안된다❶.
- 꼬리 주변의 털은 깔끔한 모습으로 손질하고 항문주위의 털은 제거한다. 숱 가위로 주변의 털을 연결한다❶.
- 발주위의 털을 깔끔한 모양으로 손질하고 발가락사이와 발밑의 삐져나온 털을 자른다.
- 폐쇄적이고 매끄러운 마무리를 위해 숱 가위를 사용하여 비절부터 털을 제거한다.

필드 스파니엘

털

털은 길고 납작하며 윤기가 흐르고 질감은 실크같다. 결코 곱슬거리거나 웨이브져 있지는 않지만 오리려 빡빡하고 방수이다. 풍부한 깃털이 가슴 위, 몸통 밑과 다리 뒤에서 보이고 비절에서 바닥까지의 선은 깨끗하다.

관리

돌보기가 비교적 쉽다. 필드 스파니엘은 정기적인 브러싱, 빗질과 스트리핑, 숱 다듬기가 필요하다.

순서

■ 관리 도구

강모 브러시, 코움, 숱 가위, 스트리핑 스톤, 가위.

■ 관리 방법

필드 스파니엘의 털은 가능한 한 납작해야 한다.

- 겨드랑이 특히 귀 주변 깃털의 죽은 털과 엉킴을 제거하기 위하여 강모 브러시로 브러싱한다.
- 브러싱 후 코움으로 머리에서 꼬리까지 확실히 빗질한다.
- 숱 가위 또는 엄지와 검지를 이용해 머리의 두꺼운 털을 제거하여 깔끔하고 깨끗한 모습으로 만든다.
- 몸의 털은 납작한 모습을 갖기 위해 필요한 곳에 털을 스트리핑하거나 숱을 다듬는다.
- 적당한 샴푸와 털의 광택강화를 돕기 위한 컨디셔너로 목욕시킨다.
- 털의 성장 흐름에 따라 가볍게 바람으로 건조시킨다.
- 발톱, 귀, 이빨을 점검한다.
- 머리에서 꼬리까지 다시 한 번 빗질하고 엄지와 검지로 삐져나온 털을 제거한다. 대안책으로는 납작한 모습을 만들기 위해 숱 가위를 사용한다.
- 광택이 필요하면 컨디셔너를 가볍게 뿌려준다(쇼 독은 어떤 것도 털에 뿌려서는 안 된다).

케리 블루 테리어

털

이 견종의 털은 두껍고 부드러우며 실크같고 털갈이는 하지 않는다. 털이 풍부하고 웨이브가 있다. 강아지는 검정색으로 태어나 18개월 정도 되면 여러 가지 명암의 파란색으로 선명해진다.

관리

늘 맵시있게 보이기 위해서 상당한 손질이 필요하다.

순서

■ 관리 도구

슬리커 브러시, 코움, 가위 또는 클리퍼.

■ 관리 방법

애완용 케리는 시간과 돈을 절약하기 위해 더 자주 털을 깎는다.

- 턱수염을 포함하여 털 전체를 슬리커로 브러싱한다.
- 코움으로 모든 엉킴을 제거하기 위하여 빗질한다.
- 파란색 털을 위한 적당한 샴푸로 목욕시키고 컨디셔너를 바른다. 필요할 때 1년에 세 번 까지는 순화 샴푸와 컨디셔닝을 사용한다.
- 케이지 드라이 또는 따뜻한 공기에서 건조시킨다.
- 발톱, 귀와 이빨 점검.

❶

❷

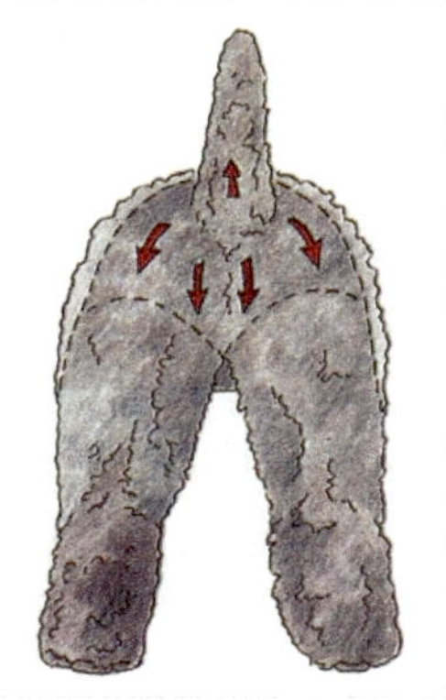

❸

- No.10 날을 사용하여 머리의 털을 깎는다. 눈에서 멀리 떨어져 작업하고 눈썹은 손대지 않고 남겨두면서 두개골을 가로질러 윗 쪽으로 털을 깎거나 자르고 눈의 꼭대기 레벨에서부터 얼굴모양을 만들기 위해 털을 남겨둔다(아래 참고). 털의 성장 흐름에 따라 작업한다❶, ❷.
- 다음은 약간 더 짧은 날을 사용하여 귀의 털을 깎는다. 털의 흐름 반대 방향으로 작업하면 털이 더 짧아진다. 가장 자리를 가위로 정돈한다❶, ❷.
- 눈의 바깥쪽 코너로부터 목의 포인트까지 뒤를 향하여 털을 깎는다. 같은 부분에서부터 입의 가장자리와 턱밑의 튀어나온 부분까지 손질해 내려간다. 인후로 털을 깎아 내려가고 아담스 애플에서 V자 모양으로 내려가면서 점점 가늘어 지게 만든다.
- 주문된 길이에 따라 No.7/5/4 날로 몸통의 털을 깎는다. 대안책으로 어깨에서 등을 가로질러 갈비뼈로 내려가 꼬리 등 부분까지 내려가면서 털의 성장부를 따라 빗살가위로 자른다. 엉덩이관절 또는 뒷다리가 시작되는 곳의 뼈를 올라오도록 남겨두는 방식으로 몸통의 털을 깎아준다. 다리털은 더 짧은 몸의 털 안으로 깔끔하게 정리한다.
- 꼬리 밑을 윗 방향으로 깎은 다음 항문부위로 내려간다❸.
- 다리는 모양을 만들면서 각도를 보완해주기 위해 가위로 다듬어 준다.
- 앞다리는 팔꿈치부터 내려가 발과 만나는 곳까지 연결한다❷.
- 발밑의 털을 가위로 잘라낸다.

- 귀의 가장자리는 깔끔하게 손질한다.
- 케리 블루의 눈썹과 턱수염을 앞을 향해 빗질하고, 눈썹과 턱수염은 가위를 코로 향하도록 손질한다. 눈 사이의 털은 점차적으로 모양을 낸다. 얼굴의 털은 옆으로 흘러내리지 않게 특히 움직일 때 개의 시야를 트여 가위질 한다❶, ❷.
- 필요하면 광택 컨디셔너를 가볍게 뿌린다.
- 머리의 털은 클리퍼나 가위로 짧게 해 준다. 쇼 독은 전체를 가위로 자른다.

※ 많은 주인들이 애완견을 가위로 자르는 것을 선호하듯이 쇼 독도 머리털을 깍는다. 항상 견종 표준의 권유사항을 확인하는 것이 좋다.

로우첸

털

촘촘하고 긴 싱글코트를 가지고 있고 색깔은 여러 반점의 혼합색이다. 로우첸은 색깔을 기준으로 사육하지 않는다.

관리

털은 몸은 마지막 갈비뼈에서 내려가 뒤 부분 까지 그리고 비절까지 내려가면서 깍는다. 술을 만들기 위해 꼬리의 끝 $\frac{1}{3}$을 남기고 내려가 깍는다. 팔꿈치부터 발목 바로 위까지 깍는다.

로우첸은 정기적인 브러싱과 관리가 필요하다. 목욕 후 20분 내에 털이 엉킬 수 있는 견종이다.

순서

■ 관리 도구

애완견 주인들은 핀 브러시와 코움을 사용하여 털을 관리하지만 핸들러들은 클리퍼와 코움을 혼합해서 사용하는 경향이 있다.

■ 관리 방법

부드러운 털은 정기적으로 브러싱해 주지 않으면 엉키게된다.

- 코움 또는 핀 브러시로 전체적으로 빗질한다.
- 양질의 샴푸로 목욕시키고 잘 헹군다.
- 컨디셔닝 크림을 발라준다.
- 핀 브러시 또는 코움으로 털을 부드럽게 브러싱하면서 드라이기로 건조시킨다.
- 털을 깎는다면(대부분의 애완견 주인들은 반대하지 않을 것이다), 클리퍼의 날은 개인적으로 선택하여 사용한다. 어떤 사람들은 No.5 날을 사용하는 반면 다른 사람들은 No.30날을 사용한다. 인기있는 것은 No.10 날과 No.15날로 짧게 깎인다. 마지막 갈비뼈 바로 뒤에서 시작하여 비절까지 내려간다❶.
- 앞다리의 털을 깎는다. 팔꿈치 바로 밑에서부터 뒷다리의 무릎에 남겨진 털의 시작과 수평인 선 까지 털을 깎는다❶.
- 꼬리는 시작부에서부터 끝에 술을 남기고 2/3정도의 털을 깎는다❶.
- 모든 꼬리의 술을 빗질한다.
- 발톱, 귀, 이빨을 점검한다.

❶

포르투기즈 워터 독

'리트리버' 손질

털

털은 풍부하다. 두 가지 타입의 모질이 있다. (a)털이 상당히 길고 약간의 광택과 함께 가볍게 웨이브진 머리털은 서 있고 귀는 깃털이 잘 나 있다. (b)털은 짧고 상당히 거칠고 빽빽하며 아담한 곱슬로 되어 있으며 윤기가 부족하고 머리털은 몸과 비슷하며 귀의 털은 다소 웨이브가 있다.

관리

털갈이는 하지 않으며 자주 브러싱과 빗질을 해 주어야 한다. 이 개들은 전통적으로 얼굴, 엉덩이 끝에 풍성한 털을 남기면서 꼬리의 일부는 털을 깎는다. 털의 앞 끝은 자연적으로 자라도록 놔둔다.

순서

■ **관리 도구**

슬리커/핀 브러시, 코움, 클리퍼.

■ 관리 방법

애완견은 약 1/2인치(1.25cm)까지 전체적으로 깎는다.

- 엉킴을 제거하면서 머리에서 꼬리까지 브러싱한다.
- No.10 날 또는 No.15날을 이용하여 눈의 끝에서부터 귀의 끝까지 직선으로 얼굴 털을 깎아준다❶.
- 눈에서 주둥이 쪽으로 내려가면서 털을 깎아준다❶.
- 목은 인후의 포인트까지 깎는다❶.
- 배 부위를 깎는다.
- 마지막 갈비뼈에서부터 발가락을 포함하여 뒷다리 전체를 No.10 날 또는 No.15 날로 깎는다. 꼬리는 시작부터 2/3를 깎아주고 남아있는 부분에 술을 남긴다❶.
- 발밑의 패드사이의 털을 깎는다.
- 적당한 샴푸로 목욕시키고 컨디셔너를 바른다.
- 핀 브러시를 사용하여 털을 바람으로 말리고 난 다음 코움으로 빗질한다.
- 발톱, 귀, 이빨을 점검한다.

Chapter 17
푸들

노끈형 털 푸들

노끈형 털 푸들의 자세한 털 관리는 제10장 참고.

사진 : 캐롤 플랫 소유(Carol Flatt)의 '램' 클립을 한 스탠더드 푸들 Sragapanz Chelsea Girl.

털

푸들은 모든 견종의 손질 중 가장 흥미롭다. 아주 많은 스타일이 있는데 털갈이를 하지 않는 그들의 독특한 털은 예술적인 외관을 이룬다.

관리

푸들의 털은 계속적인 관심이 필요하다. 애완견 주인은 개를 브러싱해 주는 것을 귀찮게 여겨 매 6주마다 또는 털에 엉킴이 생긴 상태로 애견미용실을 찾아온다.

옛날에는, 그런 펠트 상태로 엉킨 털을 손질하는 유일한 방법은 적당한 날로 털 밑의 엉킴을 찾아 깎아내는 것이었다.

요즘은 털 관리용 약품, 컨디셔너와 엉킴 분리도구로 애견미용사들은 털을 해결하기 위해 더 많은 노하우를 가지게 되었으며 더 많은 개를 손질할 수 있게 되었다. 그러나 고려해야 할 점은 개의 복지여야 한다. 그리고 만약 최상의 해결방법이 털을 전부 깎는 것 밖에 없다면 그때는 그렇게 해야 한다.

푸들의 귀

푸들의 귓속 안에는 털이 자란다. 경험있는 애견미용사라면 초보자에게 어떻게 고통 없이 털을 뽑아줄 것인가를 보여 주어야 한다. 귀를 들어 올려 귀 안 쪽을 볼 수 있게 해 준다. 개가 움직이지 못하도록 주둥이를 잡은 다음 겸자를 사용하여 털을 한 번에 아주 조금씩만 빼낸다. 귀 파우더를 뿌려주면 작업이 쉬워진다.

갈색 분비물이 보이는 곳은 진드기가 생겼을 수도 있다. 따라서 알코올이나 귀 세정제로 청소하고 문제의 털을 가능한 한 많이 제거하고 작업 전과 후에 귀 파우더를 바른다. 레몬 쥬스와 귀 세정제를 적당히 섞은 용액 또한 사용이 가능하다. 이 작업은 귓속의 트러블이 완전히 해결 될 때까지 매일 반복해 줄 필요가 있다.

가위작업

푸들은 많은 가위작업이 필요하며 연습을 많이 하여야만 털을 매끈하고 깔끔하게 만들 낼 수 있다. 완성된 모습은 다른 어떤 견종보다도 예술이다.

가위질 기술은 여러 결과를 만들어내므로 애견미용사는 그들에게 맞는 가위를 찾아내기 위하여 여러 가위를 시험해 보아야 한다.

가위는 가격대가 여러 가지이다. 애견미용사가 쇼에서의 뛰어난 전시를 계속할 수 있게 해주기 위하여 클리퍼, 가위, 샴푸와 마무리 컨디셔너 같은 질이 좋은 장비나 제품을 사야 하는 것은 누구나 아는 사실이다. 이는 정말 다른 결과를 만들므로 투자할 가치가 있다.

마무리는 글자그대로 가위로 털의 가장자리가 정밀하게 자리를 잡도록 털 표면을 매끄럽게 지나가는 것이다. 푸들의 털은 계속 자라고 형태가 변하므로 마무리는 오래 가지 못하지만 여전히 그 개는 맵시있다.

잘 된 가위기술은 예술에 가깝다. 세계의 다른 지역에서 온 애견미용사들이 그들 자신만의 스타일로 완벽함을 성취하기 위하여 가위질을 하는 것을 보는 것은 매혹적이다. 애견미용 세미나에 갔다면 이 흥미로운 기술(실제로 모든 애견미용사들의 다른 스타일)을 볼 수 있을 것이다. 어떤 사람은 털을 바깥쪽으로 부풀리고 가위질을 시작하기 전에 털이 밑으로 흘러내리도록 하는 반면 다른 사람들은 위로 빗는다. 어떤 이는 한 가지 방법만이 옳은 방법이라고 말하지만 나는 두 가지 방법 다 개를 완벽한 모습으로 바꾸어 놓는 것을 본다.

가위를 어떻게 쥘 것 인가도 중요하다. 몇 몇은 엄지와 검지를 이용하지만 엄지와 가운데 손가락을 쓰는 사람도 있고 또 다른 사람들은 엄지와 네 번째 손가락을 사용한다. 나는 이 모든 방법을 시도해 보았고 어떤 차이점도 발견하지 못했다. 그러나 나는 가위를 손가락 보호용 캡과 함께 쓴다(현재에는 보통 엄지와 네 번째 손가락을 사용하는 것이 보편적이다).

순서

모든 스타일에서 푸들은 발, 얼굴과 꼬리털을 깎는다. 따라야 할 몇 가지 규칙들이 있다.

- 발을 제외하고는 피부를 빨갛게 만들거나 긁을 수 있으므로 클리퍼는 항상 털의 성장부에 사용하는 것이 안전하다.
- 얼굴 털을 깎아야 할 곳에는 항상 눈에서 떨어져 깎는다.
- 클리퍼를 사용한 경험없는 푸들이라면 미용에 적응할 수 있는 시간이 필요하다. 따라서 자주, 매 10분 또는 더 자주, 클리퍼 윤활제를 사용하고 얼굴에 클리퍼의 날을 대어 열을 점검한다. 조금 따뜻하게 느껴지면 날을 바꾼다. 개들은 뜨거운 날에 데일 수 있고 클리퍼 때문에 놀란 개를 다시 작업에 순응시키는 데는 오랜 시간이 걸린다.

발

깔끔한 마무리를 위해 알맞은 날을 사용한다. 어떤 사람들은 다리와 얼굴에 No.40날을 사용한다고 자랑하지만 개들은 실제로 얼굴이 긁힐 수 있기 때문에 좋지 못하다. 그리고 사람들은 심사위원이 푸들의 피부를 보기를 원하는 이유를 알지 못한다. 대회에서 푸들의 얼굴이 빨갛거나 심지어는 피가 날 정도로 긁힌 얼굴을 심사한 적이 있다. 그리고 실제로 이렇게 하는 것은 아주 잘못된 방법이라고 생각한다. 발의 경우에는 짧은 날은 발의 피부질환 예방차원에서 써줄 수 있다.

- 오른쪽 뒷발에서 시작하여(개가 반듯한 자세로 서있고 편안한지 확인하면서), 비절의 바로 밑을 잡는다. 발은 개의 밑 부분임을 생각하고 개를 한 쪽으로 당기지 않는다.
- 손가락으로 발가락을 부드럽게 눌러 벌리고 발톱주위의 털을 깎아낸다. 개의 발을 비틀지 말고 클리퍼를 들고 있는 손목을 유연하게 움직여 돌려야 한다.
- 차례로 발가락 사이에 털을 깎아내고 라인이 클리퍼를 발가락 안쪽을 심하게 찌르지 않도록 주의를 기울이면서 털을 깎는다. 라인이 발가락의 시작부에서 더 높게 깎였는지 확인하면서 해야 한다. 그렇게 하지 않으면 마무리 모양을 망치게 되며 푸들에게 '닭발 모양'으로 알려진 모양이 될 수도 있다❷.
- 발을 순서대로 깎는다. 날이 너무 뜨거워지면 바꾸는 것을 잊으면 안된다.

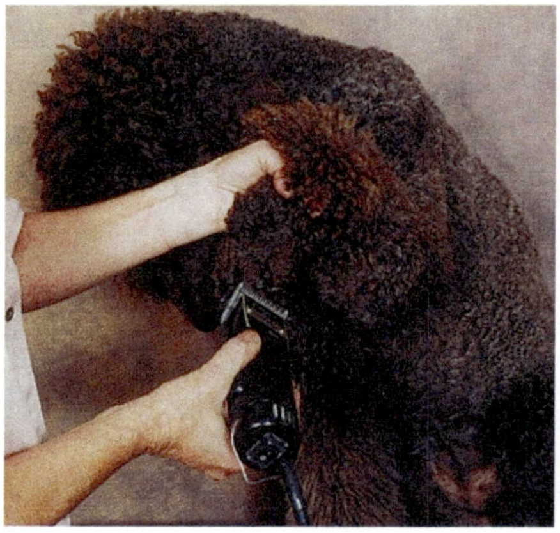

❶

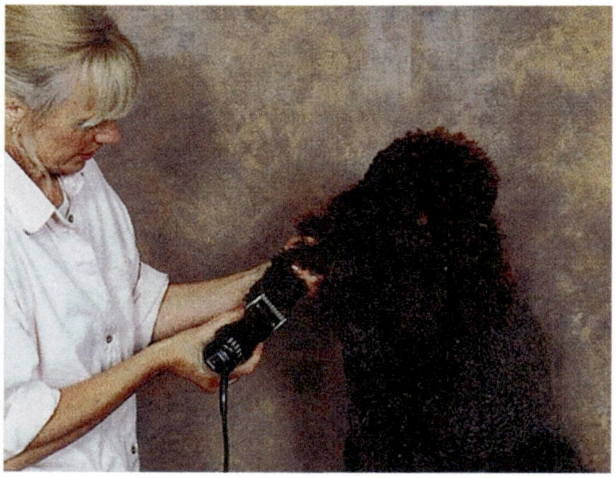

❷

얼굴

푸들의 얼굴은 대부분의 애완견에게는 오스터No.10 날을 사용하고 더 두꺼운 털에는 No.30 날을 사용한다. 쇼 독은 대개 No.30 날로 더 짧게 깎아준다. 그러나 크림색 또는 흰색 얼굴에는 추천할 만 하지 않다. 피부를 과도하게 누르지 않도록 날은 항상 가능한 한 납작하게 유지한다.

- 귀를 머리위로 뒤집어 접고 오른손으로 주둥이를 잡고 눈가로부터 귀의 안 쪽까지 직선의 깔끔한 선으로 털을 깎는다❶.
- 눈 밑을 안 쪽 깎은 다음 눈 사이에서 코끝까지 내려가면서 작업한다❶, ❹.
- 눈 밑에서부터 주둥이 쪽을 향해 코까지 깎는다. 얼굴의 반대편도 반복한다❷, ❹.
- 귀의 시작부부터 인후(아담스 애플)의 포인트까지 내려가면서 깎는다❸, ❹.
- 턱은 입의 가장자리부터 코까지 항상 주름진 피부는 팽팽하게 당겨서 털을 깎는다❹.

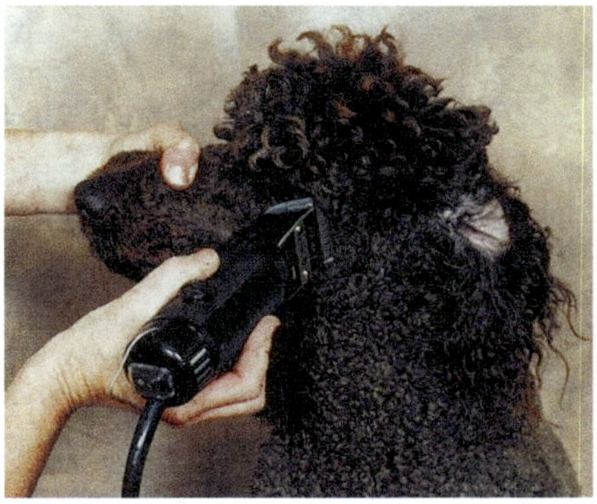

❶

❷

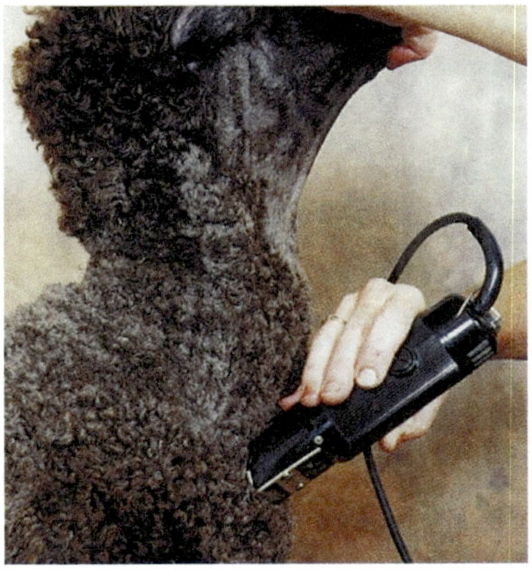

❸

❹

- 쇼 푸들을 위해서는 목은 U모양으로 깎는다. 이것은 갈기의 형태에 따라 목의 길이를 돋보이게 하기 위해 사용하는 강조방법으로 가슴뼈 위의 털을 1~2인치까지 포함하여 작업한다❸, ❹.

※ 얼굴 털의 두께에 대해 확신이 없다면 No.10 날로 얼굴의 털을 먼저 깎아준다. 나중에 언제라도 더 깎아 낼 수 있으니 걱정 할 것 없다. 그러나 만약 No.30 날로 시작했다면 어떤 개는 너무 짧게 깎아 상처, 긁힘 또는 더 나쁜 트러블을 일으킬 수 있기 때문이다.

꼬리

No.15 날 사용한다.

- 시작부부터 꼬리의 1/3을 방울모양을 만들기 위해 충분한 털은 남겨 주면서 깎는다❶.
- 꼬리 밑을 No.10 날로 항문의 튀어나온 부위에는 이발기가 닿지 않도록 주의하면서 깎는다❷.

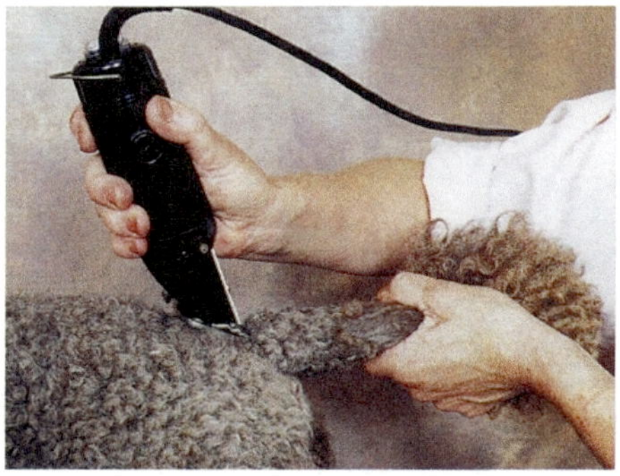

❶

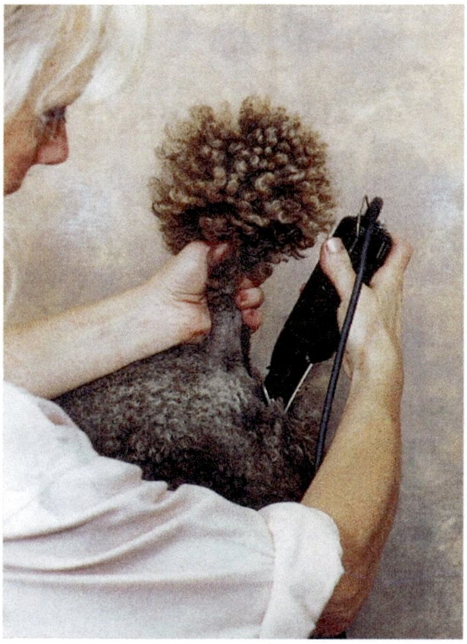

❷

몸

'램' 클립

No.5 날(여름) 또는 No.4 날(겨울)을 긴 마무리를 위하여 사용한다.

- 머리의 시작부, 귀의 바로 밑에서부터 목의 꼭대기를 거쳐 밑으로 내려가면서 털의 흐름에 따라 깎는다❶.
- 다리를 들어 올리고 겨드랑이와 가슴을 따라 깎는다❷, ❸, ❹.
- 목은 어깨 뼈 바로 위까지 깎고 등에서 꼬리까지 엉덩이 바로 위로 내려가면서 작업한다. 그런 다음 갈비뼈 위를 따라 아래를 향하여 엉덩이관절까지 깎는다 ❸, ❺.
- 몸 밑(배와 엉덩이 관절)의 털을 깎는데 생식기 주변의 털은 주의하여 깎는다.

❶

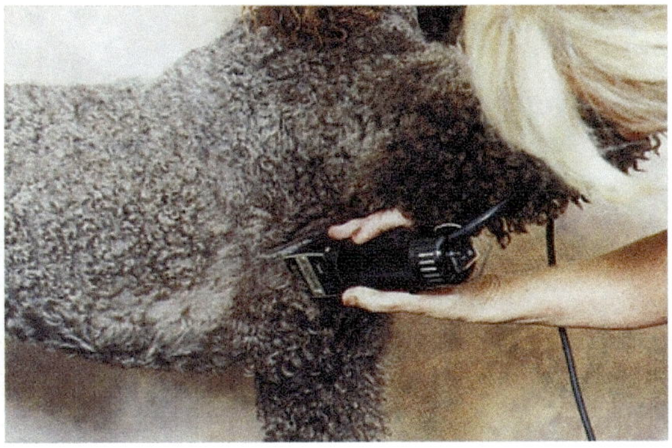

❷

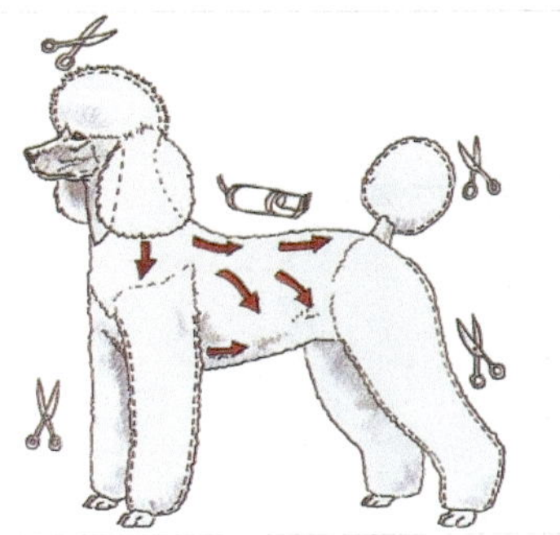

❸

❹

❺

❻

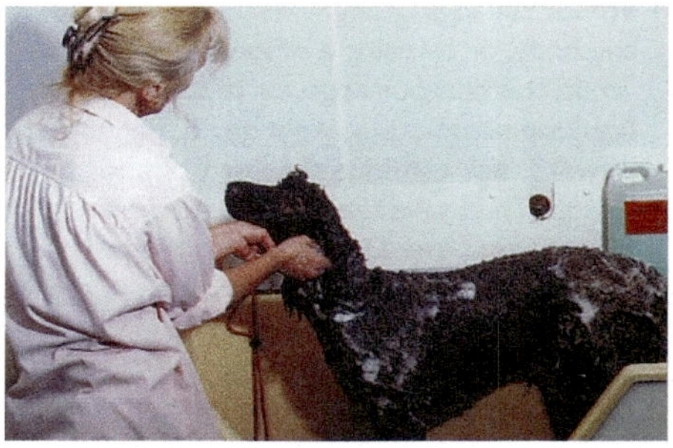
❼

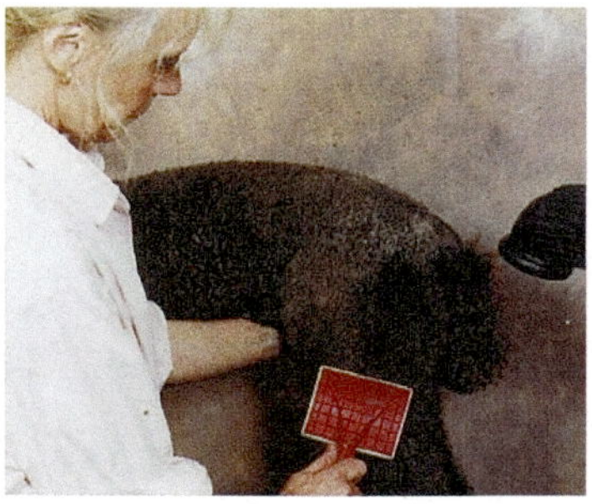
❽

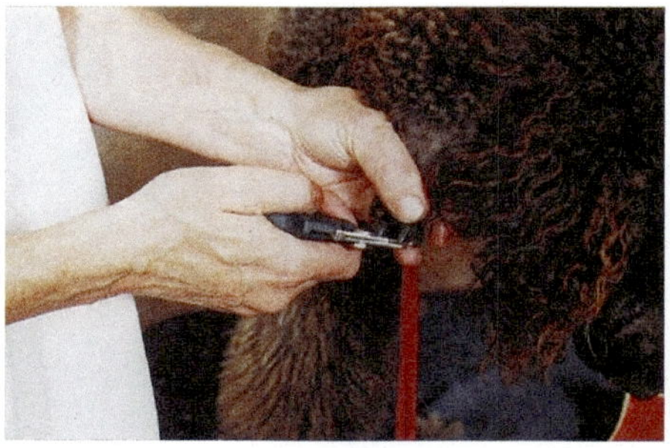
❾

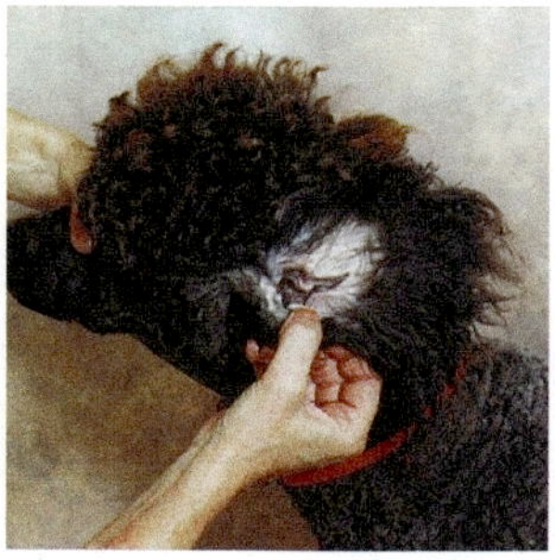
❿

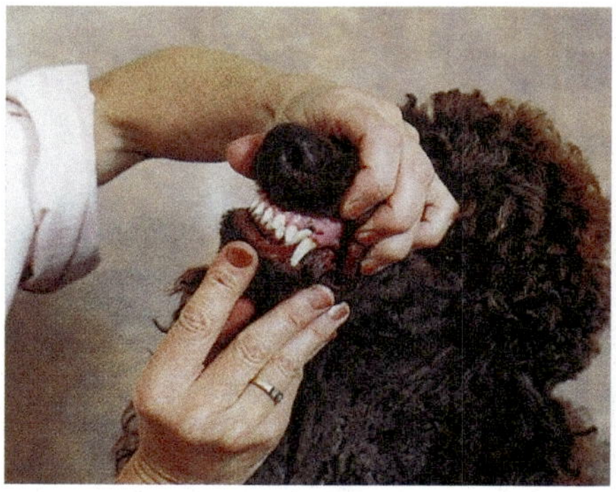
⓫

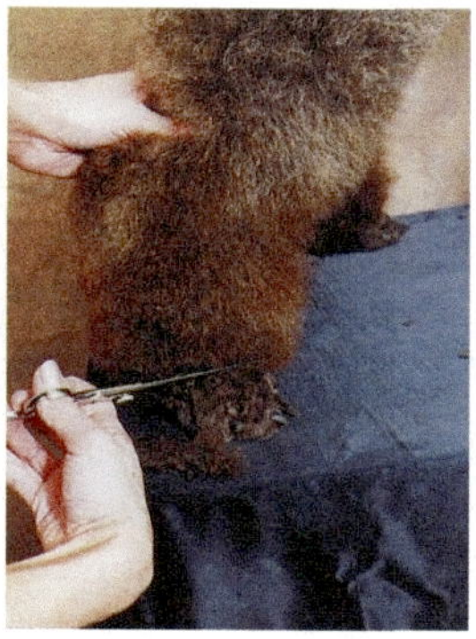
⓬

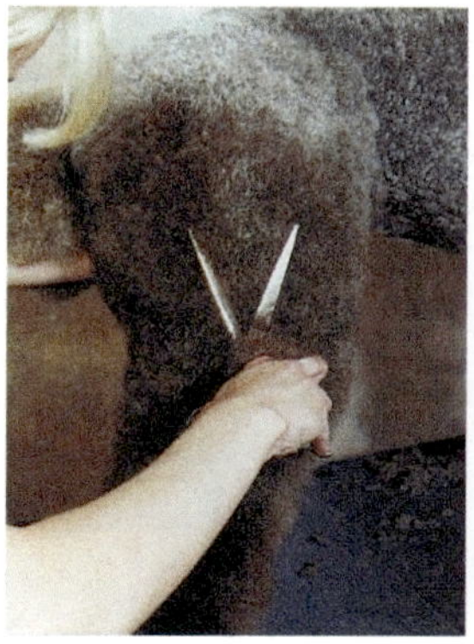
⑬

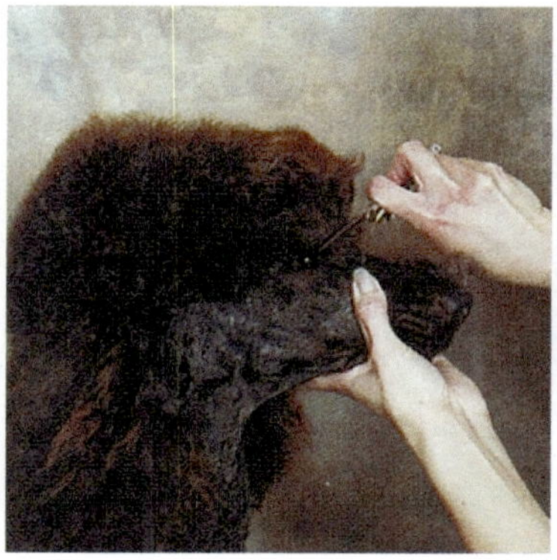
⑭

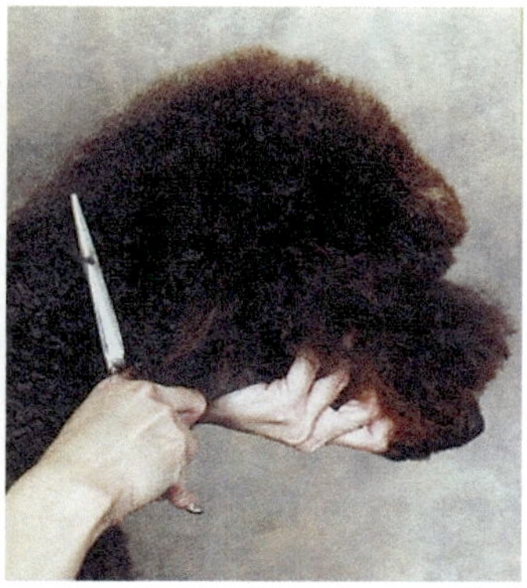
⑮

⑯

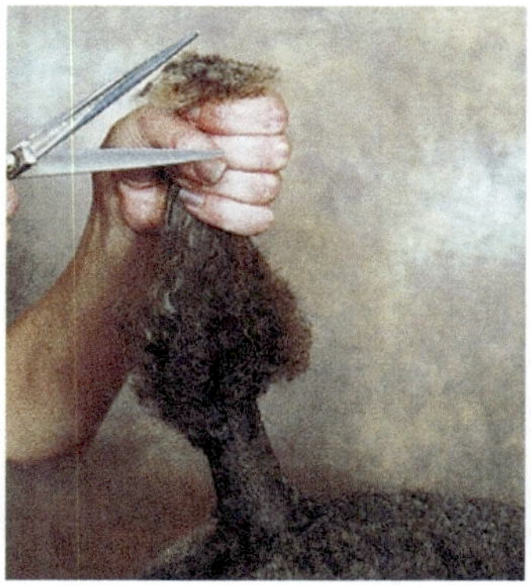
⑰

⑱

⑲

- 손질을 할 때는 안전을 위하여 주요부위는 손으로 잡아준다❸, ❹.
- 남아 있는 털, 바지모양 털, 머리 위의 털과 꼬리는 슬리커 브러시와 코움으로 엉킴을 제거하면서 전체적으로 빗질한다. 필요한 곳에 엉킴 분리기, 엉킴제거 컨디셔너를 사용한다❻.
- 티트리와 라벤더 같은 적당한 자연강화 샴푸 또는 색깔과 털의 상태를 고려한 단백질 처방샴푸로 목욕시킨다❼.
- 조각같은 마무리를 위해 양질의 컨디셔너를 사용한다.
- 다리의 밑에서부터 위를 향하여 핀 브러시 또는 슬리커로 부분별로 계속 브러싱해 주면서 바람으로 털을 건조시킨다❽.
- 발톱❾, 귀❿, 이빨⓫을 점검한다.
- 털을 깎은 부위를 같은 날을 사용하여 지나가면서 정리한다.
- 발가락 바로 위의 털의 가장 자리를 깔끔하게 하고 다리의 털을 에워싸게 다듬는다⓬.
- 몸의 외곽선을 따라 지나가면서 다리의 털을 가위로 자른다. ❸, ⓭. 외곽선 가장자리를 자르기 위해 곧은 각도로 아래를 향하게 가위를 잡고 바닥에서 꼭대기까지 선을 따라 작업한다. 가로질러 자르지 않는다(발 밑 선을 자를 때는 제외). 가위 끝이 아래 또는 위로 향하게 하고 약간 각도를 주지만 가로지르지 않는 형태로 손질한다. 마지막으로 제자리를 찾지 못한 털을 정리하기 위해 털을 가로질러 훑어준다.

  ※ 어떤 애견미용사들은 몸에서 발까지 내려가면서 작업한다. 옳은 마무리를 해준다면 다른 결과가 나오지 않는다.
- 개의 주둥이를 잡고 머리털을 앞으로 빗어주고 눈을 가로질러 이마의 털을 위를 향하여 가위로 자른다⓮.
- 왼쪽 털을 빗질하고 귀의 꼭대기와 목의 뒷부분을 가로질러 손질한 다음 오른쪽도 반복한다⓯.
- 보기 좋게 눈 위의 털은 남기지만 개가 앞을 잘 볼 수 있도록 윗 쪽을 손질한다⓰.
- 꼬리는 꼬리뼈의 끝을 한 손에 잡고(꼬리뼈가 짧으면 더 위를), 곧게 가로질러 자른다⓱. 털을 털어내고 바깥쪽으로 빗질. 꼬리 끝을 잡아 올리고 털을 바깥쪽으로 빗어 준 다음 둥근모양을 가위로 자른다⓲. 털이 길 때는 브러시로 오히려

리트리버같이 손질해 주면 더 효과적이다.

- 완성⑲.

'스포팅' 또는 '유틸리티' 클립

여름에 털을 깎을 때는 No.5 날을 겨울에는 No.4 날을 사용한다. 두꺼운 털은 No.10 날로 성장부위를 지나가며 작업한다.

- 목은 머리의 시작부터 어깨위로 내려가고 등에서 꼬리, 갈비뼈 밑과 가슴 밑, 배와 허벅지가 만나는 부위까지 따라가면서 깎는다❶.
- 다리는 안과 밖을 깎아주고 비절 위의 1인치까지 깎는다. 그런 다음, 앞다리의 안과 밖은 같은 길이로 깎는다. 눈대중으로 뒷다리 끝의 털을 깎은 바로 그 위치에서 앞다리를 가로질러 선을 머릿속으로 그려 본다❶.
- '램' 클립에서 했던 것과 같이 목욕시키고 말린다.
- 다리의 긴 털을 바깥쪽으로 빗질하고 발목을 타원형으로 잘라준다.
- 개의 꼬리는 '램' 클립에서처럼 손질한다.

❶

'더치' 클립

No.10 날을 사용한다.

- 앞의 얼굴, 발과 꼬리의 손질방법과 같이 털을 깎는다.
- 목 밑에서 가슴뼈까지 털을 깎은 다음 목 나머지 부분을 어깨 위까지 약 2인치(5cm) 까지 깎는다❶.
- 직선으로 어깨사이를 가로질러 어깨 사이를 날의 넓이로 깎고 꼬리의 시작부까지 선을 이어준다❶.
- 복부는 허벅지와 만나는 부위로부터 낮은 가슴까지, 아래를 향하여 허벅지의 안쪽과 연결되게 털을 깎아준다❶.
- 슬리커로 깎지 않고 남아있는 털을 브러싱하여 엉킴을 빗어 없앤다.
- '램'클립에서와 같이 적당한 샴푸로 목욕시킨다.
- 발톱, 귀, 이빨을 점검한다.
- 마무리를 위하여 몸의 털을 훑어준다.
- 이마와 꼬리 털을 '램' 클립에서와 같이 자른다.
- 뒷다리를 선명한 선을 돋보이게 하기 위해 털을 깎은 부분의 가장자리에 눈에 띄는 곡선을 남기면서 깔끔하게 자른다❶.
- 앞다리의 털을 자른다.

❶

'풀 퍼피' 클립

이 스타일을 유지하기 위해서는 많은 시간과 노력이 필요하다. 미국의 쇼에서는 애완견 주인들은 이 매혹적인 손질을 하고 변화된 모습으로 나오는 개를 보는 것을 좋아하지만, 대부분 목적은 전시를 위해서이다.

- 얼굴, 발과 꼬리의 털을 앞의 손질방법에 따라 깎는다.
- 슬리커 또는 핀 브러시로 브러싱한 다음 코움(medium toothed comb)으로 철저히 손질한다.
- 배/복부 밑은 허벅지와 만나는 부분부터 낮은 가슴까지 No.10날로 깎는다❶.
- 좋은 색과 상태를 위해 적당한 샴푸로 목욕시키고 질 좋은 컨디셔너를 발라 가위작업을 쉽게 해 준다.
- 핀 브러시로 털이 곱슬지지 않게 들어 올려 주면서 바람으로 털을 날려 브러싱한다.
- 발밑 주변을 손질하여 발가락을 아담하게 만든다❶.
- 털의 끝을 납작하고 빽빽해 보이는 마무리로 잘라내고, 꼬리의 시작부가 털의 길이만큼 자라면 보기 좋으며 매혹적인 모양을 얻기 위해 털을 위로 연결하면서 약간 더 짧게 잘라준다❶.
- 꼬리는 '램' 클립에서 했던 것처럼 가위로 자른다.

❶

‘퍼피 라이온’(또는 ‘T-클립’)

엄격히 말하면 ‘퍼피 라이온’과 ‘T-클립’은 다르다. ‘퍼피’ 클립의 스칸디나비아 식은 외곽선을 아주 조금 강조하는 것이다.

영국에서 이 손질은 대회에서 자주 보인다. 미국에서는 쇼 푸들은 12개월 때 전통적인 ‘라이온’으로 털을 깎아야 한다.

- 발, 얼굴과 꼬리의 털을 깎고 ‘퍼피’ 클립에서와 같이 손질하고 목욕시킨다.
- 복부의 털을 깎는다❶.
- 마지막 갈비뼈의 위치를 손으로 확인한다❶. 초보자들에게는 개의 고른 선을 구분하고 균형이 바르게 하기위해 이 포인트 바로 밑에 개 몸 둘레에 가는 밴드를 두르는 것도 좋은 생각이다(대충 2/3는 갈기를 위해 남기는 반면 1/3은 더 짧게 한다).
- 가위를 바르게 잡고 가까운 면부터 한 면에서 몸통을 지나 다른 면으로 내려가면서 당신이 생각한 선 또는 밴드의 가장 자리를 따라 위를 향하여 자른다. 개의 뒤에서 반듯하게 서있을 때 더 쉽게 실행된다. ‘지시선’ 밴드를 제거한다❶.
- ‘퍼피 라이온’/‘T-클립’(어떤 사람들은 ‘파자마’라고 부르는)에서 뒷다리는 ‘램’클립에서처럼 가위로 손질해 주지만 비절에서부터 밑으로 더 길게 남기고 뒤 각도를 더 강조하면서 관절부의 모양을 만든다(쇼에서는 다리 모양을 더 각도를 주어 만들기 위한 현명한 손질은 종종 더 좋은 결과를 기록한다)❶.

❶

- 빗으로 갈기를 부풀리고 몸을 흔들어 털이 자리를 잡게한다. 그런 다음 털 위를 가위의 높이를 유지하고 가위로 자른다. 경계가 분명한 목의 모양을 강조하기 위하여 갈기와 짧은 등 털이 만나는 곳을 섞어준다.
- 낮은 가슴에서부터 귀를 향하여 올라가면서 경사진 모양을 만들어 갈기 주변을 작업한다❶.
- 앞다리는 약간의 구분선과 함께 팔꿈치에서 갈기가 만나는 곳을 강조하면서 튜브모양으로 자른다❶.
- 꼬리털을 '램' 클립으로 자른다.

'트레디셔널 라이온'('풀 팩' 또는 '잉글리시 새들')

- 발, 얼굴과 꼬리의 털을 깎는다.
- '퍼피'클립에서와 같이 손질하고 목욕시키고 컨디셔닝하며, 털을 바람으로 건조.
- '퍼피 라이온'에서와 같이 갈비뼈 위의 털을 나눈다. 균형을 쉽게 잘 잡기 위해 등 끝의 갈기의 털을 조금 깎는 것이 좋다. 다시 한번, 밴드를 선을 만드는데 사용 할 수 있다. 가위로 작업을 시작하기 전에 포인트에 밴드를 묶어주고 위 아래로 움직여 균형을 잡아준다. 일단 깎아내고 나면 되돌릴 수 없다.
- 발목 위 약 2인치(5cm)에 밴드를 묶고 발목을 타원형으로 가위로 자르는데 바른 위치에 있는지 분다. 밴드 선 위를 자르고 앞다리는 팔꿈치의 관절까지 털을 제거하기 위하여 No.10 날로 깎는다. 팔꿈치 위는 깎지 않는다. 털을 바깥쪽으로 빗질하고 자연스럽게 흘러내리게 하면서 발목을 손질한다. 그런 다음 같은 형태로 가위로 자른다❶.
- 공 모양으로 마무리하기 위하여 갈기의 주변은 가위로 자른다❶.
- 비절을 손으로 위치를 확인하고 약 1인치(2.5cm)위로 밴드를 묶는다❶.

- 윗 관절을 찾고 구분하기 위하여 두 번째 밴드를 묶는다. 개를 잘 세우고 세 개의 구분된 포인트 사이에 균형이 잘 잡혀 있는지 점검한다. 밴드를 약간 아래위로 움직여 균형이 잘 잡힐 때 까지 자리를 잡아준다❶.
- 가위로 밴드위의 가는 선을 자른다. 이 포인트들은 주의 깊게 깎거나 가위로 경계선을 만들어 준다.

❶

- 다른 다리를 작업하기 전에 뒤에 서서 선을 점검한다(그림에서 보듯이), 그렇게 하지 않으면 손질은 이상하게 보이고 균형이 맞지 않을 것이다. 일단 가위로 자르고 나면 다시 되돌릴 수 없다.
- 뒷다리의 털을 뒤와 바깥으로 3개의 부분으로 나누어 빗질한다. 그런 다음 털을 자연스럽게 자리잡게 한다. 각 부분을 가위로 매끄럽고 둥근 모양으로 마무리
- '램' 클립에서와 같이 꼬리 털을 자른다.

'콘티넨탈 라이온' 클립

미국에서 볼 수 있는 대부분의 푸들은 12개월정도 되었을 때 이 클립으로 손질한다. 이것은 '트레디셔널'이나 '퍼피'클립에 비해 시간이 적게 걸리지만 여전히 많은 작업이 필요하다.

- '퍼피'클립에서와 같이 발, 얼굴과 꼬리의 털을 깎고 목욕과 컨디셔닝을 하고 바람으로 털 건조시킨다.
- '라이온'과 같이 앞 가슴털을 잘라준다.

- 초보자에게는 로젯(resette)을 구분하기 위하여 엉덩이 관절에 작은 접시를 대주는 것도 좋은 방법이다. 가위로 작은 접시 주위를 자른다. 작은 접시를 떼어내면 아주 큰 로젯이 보일 것이다. 개의 등이 표준 길이보다 긴지 또는 완벽한 몸균형을 가지고 있는지에 따라 작은 접시는 최상의 균형을 만추기 위하여 자르기를 시작하기 전에 움직여 위치와 크기를 결정한다.
- No.10 날로 비절에서부터 털을 깎기 시작하고 새로 만든 로젯의 털을 깎는다. 로젯 자체를 깎지 않도록 주의하면서 주변의 털을 깎는다. 갈기의 끝과 로젯사이의 좁은 부위의 털을 깎는다❶.
- 빗으로 털을 들어 올리면서 맵시있고 둥근 퍼프를 만들기 위하여 로젯 주위를 가위로 자른다❶.
- ‘퍼피’ 클립과 같이 꼬리를 점검한다.

❶

· Eileen Geeson

has been a dog groomer for more than 30 years. Actively involved in showing Poodles sincc 1964, she has bred English, Finnish, Swedish and International Champions. Eileen is a Championship show judge with a world record of Standard Poodle entries to her credit. She has been on the committee of the Standard Poodle Club for 20 years, serving five years as vice-chairman.

Eileen is the author of *The Complete Standard Poodle*, as well contributing to the grooming section of *Ultimate Puppy*.

· 권혜영(Kwon, Hye-Young)

- 송곡여자고등학교, 서울
- 대전실업전문대학 축산과(전문학사)
- 한국방송통신대학 농학과(학사)
- 충남대학교 낙농산업과학과(석사)
- 삼성에버랜드 국제화 운영팀 사육사 근무
- 대전 월평동물병원 미용실장
- 대전 우송정보대학 동물과학과 애견미용 출강
- 전국애견미용학원 부원장
- 대전 우송정보대학 애완동물계열 초빙전임교수
- 일본 후쿠오카 유가 애견미용학교 연수

現) 한국애완(반려)동물학회 이사
한국애완(반려)동물학회 애견미용 자격시험 심사위원
한국애완(반려)동물학회 동물매개치료연구회 위원
대전 예가애견 대표
한국 동물매개치료, 애완견연구소장
원광대학교 애완동식물학과 애완동물전공 동물관리학, 애견미용강의

누구나 쉽게 배우는 **애견 미용학**

1판 1쇄 발행 2021년 01월 15일
1판 5쇄 발행 2025년 02월 25일
저　　자 Eileen Geeson
역　　자 권혜영
발 행 인 이범만
발 행 처 **21세기사** (제406-2004-00015호)
경기도 파주시 산남로 72-16 (10882)
E-mail : 21cbook@naver.com
Home-page : www.21cbook.co.kr
ISBN 978-89-8468-902-2

정가 30,000원